DEUTSCH-SÜDWESTAFRIKA

25 PFENNIG 25

NAMIBIA

A3-3 1990   INDEPENDENCE 21 MARCH 1990   Thea Marais

60c

REPUBLIC OF NAMIBIA · IMMIGRATION CONTROL

ENTRY
1992-05- 11
-5-
WINDHOEK

Für Gabi
1948 – 1993

© MANUAL-VERLAG Chr. Pehlemann
Postfach 71 07 69
D-81457 München

2. erweiterte Auflage 1994

Layout: Nikolaus Geis, Iffeldorf
Repro: Comunica, Neuwied
Druck: Wester-Druckerei, Koblenz

Dieses MANUAL ist im Buchhandel
erhältlich oder gegen 53-DM-Scheck
(incl. 3,20 DM Versandanteil)
an obige Adresse.

Printed in Germany

ISBN 3-980 2594-1-2

CHRISTIAN PEHLEMANN

NAMIBIA
TOUREN-
MANUAL

Das animierende
und informierende Handbuch
für Erlebnis-Reisen
zwischen Oranje und Kunene,
zwischen Atlantik, Kalahari
und Victoria-Fällen

INHALT

NAMIBIA TOUREN-MANUAL

Zwei Hymnen
an ein rauhes Land

SÜDWESTER-LIED

Hart wie Kameldorn ist unser Land
und trocken sind seine Riviere.
Die Klippen, sie sind von der Sonne verbrannt
und scheu sind im Busch die Tiere.

Und sollte man uns fragen:
Was hält euch denn hier fest?
Wir könnten nur sagen:
Wir lieben Südwest!

Und kommst du selber in unser Land
und hast seine Weiten gesehn,
und hat unsre Sonne ins Herz dir gebrannt,
dann kannst du nicht wieder gehn.

Und sollte man dich fragen:
Was hält dich denn hier fest?
Du könntest nur sagen:
Ich liebe Südwest!

Ins „Südwester-Lied", in den 30er Jahren von H. Klein-Werner für Pfadfinder geschrieben, werden oft koloniale, nationalistische Untertöne interpretiert. Unterm Strich ist's eine Ode an ein rauhes Land, die auch nach der Unabhängigkeit von 1990 Gültigkeit behält.

NATIONALHYMNE

Namibia land of the Brave.
Freedom fight we have won
Glory to their bravery.
Whose blood waters our freedom.
We give our love and loyalty.
Together in unity.
Contrasting beautiful Namibia.
Namibia our Country.
Beloved land of savannahs.
Hold high the banner of liberty.
Namibia our Country.
Namibia motherland we love thee.

Welcome to Namibia
Weuyapo nawa mo Namibia

Zu diesem Handbuch:

Safari ohne „Träger und Askari"

Welch anderes Land Afrikas würde sich so gut wie Namibia für eine selbst organisierte Safari eignen? Wer das in Europa mal gemacht hat, kann's auch in Namibia.

Namibia ist nicht Sahara (obwohl's hie und da so aussieht), sondern hat eine unvergleichlich bessere Infrastruktur: Wegenetz, Versorgung, Unterkunft/Camps – alles bestens.

Bislang hatten viele Skrupel, die letzte Kolonie Afrikas zu besuchen. Seit März 1990 ist Namibia unabhängig, an der günstigen Ausgangsposition hat sich nichts geändert. Das Land kann zu einer Basis für starke Erlebnis-Touren ins gesamte südliche Afrika werden: mit Abstechern nach Botswana, Zimbabwe und Südafrika.

Dies *Manual* heißt bewußt nicht *Reiseführer*, weil's ohne starres Korsett helfen soll, eine flexibel gestaltete Safari „in die Hand zu nehmen". *Handling* heißt das neudeutsch...

Möglichst frei, mit beliebigem Wechsel zwischen Outdoor-Camp und Hotel, Gästefarm und Bungalow. Solo oder mit Veranstaltern. Unterwegs mit Pkw, Geländewagen oder Campmobil.

Alle Optionen sind offen: Sie können vom er-

sten bis zum letzten Tag unter Dach und Fach kommen. Oder permanent unter den Sternen campen. Oder beides nach Laune mixen.

Dabei wurde in diesem Spezial-Führer auf die herbe Natur des Landes ebensoviel Wert gelegt wie auf Safari-Erfahrungen und Begegnungen, die bei Touren in Eigenregie noch intensiver ausfallen können als bei organisierten Reisen.

Wirtschaftsdaten und lexikalisches Wissen hingegen wollen wir nicht übermäßig ausbreiten. Dies und detaillierte Ortsbeschreibungen finden Sie in den Namibia-Basis-Handbüchern.

Bei den Bildern wurden keine Kosten gescheut, um Ihnen Namibia (und nicht nur die bekannten Motive) von vorn bis hinten so farbig zu zeigen, wie es auf Sie wartet. Sicher: Um einige „Postkarten-Fotos" kommt man nicht herum. Aber das Gros der Bilder soll illustrieren, den Text ergänzen und last but not least animieren, dies faszinierende Land zu besuchen.

Guten Reise-Appetit und „heia Safari" - ohne Träger und Askari...

Welcome to Namibia!

Schwer unter einen Hut zu bringen:

NAMIBIA – IST DAS „NICHTS" ODER WAS?

Ein Problem gibt's beim ehemaligen *South West Africa* – und das zeigt sich schon beim alten Namen, der außer regionaler Einordnung nichts rüberbringt.

Was an plakativen Namibia-Slogans produziert wird, pickt meist nur Teile heraus aus dem Ganzen. *Afrikas herbes Paradies,* ein Bildband-Titel von Bannister/Johnson, kommt der Sache sehr nahe. Die *Air Namibia* wirbt konzentriert mit den *wide open spaces.* Doch Namibias Kontrastreichtum kriegt man verbal kurz und bündig kaum in den Griff.

Namibia – das ist vor allem Weite. Etwas für Leute, die mal tief Luft holen wollen und sich an scheinbaren Nebensächlichkeiten erfreuen können. Ein Land für Individualisten mit Feeling für Stille und Leere. Der Name der Wüste *Namib* läßt sich mit „Nichts" übersetzen. Doch wen kann man mit nichts hinterm Ofen hervorlocken?

Das Land hat zwar eine lange Küste, aber angesichts der Kühle muß man sich Meter um Meter innerlich für sie erwärmen. Dünen und Sandstrände, Fischen und herbe Natur, doch *nichts* für Sonnenanbeter. Ansonsten im Westen nichts Neues? Doch: Da ist uraltes Leben in der Wüste und junge Keimzellen an deren Rand: Farmen, die dem wüsten Trockenraum trotzen. Wege in der Einsamkeit, wo es nach mitteleuropäischen Maßstäben nicht mal Pisten geben dürfte. Ein Land für Propheten, die gern in die Wüste gehen.

Dazwischen mischt sich die Geschichte ein ins Nichts. Urbanität wie im Deutschland der Jahrhundertwende. Pikante „germanische Würze" mit einem Schuß Neuem. Städte wie Swakopmund und Lüderitz, in denen man bisweilen fasziniert grübelt: „Wie überleben die und ihre Bevölkerung im Nichts?"

Was ist Namibia nicht?

Obwohl in den Tropen oder zumindest an deren Rand gelegen, verspricht das Land keinen Bade-Urlaub unter Palmen. Die Strände sind zwar meist sandig, aber ansonsten Sonnenanbetern wenig entgegenkommend. Der Benguela-Meeresstrom kühlt das Wasser enorm ab.

Namibia – trotz vieler Wüsten keine Abenteuer-Spielwiese für cross-country-Geländewagen-Piloten. Fahren abseits der Pisten ist in Parks sogar verboten. Allerdings sind einige reguläre Pisten schwierig und anspruchsvoll genug (→ Routen-Planung).

Es gibt keine für Touristen aufbereitete Vergnügungsanlagen à la Disneyland. Remmidemmi erschöpft sich meist in Grill-Feten (*Braai*), wobei reichlich gutes Bier fließt.

Das Land eignet sich nicht für Reisen mit dem Hund. Er darf in keinen Park! Aber das wird wohl nur wenige Touristen aus Europa tangieren.

Namibia – einzig-
artige Mischung
unterschiedlicher
Landschaften und
Kulturräume. Sahari-
sches, Schwarzafrika
und ein gutes Stück
Deutschland sind zu
einem exotischen
Cocktail verquirlt.

Ob blaue Berge oder Sand in steter Bewegung: Namibier und Touristen stehen einem faszinierenden und interessanten Land gegenüber.

Dann die Tiere. Afrika-Wild, konzentriert auf Zonen, die ihnen der Mensch mit seinen Rindern und Schafen gelassen hat. Aber überall im Land auch Kudus, Oryx-Antilopen und Springböcke. Etosha: Elefanten, Löwen, Zebras und Giraffen – wo kann zum Beispiel Nordafrika mit Ähnlichem aufwarten am Rande des Nichts?

Nächste Steigerung: Schwarzafrika pur am Okavango oder im fernen Caprivi-Zipfel. Zwar nicht an der klassischen Route gelegen, aber was haben Individualisten mit vorgegebenen Routen zu schaffen? Dank des erstklassigen Straßennetzes sind's nur drei Tagesreisen vom wüsten Nichts zum tropischen Zambezi – Vergleichbares kann Nordafrika nicht bieten, und mit derartigem Kontrast-Umfang auch nicht Kenia.

Eine Tages-Tour weiter tost der Zambezi über die Klippen. Und vom „donnernden Rauch" der Victoria-Fälle führt eine harte Wilderness-Piste durch Botswanas Chobe-Park zum Biotop des Okavango-Deltas. Ein eigenartiges Meer in trockenem Land, Leben in der Kalahari – und gleich drauf eine „grüne Wüste", die trotz künstlicher Grenze nahtlos übergeht ins zugleich exotisch und seltsam vertraut wirkende Namibia.

Namibia – es erschlägt einen und beruhigt zugleich. Weite wie im australischen *Outback*. Vertrautes und Afrikanisches nach Wunsch kombinierbar. Trotz Grenzen ziemlich gren-zenlos. Ohne die bisweilen vertrackten Reise-probleme am Nordrand des Kontinents. Be-reisbar auf guten Wegen oder auch auf harter Piste. Wie es Euch gefällt.

Alles zusammengenommen ergibt ein fabel-haftes Reise-Menü. Aber wie könnte man dies griffig auf zwei, drei Worte komprimie-ren?

Namibia Glossar

abkommen	Südwesterdeutsch: Flüsse führen Wasser	Klip	Klippe, Stein, Fels
afrikaans	Kapholländisch	Kokerboom	Köcherbaum, Baum-Aloe
Anabaum	Acacia albida, gr. Akazien in Trockenflußbetten	Koppi	Becher
		Kost	Essen
arid	trocken (mehr Verdunstung als Niederschlag, s. Klima)	lecker	gut, schön
		lellek	unsauber
Baas	afrikaans Herr, Meister	Milimehl	Maismehl
Bantustan	halboffizielle Bezeichnung der „Homelands"	Namib	„Wüste", Nichts
		Olifant	Elefant
		Orlog	Krieg
Beester	afr. „Biester", (Rind-)Vieh	Oukie	Südwester-Deutscher
Biltong	Trockenfleisch-Streifen	Pad	fahrbarer Weg, Straße, Plural Pads oder Paaie
Bottelstore	Getränkeladen (verschie-dene Schreibweisen)	Permit	Erlaubnisschein, Eintritts-karte
Braai	afrikaans für Grill-Vergnü-gen	Plaas	Farm
Buschmann	Pygmäe, Ureinwohner	Pontok	Einheimischen-Hütte, primi-tives Haus
Dam	Stausee		
Dankie	danke	Puffotter	dicke Giftschlange
Donkikarre	afr. Esels-Wagen	Reconciliation	Versöhnung
Dscherrie	Bundesdeutscher (German)	Rivier	(Trocken-)Fluß, Bachbett
Farm	Gut für Rinder- und Schaf-Zucht (nicht Ackerbau!)	Rondavel	afrikanische Rundhütte
		Schneewambo	Bundesdeutscher (analog zu Owambo)
Foh bei Foh	Allrad, four by four = 4x4 = 4WD, Geländewagen	Springbook	mittelgroße Antilope
Gemsbok	Oryx-Antilope	stadig	langsam
Grid	Rost in Fahrbahn an Wei-degrenzen	Vlei	Verdunstungs-Pfanne, wie See-Boden
Gruispad	Schotterstraße	Waran	Echse (kein Leguan)
Hek	Tor an Weidegrenzen	Werft	Einheimischen-Siedlung
Hoogte	Paß-Höhe	Wie-Äit	V8-Motor
Kameldorn	typ. Akazie (A. giraffae)	Winkel	Laden, Store

"Good neighbours"

DAS UMFELD

Namibia hat vier Nachbarn. Im Süden und Südosten liegt die *Republik Südafrika,* abgekürzt *RSA,* die bisherige Mandats- oder Kolonial-Macht. Dem „großen Bruder", der sich z.B. an der Grenze zur RSA-Exklave *Walvis Bay* als „good neighbour" anpreist, ist man durch eine Wirtschafts- und Währungsunion immer noch verbunden. Ein- und Ausreise gehen problemlos über die Bühne.

Im Osten grenzt Namibia an *Botswana (RB):* schnurgrade an der „Linealgrenze" des 20. und 21. Längengrads. Im Norden bildet der zum Zambezi vorspringende namibische *Caprivi Strip* (dieser „Zipfel" ist ein geographisches Unikum aus der Kolonialzeit) die Begrenzung. Botswana gilt als ideale Ergänzung zu Namibia und läßt sich ebenfalls relativ unkompliziert bereisen.

Probleme in puncto Reisen birgt der nördliche Nachbar *Angola,* der nach jahrelangem Bürgerkrieg erst allmählich zur Ruhe kommt. Die Grenze verläuft zwischen dem 17. und 18. Breitengrad, teilweise ebenfalls auf „Linealgrenzen", teilweise den Flüssen Kunene (im Westen) und Okavango folgend. Es liegen noch Hunderttausende von Minen herum – aber wo? Wirtschaftliche Not führt zu Überfällen; auch Touristen wurden getötet.

Dank des *Caprivi-Zipfels* hat Namibia vom Zambezi bis zum Kwando-Fluß auch eine Grenze mit *Zambia (Z).* Übergangsmöglichkeit bei Katima Mulilo im östlichen Teil des Caprivi-Zipfels, doch wird Zambia zumindest im Rahmen normaler Namibia-Reisen kaum besucht. Möglich ist der Abstecher jedoch (Routen 26/27).

Nur punktuell reicht Namibia auch an *Zimbabwe (ZW),* das frühere Rhodesien. Im öst-

lichsten Teil des Caprivi Strip berühren sich beide Länder: Bei der Mündung des Chobe in den Zambezi, am Dreiländereck Namibia/ Botswana/Zimbabwe. Allerdings gibt's zwischen Namibia und Zimbabwe keinen direk-

---

Wo liegt Namibia eigentlich?
„Südwest" = Südsüdost!
Namibias „Mädchenname" *Südwest-Afrika* stimmt für die regionale Einordnung innerhalb Afrikas. Von Deutschland aus gesehen suggeriert es eine falsche Blickrichtung, denn Namibia liegt eher ein klein wenig südöstlich. Daher hat das Land auch osteuropäische Zeit wie Rumänien, Bulgarien (Greenwich plus zwei Stunden). Einfach zu merken: Wenn bei uns die Sonne übern Horizont steigt, ist sie weiter im Osten schon gewisse Zeit hoch, also ist es dort später. Das mag als Binsenweisheit erscheinen, ist aber oft nicht klar.

Schaltet Mitteleuropa auf Sommerzeit, die ja der osteuropäischen Zeit entspricht, herrscht Zeitgleichheit zu Namibia.

Namibias Hauptstadt Windhoek liegt wie Wroclaw/Breslau oder Bratislava/Pressburg knapp östlich des 17. Längengrads.

Der 20. Längengrad, der auf unserer Karte eingezeichnet ist und der in Süd-Namibia die Ostgrenze zu Botswana bzw. zur Republik Südafrika bildet, entspricht auf der Nordhalbkugel etwa der Linie Krakau – Tirana.

Der äußerste Westen des Kaokolandes (um 12° Ost) deckt sich etwa mit dem Streifen Rostock/Halle/München.

ten Straßenübergang. Zum Besuch der Victoria Falls und anderer Zimbabwe-Attraktionen benutzt man die Straße via Botswana (Ngoma Bridge-Kasane, Route 27).
Vorübergehende Einfuhr namibischer Autos nach Zimbabwe ist nicht unkompliziert und muß daher mit dem heimischen Veranstalter bzw. mit dem namibischen Vermieter abgesprochen werden. Visa hingegen sind wie für Südafrika und Botswana nicht erforderlich.

Aus Kümmerly + Frey *Welt*

Für viele das Safari-Erlebnis:
UNGEHEURE WEITE

Eins der typischen Phänomene Namibias – und für Leute aus kleinräumig strukturierten Zonen wohl eins der attraktivsten – ist seine Weite.

Nun darf man sich das Land jedoch nicht scheinbar endlos vorstellen, flach und nahezu bretteben wie die nordamerikanischen Prärien oder die argentinische Pampa. So etwas gibt's auch: etwa in der Kies-Namib (siehe „Wüsten"), im nördlichen Kavangoland oder in einigen Kalahari-Gebieten.

Im großen und ganzen ist die Weite jedoch durchaus variabel, mit wechselnden Horizonten. Immer mal wieder ein isoliertes Gebirge oder zumindest ein Inselberg, der sich wie ein Eiland über dem weiten Land erhebt. Oder eine Windmotor-Pumpe als künstlicher Akzent.

Stundenlang kann man mutterseelenallein dahinfahren. Hie und da vielleicht ein Abzweig zu einer Farm, oft weit entfernt von der *Pad,* von der Straße. Ganz selten ein Dorf oder gar eine Stadt.

Namibia ist mit 823.144 Quadratkilometern 2,3mal so groß wie das wiedervereinigte Deutschland. Die Diagonale vom nordwestlichen Kaokoland bis zum südöstlichen Kalahari-Gemsbok-Park entspricht der Entfernung von London bis Rom, wobei hier keine Autobahn das Vorankommen zum Kinderspiel macht.

Die schiere Größe läßt sich jedoch noch nicht mit Weite und Einsamkeit assoziieren, erst die geringe Besiedlung macht's. Angaben für Namibias Einwohnerzahl lagen Anfang 1992 bei knapp 1,4 Millionen. Weniger als Hamburg – auf Deutschland und Frankreich zusammen verteilt!

Somit kommen im statistischen Schnitt 1,6 Namibier auf einen Quadratkilometer; in Deutschland knubbeln sich auf solcher Fläche 223 Menschen.

Kaum zu fassen ist die Anzahl der Orte mit mehr als 10.000 Einwohnern: Man kann sie an den Fingern einer Hand abzählen. Die Hauptstadt WINDHOEK mit Vorort Katutura kommt als einzige auf sechsstellige Bevölkerungszahl: ca. 120.000, so viel (oder so wenig) wie Remscheid oder Recklinghausen. Der gesamte Windhoek-Distrikt brachte Ende 1991 nur knapp 160.000 Menschen in die Statistik!

Dann folgt lange nichts. Die Minen- und Gartenstadt TSUMEB hat noch 17.600 Einwohner. Dritte ist SWAKOPMUND; „Klein-Deutschland" an der Küste zählt 13.600 Seelen. KEETMANSHOOP im ariden Süden schwingt sich gerade

noch über die 10.000er-Marke. In Deutschland würde man von Kleinstädten reden, doch hier handelt's sich um wichtige, da einzige Kristallisationszentren in der Weite.

Im klimatisch begünstigten Norden lebt ein Großteil der Bevölkerung; allein die *Owambo* (nördlich der Etosha-Pfanne im Grenzgebiet zu Angola) melden über eine halbe Million*. Der aride Süden, Namibias „Outback", ist vergleichsweise menschenleer.

Recht auffällig ist die hohe Siedlungs-Konzentration entlang der Hauptverkehrswege. Müßige Frage, wer zuerst da war, Henne oder Ei, Straße oder Menschen. Jedenfalls zieht bessere Infrastruktur Leute an, da Versorgung und Transport einfacher sind. Nur in einem Fall gibt's eine erstklassige Asphaltstraße abseits der Siedlungen: Östlich von Rundu, am Okavango. Da hat man während des Buschkriegs die strategisch wichtige

* Selbst amtliche Angaben variieren gewaltig.

Straße außerhalb der Schußweite durch den Busch trassiert.

Tip für die Tour: Je weiter weg von den Hauptstraßen, desto einsamer. Logo: Damit gestaltet sich auch die Camp-Suche einfacher, aber Vorbereitung und Durchführung der Safari werden schwieriger.

Stille klingt gut.

Freies Campen eignet sich am besten, um Namibias Weite und Einsamkeit auszukosten, „Outdoor", abseits jeder Behausung. Und hierin liegt ja auch der eigentliche Reiz einer Safari: Ganz allein spürt und genießt man die Stille. Kein Generator, kein Verkehrslärm stört, wenn die Sonne versinkt, das Abendrot ver- und das Sternenzelt aufglüht.

Durchaus möglich, daß schon ein einziger „Outdoor"-Abend zur Sternstunde Ihrer Namibia-Reise wird.

Mal so richtig tief durchatmen: Namibias immer wieder andere Weite macht's möglich.

Sensibles zwischen Buschmännern, Owambos und „Oukies"...

LEUTE, LEUTE...

Sind Namibias *Ethnien* verschwunden und in *einem* Staatsvolk aufgegangen? Es hat fast den Anschein, wenn man die aktuelle amtliche *Pad-Karte* mit einer Ausgabe aus den 80er Jahren vergleicht.

Die Namen der *Bantustans (s. u.)* sind fast alle fort: „Buschmann-, Nama-, Damaraland, Owambo, Kavango". Diese *Homelands* nahmen etwa 40% des Landes ein, mußten jedoch 80% der Bevölkerung ernähren – und das auf angeblich geringwertigem Boden. Land und Leute entwickelten sich nicht sonderlich.

Bantustan (einst fast Synonym für Homeland) findet sich sogar in einer offiziellen Druckschrift nach der Unabhängigkeit; *Bantu* wurde für Bevölkerungsgruppen verwendet und ist heute reduziert auf Sprachfamilien.

Klassifizierung nach Rassen war ein Resultat südafrikanischer Apartheid-Politik. Eine neue Auflistung der Distrikt-Bevölkerung unterscheidet nur nach Geschlecht*. Erstaunlicherweise blieben bei den Distriktnamen einige der „alten" Namen wie Hereroland erhalten.

Wohl nur ganz wenige Touristen reisen nach Namibia, um Rassenstudien zu betreiben. Wenn man zu Schwarzen näheren Kontakt findet, ist es wohl unerheblich, ob es Damaras oder Kavangos sind. Man sollte sich freuen, Einblick nehmen zu können in eine völlig andere Welt.

Sehr faszinierend ist die Kultur der Busch-männer (San). Sie waren Herren der Savannen, wurden aber von den Weißen und von seßhaften Bantu-Völkern an den Rand der Wüste gedrängt. Geringes Wasserangebot prägte ihren Lebensstil. Die San jagen ökologisch höchst sensibel und sammeln Früchte, Wurzeln und Knollen. Von ihren Nachbarn unterscheiden sie sich durch hellere Hautfarbe; die Durchschnittsgröße liegt unter 1,60 m.

Auch wenn die Buschmänner noch häufig die traditionelle Lebensweise demonstrieren, so leben doch die meisten weitgehend angepaßt an den Lebensstil der übrigen Bevölkerung. Lese-Tip: *Buschmänner – eine Kultur stirbt in Afrika* von Bannister/Johnson (Bild-/Textband des Landbuch-Verlags).

Von der Kleidung her am auffälligsten sind die *Herero(s)*. Die Frauen tragen heute noch ihre farbenfrohe viktorianische Kleidung, die ihnen von Missionaren mehr oder weniger

Pralles Leben, neben- und miteinander: Weiße, Schwarze, Braune, Hereros, Buschmänner, Himbas. Die Rassenfrage spielt keine Rolle, Begegnungen sind wichtiger.

* Wenn die Zahlen interessieren: Insgesamt 0,68 Millionen maskuline, 0,72 Millionen feminine Namibier.

Keine Probleme mit den Ordnungs- hütern. Die Polizisten des jungen Landes sind freundlich, wenngleich noch ein wenig ungeübt. Rechts: Zwei Herero- Frauen, traditionell und modern gewandet.

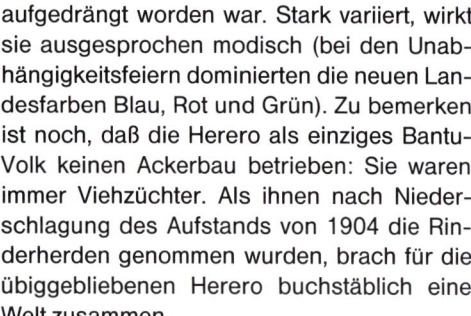

Deutsches – Vergangenheit und Zukunft

Wie wird sich die allgegenwärtige op- tische Präsenz des Deutschen entwik- keln? Zwei Jahre nach der Unabhän- gigkeit scheint sich fast nichts verän- dert zu haben. Alte Reichswappen prangen nach wie vor an Hauswän- den, Denkmäler sind original erhalten. Die alte Post in Keetmanshoop firmiert unter der neuen Fahne immer noch als kaiserlich – oder richtiger: wieder! Denn die Inschrift war in den 80er Jahren lange Zeit verschwunden. Nur die Reichs-Fahne, die z.B. demonstra- tiv über einem Swakopmunder Anti- quariat flatterte, ging offenbar landes- weit von der Stange.
Namibia ist gut beraten, das sensible Kolonialzeugnis-Thema behutsam an- zugehen (nicht nur aus touri- stisch/wirtschaftlichen Gründen). Schließlich handelt's sich dabei um Geschichtliches, wobei es unerheblich ist, ob einem diese Geschichte gefällt oder nicht. In Deutschland wurden Limes und Saalburg auch konserviert ebenfalls Monumente fremder Kolo- nialherren. Und was haben wir von den Römer-Usurpatoren kulturell ge- erbt! Schon die Lehnwörter zeigen's: Fenster, Mauern, Straße – alles kolo- nialen Ursprungs und bestens inte- griert. Oder?
(Vgl. dazu den Abschnitt „Spannende Kultur-Perspektive" Seite 23.)

SWA 6c

Herero

aufgedrängt worden war. Stark variiert, wirkt sie ausgesprochen modisch (bei den Unab- hängigkeitsfeiern dominierten die neuen Lan- desfarben Blau, Rot und Grün). Zu bemerken ist noch, daß die Herero als einziges Bantu- Volk keinen Ackerbau betrieben: Sie waren immer Viehzüchter. Als ihnen nach Nieder- schlagung des Aufstands von 1904 die Rin- derherden genommen wurden, brach für die übiggebliebenen Herero buchstäblich eine Welt zusammen.

Als Staatsvolk gelten die *Owambo(s)*. Sie stellen die Mehrheit der Bevölkerung. Owam- bos gründeten als Widerstandsbewegung die *SWAPO*, die nun die Regierungspartei stellt. Aber man wird Owambos nicht unbedingt als Herren des Landes sehen: Sie stellen einen Großteil der Wander-Arbeiter im bevölke- rungsärmeren Zentrum Namibias.

Sehr ursprünglich leben noch heute die *Ova- himba* oder *Himba* des Kaokovelds (Kaoko- land; →Route 6). Wobei anzunehmen ist, daß sie auf Grund des starken touristischen und kommerziellen Interesses (oder wie auch immer man's bezeichnen mag) ein ähn- liches Schicksal erleiden könnten wie die Buschmänner. Im Gegensatz zu den Herero- Frauen ist die Kleidung eher reduziert, dafür putzt sich die Weiblichkeit mit Schmuck und Farben heraus. Phantasievoller Schmuck, meist auf dem Rücken getragen, ziert auch die Männer. Eigenartig ist die zopfähnliche Haartracht.

Ebenfalls vom Landbuch-Verlag gibt es einen *Himba*-Bildband, der die Kultur dieser halb- nomadischen Hirten plastisch und lebendig werden läßt.

Deutsche in Namibia

Für viele Touristen ist das „deutsche Erbe" ein besonderer Reise-(An-)Reiz: Reduzierte Verständigungsprobleme, viel Vertrautes in fremdartiger Umwelt, Schwarze, die deutsch sprechen – dies und mehr „kommt rüber", wenn Namibia-Reisende berichten.

Das Deutschtum der Südwester ist beliebtes

Thema für die Presse, denn da lassen sich nach Laune und Sehweise Akzente setzen. Ins Bild gestellt wird dann dabei gern das Straßenschild-Duo *Göringstraße* und *Kaiserstraße.* Wobei offen bleibt, daß es sich bei ersterem **nicht** um den NS-Bonzen Hermann, sondern um seinen Vater handelt...

Südwester-Deutsche nennen sich selbst *Oukies;* ihre deutschen Besucher sind übrigens *Dscherries* (von Germans) oder *Schneewambos.*

Natürlich wird man da und dort unter den *Oukies* auf ein paar ganz Unentwegte stoßen. Oder auf Konservative, denen alles verdächtig vorkommt, was nicht stramm rechts ist oder ihnen sonst nicht in den Kram paßt. Aber genauso auf solche, die trotz langer relativer Isolierung erstaunlich progressive Einstellungen zeigen.

Keine Frage: Das rechte Spektrum ist unter den ca. 25. 000 Deutschstämmigen prozentual breiter als in der BRD (oder es wird unbefangener gezeigt). Aber die Tatsache, daß schon mal Hakenkreuz-Aufkleber oder -Fähnchen zu sehen sind, sollte man nicht überbewerten. Seien Sie sicher: Sympathische Begegnungen dürften überwiegen.

Auf keinen Fall werden Sie die bisweilen aufgesetzt wirkende eiteitei-Fröhlichkeit finden, wie sie einem z.B. in den USA entgegenschlägt. Namibia-Deutsche können/wollen ihr überwiegend norddeutsch geprägtes Wesen nicht verleugnen, sind eher zurückhaltend, können aber auch auftauen. Und wie... Angenehm locker wirkt z.B. das schnell angebotene *Du* und die Anrede mit dem Vornamen.

Die modernen „Südwestdeutschen" sind nicht „verstaubt", wie es oft dargestellt wird. So effektiv wie nötig, so Freizeit-orientiert wie möglich. Nicht viel anders als die Dscherries, aber zusätzlich mit einem guten Schuß afrikanischer Mentalität. Take it easy – ist das etwa schlecht?

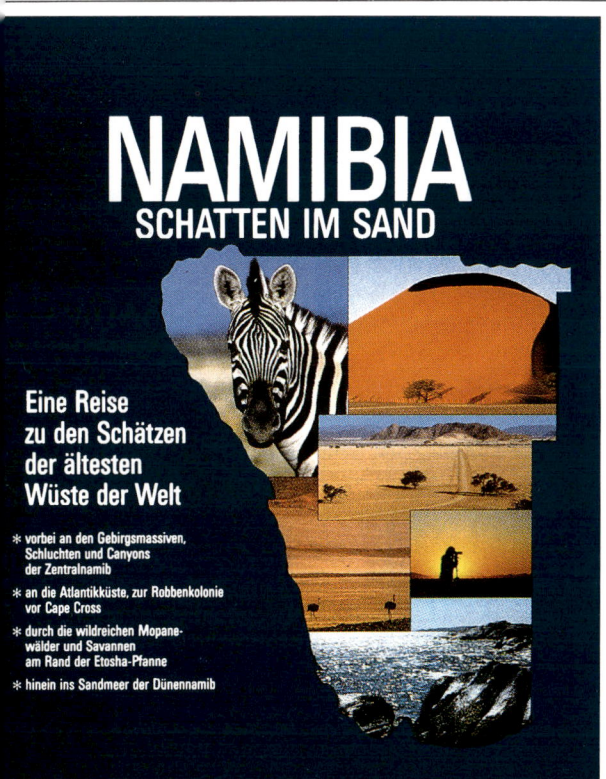

Von Kolonisation zu Reconciliation:

NAMIBIA-KURZ-GESCHICHTE

Not der Historiker: Sie stehen in der Geschichte und sollen sie aus ihr heraus objektiv schildern. Kein Wunder, daß mit der Unabhängigkeit Umwertungen nötig wurden. Beispiel: Aus Illegalen, aus Terroristen wurden Freiheitskämpfer. Das Ganze geht jedoch behutsam über die Bühne, in Namibia muß die Geschichte nicht total umgeschrieben werden. Im Gegenteil: Einst und Jetzt bleiben verzahnt.

Beispiel aus einem Touristik-Prospekt der 80er Jahre: „Verwaltung durch Südafrika unter dem Mandat des Völkerbundes; schließlich die jahrzehntelange internationale Kontroverse über den Status des Landes..." Die Pünktchen im O-Ton lassen alle Möglichkeiten offen.

Nach der Unabhängigkeit 1991 wurde nur die Passage nach dem Semikolon geändert: „und der langwierige Streit um die Unabhängigkeit gehören mit zu den Faktoren, die schließlich zur Geburt einer neuen Nation führten."

Die Pünktchen sind weg, die Akten scheinen geschlossen. Unterm Zeichen der *Reconciliation* (Versöhnung) wird historische Kontinuität gewagt, „Stasi-Prozesse" finden nicht statt. Selbst der „Apparat" des kolonialen Systems konnte sich mit leichten Retuschen halten. Ganz offensichtlich ein gelungenes Experiment.

Wie es begann

Noch vor kurzem begann z.B. die Geschichte Windhoeks anno 1890, als Hauptmann von François das „damals menschenleere" (Kalendertext) Gebiet für einen strategisch günstigen Platz hielt. Als ob an den heißen Quellen vorher niemand gelebt hätte...

Namibias Vorgeschichte ist kaum anders als überall auf der Welt: Jäger und Sammler, die im Stammesverband lebten und im Einklang mit der Natur. Bei einigen Buschmann-Sippen läßt sich der Lebensstil heute noch erahnen. Schon damals gab's Herren und Diener. Die Buschmänner wurden allmählich von überlegeneren, großteils schon seßhaften Stämmen (Rinderzüchter wie Herero, Ovambo) in die Kalahari abgedrängt. Geschichtsschreibung fand nicht statt.

Später segelten Portugiesen an der Küste entlang auf der Suche nach dem Indien-Seeweg. Um 1486 errichteten sie Kreuze beim

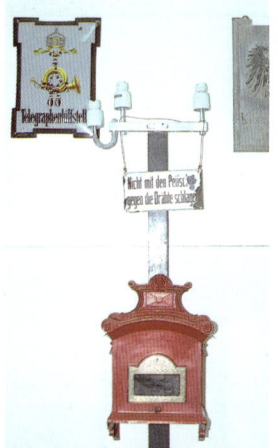

„Nicht an die Drähte schlagen" – diese Zeiten sind vorbei. Heute telefoniert man drahtlos über Mikrowelle.

heutigen Kreuz-Kap und bei Lüderitz. Ansonsten tat sich nichts, denn die Portugiesen hatten anderes im Sinn.

Allmählich sickerten aus der britischen Kap-Provinz Missionare ein, ferner „Hottentotten" und „Mischlinge", im Süden von Weißen ins

Abseits gedrängt und nun andere „Eingeborene" wegschiebend.

Dies war im 18. Jahrhundert, also lange vor der deutschen Landnahme, die oft als Stunde Null der Kolonisierung angesehen wird. Es entstanden Missionsstationen, mit wechselndem Erfolg. Dazu kamen Händler mit den typischen Waren, die (abgesehen von der Dimension) bis heute weltweit gleich blieben: Drogen, Waffen und anderere Zivilisationsgüter gegen Rindvieh. Handel und Wandel, selten friedlich...

Wer heute durch Namibia reist, stößt (anders als in anderen ex-Kolonien) auf Schritt und Tritt auf erhaltene Spuren dieser Ära: Architektur, Forts, Institutionen. Die Südafrikaner arrangierten sich nach der Machtübernahme 1915 mit den Deutschen und beseitigten deren Strukturen ebensowenig, wie's das Neue Namibia mit seiner Vor-Epoche tut.

„Schutzverträge" wurden mit den Einheimischen geschlossen, doch die Einseitigkeit führte zu Konflikten, zu Verbitterung und schließlich zu Aufständen, die mit „Straf-Ex-

Werbung als Geschichtsdokument: Bier gut deutsch vor und englisch-modern nach der Unabhängigkeit von 1990.

Die deutsche Ära

Kürzer als meist angenommen war die deutsche Kolonial-Epoche: Nur von 1883/84 bis 1915, also drei Jahrzehnte und kaum halb so lang wie die folgende südafrikanische Verwaltung.

Lüderitz und seine Beauftragten kauften den Nama einen Streifen Land ab (→Route 18). Die Briten wurden ein bißchen provoziert, womit das Deutsche Reich einzugreifen hatte – ob mehr oder weniger gern, das spielt keine Rolle mehr.

Die schwarz-weiß-rote Fahne flatterte bald über vielen Orten von *Deutsch-Südwest:* Es entstand eine gute Infrastruktur: Eisenbahn Swakopmund-Windhoek bereits 1902, Postwesen, Wege. Grenzen wurden abgesteckt, der Caprivi-Zipfel kam als Unikum hinzu (Route 26). Südwest war Teil des Reichs.

peditionen" blutig niedergeschlagen wurden. Ein weites Feld für Historiker.

Viele Namibia-Denkmäler erinnern an die Revolten, ziemlich einseitig nur an die Opfer der Kolonialherren. Daß sie bislang nahezu unbefleckt sind, ist ein Zeichen für offenbar gelungene Reconciliation.

Apart? Südafrikanisches Mandat

Der Völkerbund, die „UNO der Zwischenkriegszeit", erteilte 1919 Südafrika das Mandat zur Verwaltung von Südwest. Die Kolonien erschienen noch in Atlanten des „Dritten Reichs" unterm Präfix „Deutsch", somit endete die deutsche Ära für viele erst 1945 oder noch später...

Südafrika verbesserte die Infrastruktur, nicht zuletzt und bis zuletzt aus militärischen Gründen: Auf guten Straßen und Bahnen lassen sich Truppen schneller „verschieben". Südafrika war nach dem Ersten Weltkrieg übrigens noch nicht Republik: Zur *RSA* wurde die Union erst 1961, vor allem, um die progressiveren Anglo-Südafrikaner von Großbritannien zu isolieren und ins System einzubinden. Die Rassentrennung *Apartheid* begann schon weit zuvor, wurde auch auf *South West Africa* übertragen und dort Ende der 70er Jahre abgeschafft.

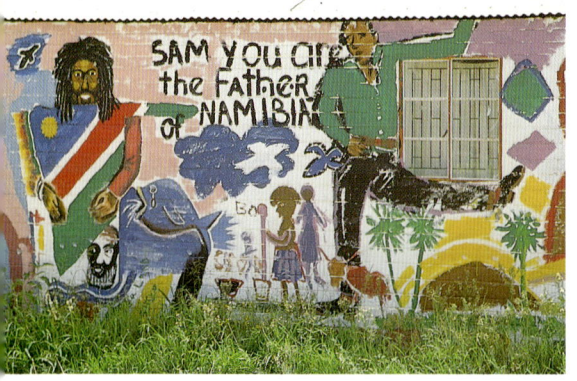

1992: Wandmalerei in Katutura, der Schwarzensiedlung bei Windhoek. Dargestellt ist u.a. der Father of Namibia, Sam Nujoma. Zur Symbolik der Farben siehe rechte Seite.

De jure war die Apartheid gekappt, die „getrennte Entwicklung" blieb jedoch. Elf „Ethnien" wurden nach RSA-Vorbild *Homelands* zugewiesen, die nicht unbedingt mit ihren traditionellen Siedlungszonen identisch waren. Diese allein nicht lebensfähigen *Homelands* sind seit 1990 aus der offiziellen Pad-Karte verschwunden, in anderen Blättern bis heute erhalten: Kavango-Land, Herero-Land u.a. (→Leute).

Auf image-schädigende Auswüchse der *Apartheid* konnte man seit der Zeit der „Turnhallenallianz" (ab '77/78) leicht verzichten. Wichtiger war, ein zusammenhängendes, rentables weißes Siedlungsgebiet in eine

neue Zeit hinüber zu retten: Für Homelands wurden gar weiße Farmer enteignet (und entschädigt). Weiß (rund 7,5% Bevölkerungsanteil) verfügte über fast die Hälfte des Landes.

Die Infrastruktur der „Homelands" blieb jedoch mäßig. Ganz knapp entging Namibia der Eingliederung in die RSA als deren fünfte Provinz. De facto gab's seit '78 erhebliche Unterschiede zur RSA: Geregelt wurde das Leben nicht mehr nach der Hautfarbe, sondern nach finanzieller Potenz – und das gilt ja auch für Mitteleuropa.

1966 begann die SWAPO (South West Africa People's Organisation) den bewaffneten Kampf gegen die südafrikanische Besetzung. Seit Ende der 60er Jahre kümmerte sich die UNO verstärkt um die Unabhängigkeit der letzten Kolonie Afrikas. Unabhängigkeits-Daten wurden gesetzt und verworfen. 1971 erklärte der Internationale Gerichtshof in Den Haag die Besetzung als illegal, die UNO-Resolution 435 wurde Grundsatzpapier für die Unabhängigkeit.

Ende der 80er Jahre war der Zuschußbetrieb Namibia für die Buschkriegs-müde und Rezessions-geplagte RSA kaum noch tragbar, politisch und finanziell. 1988: Kooperation der Großmächte führte zu Übereinkunft über Abzug der Kubaner aus Angola. Die SWAPO zeigte „politische Vernunft": der Weg zu freien Wahlen und zum Abzug der Südafrikaner war frei. Da die RSA für Namibia-Schulden nicht mehr verantwortlich zeichnete, nahmen diese explosiv zu...

Es gab zwar noch blutige Reibereien an der Grenze, aber am 21. März 1990 wurde Afrikas letzte Kolonie nach freien Wahlen unabhängig und kurz drauf 106. Mitglied der UNO und anderer Organisationen (OAU, SADCC usw.).

Einziger Zankapfel zwischen Südafrika und Namibia blieb die RSA-Enklave WALVIS BAY (siehe Route 10). Aber auch hier gab's am 1.3.1994 die lange erwartete Lösung: Der wichtige Tiefwasserhafen kam zu Namibia. Womit die Kolonial-Ära des Landes endgültig zu Ende ging.....

Wer beeinflußt wen wie???
SPANNENDE KULTUR-PERSPEKTIVE

Geschichte und Kultur sind untrennbar miteinander verbunden. Eine Untergrund-Kultur konnte sich während der SWA-Ära nicht bilden, die Schwarzen waren zu sehr mit brennenden Fragen des täglichen (Über)Lebens beschäftigt.

So zeigt sich dem Reisenden eine weitgehend weiß geprägte Lebensform. Namibia steht an einem Neuanfang, muß erst seine kulturelle Identität finden. Dabei wird die Historie sicher nicht ausgeklammert bleiben können. Schon Englisch als neue Staatssprache (zuvor wenig gebräuchlich) bedeutet ein Aufeinanderzugehen, vielleicht aber auch Lösung von traditioneller Kultur.

Kultur der Bewohner, das heißt:

● Kultur der schwarzen Ureinwohner, das afrikanische Erbe.

● Zeugnisse dessen, was in deutscher und südafrikanischer Zeit entstand.

Es ist dabei spannend zu beobachten, ob und wie sich aus beidem eine nationale Kultur-Identität entwickeln wird: Unverkrampftes Zusammenfließen aus Lebensgestaltungs-Formen beider Bereiche. So wie z.B. im deutschen Raum nach Ende der Römerzeit. Kleiner Unterschied: Heute läßt sich das u.U. forcieren. Vielleicht wird's nicht zu einer übergreifenden Kultur kommen, sondern zu einem freundlichen Nebeneinander. Lassen Sie sich überraschen.

Der Status quo: Europäisches dominiert. Was als Stammeskultur zu sehen ist, scheint oft nur für Touristen arrangiert, wirkt bisweilen künstlich. Wohl unmöglich ist's, das Rad der Geschichte zurückzudrehen: Zum Nomadentum mit traditioneller Lebensweise kann wohl auch verständnisvoll gesteuerte Kulturpolitik nicht zurückführen.

Rund um den Namen „Namibia"
Der Südwesten Afrikas hatte bis weit in die Kolonial-Zeit hinein keinen historisch gewachsenen Namen. Man behalf sich mit regionaler Einordnung: *Deutsch-Südwestafrika/South West Africa.*

Das Kürzel SWA blieb für Jahrzehnte quasi Staatsname, erschien z.B. bis zur Unabhängigkeit auf Briefmarken, in Firmennamen u.a.

Ende der 60er Jahre präsentierte die UNO Unabhängigkeitspläne und erstmals den Namen *Namibia* (nach der *Namib*-Wüste, was soviel wie „Nichts" bedeutet). Er galt in der RSA als verpönt: „Wenn du *das* auf einen Brief nach SWA schreibst, landet der sicher im Papierkorb", wurde noch Ende der 70er Jahre gewarnt.

Ganz allmählich setzte sich der neue Name durch. „Südwestafrika (oder Namibia, wie es oft heißt)..." war Mitte der 80er in einer Broschüre zu lesen. Am Ende des Jahrzehnts wurde daraus „Südwestafrika/Namibia". Seit der Unabhängigkeit ist der „Mädchenname" *SWA* auf dem Rückzug, zwar noch bisweilen zu finden, aber mit abnehmender Tendenz. An den Grenzen etwa wurde der Kolonial-Name übermalt und durch „Namibia" ersetzt.

Abgeleitet vom Englischen *namibian* wurde das Adjektiv *namibisch,* obwohl sich auch *namibianisch* findet. Die Bewohner nennen sich spontan oft *Namibianer* (*Namibier* wäre logischer; so sagt's auch der Duden).

Soeben gemeldet: Swakara-Pelze haben ihr SWA abgelegt und heißen nun *Nakara,* doch die *SWAPO* wandelte sich erstaunlicherweise noch nicht in *NAPO.*

Namibia-Wappen (Coat of Arms). Deutlich erkennbar sind Namib-Dünen, die Welwitschia mirabilis, Seeadler und Oryx-Antilopen.

Die Wappenfarben: Blau steht für den Namibia-Himmel, für den Atlantik sowie für Wasser und Regen. Das Sonnen-Gelb spricht Leben, Wärme und Energie an. Weiß: Frieden und Einigkeit. Rot symbolisiert die Heldenhaftigkeit des Namibia-Volks während des Befreiungskampfs. Grün: Vegetation und landwirtschaftliche Reichtümer.

Vieles etwas anders als daheim:

SONNE, MOND UND STERNE

Namibia liegt auf der Südhalbkugel der Erde. Was zur Folge hat, daß einiges anders läuft als in heimischen Breiten.

Das beginnt bei der Sonne. Sie steigt zwar auch im Osten auf und geht im Westen unter, aber sie kurvt in der Regel nicht über den südlichen, sondern über den nördlichen Horizont.

„In der Regel" beinhaltet gleich die Ausnahme: Im Dezember erreicht die Sonne den südlichen Wendekreis. Der *Tropic of Capricorn* oder afrikaans *Steenbok(s)keerkring* quert Namibia rund hundert Kilometer südlich von Swakopmund und Windhoek (23° 27′ Südlicher Breite).

Wer im Dezember/Januar in Nord-Namibia unterwegs ist, sieht die Sonne im Süden. Allerdings kreist sie zu dieser (für den Norden reiseungünstigen Zeit) so hoch, daß die Süd-Verlagerung kaum zu erkennen ist.

Für die Safari bedeutet die „verkehrte" Sonnenbahn: Soll der Camp-Platz im Schatten bleiben, muß die nach Südwest oder Westsüdwest sinkende Sonne einkalkuliert werden. Sonst steht man nach kurzer Zeit in gleißend-heißem Licht statt auf der kühleren Schattenseite der Akazie. Alles schon passiert.

Weitere Konsequenz für die Frei-Hand-Orientierung nach Gefühl und Sonnenstand: Fährt man zur Mittagszeit auf die Sonne zu, dann bedeutet das Kurs *Nord* und nicht Süd! Während der ersten Tage macht das jedem zu schaffen, der's noch nicht erlebt hat.

Bei der Mond-Bahn wird dem Laien kaum Ungewöhnliches auffallen. Lediglich die seltsame Lage des Halbmonds springt ins Auge. Rund um die Vollmondphase lohnt ein gutes Fernglas: Derart klar bekommen Sie den Erd-

Um die Jahreswende steht die Sonne senkrecht über dem südlichen Rand der Tropen. Es fällt daher mittags nahezu kein seitlicher Schatten.

trabanten so schnell nicht wieder zu Gesicht. Selbst kleine Krater lassen sich ausmachen. Auch die *Magellanschen Wolken* kommen gut raus, zwei Sternsysteme, etwa 20° vom südlichen Himmelspol entfernt. Die wie zwei Schleier wirkenden „Sternhaufen" sind etwa 200.000 Lichtjahre entfernt.

Tip: Für nächtliche Forschungen am Himmel eine Karte des Mondes und des südlichen Sternenhimmels mitnehmen oder besser noch die drehbare *Kosmos*-Sternenkarte.

Das „Kreuz des Südens"

gehört zu den berühmtesten Sternbildern des südlichen Nachthimmels, ist jedoch nicht extrem auffällig und wird häufig mit anderen „Kreuzen" verwechselt.

Je nach Saison steigt es zu unterschiedlicher

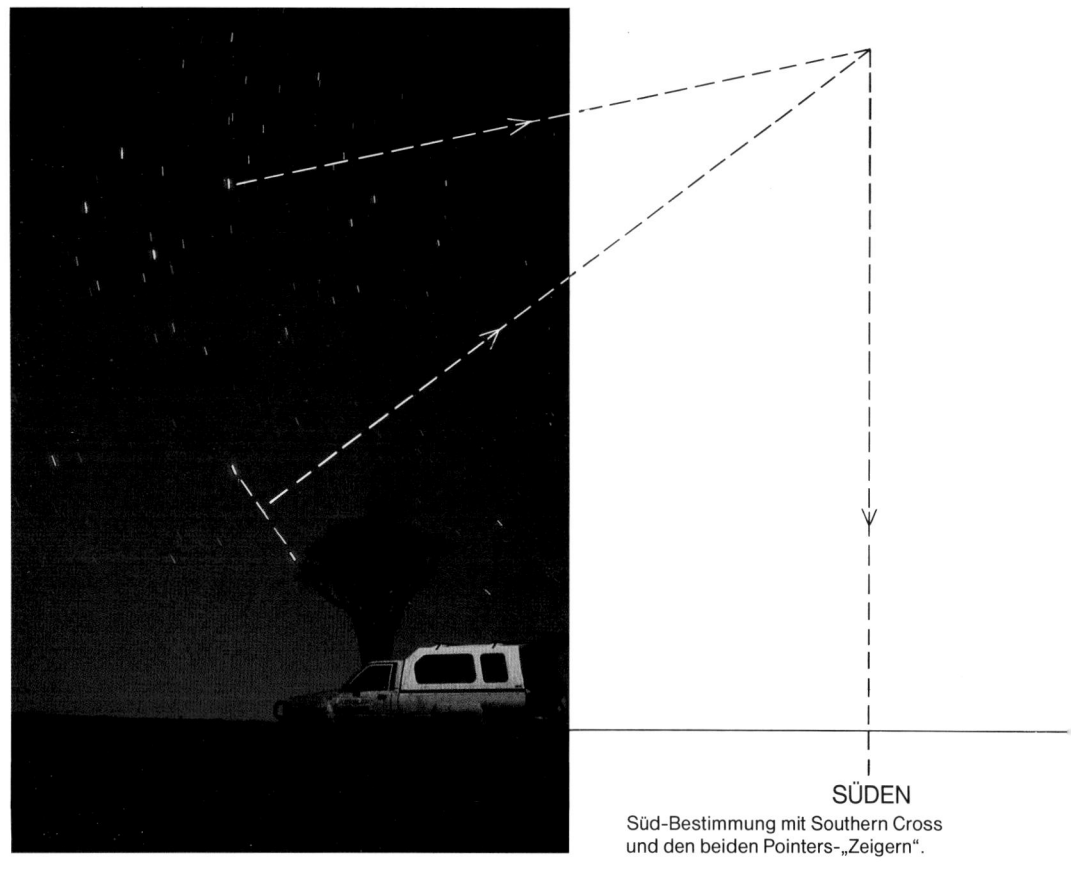

SÜDEN

Süd-Bestimmung mit Southern Cross und den beiden Pointers-„Zeigern".

Das Kreuz des Südens wird oft mit dem größeren „Falschen Kreuz" verwechselt, das eher über dem Horizont erscheint. Einer der „Zeiger"-Sterne (α-Centauri) ist mit 4,3 Lichtjahren Entfernung der erdnächste Fixstern.

Uhrzeit über den südlichen Horizont. Am besten peilt man zunächst mit dem Kompaß den Südpunkt an, um das *Southern Cross* schneller zu finden und mit ihm vertraut zu werden. Das Sternbild in der Nähe der Milchstraße besteht aus vier sehr hellen und einem weniger hellen Stern. Verlängert man die Längsachse des Kreuzes etwa viereinhalb mal und geht von diesem Endpunkt zum Horizont, ist Süden grob fixiert.

Genauer läßt sich der Südpunkt fixieren bei Hinzunahme der *Pointers,* zwei hellen Sternen in der Nähe des *Southern Cross.* Vom Schnittpunkt aus der Südkreuz-Längsachse und der Senkrechten aus den beiden „Zeiger"-Sternen läßt sich das Lot auf die Süd-Marke fällen.

Andersherum als auf der Nordhalbkugel „drehen" in der südlichen Hemisphäre übrigens auch die Fixsterne: Sie umrunden den Südhimmelspol im Uhrzeigersinn, nach rechts.

Und noch was nimmt im Süden einen anderen Weg, und zwar etwas Irdisches: Das Wasser gurgelt mit Linksdrall (eine Folge der Erdrotation) in den Abfluß.

Es gibt kein schlechtes Wetter, nur falsche Einstellung dazu...

KLIMA UND REISEZEIT

Unterhalten sich Namibier und „Schneewambos" (Bundesdeutsche) über den Winter, dann reden sie ganz sicher aneinander vorbei. Erstere denken an klare, trockene und warme Tage mit relativ starker nächtlicher Abkühlung, den anderen schweben subarktische Kälte, Gräue, Schnee und kurze Tage vor Augen. Aber das ist nur ein Teil der Unterschiede.

Das Klima in Namibia ist subtropisch und überwiegend trocken. Die Jahreszeiten der Südhalbkugel sind gegenüber den unseren vertauscht. Und es gibt beim Charakter der Jahreszeiten ziemliche Abweichungen zu Deutschland.

Der Sommer dauert von Dezember bis März. Das bedeutet hohe Temperaturen, besonders im Januar und Februar im Schnitt bis 30 Grad und dazu vor allem von der Landesmitte bis in den Norden relativ starke Tendenz zu Regen! Der Wetterbericht meldet soundsoviel „chance for rain". Da kann dann z.B. bei Rundu, am Okavango, ein Viertel der dortigen Jahres-Regenmenge von ca. 600 mm an einem Tag runterrauschen. Die Niederschlagsmenge nimmt nach Südwesten hin drastisch ab.

Diese Sommerregen sind meist so schnell zu Ende, wie sie begannen. Im schlimmsten Fall muß man einige Stunden oder auch mal einen Tag warten, bis das Wasser abgelaufen ist (auf unbefestigten Nebenstrecken u.U. manchmal mehrere Tage).

Auch das Regenzeit-Wetter wirkt meist freundlich: Tropenwolken setzen dramatische Akzente, grell-sonnige Abschnitte wechseln mit Schatten. Wer zu dieser Zeit unterwegs ist, wer relativ resistent ist gegen schwüle Hitze und zudem auch flexibel, kommt durchaus auch im Norden zurecht, wobei gewisse Zonen wie Kaudom oder auch Etosha u.U. nicht besucht werden können.

Für Touren im trockneren Süden mit Jahresniederschlägen zwischen 50 und 200 mm (ein Viertel und weniger als daheim) ist der Süd-Sommer mit seinen längeren Tagen ebenso ideal wie für die Küste.

Winter heißt: trockenes Hochdruckwetter mit warmen Tagen bis durchschnittlich 20° und kalten, im Hochland auch frostigen Nächten. Die Sonne steht nicht so steil wie im Sommer. Die Tage sind kürzer, was sich im Süden stärker bemerkbar macht als im Norden. Die Tageslänge ist übrigens in den Tropen gleich-

Während der Trockenzeit ist ungetrübt-blauer Himmel ziemlich sicher, aber dramatische Wolken-Stimmungen des (Süd)Sommers sind unglaublich beeindruckend. Eventueller Regen dauert meist nur wenige Stunden, im Süden „verdampft" er oft schon in der Luft.

mäßiger als bei uns: kürzere Sommer-, längere Wintertage als daheim. Superlange helle Abende wie im deutschen Sommer gibt's nicht! Bei Abstechern nach Südafrika kann das während unserer Sommerferien knappe Licht die Safari-Planung über den Haufen werfen!

Der Süd-„Herbst" (unser Frühling) erwies sich als exzellente Reisezeit. Der Großteil des Landes ist nach den Sommerregen noch relativ grün, ein Vegetationszustand, den trockenheitgeplagte Bewohner des südlichen Afrika stets betonen. Der Frühling gibt sich ebenfalls mit ziemlicher Sicherheit niederschlagsfrei, die Vegetation ist jedoch meist dürr, wirkt wie verbrannt. Die Luftfeuchte ist lediglich im Sommer und im Norden lästig.

Typisch fürs Namibia-Klima ist die Trockenheit (→Kasten *arid*). Extreme Dürre herrschte z.B. Anfang 1992: Mais vertrocknete auf den Feldern. Kein Wunder, daß Regen nicht nur bei den Farmern ein beliebtes Gesprächsthema ist. Regen kommt meist aus dem Nordosten und Osten – eins der wenigen guten Dinge aus dieser Richtung, die einst mit allem Übel wie zum Beispiel mit Kommunismus gleichgesetzt war.

Wie sich die Bilder nicht gleichen: Panorama von der François-Feste aufs Hochland und übers Heusis-Rivier mit Stall-Ruinen – einmal während der Trockenzeit, dann mit satten Grüntönen im feuchten Süd-Sommer (Route 13).

„arid" – was heißt das?

Das aus dem Lateinischen kommende Wort *arid* bedeutet eigentlich „trocken, dürr". Aufs Klima übertragen steht arid für Zonen, in denen die theoretische (!) Verdunstungsrate höher liegt als der Niederschlag. Beispiel Keetmanshoop im trockenen Süd-Namibia: unter subtropischer Sonne könnten alljährlich 4.000 mm Wasser verdampfen. Es fallen aber nur 150 mm „Nachschub", also 1/26! Ackerbau ist, wie beim nahen Mariental, nur mit künstlicher Bewässerung möglich; Viehzucht wird „extensiv" betrieben (→ Farmen und Zäune).

Arid ist nicht identisch mit „wüst" oder „gar kein Niederschlag". Windhoek, gewiß nicht gerade in totaler Wüstenei gelegen, kommt dank tropischen Sonnenenergie-Angebots auf eine „potentielle jährliche Verdunstungsrate" von 3.470 mm; der mittlere Jahresniederschlag liegt bei nur 370 mm. Es gibt nur wenig Oberflächenwasser; Flüsse und Bäche führen – auch ein Merkmal arider Zonen – nur gelegentlich („periodisch") nach Sommerregen Wasser. Aride Zonen sind meist abflußlos, mit Wadi-Trockentälern und „Pfannen", in denen das Wasser verdampft.

Die Verdunstungsrate ist in ariden Zonen wichtig für die Landwirtschaft und daher dort – anders als bei uns – eine bekannte Größe. München z.B. kann man als *humid* bezeichnen. Dem Jahres-Niederschlag von rund 900 mm steht eine theoretische Verdunstungsrate von nur 600 mm gegen-

über. Es regnet also im Schnitt mehr, als verdunsten kann. Daher gibt's Bäche, Flüsse und reichlich Vegetation. *Semi-arid* bedeutet: Nur über den größten Teil des Jahres kann mehr Wasser verdampfen als Regen fällt. In einigen Monaten überwiegt der Niederschlag die Verdunstungsrate. – Andere Definition: Manche Jahre können humid sein, andere arid (Beispiel Sahel-Zone, wo Dürre-Perioden mit fruchtbaren wechseln).

Die Vegetation hängt natürlich stark ab von der Klimaform arid, semiarid oder humid. Wird von Natur aus reichlicher Niederschlag jedoch in sauren Regen umgewandelt, dann können Feuchtzonen u.U. wüster wirken als aride wie die überraschend grüne Kalahari mit ihrer angepaßten Flora.

Dreimal in die Wüste geschickt:

KALAHARI, KIES- UND DÜNEN-NAMIB

Wüsten sind trostlos, lebensfeindlich. Sagen die einen. Andere berauschen sich daran, werden süchtig danach. Immer wieder zieht's sie in diese Kontrastzonen zur üppigen Heimat. In Namibia haben Sie reichlich Auswahl! 15% des Landes sind Vollwüste! Ein Trost: Binnen eines Tages führen „Notausgänge" zurück zum Bier vom Faß oder aus der Hitze an die kühle Küste...

Weite Teile Namibias wirken für Grün-verwöhnte Mitteleuropäer wüst, besonders in der trockenen Periode von Juni bis Dezember: welk, steinig, braun-verbrannt. Doch hier handelt's sich nicht um echte Wüsten: Während der (süd-)sommerlichen Regenzeit sieht das alles ganz anders aus.

In den April geschickt fühlen sich viele bei der Fahrt durch die *Kalahari,* die östlich von Windhoek beginnt (zwischen Gobabis und Kalahari-Gemsbok-Park) und bis weit nach Botswana hineinreicht (Route 29). Statt des erwarteten Sahara-Verschnitts mit nackten, ziegelroten Dünen eine „grüne" Wüste: Akazien- oder Strauch-Savanne auf einer Million Quadratkilometern, ein Achtel der Sahara.

Sicher: In der Kalahari gibt's Sand en masse, zum Teil Hunderte von Metern dicke Schichten. Oberflächenwasser macht sich dünne auf diesem Polster und muß aus der Tiefe hochgepumpt werden. Eine Ausnahme ist das Okavango-Delta, wo aus Angola herangeführtes Wasser ein gewaltiges Wüsten-Biotop aufblühen läßt. Diamantminen in Botswana zapfen bereits 10% des Wüstenwassers ab.

Aber die von Eisenoxiden erzeugten Rottöne des Kalahari-Sands sind meist verdeckt von

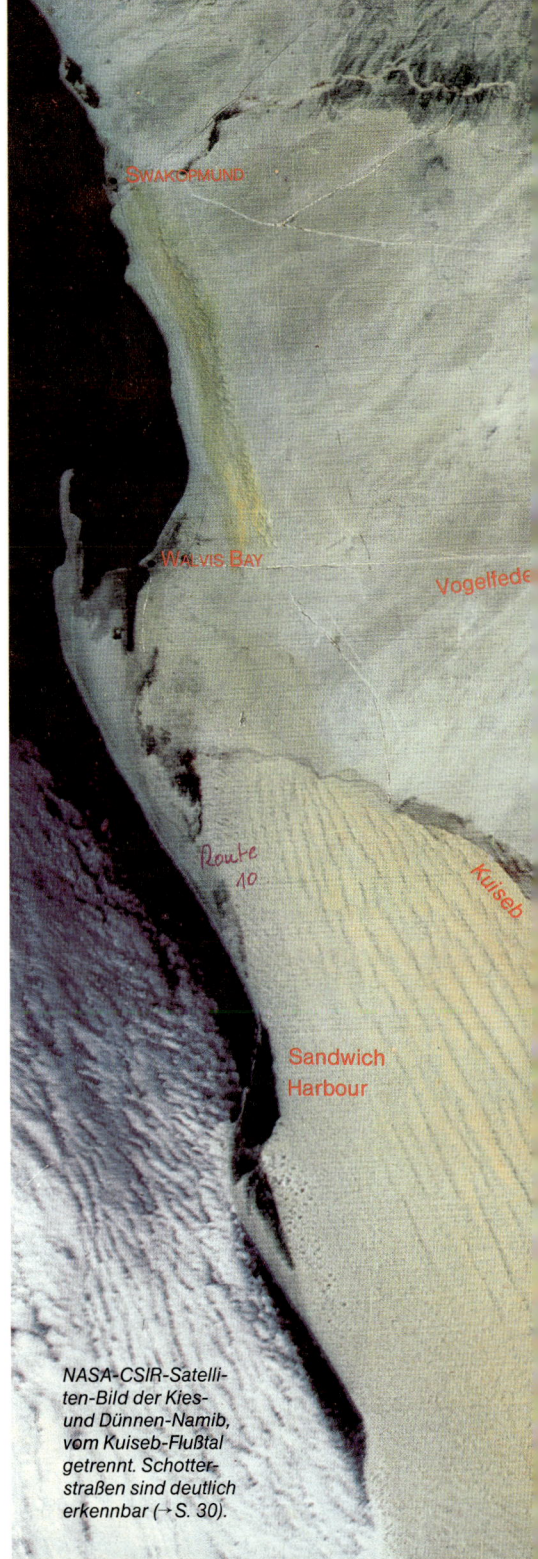

NASA-CSIR-Satelliten-Bild der Kies- und Dünen-Namib, vom Kuiseb-Flußtal getrennt. Schotterstraßen sind deutlich erkennbar (→ S. 30).

Welwitschia Plain

Swakop

Route 13

Route 11

Kuiseb Canyon

Gobabeb

Homeb-
Camp

Tsondab Vlei

STAY ON
THE ROAD
SENSITIVE
ECOLOGY

Dreimal Wüste: Dünen und Felsen am Rand des Namib-Naukluft-Parks. An Routen durch die Kies-Namib wird das Verlassen der Straßen wegen empfindlicher Umwelt verboten.

Rechte Seite: Nur selten liegt ziegelroter Kalaharisand offen zutage; meist ist die Trockenzone dicht bewachsen mit Gräsern, Büschen und Akazien.

faszinierendem Flora-Teppich. Am schönsten grünt's in der Wüste zwischen Dezember und März, nach den Sommerregen.

Die Briten sind schuld am verqueren Wüsten-Bild, genauer: ihre Sprache. Den Bewohnern der feuchten Insel fehlt angeblich das passende Wort für die aride Zone und deshalb nannten sie sie *Kalahari Desert.* Die Brockhaus-Enzyklopädie spricht vorsichtiger von „südafrikanischer Landschaft"; das Wort „Wüste" fällt auf 25 Zeilen kein einziges Mal.

Der Sand, der Wasser so schnell versickern läßt, wirkt als Wasserspeicher. So können Sträucher und Gräser sprießen, im Zentrum gar Kameldorn-Akazien, die der Wüste einen Anstrich ostafrikanischer Savanne verleihen.

Dadurch wird die Kalahari zu einer faszinierenden Großlandschaft, die sich in kein Klischee zwängen läßt (Routen 23, 24 und 29).

Ganz anders die *Namib,* richtiger: die Namib-Wüsten, denn es gibt ihrer vier. Belassen wir's bei den beiden wichtigsten „Typen", der Dünen- und Kies-Namib östlich und südöstlich von Swakopmund.

Das meist trockene Kuiseb-Tal trennt das Sandmeer vom Stein-Plateau, wie das Satellitenbild zeigt. Am Talboden bildete sich ein grüner Saum schmaler „Galeriewälder".

Beide Wüstenformen haben ihre Reize: Die eine gibt sich platteben, mit weiten, flimmernden Horizonten, ist durchzogen von schnurgeraden Pisten auf dunklem oder grauem

Grund. Nur oberflächlich gesehen wirkt sie vegetationslos. Knüller dieser Kiesplatte ist der *Kuiseb Canyon,* wo das Plateau abrupt, doch sanft gerundet abstürzt zur tiefen Schlucht, entstanden in feuchterer Vorzeit (Route 11).

Die „andere Namib" mit ihren Dünen ist beeindruckender: Schon auf der Küstenstraße Swakopmund-Walvis Bay kommt man dem Saum der Dünen nahe. Hier noch komfortabel auf geteerter Pad, südlich Walvis Bay über holprige Pisten Land bzw. Sand gewinnend (Route 10).

Touristisches Highlight der Dünen-Namib ist die Zone um *Sossusvlei:* Von Osten nähert man sich dem Gebiet, wo der *Tsauchab Rivier* inmitten der Dünen versickert – wenn er mal Wasser führt. Vor zigtausend Jahren mündete er 60 km westlich in den Atlantik, später verlegten ihm von Südwest vordringende Dü-

nen den Weg. Andere Flüsse wie Tsondab, etwas nördlicher, erlitten das gleiche Schicksal (rechts unten im Sat-Bild).

Es blieben helle Salz-Ton-Pfannen *(Vlei),* in denen das Wasser verdunstet. Einige „tote" Vleis sind schon fürs vordringende Wasser von Sanden blockiert und werden wohl nie mehr gefüllt – die Wüste verändert sich ständig.

Sie lebt auch durch ein Phänomen, das die Namib mit ihrem südamerikanischen *Atacama*-Gegenstück gemein hat: Dank des Seenebels entwickelte sich angepaßte Flora und Fauna. Eine zauberhafte Wüsten-Welt, scheinbar lebensfeindlich und doch voller Leben. Von wegen trostlos: Warum wohl zogen biblische Propheten wochenlang in die Wüste, warum tun heute Araberscheichs mit ihren Familien das gleiche, wo sie doch daheim alles haben, was das Herz begehrt?

Namib-Dünen beim Sossusvlei.
Märchenhafte Formen und Farben
rund um Ton-Pfannen, die sich
nur bisweilen mit Wasser füllen.
Siehe S. 138 und Sat-Foto S. 290/91.

Wo ist die große Freiheit?

FARMEN UND ZÄUNE BIS IN DIE WÜSTE

Ein deutscher Tourist fragte erstaunt: „Wieso ist denn hier alles eingezäunt, sogar die Wüste!?" Dies Phänomen faszinierte ihn mehr als die Wunderwelt der Flora und Fauna, stärker als andere Sehenswürdigkeiten.

Ob grünes Weideland oder (nach europäischem Maßstab) schiere Wüste: Zäune prägen das Bild. Rechts und links neben wichtigeren Straßen breite Freiräume, dann ein Drahtverhau. Auf Nebenrouten oder Farmwegen müssen häufig Tore geöffnet und nach der Passage wieder geschlossen werden (waren diese *Heks* offen, dann bleiben sie's auch).

Zäune sind nicht überall gleich. Nicht der Zufall führt Zaun-Regie, sondern System steckt hinter den verschiedenen Arten. Es kommt darauf an, was der Farmer *kehren* will (Südwester-Deutsch für umzäunen, einpferchen). Rinderzäune sind etwa 1,50 m hoch, ein halbes Dutzend Drähte werden von vertikalen *Droppers* auf Vordermann gebracht. Das meiste Wild kann diese Zäune überwinden – drüber weg oder drunter durch.

Zäune um Schafweiden bestehen überm Boden aus Maschendraht. Weniger um Schafe sicher einzuzäunen, sondern um Schakale fernzuhalten. Diese dichtere Zaunart behindert Wild-Wanderungen mehr als die Rinderzäune. Elektrozäune – eine moderne Alternative und Vorteile für Wild und Farm-Vieh.

Am auffälligsten sind Super-Zäune wie der *Game Proof Fence* um den Etosha National Park oder der *Veterinary Cordon Fence* im Norden des Landes; er soll die Maul- und Klauenseuche fernhalten. Ähnliche *Fences* trennen die Wildnis des Okavango-Delta vom Weideland.

Schier unüberwindbar wurde das südliche Diamant-Sperrgebiet umzäunt (Route 19), engmaschig, solide und von einem Drahtverhau mit messerscharfen Stahlplättchen gekrönt, sogenannten S-Rollen. Dagegen wirken die „normalen" Zäune längs der Pads sympathisch, zumal sie, wo nötig, durch *Heks* oder über *Grid*-Weideroste auf der Fahrbahn passierbar sind.

Die Farmerei

Es gibt außerhalb der Nationalparks kaum echtes Niemandsland. Was irgendwie nutzbar ist (auch wenn's nicht so erscheint), ist

Gemeinde- oder Farmland. Wobei *Farm* hier wie die anglo-amerikanische *Ranch* für „Landgut mit Tierzucht" steht, weniger für Akkerbau.

Im Norden überwiegt die Rinder-, im Süden die Karakul-Schafzucht. Wie überall in ariden Zonen (→Klima) ist der Flächenbedarf der Farmen gewaltig: 5.000 bis 60.000 Hektar, wobei die Größe zum trockenen Süden hin zu-, die Anzahl des Viehs abnimmt. Man zählt nicht die Rinder oder Schafe pro Hektar, sondern wieviele Hektar Weide pro Rind oder Schaf zur Verfügung stehen.

Weidewirtschaft in Trockengebieten wird üblicherweise *extensiv* betrieben (einfach gesagt: ohne großen Aufwand). 12 oder 15 Hektar pro Rind sind nicht ungewöhnlich! Bei unserer intensiven Beweidung würden sich

Farmzäune und ihre Gate- bzw. Viehrost-Durchlässe.

auf solcher Fläche 25 bis 30 Rinder tummeln – kein Wunder, daß sich in Namibia das Vieh in der Weite „verläuft".

Sehr profitabel ist die Farmerei heute wohl nicht mehr. Viele Farmen werden ganz offensichtlich nur noch nebenbei betrieben („Wochenend-Farmer", meinte eine Insiderin abwertend). Zusätzliche Einnahmen verspricht man sich aus dem Tourismus (→Gästefarmen). Übernachtungen auf Farmen bringen dem Besucher eine Menge Einblicke ins Namibia-Leben.

In Grenzen Camp-Freiheit

Vielerorts werden von Unwettern arg mitgenommene Zäune nicht mehr instandgesetzt. Doch selbst dort, wo gar kein Draht gespannt wurde, kann man das Land nicht unbedingt als „frei" betrachten.

Wir zelteten mal auf steinigem Terrain abseits der Hochland-Route von Windhoek nach Swakopmund. Nachts näherte sich ein Auto. Normalerweise wäre es unmöglich gewesen, Zelt und Fahrzeug im Dunkeln auszumachen. Trotzdem: Der Geländewagen stoppte abrupt, drehte zur Seite und hatte uns bald voll im Visier, sprich im Scheinwerfer-Lichtkegel. „Natürlich schauen wir uns um auf unserem Farmland", meinte der Beifahrer, „schon um Viehdiebe und Schlächter aufzuspüren."

Ein langes und vielseitiges Gespräch in Englisch, Deutsch und Afrikaans endete mit 'ner Batterie leerer Bierdosen und einer Einladung auf die Farm. Gegen das Camp hatten die Farmer absolut nichts einzuwenden – wieso auch, hier ist schließlich Afrika.

Fazit: Die ganz große Freiheit wie im Norden des Kontinents gibt's in Namibias „leerer" Weite nicht. Freies Zelten gestaltet sich jedoch trotz der Zäune unkompliziert. Aber selbst wenn der Grund wertlos erscheint, ist immer davon auszugehen, daß er jemandem gehört und genutzt wird. Mag dieser Mister Jemand auch mit dem Mini-Lager einverstanden sein: gewisse Regeln sind strikt zu befolgen (→„Campen" im Praxis-Teil).

„...und trocken sind seine Riviere!"
NAMIBIAS FLÜSSE

Die Konstellation ist wohl weltweit einmalig: ein gewaltiges Land mit zwei Flüssen an der Nord- und einem an der Südgrenze – und dazwischen auf Hunderte von Kilometern kein einziger permanenter Wasserlauf!

Der *Kunene* strömt im Norden an Namibia vorbei in den Atlantik; immerhin wird bei Ruacana die Wasserkraft teilweise in elektrische Energie umgesetzt. Nach Osten etwa 460 km der typisch kolonialen „Linealgrenze", dann ist der *(O)Kavango* erreicht, ein breiter Strom, der bei Bagani den Caprivi-Strip quert und danach in Botswana in einem gewaltigen Binnendelta am Kalahari-Rand versickert oder verdunstet (→Route 28).

Stichwort Caprivi: durch diesen geografischen Blinddarm hat Namibia seit der Kolonialzeit Anschluß an den Zambezi. Aber diese künstliche Kontaktstelle hat nur geringe Bedeutung, ist eher eine Kuriosität.

Im Süden teilt sich Namibia den *Oranje* mit Südafrika. Wobei das „teilen" wörtlich zu nehmen ist, denn vor der Unabhängigkeit gehörte Namibia nur die Uferlinie. Auch eine Seltsamkeit, ähnlich wie beim Chatt el Arab zwischen Irak und Iran.

Das war's dann. Fast – denn der *Fish River* nimmt eine Sonderstellung ein zwischen „echten" Flüssen und trockenen Rivieren, die in H. Klein-Werners *Südwester Lied* besungen werden. Rivier ist dabei die namibische Bezeichnung für Trockentäler, ähnlich wie Wadi im arabisch-saharischen Raum.

Dem Fish/Vis Rivier wird durch den *Hardap Dam* viel von seiner Potenz abgezwackt. Nur in extrem guten Regenzeiten fließt er tatsächlich, ansonsten ist's eher ein Grundwasserstrom mit einigen Pools wie zum Beispiel im Fish River Canyon.

Rivier-Täler liegen meist trocken. Hier kommt der Ugab ab, d.h. er führt Wasser.

A propos *Dam:* Darunter versteht man im südlichen Afrika nicht den Staudamm, sondern den Stausee. Die Staumauer selbst heißt „Damwall".

Wo das Rivier abkommt...

Flußtäler gibt's in Namibia zur Genüge. Erkennbar sind sie neben dem sandig-kiesigen Flußbett an ihren „Galeriewäldern": Bäume, die vom Grundwasser leben, das nach dem „Abkommen" der Riviere im Untergrund gespeichert wird.

Dieses „Abkommen", wie man hier sagt, ist typisch für Wüsten- und Halbwüstenzonen: Im Hochland schüttet es wie aus Kübeln; das Tal füllt sich. Eine Flutwelle tost den Rivier hinab, kein mehr oder weniger klares Wasser wie daheim, sondern braune Wildbach-

Brühe. Solch eine *Flash Flood* mal zu beobachten, muß ein starkes Erlebnis sein. Dieser zerstörerischen Fluten wegen sollte man nie in einem Bachbett campieren, sondern auf dem Hochufer.

Gewöhnlich fällt der Wasserspiegel rasch, da es ja an gleichmäßigem Nachschub (Quellen, Schmelzwasser) fehlt. Es ist besser, an einer Furt ein paar Stunden zu warten, als das Risiko einzugehen, daß das Auto weggespült wird. Faustregel: Ein Gewässer, daß sich nicht durchwaten läßt, sollte auch ein Geländewagen nicht queren.

Eine Ausnahme stellt z.B. das *Ugab Rivier* dar. Wenn der abkommt, kann es durchaus Tage und Wochen dauern, bis die Straße an der Skelettküste wieder befahrbar ist.

... oder Mündungen verschütt gehen.

Einige Riviere sind besonders eigen. Sie haben nämlich keine Mündungen ins Meer. Nicht mehr, denn in einstigen, regenreicheren Zeiten fluteten sie bis zum Ozean.

Verschütt gegangen unter angewehtem Sand sind die Mündungen von Kuiseb, Tsondab, Tsauchab und anderen. Der Kuiseb schafft's grade noch bis zum Dunstkreis des Atlantik, räumt beim „Abkommen" eingewehte Namib-Sande weg und trennt damit Dünen- und Kies-Namib (→ „Wüsten"/Satellitenbild). Kuiseb-Wasser sickert bei Sandwich Bay (Route 10) durch die Dünen zum Strand und wird bei Rooibank zur Versorgung von Walvis Bay und Rössing-Mine genutzt, so letztere in Betrieb ist.

Tsondab und Tsauchab enden 60 bis 100 km vom Meer entfernt in *Vleis,* Verdunstungs-*„Pfannen"* inmitten der Dünen. *Sossusvlei* bei Sesriem ist berühmtestes Touristenziel dieser Art (Route 14).

Durchaus möglich, daß einige „tote" Riviere unter gänzlich anderen Klimabedingungen in Jahrmillionen wieder durchkommen zum Atlantik. Derzeit gehört's zum höchsten der Gefühle, die Vleis gefüllt zu sehen. Was nur alle paar Jahre mal vorkommt.

Im Park und auf der Weide
FLORA & FAUNA

Keine Frage: Die Tier- und Pflanzenwelt im südlichen Afrika ist nicht mehr identisch mit der vor der Besiedlung. Aus Natur- wurde Kulturland, wobei *Kultur* das Urbar-Machen im weitesten Sinn bezeichnet.

Das forderte seinen Tribut. Wo einst Wild weidete (z.B. im Oranje-Tal), wurde es (v)erjagt. Oder ist vergrämt von selbst verschwunden, wurde abgedrängt in Reservate wie z.B. in den schon sehr früh (1907!) gegründeten Etosha-Park. An die Stelle des Wilds trat importiertes bzw. domestiziertes Vieh: Rinder, Karakul-Fettschanzschafe und andere Arten, ferner Ziegen. Umweltschäden waren unausbleiblich. Einige Farmer nehmen den Viehbestand zurück und lassen dem Wild wieder mehr Raum.

Ein Gutes hatte das ausgedehnte Sperrgebiet längs der Atlantikküste. Hier blieb die Natur ungestört. Teile einst verbotener Zone gingen ohne menschliche Nutzung in den heutigen Namib-Naukluft-Park über.

Was da grünt und blüht

Bei der Flora haben Eingriffe ebenfalls für Wandel gesorgt. Zwar wurde des Klimas und der Bodenqualität wegen kaum Land unter den Pflug genommen, aber allein die Weidewirtschaft hat Veränderungen gebracht. Sie fallen dem Besucher jedoch kaum auf, da er ja (anders als bei Afrika-Klischees in puncto Wild) oft nur wenig konkrete Vorstellungen mitbringt – wie ja überhaupt die Pflanzenwelt leider auf geringeres Interesse stößt als die Tiere.

Generell hat sich aber bei der Flora weniger geändert als bei der Fauna. Auch bei der Tour durch „Kulturland" faszinieren daher Exotik und relativ große Artenvielfalt.

Bäume: Köcherbaum-Aloen, Akazie mit Webervogel-Nestern und Akazien-Früchte.

Die Königin der Bäume, die Palme, ist verhältnismäßig selten. Nationalbaum des Landes ist die Akazie. Und da besonders der „Kameldorn", von den ersten Siedlern so benannt, weil Kamelperde (Giraffen) am dornigen Astwerk naschten. Einige Namibier behaupten, der Kameldorn sei gar keine Akazie, aber das ist nicht so wichtig.

Der oft kugelförmige Baum hat kleine, stark duftende Blüten; die Früchte sind halbmondförmig und etwa handflächengroß. In Riviertälern stehen die Akazien oft Spalier und bilden schmale „Galeriewälder".

Der *Köcherbaum,* eine Aloe-Art, versucht eindrucksvoll, dem Kameldorn seine Spitzenstellung unter den Namibia-Bäumen streitig zu machen (→Route 20). Der Anblick dieser Baum-Aloen ist phantastisch – ob als Wald oder solo auf der Ebene.

Markant ist der *Baobab* (Affenbrotbaum), recht häufig im Caprivi-Zipfel zu finden: Mit glattem Stamm und meist kahlen Ästen wirkt er wie aus dem Boden gerissen und verkehrt herum wieder eingepflanzt. Extrem groß ist ein Baobab bei den Victoria-Fällen mit etwa sechs Meter Durchmesser!

Ein „lebendes Fossil" ist die *Welwitschia* (→Ende Route 13). Auf manche wirkt sie mit ihren zwei verschlungenen, zerfaserten Blättern wie ein Haufen Elend in der Wüste, aber nicht nur wegen ihres biblischen Alters darf man ihr getrost das Etikett „phänomenal" verpassen. Die Pflanze lebt hauptsächlich vom Seenebel und nur im Namib-Bereich von Angola bis ins südliche Namibia.

Neben den Großen gibt's auch noch eine Menge kleiner Pflanzen, die Eindruck hinterlassen. Das *Pieker*-Kraut mit seinen Dornenköpfen sogar buchstäblich, nämlich an den Fußsohlen.

Nara-Dornenbüsche wachsen an Dünen oder auch mal auf flachem Land (→Route 14). Ihre Kürbis-ähnlichen Früchte sind Nahrung für

Zählt zu den ältesten Pflanzen der Erde und kommt nur im Namib-Raum zwischen Angola und Namibia vor: die Welwitschia mirabilis. Recht häufig sind diverse Aloe-Arten mit überraschend unterschiedlichen Blüten. Unten: Flauschige Blüten-Bälle der Süßdorn-Akazie.

viele Tiere. Aber auch für Menschen; berühmte Nara-Sammler sind die *Topnaar*-Namas im Kuiseb-Tal bei Walvis Bay.

Typisch für Wüstengebiete sind *Sukkulenten,* „Fettpflanzen", die in großzelligem Gewebe Wasser speichern und lange ohne Nachschub existieren können. Musterbeispiel ist der Kaktus, der jedoch in Namibia recht selten ist. Eine besondere Form stellen die „Hottentotten-Popos" dar. Der Name spricht für sich; man kann sie in der Namib finden, allerdings sind sie rar geworden.

Nicht spektakulär, aber auch nicht nebensächlich: die vielen Gras-Arten. Manche werden nur knöchelhoch, andere wachsen sich bis Hüfthöhe aus. Besonders in und kurz nach der Regenzeit wogen die Halme, oft mit rötlichem Schimmer. Die Kalahari z.B. ist dann eine phantastische „grüne Wüste", eins der Paradoxa des südlichen Afrika.

Ferner liefen... – Die Tierwelt

Das Wild ist Afrikas große Attraktion. So sehr, daß ein Tourist auf die Frage, wie ihm Namibia gefallen hat, lakonisch resümierte: „Ich habe keinen Löwen gesehen!" Das Land wurde total auf die Tierwelt reduziert.

Grundsätzlich hat man die Chance, fast alles zu Gesicht zu bekommen, wenn man sich Zeit nimmt (→Wildreichtum-Frage).

Zu den spektakulären *Big Five* gehören: *Löwen, Elefanten, Büffel, Nashörner* und *Leoparden*. Letztere sind nachtaktiv und daher seltener zu sehen. Erstaunlicherweise zählt das Flußpferd nicht zu den „Großen Fünf".

Unvergeßlich wird bleiben, Löwen und Elefanten zugleich an der Tränke zu erleben, wenn Elefant und Rhino kämpfen oder ein „Hippo" wie eine Dampflok aus dem Wasser tost. Nonplusultra: Ein Löwe beim Jagen, beim Riß; das „der" ist dabei Sex-neutral: Killen überläßt *der* Löwe seinen Weibern.

Gefährlich ist die Foto- oder Schau-Pirschfahrt nicht, wenn gewisse Grundregeln beachtet werden (→ „Bleib im Wagen!" Route 4).

Schwer was los ist bei den Robben der Kreuzkap-Kolonie.

Fleißig: ein Webervogel an seinem kunstvollen Nest.

Kleinvieh macht auch Mist, rangiert aber beim Auslug meist buchstäblich unter „ferner liefen"...

In langen Reihen ziehen ernst und düster dreinblickende *Gnus* (afrikaans *Wildebeest*) über die offenen Ebenen. Mittags halten sie Siesta im Schatten, dann äsen sie oder wandern im Gänsemarsch zu neuen Weidegründen.

Warzenschweine wirken wie putzige, kleine Nashörner, doch das stärkste ist's, wenn Sie sich (im Schutz des Autos) plötzlich einem Löwen gegenüber sehen.

Niedlich anzuschauen sind z.B. die *Warthog*-Warzenschweine, die wie Mini-Nashörner im Familien-Verbund durchs Gras sausen oder zielstrebig nach Wurzeln graben. Bei Gefahr im Verzug stellen sie aufgeregt die Schwänze wie Antennen auf.

Auch außerhalb der Parks sind die fröhlich hüpfenden *Springböcke* verbreitet. In Etosha können sie Herden von Tausenden von Tieren bilden, Tiere, die Lebenslust ausstrahlen.

Von der Optik her „lustig" sind die Zebras, vom Wesen her eher behäbig. Nur wenn sie Gefahr wittern, können sie wie Wildpferde davongaloppieren. Steppenzebras sind ebenfalls Massentiere und daher an vielen Wasserstellen zu sehen. Bei ihren Wanderungen verhalten sie sich ähnlich wie die Gnus. Bergzebras (Etosha und besonders im Naukluft-Gebirge) leben eher in kleinen Sippen.

Antilopen sind besonders artenreich. *Kudus* mit ihren spiralförmigen Hörnern stellen vor allem nachts auf den Straßen eine große Gefahr dar. Zäune können sie kaum aufhalten – sie gleiten elegant drüber hinweg.

Die *Oryx*-Antilope (afrikaans *Gemsbok*) ist auch so was wie ein Wahrzeichen des Landes. Wegen ihrer langen, nur leicht gebogenen Hörner heißt sie auch „Spießbock". Die Hörner sind eine gefährliche Waffe: Oryxe attackieren, verletzen oder töten andere Tiere an Wasserstellen aus scheinbar nichtigen Anlässen.

Deutlich nach hinten geschwungen ist das Gehörn der selteneren Rappen-Antilope. Das Fell ist dunkelbraun, eine beim Namibia-Wild

Springböcke finden sich häufig. Elefanten haben sich in Etosha (selbst)bedrohlich vermehrt.

eher untypische Farbe. Wie die Pferde-Antilopen wurden sie erst vor einiger Zeit in Etosha heimisch gemacht.

Schakal und kichernde Hyäne sind als „Ausputzer" wichtig. Die Tiere leben von Aas und dürften sich vermutlich in der Nähe eines „Risses" ausmachen lassen.

Zur Wildbestimmung gibt's (z.B. in Windhoek-Buchhandlungen) eine Reihe guter Bücher mit Abbildungen und mehr oder weniger ausführlichen Texten. Wichtiger als die Bestimmung der einzelnen Arten samt Strichlisten-Führung scheint mir die Beobachtung des Lebens und Treibens zu sein. Langsamst fahren, lange an Wasserstellen warten.

Ein gutes Fernglas sollte bei der Pirschfahrt an Bord sein, besser für jeden eins, damit's bei aufregenden Vorgängen keine hektischen Tausch-Aktionen gibt. 8fache Vergößerung ist ausreichend, bei stärkeren Gläsern erhöht sich die Verwacklungsgefahr.

Auf Pirschfahrt: Wieviele Tiere? Wo? Wann?
FRAGEN NACH DEM WILDREICHTUM DER PARKS

Wie einfach hat man's doch im Zoo. Gewappnet mit dem Lageplan läßt sich jedes x-beliebige Gehege ansteuern. Und das kasernierte Getier liegt oder steht parat. Von morgens bis abends: Erfolg garantiert.

Im Park ist's völlig anders. Sicher: Auch hier ist das Wild meist großräumig eingezäunt, aber es zieht herum. Wer sucht, der findet - oder auch nicht. Es gibt nur wenige Patentrezepte, etwas Glück gehört auch dazu.

Je nach Erfolg heißt's dann: in diesem Park gibt's viel, in jenem wenig. Andere haben u.U.

Wieder mal nichts los im Park? Blow up siehe Seite 44...

Risiko und Schutz:
SCHLANGEN
Beim *outdoor life* oder bei Wanderungen könnte ein Vertreter der zehn giftigen Schlangen-Arten Namibias gefährlich werden. Selbst in einer Toilette „hinten auf dem Hof" wurde mal ein großes Exemplar gesichtet. Schlangen meiden den Menschen, wenn sie sich nicht gerade in die Enge getrieben fühlen oder überrascht werden. Am ehesten wird man Kobras, Mambas & Co. daher auf den Straßen finden: überfahren.

Gegenmittel bei Bissen: Es gibt in Namibia und Südafrika Schlangenbiß-Sets für etwa 100 DM, deren Serum auch ohne die bislang notwendige Kühlung etwa ein Jahr haltbar ist. Das dürfte jedoch nur etwas für Leute mit medizinischen Vorkenntnissen sein. Muß ein Arzt aufgesucht werden, sollte man ihm wegen des erforderlichen Serums Informationen über die

Schlange geben können (Farbe, Kopfform).

Besser ist's jedoch, es gar nicht so weit kommen zu lassen. „Dreißig Minuten hast du noch, wenn sie dich beißt", meinte ein Namibier angesichts einer Schwarzen Mamba – und in einer halben Stunde schafft man's nicht bis zum Doktor...

Schon feste, halbhohe Stiefel bedeuten guten Schutz. Vorsicht beim Wandern durch Gras. Schlangen sind Erschütterungs-empfindlich, daher mehrmals fest aufstampfen, wenn das Lager aufgeschlagen wird. Schuhe vor dem Anziehen umstülpen. Zelt fest schließen, denn die Körperwärme könnte eine Schlange anlocken. Generell beim Hantieren im Freien nicht in dunkle Hohlräume fassen. Vorsicht beim Radwechsel: Im Gestänge am Wagenboden könnte sich eine Schlange verfangen haben, die in panischer Angst zubeißt. Ganz Vorsich-

Schwarze Mamba

tige tragen selbst beim Holzsammeln fürs Lagerfeuer Arbeitshandschuhe. Keine Panik, wenn Ihnen eine Schlange begegnet. Am besten erstarren, oder ganz langsam zurückziehen. Lese-Tip: *Reptilien Südafrikas* von Rod Patterson. 128 S., mit 4 Seiten über Schlangenbisse. Erschienen im Landbuch-Verlag.

OROPOKO LODGE
NAMIBIA

Die Oropoko Lodge wurde errichtet auf der Spitze des Berges Oropoko, der einen wohl einmaligen Blick auf Gebirge wie Khomas-Hochland, Erongo-Berge, Mount Etjo und Omatako gewährt. Alle Gebäude wurden im Fachwerkstil unter Verwendung natürlicher Baustoffe errichtet. Die Oropoko Lodge verfügt über 50 Betten, d. h. 22 luxuriöse Doppelzimmer und 3 Suiten in insgesamt 7 Bungalows. Von hier aus können die Gäste Erkundungsreisen, z. B. in speziell angefertigten Safari-Fahrzeugen, in den 11.000 ha großen, die Oropoko Lodge umgebenden Naturpark unternehmen. Eigene Start- und Landebahn sowie ein Heliport ermöglichen Fly-In-Safaris in den Etoscha-Nationalpark, an die Skelettküste, nach Sossusvlei, Swakopmund oder Windhoek.

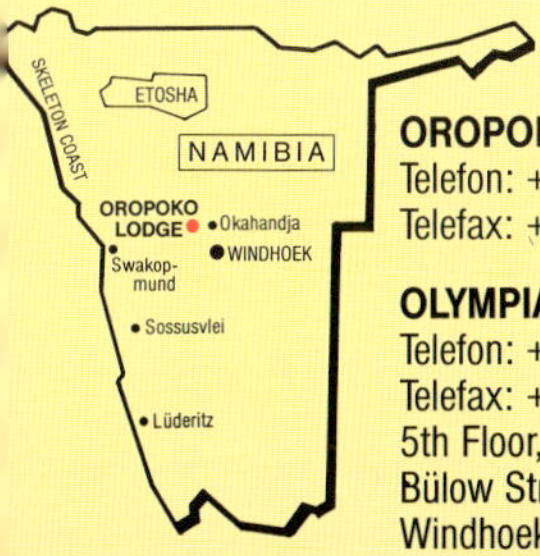

OROPOKO LODGE
Telefon: +264-6221-3371, 3383
Telefax: +264-6221-3378

OLYMPIA REISEN NAMIBIA (Pty) Ltd.
Telefon: +264-61-225539
Telefax: +264-61-222319
5th Floor, CDM Centre
Bülow Street – P.O. Box 43
Windhoek/Namibia

PAUSCHALANGEBOT

Eine Woche Oropoko Lodge inkl. Transfer von/nach Windhoek mit Übernachtung im Doppelzimmer und Wildbeobachtungsfahrten.

Halbpension:	1900,– N$
Vollpension:	2000,– N$
Einzelzimmerzuschlag:	950,– N$

Gut Wild will Weile haben: Pirschpause im „leeren" Dünental (siehe Abb. Seite 42) förderte diese bezaubernde Löwen-Kinderstube unterm Busch zutage.

Damit nicht genug: Geduldiges Warten und Peilen durchs Fernglas brachte uns auf die Spur eines „Kill", an dem sich weitere Löwen den Bauch vollschlugen. Bei schneller Fahrt würde solche Safari-Sternstunde unentdeckt bleiben.

gegenteilige Erfahrungen gemacht mit entsprechend anderem Urteil.

Jahres- und Tageszeit

Eine Faustregel: In der Trockenzeit hat man größere Chancen als während der nassen Saison. Das Wild ist mehr oder weniger gezwungen, an die verbleibenden Wasserstellen zu pilgern. Während der Regenzeit gibt's überall genug Wasser, die Tiere leben weniger konzentriert und ziehen sich wohl auch in Zonen zurück, wo sie sich ungestört fühlen. Weiterer Nachteil der Feuchtzeit: Büsche und Gräser sprießen und verbergen selbst Wild ganz in der Nähe der Pirsch-Wege.

Frühaufsteher kommen eher auf ihre Kosten als Langschläfer. In der Mittagshitze dösen auch viele Tiere, versteckt unter Büschen.

Gute Tips können die Ranger geben, die oft wissen, wo grade „was im Busch" ist. Aber nicht mal das muß zwangsläufig Erfolg versprechen, weil der Status quo der Info schnell überlebt sein kann. Selbstentdecktes ist ohnehin am aufregendsten.

Wenig Chancen hat, wer drauf hofft, daß beim schnellen Durchritt alles vor's Visier läuft. *Pirschen* bedeutet ja eigentlich „vorsichtiges Begehen des Reviers". Gut: Begehen scheidet in den meisten Fällen aus, aber anhalten, warten, suchen und beobachten gehören auch bei der Pirschfahrt dazu.

Ausdauer und Beobachtung

Mit etwas Übung kann man aus dem Verhalten einzelner Tiere Rückschlüsse ziehen. Unruhe unter Gazellen und Zebras könnte bedeuten, daß Raubkatzen in der Nähe sind. Möglicherweise bringt schon ein einziges Spitzen-Erlebnis in einem als „tierarm" verschrieenen Park mehr als Wild en masse in einem anderen. Wenn z.B. ein Löwe am Riß aufgespürt wird, selbst entdeckt... Safari ist auch eine Frage der Qualität, nicht nur der Quantität.

Scheinbar konträr: Natur-Bewahrung & Tourismus-Förderung
NAMIBIA-NATIONALPARKS

Bislang wurde in Namibia etwa ein Dutzend Nationalparks eingerichtet. Zusammen mit weiteren Zonen mit Park-ähnlichem Charakter unterstehen dem *Ministerium für Tourismus und Naturschutz* 17 Gebiete. Man darf gespannt sein, was demnächst hinzukommen wird: Brandberg-Region, Teile von Kaokoland??

Ein Problem ergibt sich schon aus dem Namen des Ministeriums: Zwei konträre Bereiche müssen unter einen Hut gebracht werden. Zum einen soll die Natur bewahrt werden, neben dem Bergbau wichtigstes namibisches Potential.

In den meisten Parks ist alles bestens organisiert; das Buchungssystem soll modernisiert werden.

Zum anderen muß der Tourismus bei- oder untergeordnet werden. Um die Gebiete möglichst im Urzustand zu erhalten, wird der sogenannte private Sektor in den Parks nicht zugelassen. Er kann sich aber „am Rande" betätigen, wo um einige Parks neue Privat-Lodges entstanden und entstehen werden.

Alle touristischen Einrichtungen in den Parks sind staatlich: Unterkünfte, Camps, Restaurants, Shops. So kann der Staat über Projekte in seinem Bereich entscheiden und entsprechend steuern. Einnahmen aus dem Tourismus werden in den Naturschutz investiert.

Kontaktadresse für Infos und Buchungen: →Reservierungen/Anhang).

Staatliche Parks, Schutz- und Erholungs-Gebiete

Die Sternchen-Wertung soll nur Anhalt sein für Touristen aus Übersee. Einheimische legen andere Maßstäbe an. ** sehr lohnend, * lohnend. (In Klammern Routennummer dieses Manuals.)

1. **Fish River Canyon mit Rastlager Ai-Ais (21)
2. **Lüderitzbucht mit Kolmanskuppe (18)
3. *Erholungsstätte Hardap (mit Wildpark, 25)
4. **Namib-Naukluft-Park (11, 14, 15)
5. *Daan Viljoen-Wildpark bei Windhoek (1)
6. *Warme Quellen von Groß-Barmen (2)
7. *Erholungsstätte Von Bach (2)
8. *Erholungsgebiet Westküste (8)
9. **Skelett-Küsten-Park (8.2.)
10. **Etosha-Nationalpark (4)
11. **Waterberg-Plateau-Park (2)
12. **K(h)audom-Wildpark (31)
13. **Mahango-Wildpark (noch keine Infrastruktur, 26)
14. *Popa-Fälle des Okavango (Camp/Bungalows, 26, 30)
15. *Caprivi-Wildpark (ohne touristische Infrastruktur, 26)
16. **Mudumu-Nationalpark (ohne tourist. Infrastruktur, 26)
17. **Mamili-Nationalpark (ohne touristische Infrastruktur, 26)

Straßen, Wege, Pisten:

GUTE PAD – SCHLECHTE PAD?

Über namibische Teer-*Pads* (das afrikaans-Wort *Pad* für Straße hat sich im Südwester-Deutsch etabliert) muß man nicht viele Worte machen: Das rund 4.500 km lange Netz ist erstklassig, wenngleich nicht gerade dicht – eigentlich handelt es sich weniger um ein geschlossenes Netz als um einen Stamm (B1) mit Ästen.

Die Asphaltstraßen erlauben zwar flottes Vorwärtskommen, aber das auf dem Teer-Fremdkörper durcheilte Land wirkt bei scheinbar schwereloser Fahrt monoton. „Abwechslung" bieten nur die Picknickplätze mit (manchmal auch ohne) Schattenbaum, einem Tisch und Bänken.

So gut wie zu Hause, nur leerer: Namibische Asphalt-straße (westlich des Waterberg).

Staubstraßen

Ziemlich kontrovers beurteilt wird die Qualität dessen, was nicht asphaltiert ist: Schotterstraßen, Wege und Pisten, insgesamt knapp 40.000 Kilometer...

Für asphaltverwöhnte Mitteleuropäer beginnt dort, wo der feste Belag endet, die „Piste". Und die wird gern mit schmückendem Beiwort „schlecht" garniert. Wohl weil's so abenteuerlich klingt. Dabei gibt's gewaltige Unterschiede; gemeinsames Merkmal ungeteerter Straßen ist nur der aufgewirbelte Staub.

Schotterstraßen (25.000 km) sind meist in erstklassigem Zustand. Das zeigt schon das Tempolimit 100 km/h (→„Fahrt" im Praxis-Teil). Diese *Gruis Pads* verlaufen oft auf einem Damm, also über dem überflutbaren Gelände. Der englische Begriff *Highway* hatte ursprünglich nichts mit der Belags-Qualität zu tun, sondern sollte das spezielle Querschnitts-Profil dieser Allwetterstraßen bezeichnen.

Geschotterte Haupt-Routen haben Brücken und Straßenrampen wie ihre geteerten Schwestern. Nur in seltenen Fällen wird die Fahrt blockiert von „abkommenden Rivieren" (fließenden Bächen oder Flüssen). Farmzäune passiert man hier auf *Grid*-Gittern, die Wild und Vieh nicht überschreiten; es müssen also keine Tore geöffnet und geschlossen werden.

Warum teert man diese Pads nicht, wenn doch alles da ist, was Teerstraßen auszeichnet? Zum einen lohnt die teure Asphaltierung in dünn besiedelten Zonen kaum. Zum andern sind die Wege nach schweren Regen leichter zu reparieren: Einmal drüber mit dem *Grader* (Straßen-Hobel, Südwester-Deutsch „Pad-Schrapper") und schon ist wieder alles glatt. Aus diesem Grund bleiben viele Highways in arktischen Zonen ungeteert, denn Frostaufbrüche sind schnell repariert.

Geschickter Kunstgriff der Straßenbauer: Einige Pads (besonders in Küstennähe) sind mit Gips und Salz gebunden und gewalzt. Deren Qualität steht den Teerstraßen überhaupt nicht nach, da staubfrei. Allerdings zeigen sie bei Nässe ihre glatte Seite, was übrigens

Auch unwichtige, geschotterte Neben-straßen sind meist in perfektem Zustand. Hier ein Weg zur Spitzkoppe. Solche Pads erlauben zwar überraschend hohes Tempo, schnelle Fahrt ist jedoch be-sonders für Schotter-Neulinge verdammt gefährlich wegen der im Vergleich zu Teer-belag viel schlechte-ren Traktion.

auch für die Schotterstraßen gilt!
Der Zustand unbefestigter Pads kann gewaltig schwanken. Er kann aktuell beim Automobil-Club erfragt werden.

„Naturstraßen"

Eine Stufe unter den Schotterstraßen stehen Distrikt- oder Farm-Pads (12.500 km des Namibia-Netzes). Sie sind hie und da ebenfalls mit rangekarrtem Schotter entschärft, oft jedoch nur über und in den Boden „geschoben". Je öfter der Grader schrappt oder „schkrappt" (Südwester-Deutsch), desto stärker wird der Hohlweg-Charakter. Gelegentlich fängt man einige Meter versetzt erneut mit dem Hobeln an. – Hier ist mit tiefen Löchern oder Steinen auf der Fahrbahn zu rechnen.
Happige Probleme bei Regen: Der „Natur-Belag" wird noch glitschiger als der von Schotterstraßen. Es entstehen Schlammlöcher und im Extremfall kann das unterm Niveau der Umgebung liegende Straßenbett wie ein Kanal vollaufen. Abkommende Riviere sind mangels befestigter Furten kaum zu queren. Fazit: Bei drohendem Regen sollte man schauen, daß man Land gewinnt – oder ein paar Stun-

Ein Wege-Phänomen:
Nummern-Wechsel
Daß Straßen klassifiziert und numeriert werden, ist weltweit üblich. Auch das einstige South West Africa hatte sich ein praktikables Raster zugelegt, um das erfreulich dichte Netz in den Griff zu kriegen.
Das Erstaunliche dabei: Mitte der 80er Jahre ließ man sich was Neues einfallen. Die Änderung betraf in erster Linie die wichtigeren Routen; viele *D* = Distrikt-Pads oder *P* = Plaas-Pads, Farmwege, behielten ihre Bezeichnung.
Aber die Umstellung hat eine Menge Geld gekostet. Karten mußten geändert und neu gedruckt, andere Schilder aufgestellt werden. Bisweilen markieren alte und neue Tafeln ein und denselben Weg.
Zwei Schlüsse daraus: Namibia ist kein armes Entwicklungsland, das sich die Änderung eines funktionierenden Systems nie leisten könnte und würde. Zweitens: Hier herrscht Ordnung. Mit guten Karten an Bord kann man eigentlich nicht verlorengehen. Und das ist in Afrika schon einer Erwähnung wert.

Oft finden sich alte und aktuelle Pad-Numerierung nebeneinander.

Wellblech-Piste? Nein: die Waschbrettstruktur bildet sich im Natur-Belag quer zur Fahrtrichtung (siehe Abb. Route 14).

Hauptstraße in Caprivi nach Regen. Der Schlammbelag ist oberflächlich und trocknet bald ab.

Typische Piste, die nie von einem „Grader" geschkräppt wurde, wie Namibier sagen.

experimentiert. Dazu werden vorgefertigte Blöcke wie Eisenbahnschienen verlegt. Die Wege sind schnell zu bauen, fest und bei Regen nicht glitschig. Sie werden nicht so leicht weggeschwemmt wie Naturstraßen.

Piste

Auf echten Pisten (französisch, „Spur"), Urform aller Straßen, wurden nur größere Hindernisse wie Bäume oder Steine entfernt. Ansonsten bildeten sich Tracks allein durch permanente Benutzung.

Typisch sind der hohe Wulst und der „Irokesen-Haarschopf" zwischen den beiden Spuren: Die Grasbüschel können im Lauf der Zeit derart wuchern, daß die Piste zuwächst, nicht mehr erkennbar ist und in der Nähe eine neue entsteht. Daher sind Pisten oft nicht markiert. Auch Warnzeichen fehlen; nette Benutzer legen an Risiko-Stellen Äste quer – blind verlassen darf man sich auf diese unscheinbaren Hilfen nie.

Tracks über Sand, Stein und Fels stellen daher hohe Anforderungen an Fahrtechnik und Orientierung. Obwohl ein Geländewagen ideal ist, kommen hier bisweilen auch Pkws durch, vor allem, wenn die Strecke kurz und überschaubar ist. Für Miet-Pkws sind echte

den warten. 4WD-Piloten sind da fein raus, da sich mit Allradantrieb auch schwierige Passagen bewältigen lassen. Doch selbst 4WDs sind keine Wunderwaffen und haben ihre Grenzen!

In der Trockenzeit meistern auch Autos mit konventionellem Antrieb (Pkws, Camper) Nebenrouten ohne größere Schwierigkeiten. Man muß nur verhalten und vorausschauend fahren. Und unentwegt Vieh-Gatter an den Weidegrenzen öffnen und schließen...

Ganz was Neues sind die *Spoorbaans* oder *Rail Track Roads,* mit denen man in Owambo

Pisten tabu. Laut Vermietbedingungen erlischt u.U. sogar der Versicherungsschutz.

Wegen niedriger Bodenfreiheit der konventionellen Fahrzeuge ist die Gefahr von Schäden am Unterboden immens groß. Solche Beschädigungen trägt immer der Mieter – und er ist auch dafür zuständig, Abschleppwagen bzw. Mechaniker samt Ersatzteilen an die einsame Piste zu bringen.

Auf Pisten sind Autofahrer der Natur am nächsten; sie müssen permanent beobachten, sich mit der Umgebung auseinandersetzen und oft anhalten. Ist solch ein Track Jahre später zur perfekten, breiten Teerstraße aufgewertet, glaubt man die gleich gebliebene Landschaft nicht wiederzuerkennen. Womit

Gut ist „schlecht", schlecht kommt „gut" weg – alles relativ...

Zustands-Kontroverse

Mehrere Faktoren verhindern konkrete Angaben über den Zustand ungeteerter Straßen und Wege.

1. Witterungs-Einflüsse und starke Benutzung können die Oberfläche rasch verschlechtern. Gestern gut, heute schlecht, morgen miserabel, übermorgen wieder erstklassig.

2. Der Erfahrungs-Horizont der Fahrer führt zu kontroversen Beurteilungen. Wer nie auf ungeteerter Fahrbahn unterwegs war, empfindet u.U. eine gute Schotterstraße als „miserabel". Versierte beurteilen selbst schwierige Sandwege als „gut", wenn sie nur etwas leichter zu bewältigen sind als vorher unter die Räder genommene Pisten. Alles eine Frage der Relativität!

3. Auch das benutzte Fahrzeug spielt bei der Beurteilung eine Rolle. So fallen dem Geländewagenfahrer, mit 80 km/h übers Wellblech „fliegend", diese Rippel womöglich überhaupt nicht auf; er wird die Strecke als glatt bezeichnen. Wer mit Pkw oder Campmobil unterwegs ist und moderat übers Waschbrett rumpelt, kommt zu einem ganz anderen Urteil.

wir wieder bei der 1a-Pad wären. Durchaus möglich, daß Sie dann der „roffen" (von *rough,* rauh, holprig) Piste eine Träne nachweinen.

P.S.: Gutes Beispiel für den permanenten Wechsel zwischen guter und schlechter Pad bis hin zur sandigen Fahrspur ist die Verbindung Windhoek-Maun östlich der Botswana-Grenze.

Wellblech-Recycling?

Anlaß zu wüsten Touristen-Spekulationen ist die Waschbrett-Struktur, mit der sich gute Hauptstraßen ebenso garnieren wie halbwegs feste Sand-Tracks.

Hat man hier ausrangiertes Wellblech entsorgt? Nein: Die Rippen entstehen von selbst unter schnell drehenden Rädern. Auf Hauptrouten gern an Steigungen oder – besonders gefährlich – in Kurven. Die Pad ist dann reif für den Grader, danach herrscht wochenlang Ruhe statt Rumpeln.

Abstände von Wellen-Spitze zu Wellen-Spitze können 50 bis 100 cm betragen. Extreme Differenzen zwischen Tal und Spitze auf Strecken mit viel Schwerlaster-Verkehr (ca. 10 bis 20 cm)! Angeblich tragen die Trucks am meisten zur Wellblechbildung bei. Andererseits ist's auch auf reinen Touristenrouten ausgeprägt (z.B. Zufahrt zum Sossusvlei, wo nie ein Lkw unterwegs ist).

Während der Fahrt neigt man dazu, das Wellblech zu überschätzen: Nach dem Anhalten wirken die Buckel unscheinbar, harmlos. Wenn Sie sie für die Nachwelt festhalten wollen: am besten am späten Nachmittag, wenn Licht und Schatten die Struktur rausheben.

Gegen Wellblech ist kein Kraut gewachsen, da muß man durch. Entweder schnell „im Fluge" über die Spitzen oder langsam, Tiefen und Höhen ausreitend. Geländewagen mit ihren besonders großen Rädern und robuster Federung stecken Wellblech besser und sicherer weg als Pkws. Mehr dazu im Praxis-Teil unter „Fahrt".

Steil hinauf am Wüstenrand
NAMIBIAS PASS-STRASSEN

Fans von Bergstraßen können auch in Namibia auf ihre Kosten kommen. Erstaunlich für ein Land, das eigentlich für seine Weite berühmt und von Ebenen geprägt ist. Logisch: Irgendwo muß man „übern Berg" auf dem Weg von der Küste zum Hochland. Das *Escarpment* ist zu überwinden, die „Randstufe". Man hat die Qual der Wahl unter einem halben Dutzend *Hoogtes,* wie die meisten Pässe afrikaans heißen. Alle sind ungeteert, aber von nahezu allen Fahrzeugen zu nehmen. Lediglich für Wohnwagengespanne gibt's Einschränkungen.

Negativ-Beispiel

Unter „Paß" stellt man sich meist eine Route vor, die steil ansteigt, eine Höhe bezwingt und sich abwärts windet. Bei Namibias *Hoogtes* kommt man mit dieser Paß-Definition kaum zurecht. Wie der Begriff „Randstufe" schon andeutet, geht's meist nur in *einer* Richtung hinauf. Oder anders gesagt: Von Windhoek kommend, ist auf Westkurs so gut wie kein extremer Anstieg zu überwinden. Sonderfälle sind die Routen *Kuiseb* und *Gaub:* Es geht bergab! Sie werden aber wegen ihrer steilen Rampen auch zu den Pässen gerechnet. Die „Paß-Höhe" ist in der Tiefe des Reliefs erreicht, am Canyon-Boden. Negativ-Beispiel einer Paß-Fahrt: hier werden Täler passiert.

Pässe von Nord nach Süd

Van Zyl's Pass (4WD)
Der schwierigste und unbekannteste Paß liegt im hohen Norden, im Kaokoland: 100 km östlich der Atlantikküste und rund 50 km südlich des Kunene steigt er vom *Marienfluß*-Tal auf 1.200 Meter (unsere Route 6.2).

Van Zyl's Pass ist in der Pad-Karte nicht enthalten, darum findet sich keine amtliche Gradienten-Angabe (→Kasten). Seine Maximal-Steigung soll (auf kurzen Abschnitten von einigen Metern) bei kaum vorstellbaren 40 Grad = 83% liegen. Selbst weniger wäre für viele schon zuviel. Kein Wunder, daß man „Schiß hat". Bei Nässe spielt man an solchen Steigungen mit dem Leben – und da kann Schiß lebensrettend sein... Meist wird der Paß im Gefälle befahren, von Ost nach West.

Bosua und Khomas Hochland Pass:
Straße C28 von Windhoek via Khomas-Hochland und Namib Desert nach Swakopmund. Steigung von West nach Ost, Gradient 1:5. Problemlos. Kürzeste Verbindung zwischen Windhoek und der Küste. Sehr lohnend (→Route 13).

Us-Pass:
Sehr einsame, wilde Bergstraße zwischen Windhoek und Walvis Bay. Als Straße D1982 eine nördlicher verlaufende Alternative zum Gamsberg Pass. Gradient 1:10.

Gamsberg Pass:
Straße C26 Windhoek/Kuiseb Canyon mit Verlängerung C14 nach Walvis Bay bzw. Swakopmund. Beliebte Alternative zur schnellen Teerstraße Küste/Windhoek. Attraktiv nördlich des Gamsberg-Tafelbergs verlaufend. Gradient 1:9 (unsere Route 12).

Spreetshoogte:
Verbindung zwischen der Farm *Solitaire* (nordöstlich Sesriem/Sossusvlei) und dem Hochland. Beliebig variierbar mit Windhoek direkt oder Rehoboth an der B1 (unsere Route 16).

Spreetshoogte-Paß an der Randstufe. Im Osten (links) nahezu kein Anstieg, gen Westen geht's steil hinab zur Namib-Wüste.

Dieser Paß ist (nach *Van Zyl's*) der steilste aller namibischen Haupt-Pässe (Gradient bis 1:4,25 = 23%), aber der lohnendste: Vom Picknick-Platz am Plateau-Abbruch tolle Blicke hinüber nach Westen auf die Namib. Geheimtip für den Sonnenuntergang, für Outdoor-Übernachtung. Erstaunlicherweise ist die Spreetshoogte selbst vielen Namibiern unbekannt...

Pkws können Probleme bekommen: in Ost-West-Richtung befahren, also im Gefälle. Geländewagen schon vor Steilstellen in den Kriechgang L4 schalten.

Remhoogte:
Südliche Alternative zur Spreetshoogte.

Straße D1261: im Bereich des Naukluft-Massivs von der Naukluft-Zufahrt C14 abzweigend. Mit Gradient 1:10 problemlos – doch *Spreetshoogte* ist vorzuziehen.

Zarishoogte:
Sanfter Paßanstieg an der Pad 36 zwischen Solitaire/Sesriem und Maltahöhe. Weniger zu empfehlen. Interessanter zeigt sich die südlichere Straße 826 mit dem Schloß Duwisib bzw. der Weg am Rand des Namib-Naukluft-Parks (→Route 17).
Nach Süden ist die Randstufe weniger ausgeprägt bzw. leichter passierbar.

Des Gradients Lösung

Steigungen werden im südlichen Afrika nicht in Winkel-Graden oder in Prozent angegeben, sondern als *Gradient*. Z.B. 1:14 Otavi-Tsumeb, eine harmlose Schwelle in Nordost-Namibia, eher eine Pforte oder Passage an der Zufahrtsstraße zum Etosha-Nationalpark.
Der Gradient zeigt das Verhältnis Höhenunterschied (immer 1 m) zur Basislänge zum Erreichen dieser Höhe (hier 14 m). Ähnlich wird der Gleit-

winkel von Segelflugzeugen dargestellt: Beim Sinken um einen Meter werden soundsoviel Meter Flugstrecke über Grund geschafft.
Anfangs etwas verwirrend: Je *größer* die zweite Zahl, desto *sanfter* die Steigung!
Die Angabe gilt für die Maximal-Steigung(en), ist also kein Durchschnittswert für die gesamte Paß-Rampe.
Gradienten-Werte lassen sich grob in hierzulande übliche Prozent umrech-

100 geteilt durch zweite Zahl der Angabe. Das Beispiel Tsumeb 1:14 entspricht etwa 7%.

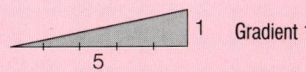
Gradient 1:5

1:18 = ca 5,0 % (ca 3,0°)	= harmloser Anstieg
1:12 = ca 8,0 % (ca 5,0°)	= wie Felbertauern, sanft
1: 9 = 11,0 % (ca 6,5°)	= wie Glocknerstraße, steil
1: 5 = 20,0 % (ca 11,0°)	= extreme Alpenstraßen
1: 1 = 100,0 % (45°)	= nicht zu schaffen!

Namibia-Routen

Grün markiert und bei Trockenheit(!) durchgehend Pkw- bzw. Wohnmobil-tauglich ist die klassische Rundtour.

Blaue Routen: Lohnende Exkurse, Alternativen oder Abkürzungen. Ebenfalls leicht bis mäßig schwierig, siehe gelbe Vorspann-Kästen. Pkw-Fahrer sollten sich beim Automobilclub (→Anhang) über den aktuellen Straßenzustand informieren.

Rote Markierungen: Organisatorisch und fahrtechnisch schwierig; nur für Geländewagen (4x4), auch wenn Teilstrecken u.U. keinen Allradantrieb erfordern. Die „blaue Route" 29 ist zunehmend Pkw-tauglich (keine Mietwagen!), sollte aber nur mit 4x4 befahren werden.

Anschluß-Strecken für beide Fahrtrichtungen am Ende der Vorspann-Kästen. Schnellen Überblick über das Routennetz liefert die Karte in der hinteren Umschlagklappe.

Exote unter Afrikas Hauptstädten

1 WINDHOEK – DAAN VILJOEN (25 km)

Name: Vorkolonial wurde Windhoek von den Nama *Ai-Gams* genannt, „Ort der heißen Quellen" (vgl. *Ai-Ais* am Fish River Canyon, Route 21). Der Nama-Führer Jonker Afrikaner hielt mit *Winterhoek* die Erinnerung wach an seine Heimat im Bergland bei Kapstadt. Später wurde daraus *Windhoek,* zu deuten als „Wind-Ecke" oder „Winter-Ecke". Daneben weitere Namens-Varianten.

Lage: Ziemlich exakt in der Mitte des Landes, im zentralen Längstal zwischen Auas-/Aias-Bergen (im Südosten), Eros/Otjihavera-Bergen im Osten und Khomas-Hochland im Westen. – Michelinkarte 955: Falte 29 rechts oben. f&b Sektor B4.

Entfernungen: Airport 40 km, Buitepos/Botswana-Grenze 330 km (nach Osten). Walvis Bay 400 km, Swakopmund 363 km (Westen). Etosha/Namutoni 540 km, Ruacana/Angola 910 km (Norden). Fish River Canyon 650 km, Südafrika-Grenze 800 km (Süd).

Höhe: 1779 (!) Meter.

Gründung: offiziell mit Bau der „Alten Feste" 1890, während der deutschen Kolonialzeit. Region aber schon weit früher bewohnt.

Einwohnerzahl: um 150.000 bis 170.000. Zum Vergleich: 1970 nur ca. 72.000 Einwohner.

Transport Airport-City: Busse vom Flughafen zur Stadt. Einige Autovermieter übergeben das Fahrzeug bereits am Airport oder holen mit Mini-Bussen ab. Details beim Reiseveranstalter.

Versorgung: Nicht nur für afrikanische Verhältnisse erstklassig. Angebot wie in Mitteleuropa; viele Importwaren aus Deutschland.

ⓘ Broschüre „Windhoek Info" an Tankstellen, in Hotels usw.

⚑ Stadt-Campingplatz an der Ausfallstraße B1 Richtung Südafrika (ziemlich laut). Ideal für die Tage vorm Safari-Start: Naturpark *Daan Viljoen,* 25 km westlich am Rand des Khomas-Hochlands.

🏨 Rund ein Dutzend, z.B.

Kalahari Sands**** ☎ (061-)222300	
Hotel Safari***	38560
Thüringer Hof**	226031
Fürstenhof**	37380
Hansa*	37380
Pension Handke*	34904

Komplette Liste im „Beherbergungsführer", erhältlich beim Verkehrsamt (siehe Anhang – *Info*).

Tip: Bungalows in *Daan Viljoen* siehe Camps. *Reservierung* siehe Anhang.

Anschluß-Strecken: Routen 2 und 3 (Waterberg-Etosha National Park). Route 13 (Bosua-Paß – Swakopmund). Route 12 (Gamsberg-Namib). Route 16 (Spreetshoogte-Namib).

Whisky-Delta-Hotel:
„Welcome to Windhoek"

Erster Berührungspunkt mit Namibia? Fürs Gros europäischer Touristen wohl die Runway des *International Airport.* Code *Whisky-Delta-Hotel, WDH.* 5.640 Fuß gleich 1.719 Meter überm Meeresspiegel. Er liegt 40 km östlich der Stadt, und diese 40 km stimmen Sie gleich ordentlich ein auf Namibia.*

Einstimmung auf Ihr Safari-Revier brachte bereits der Landeanflug: Angola wird oft noch überm Atlantik umrundet. Der Jumbo düst südlich des Kunene über die Küste, über Gebirge und isolierte „Inselberge", über trockene Flußbetten, hier *Riviere* genannt. Weite und Leere glaubt man bis in die Flugzeugkabine zu spüren.

Beim Sinkflug werden dann Details deutlich: Bergwerke in der Einsamkeit, Flugplätze, Straßen und schließlich Wege, die das eher braune, selten grüne Land in dichtem Netz überziehen. Zuletzt kommen sogar Farmen, einzelne Hütten und Windräder groß raus.

* Der Stadtflughafen trägt den lieblichen Namen *Eros* (nach einer Bergkette im Nordosten von Windhoek). Code ERS. Wichtig für regionalen Verkehr und z.B. nach Botswana!

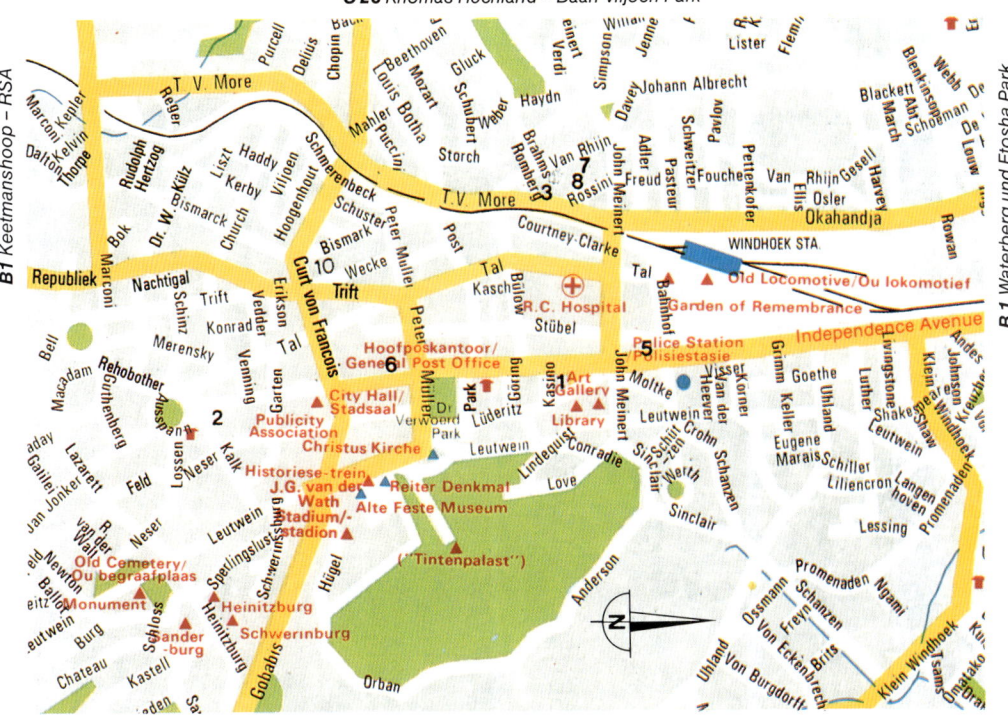

B 6 Aiport, Gobabis, Botswana

Rinder flüchten in gestrecktem Galopp vorm Düsenlärm.

Der Anflug als gratis-Erdkunde-Lektion, wenn's ein, zwei Durchsagen gäbe. Aber ohne Hinweise aus dem Cockpit nützt auch die beste Karte am Fensterplatz wenig: Zu schwierig ist's, ohne Anhaltspunkte festzustellen, was gerade überjettet wird. Vielleicht wird das mal besser.

Welcome to Namibia. Gemütlich geht's schon am Rollfeld zu: Man marschiert per pedes zur Ankunftshalle. Hypermoderne „Finger" zwischen Jet und Terminal gibt's nicht. Möglicherweise spüren Sie hier bereits die Höhe. Nicht des Luftdrucks wegen, sondern weil's Afrika-untypisch relativ kühl und trocken sein kann.

Für das angenehme Klima sorgt die Kombination aus arider Trockenheit und Höhe (mehr als Davos oder Brenner-Paß, etwas niedriger als St. Moritz). Da schlagen übliche Tropen-Einflüsse selten durch. Der Wendekreis des Steinbocks, Begrenzung der Tropenzone, liegt übrigens nur 100 km weiter im Süden.

Fix durch *Immigration* (Einreisekontrolle) und Zoll. Touristen werden lässig und freundlich abgefertigt. Die Zeiten, wo man z.B. wegen einer Bienenwachs-Kerze (tierischen Ursprungs und daher unter Einfuhr-Bann) Probleme bekommen konnte, sind mittlerweile offenbar vorbei.

Vertraute Exotik

Start in die Stadt. Linksverkehr! Wer damit noch nie Bekanntschaft gemacht hat, sollte den Bus benutzen oder sich vom Auto-Vermieter in die City kutschieren lassen. Gute Gelegenheit, locker vom (Beifahrer-)Hocker Rundschau zu halten und (wahrscheinlich) aus Schwarzem-Mund deutschen Worten zu lauschen. Ein Namibia-Schlüsselerlebnis.

1

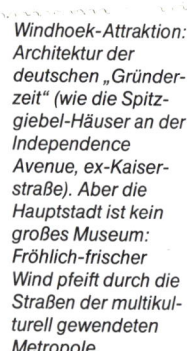

*Windhoek-Attraktion:
Architektur der
deutschen „Gründer-
zeit" (wie die Spitz-
giebel-Häuser an der
Independence
Avenue, ex-Kaiser-
straße). Aber die
Hauptstadt ist kein
großes Museum:
Fröhlich-frischer
Wind pfeift durch die
Straßen der multikul-
turell gewendeten
Metropole.*

Self-Drive ist in den ersten Stunden riskant. Auch ohne große Zeitverschiebung und bei bestem Airline-Service bleibt ein wenig *Jetlag* spürbar, die Kombination aus leichtem Schlaf im Flieger, Alkohol und Klimawechsel. Besser erst später hinters Steuer als abzutauchen in den Graben oder gar auf falscher Spur einen Totalschaden zu produzieren.

Dazu kommt, daß einige Windhoeker den Weg zum Flughafen als *Race Course* betrach-

ten und ihre Import-Statussymbole voll ausfahren. Selbst in der Dunkelheit und trotz Wildwechsel-Warnung high speed wie auf deutschen Autobahnen – aber auf einer Landstraße! Alle anderen Namibia-Straßen sind sicherer, weil sich Gegenverkehr und Überholer rar machen.

Fahrt durch Savannenland, vorbei an Bergketten, darin eingebettet deutsche Namen wie Finkenstein und Hoffnung, Farmen und Bahnhöfe. Ein vertraut-exotischer Landschafts-Mix, den Sie in den nächsten Tagen in x Varianten auskosten können.

WINDHOEK: Großes Dorf, kleine Stadt (von der Einwohnerzahl her Solingen oder Osnabrück

vergleichbar). Aber Vergleiche hinken. Die Hauptstadt Namibias steht allein auf weiter Flur. Kapstadt als „nächste" City liegt anderthalbtausend Kilometer entfernt. Das wäre Rom im BRD-Vergleich...

Zur Zentralfunktion kommt großstädtisches Ambiente, das sich Windhoek während der letzten Jahre zugelegt hat. Die Skyline wurde so richtig modern. Doch darunter blieb's gemütlich, trotz Aufmöblung mit bunter Fußgängerzone und Shopping Center.

Eingebettet zwischen neue Hochhäuser liegen die spitzgiebligen Kolonialhäuser an der *Independence Avenue,* bis 1990 *Kaiserstraße,* früher mal *Kaiser-Wilhelm-Straße.* Von der Optik her das Urdeutsche an Windhoek: In den Tropen und vor Palmen Gebäude mit Dächern, auf denen Schneelasten abrutschen können...

Nur ein paar Schritte sind's nach Osten zur Christus-Kirche, zum Reiter-Denkmal, zur Al-

Windhoek bei Nacht. Im Hintergrund die Christuskirche, mal ganz anders. Red-Light-Districts machen sich rar.

Namibia und sein „Husar": Stolzes Denkmal der Kolonialzeit (1912) und bewahrenswertes Monument der Namibia-Geschichte. Der Reiter war fast personifiziertes SWA, prangte nur millimeterklein und unverkennbar auf Bierflaschen, wurde x-mal persifliert. Im Denkmaltext wird nur der deutschen Opfer gedacht, und doch mögen ihn fast alle – den „Reiter von Südwest".

1

Die Windhoek-Höhe von rund 1.800 Metern läßt wenig tropisch-exotische Flora hochkommen. Hie und da einige Palmen, aber stärker noch wirken lilaleuchtende Jacaranda-Bäume.

ten Feste (mit kleinem Museum) und zum „Tintenpalast", nun *Parliament Building*.

Locker lassen sich die Sehenswürdigkeiten der properen Stadt binnen weniger Stunden erlaufen und mit einem Bier vom Faß im Biergarten krönen.

Daneben und darin deutsche Laute, deutscher Sang... Doch ein Tip vorab: Die vertraute Exotik Windhoeks läßt sich mit viel mehr Genuß *nach* der Safari auskosten! Auf dem Rückweg vom prallen schwarzafrikanischen Leben Botswanas zum Beispiel, entlassen aus der Weite der Namib oder aufgeladen mit Pirsch-Impressionen der Etosha-Pfanne.

Vorschlag: Dann erst in einem Stadthotel mit ur-„germanischem" Ambiente logieren, denn beim Start bedeuten „Thüringer Hof" & Co kaum mehr als einen Wechsel von Deutschland nach Deutschland. Nach der Tour ist's eine Krönung der Reise. Da zuzzelt man genüßlich jede Faser dieser Stadt aus, die unter Afrikas Metropolen nicht ihresgleichen hat.

Erster „Ausspannplatz"

Einen *Ausspannplatz* gibt's buchstäblich: Er liegt am linken Rand unserer Windhoek-Karte. Dort wurden früher Zugochsen ausgespannt. Ausspannen nach der Ankunft? Biergärten und Fußgängerzone nach Gusto.

Floß das Bier sparsam, dann mit dem Mietwagen auf der Teer-Pad C28 ab in den *Daan Viljoen Game Park* westlich von Windhoek (keine öffentlichen Verkehrsmittel). Nicht nur auf den ersten Kilometern sollte der Beifahrer als Co-Pilot den Fahrer immer wieder an den Linksverkehr erinnern.

„Abfallprodukt" des 25-km-Ausflugs ist ein fantastischer Blick auf Windhoek vom Rand des Khomas-Hochlands. Ob Campground oder *Rondavel*-Rundhütte – beides ist vom Feinsten in *Daan Viljoen*. Wobei die Camp Area an Wochenenden der Naherholer wegen sehr laut sein kann.

Das *Game* im Park-Namen sollten Sie nicht überbewerten. Nach der Ankunft in Namibia

ist ein grimmig dreinschauendes *Wildebeest-Gnu* am Weg eine starke Erfahrung; drum lohnen sich Daan-Viljoen-Rundfahrten auch und besonders am ersten oder zweiten Reise-Tag. Nach Rückkehr von der Safari, wo man sich Elefanten, Löwen und Büffeln Auge in Auge gegenüber sah, wirkt der Park schwächer und traditionelle Attraktionen der Stadt Windhoek um so stärker (s.o.).

Brennholz fürs Grillfeuer kriegen Sie im Park-Office. Steaks und Drinks sollten zuvor in Windhoek besorgt sein; alles andere ist auch in Daan Viljoen zu bekommen.

Und nun ein herrlicher erster Safari-Abend unterm Kreuz des Südens (siehe „Sonne, Mond und Sterne").

*Wildpark **Daan Viljoen** westlich von Windhoek: Gepflegte Anlage mit Möglichkeiten zu ersten Pirschfahrten oder Wanderungen. Der Campground ist so sauber, daß man „vom Boden essen könnte" (Touristen-Zitat). Strom-Anschluß und Wasserhahn an jedem Site (Stellplatz).*

Tip zur Tour: Zwar gibt's bei Reisen von Mitteleuropa nach Namibia keinen durch Zeitverschiebung verursachten *Jetlag*. Aber schon Flug-Nacht und Klimawechsel belasten. Daher nicht gleich am ersten Tag losdüsen bis rauf nach Etosha (das bedeutet TorTour), sondern ausspannen. Fast jeder braucht ein paar Tage, um sich einzustimmen aufs ruhigere afrikanische Leben (siehe *Reiseplanung*).

2 WINDHOEK – WATERBERG (280 km)

Technisch einfache Route, ideal zum Akklimatisieren. Unterwegs Weite „satt", Farmland und einige Inselberge.

Name: *Waterberg* bezeichnet einen Tafelberg mit relativ vielen Quellen am südlichen Kliff. Rückzugsgebiet für Wild, das dort gezielt wieder angesiedelt wurde.

Lage: nordnordöstlich von Windhoek (WDH). Michelinkarte 955 Falte 26 links.

Straße / Entfernungen: Haupt-Achse *B1* von WDH nach Norden (220 km). *C22* nach Osten (36 km). *D2512* noch 21 km zum Park. Gute Beschilderung.

Zustand: Teerstraßen erstklassig wie in Europa. D2512 geschottert, Pkw-tauglich (bei Regen schwierig, Furten eventuell kurzzeitig für Pkw unpassierbar).

Zeitbedarf: 1/2 Tag (dazu möglichst Kurz-Wanderung, ggf. geführte 4WD-Tour aufs Plateau (halber Tag).

Tankstellen: WDH, Okahandja, vor dem Waterberg, Otavi und Tsumeb (Route 3).

Versorgung: In WDH möglichst Grundversorgung erledigen. In allen Städten am Weg gute Supermärkte.
⅄ Van Bach Dam und Waterberg-Plateau-Park.
🛏 Van Bach Dam und Waterberg-Plateau-Park (komfortable Bungalows). Gästefarm Otjisemba.

Anschluß-Strecken: Route 3 (nach Etosha); Route 26 (zum Caprivi-Zipfel); von dieser Strecke schwierige 4WD-Variante durch Kaudom (Route 31).

Nach letztem Rückblick auf die Windhoek-Skyline und auf die einst für Schwarze reservierte *Township* Katatura rollen wir auf zunächst autobahnähnlicher Straße durchs zentrale Längstal nach Norden. Der Sonne entgegen, die ja hier mittags im Norden steht (im Süd-Winter senkrecht überm Land und damit als Orientierungshilfe wenig ergiebig).

Im Westen Ausläufer des Khomas-Hochlands, die bald enden, östlich die *Otjihavera*-Berge. Nach guter Regenzeit schimmern die Hänge grünlich, und kniehohes Gras sprießt im Tal. Ansonsten trockenes Gelb oder wüste Bräune, hie und da giftgrüne Akazien.

km 70: Brücke über den *Swakop-Rivier,* der hier seinen Ursprung hat („Quelle" kann man bei den Trockenflüssen nicht sagen). Sein Wasser und das der gelegentlichen Zuflüsse wird im *Van-Bach-Dam* gestaut, dem viertgrößten Namibia-Stausee (3 km Zufahrt, Rastplätze, Bungalows, Camp).

Auf dem Swakop-Nordufer OKAHANDJA (1.430 m), wichtiges Zentrum der *Herero(s)* (großes, farbenfrohes Fest jeweils am letzten August-Sonntag).

Okahandja ist ein typisch namibisches Mittelstädtchen mit viel Flair. Gute Versorgungsmöglichkeiten, Supermarkt, Bäckerei und Schlachterei (es steht tatsächlich noch so geschrieben – in Afrika!)

Nach Westen (24 km) das Thermalbad GROSS-BARMEN, eine ehemalige Station der „Rheinischen Mission" von 1844; nur noch Ruinen. Das Bad ist hoch entwickelt und ggf. gut zum Relaxen nach der Safari, nicht unbedingt etwas für den Start. Tagesbesucher sollten sich telefonisch anmelden (06221-2091).
– Abzweig auf D2110 zur Gästefarm Otjisemba.

Bei Okahandja öffnet sich das Land: Namibias berühmte Weite macht sich breit. Zäune sind allgegenwärtig, denn die Zentralzone bis Otjiwarongo ist gutes Farmland (wenn sie nicht gerade von extremer Dürre geplagt wird). Allerdings bleibt das Vieh auf weiter Flur ziemlich unsichtbar.

Einzige Landmarke: die beiden voraus sichtbaren *Omatako*-Berge (2.286 m hoch, etwa 900 m über der Ebene), von den Herero Po-Backen genannt. Nicht ganz so hoch ragen die rötlichen Termitenbauten. Die Spitze dieser oft mannshohen Türme ist leicht nach Norden geneigt. Das bedeutet reduzierte Sonnenbestrahlung und damit verbunden geringere Aufheizung. Ein kluger Schachzug der Natur.

Unscheinbare Bachbetten werden überquert. Sie führen nur in der Regenzeit Wasser: schokoladenfarbig, voller Sinkstoffe.

In der Nähe der Farm *Sukses* („Erfolg") geht's gut ausgeschildert nach Westen zur *Mount Etjo Safari Lodge*.

Halbrechts werden zwei flache Tafelberge sichtbar: der linke ist das Etappenziel *Waterberg*, südlich davon der „Kleine Waterberg".

Zuvor zweigen wir ab auf die *C22* Richtung Okakarara, dem Hauptort des ehemaligen Bantustan *Hereroland*. Als Bantustan werden

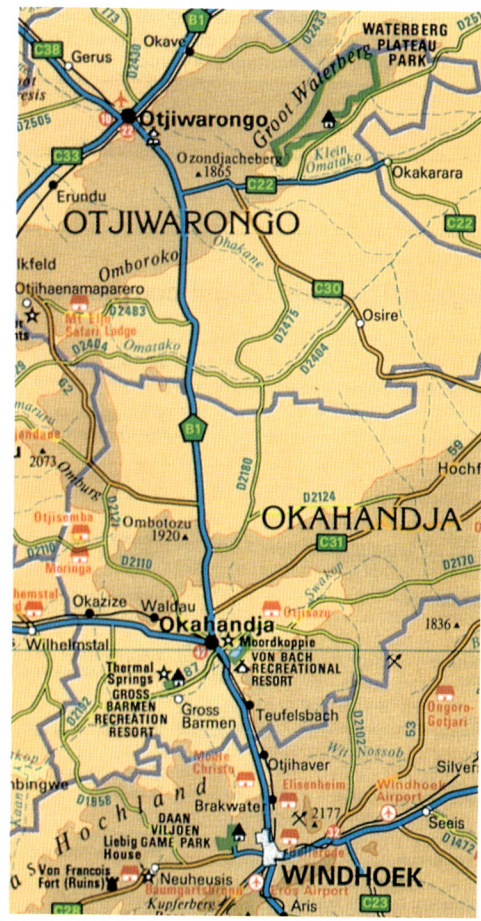

Riesige Webervogel-Nester in einer Akazie.
Unten: Verwitterung radierte ein Plateau weg, Waterberg und Omatako-„Po-Backen" blieben als Tafel- bzw. Inselberge stehen.

2

Termiten-Türme ragen 3 bis 4 m über die Busch-Savanne. Rechts: Grandioser Blick von der Natur-Bastion des Waterbergs über die Ebene. An seinem Fuß erinnern Grabsteine und Denkmäler an deutsche Gefallene des Herero-Kriegs von 1904.

offiziell die Homeland-ähnlichen, verschiedenen Ethnien zugewiesenen Wohngebiete bezeichnet, die man nach der Unabhängigkeit aufgelöst hat (z.B. Kavangoland u.a.).
Erstklassig asphaltiert „zielt" die *C22* auf den Engpaß zwischen beiden Tafeln. Bei km 35, am Fuß der Berge, eine Farm-Siedlung (Tankstelle) mit dem „Bantu-Namen" *Okosongomingo*. Nördlich von WDH passierten wir *Teufelsbach,* hier gibt's ein *Middelbult* – fast alle Namibia-Sprachen sind vertreten, nur englische Ortsnamen gibt's (noch?) nicht.
km 41: Gabelung: Waterberg-Zufahrt *D2512* nach links, die erste *Gravel Road* der Tour. Normalerweise sind diese Straßen in erstklassigem Zustand. Bei (seltener) Nässe, meist zwischen Dezember und März, können sie jedoch schwierig werden, so daß sich abseits der Teer-Pads keine allgemeingültige Beschreibung geben läßt. Man muß sich auf alles einstellen und ggf. einen Pausen-Tag einlegen. An Furten reicht manchmal eine Stunde Wartezeit, dann ist sie passierbar.

Der Waterberg

Erste Gnus und Warzenschweine an der Pad. Dann das WATERBERG-Park-Office, das wie in fast allen Parks vor Sonnenuntergang erreicht sein muß. Das *Permit* ist hier zu bekommen.
Recht neu sind die Bungalows mit einem oder zwei Schlafräumen, die im oberen Teil des *Bernabé-de-la-Bat-Rastlagers* so gut in die Vegetation eingepaßt wurden, daß sie aus

Hier focht am 11. August 1904
die Abteilung Deimling.
Es starben den Heldentod
bezw. erlagen ihren hier
erhaltenen Wunden:
Vizefeldwebel Zander 4./2.,
Reiter Merbitz 6./2.,
„ Zöllner 2./2.

der Entfernung kaum zu erkennen sind. Der attraktive Campground liegt im unteren Bereich des Resorts, nahe dem Büro.

Im Office können Sie sich informieren über *Wanderwege* an der Steilkante des Waterbergs. Es gibt deren neun, die mit Symbolen markiert und leicht bis mäßig schwierig sind. Der interessanteste Weg heißt „Bergsicht" und beginnt im Westteil der Bungalow-An-

lage. Als einziger führt er hinauf aufs Plateau; er läßt sich nach Anmeldung bei der Parkverwaltung zu einer Zweitage-Wanderung ausdehnen (rund 40 km).

Mit der „Bergsicht" kombinierbar ist der „Feigenbaum-Weg", auf dem Sie ehemalige Obstplantagen queren, vorbei an wilden Feigenbäumen. Hier gibt's kleine Quellen, die an der Nahtstelle zweier Gesteinsschichten austreten, Basis für ungewöhnlich dichte Vegetation an der Steilstufe. Für den Weg aufs Pla-

Der Waterberg samt Piste auf sein Plateau – mal künstlerisch dargestellt.

teau sollte man eine Wasserflasche mitnehmen, außerdem einen Hut gegen Sonnenstich. Karte des Rest-Camps und seiner Umgebung gibt's im Office.

Ebenfalls zu Fuß erreichbar ist der alte Friedhof, auf dem Schutztruppler begraben liegen, die 1904 in der Schlacht am Waterberg fielen. Schon jetzt finden im August gemeinsame Gedenkfeiern von Deutschen und Hereros statt, ein Zeichen für die *reconciliation,* die Aussöhnung der Volksgruppen.

Man findet noch mehr Relikte aus der Kolonialzeit im Bereich des Rastlagers. Zum Beispiel das restaurierte Wohnhaus der Kolonialbeamten, umfunktioniert zu stilvollem Restaurant. Aber das Besondere am Waterberg ist sein Plateau bzw. der Wildpark (mehr Schutzgebiet als Touristen-Attraktion!).

Täglich werden etwa vierstündige Fahrten per Geländewagen durch den *Plato-Park* arrangiert; man sollte sich gleich bei der Ankunft dazu anmelden. Eigene 4WD sind aus ökologischen Gründen auf dem Plateau tabu.

Ferner im Programm der Parkverwaltung: Begleitete Wanderungen, jeweils am zweiten, dritten und vierten Wochenende der Monate April bis November. Sie beginnen donnerstags um 16 Uhr am *Onjoka*-Eingang (16 km östlich des Rastlagers) und enden am Sonntagnachmittag. Buchungen: → Anhang.

Waterberg-Plateau

Als typischer „Inselberg" (bis 1909 m), von der Erosion verschonter Rest einer früheren Landmasse, eignet sich der *Waterberg* ganz besonders für einen Wildpark inmitten von Farmland. Anfang der 70er Jahre wurden alle Farmen auf dem 200 m über der Ebene liegenden Plateau aufgekauft. Teilweise mußte es eingezäunt werden, da der Nordrand längst nicht so ausgeprägt steil ist wie die Südflanke überm Rest Camp.

Angesiedelt wurden anfangs vor allem *Elands,* eine Antilopenart. Später kamen „Weiße" Nashörner dazu (eine verballhornte Übersetzung: passender ist „Breitmaulnashorn"). Ferner Giraffen, Gnus und Büffel, so daß ein Querschnitt aus der Zeit vor der Farmerei wiederhergestellt wurde.

Allerdings bekommen Sie Wild in Etosha reichlicher zu sehen als im Buschland auf dem Plateau. Reizvoll ist die Insellage des Waterbergs, der Weitblick von der felsigen „Aussichtskanzel". Und den kann man – ohne Allrad-Tour – auch während der kurzen Kliff-Wanderung auskosten.

Der Trend geht zum platten Land...

EROSION – was ist das?

Der Zahn der Zeit nagt an der Erdkruste – natürlich ist's nicht nur der Zeitfaktor, der das Land verändert, sondern die Kräfte der Verwitterung, die unablässig zu Werke gehen. Durch eigene Anschauung lassen sich fast ohne Schulung und großen Wissensballast Ursache und Wirkung erkennen – das kann zum herrlichen Hobby werden. Do-it-yourself-Naturkunde...
Erosion kommt aus dem Lateinischen und hat mit Eros/Erotik nichts zu tun. Es bedeutet „Ausnagung". Nagezähne der langsamen, permanenten Veränderungen sind Wasser und Wind (letzterer in geringerem Maß). Wasserkraft schleift an den Felsen, fräst sie aus. Mitgeführtes „Geschiebe" verstärkt den Prozeß. Dabei geht's unablässig in die Tiefe: Schluchten entstehen. Felsen werden zu Geröll, und diese Geröllschichten werden später wiederum vom Wasser ausgebaggert (gut sichtbar zum Beispiel an den Ugab-Terrassen, Route 5).
Anderes Planspiel: Abgetragene Erdschichten werden wieder aufgefaltet zu neuen Gebirgen. Und wieder abradiert. Ganz sicher: Irgendwann sind die Alpen platt – der Trend weg vom Gipfel zur Ebene ist unverkennbar, aber es ist eben eine Frage der Zeit. Tafelberge, in Namibia häufig zu sehen, sind Relikte intensiver Erosionstätigkeit. Da sie zurückgebliebene „Zeugen" eines einstigen (Hoch)Plateaus sind, werden sie auch Zeugenberge genannt. Water-und Gamsberg sind typische Tafelberge (Route 2 bzw. 12).
Sonderfall Zungenberg: Er steht – wie ein Tafelberg – isoliert überm freigeschliffenen Tiefland, blieb aber noch mit der Landmasse verbunden, aus der er herausgefräst wurde. Gut zu beobachten ist all dies z.B. an Namibias Randstufe.
In Wüstenzonen formt auch der Wind: Zusammen mit Sand arbeitet er wie ein Sandstrahlgebläse. Wind-Erosion wirkt meist nur in begrenzter Höhe. So

bilden sich kugelförmige Gebilde, die auf schlanken, „abradierten" Hälsen stehen. Irgendwann wird der „Hals" dann derart dünn, daß die Kugel umfällt und Wind-Erosion erneut an der Rinde ansetzen kann.
Die *Bulls Party* (→ Route 9) im Erongo-Gebirge entstand anders: durch „Schalenverwitterung" und chemische Prozesse .
Viele Gesteine, besonders Granit, werden auch durch Sonneneinstrahlung und Frost zerlegt. Wie Schuppen platzen einzelne Schichten ab, zerbröseln und zerfallen allmählich zu Sand. Durchaus möglich, daß die heutigen Namib-Dünen mal zu einer Sandsteinplatte gepresst werden; auch die wird irgendwann wieder zernagt sein...

Wer mit offenen Augen durch Namibia fährt, wird drastische Beispiele für Erosion finden. Mit etwas Übung ist's nicht schwierig, sich vorzustellen, wie die jeweilige Region vor Urzeiten ausgesehen haben könnte und wie sie in Jahrmillionen aussehen wird. Für den Privatgebrauch spielt's keine Rolle, wenn man sich mal „vertut" mit der Laienforschung – immer noch besser, als gedankenlos hinweg zu sehen über die Erosionsformen.
Mit den langsamen und doch spannenden (Um-)Formungs-Vorgängen beschäftigt sich die *Geomorphologie,* die Wissenschaft der Erd-Gestaltung. Schade, daß noch kein populärwissenschaftliches Büchlein zu diesem Thema zu Papier gebracht wurde...

3 WATERBERG – TSUMEB – NAMUTONI (360 km)

Route durch Namibias nördlichstes, relativ dicht besiedeltes Gebiet zur Grenze des Etosha-Nationalparks. Höhepunkte: *Hoba*-Meteorit und *Otjikoto*-See. Fahrtechnisch einfach.
Lage: um 400 km nordnordöstlich von Windhoek. Michelinkarte 955 Falte 26 links.
Karte: Übliche Pad-Karte ausreichend, z. B. freytag & berndt.
Straßen/Entfernungen: *D2512* (in *2612* übergehend) vom Waterberg nach Nordosten zur Teerstraße *B8* (131 km). Geradeaus weiter zum Hoba-Meteoriten (25 km, ausgeschil-

dert). – *C42* nach Nordwesten, 90 km bis Tsumeb. – *B1* und Abzweigung C38 nach Etosha/Namutoni (115 km ab Tsumeb).
Zustand: gute Schotter- und sehr gute Asphaltstraßen.
Zeit: 1 Tag; ggf. m. Übernachtung. – Tip zur Reisezeit: Der (Süd-) Sommer von Dez. bis März ist für Etosha keine ideale Reisezeit!
Tankstellen: Rietfontein, Grootfontein, Tsumeb, Etosha.
Versorgung: Tsumeb ist ideal für Grundversorgung über Etosha hinaus

(jedoch Läden/Restaurants auch im Park).
⚕ ggf. am Hoba-Meteorit (privat), Tsumeb (kommunal), Namutoni u.a. im Etosha-Park (staatlich).
⌂ Tsumeb,
Hotel *La Rochelle* ☎ (0678)-11013
Mokuti Lodge 11 km östl. Namutoni
☎ und Fax (0671)-3084
Namutoni, ehem. deutsches Fort im Park, stilvoll, Atmosphäre. Einige Preisangaben im Anhang oder aktuell im *Beherbergungsführer* des Verkehrsamts → *Info* im Anhang.

Anschluß-Strecken: Route 4 (Etosha). Route 26 (Grootfontein/Caprivi). Route 2 (Waterberg/Windhoek).

Der ganz frühe Morgen ist (neben den Spätnachmittagsstunden) ideal für eine Wanderung hinauf zum Waterberg-Kliff oder für einen der Alternativ-Trails. Eventuell geführte 4WD-Fahrt aufs Plateau. Danach ggf. Verkürzung der Etappe: nur bis zum Hoba-Meteoriten oder bis Tsumeb.

Wer's eilig hat und auf den Meteoriten keinen Wert legt, fährt auf der Anreise-Route 2 zurück zur B1. Die Strecke über OTJIWARONGO und den harmlosen *Otavi-Tsumeb-Paß* ist kürzer und schneller als die Distriktstraße nach Nordosten.
In Otjiwarongo: Besuch einer Krokodilfarm (jeder kann Ihnen den Weg zeigen). 118 km bis OTAVI mit kurzem

2-km-Abstecher zum *Khorab*-Monument: es erinnert ans Ende der Weltkrieg-I-Feindseligkeiten (allerdings fehlte bei unserem letzten Besuch bereits eine der Gedenktafeln). Am 9.7.1915 endete mit der Kapitulation auch die deutsche Kolonial-Ära.
Die Nordostrichtung der B2 ist übrigens ein Zeichen ökologischer Vernunft: Ursprünglich war geplant, die strategisch wichtige Fernstraße ins Ovamboland von Otjiwarongo auf kürzestem Weg durch den Etosha-Park zu trassieren! Das hätte zwar etwa 130 km gespart, aber mit welch bleibenden Schäden. – Von Otavi sind es noch 65 km bis TSUMEB (siehe unten).

Wir wenden uns vom Waterberg (km 0) nach Nordosten. Nach 16 km (nicht 60 wie laut NP-Karte) das mit starker Kette versperrte *Onjoka Gate,* von dem aus eine Piste zum Plateau hinaufführt. Halbtages-Fahrten nur mit den Rangern, siehe Route 2.

Maak die Hek toe!

Da die *D2512* hier nicht mehr touristisch wichtig ist, hat man an den Weidegrenzen keine für Autofahrer komfortablen *Grid*-Gitter in die Fahrbahn eingelassen, sondern Tore sind zu öffnen und wieder zu schließen (siehe Kapitel „Zäune und Tore"). Auf Dauer ist das „Maak die Hek toe", schließ das Gatter, etwas mühsam.

Ringsum Farmland: Namen wie *Hohensee, Hirschgrund, Buschbrunnen* u.ä. Man könnte sich fast zuhause fühlen, wäre da nicht diese unfaßbar-ungewohnte Weite (die aber weiter im Westen faszinierender wirkt). All die Namen sind nicht auf der *Pad-Karte* verzeichnet. Man orientiert sich nach den Nummern des erstaunlich dichten Wege-Netzes, daher ist die Pad-Karte eine wichtige Reiseunterlage. Topogaphische Karten oder die UNO-Blätter stellen eine Ergänzung dar, zeigen Relief und Details besser.

Über Pipelines sind die Farmen an ein gewaltiges Wasser-Werk angeschlossen: an den *Eastern National Water Carrier.* Der Van-Bach-Dam (Route 2) war die erste Stufe, danach wurden unterirdische Vorräte des *Karstveld* angezapft. Der Kanal ist westlich von Grootfontein nahe der *B8* zu sehen.

Die Schotterstraße entfernt sich vom Waterberg, der im Osten längst nicht so beeindruckend schroff wirkt wie am westlichen Eck: Die Tafel „löst sich auf" in kleinere Berge. Es geht über sanfte Kuppen, dann durch

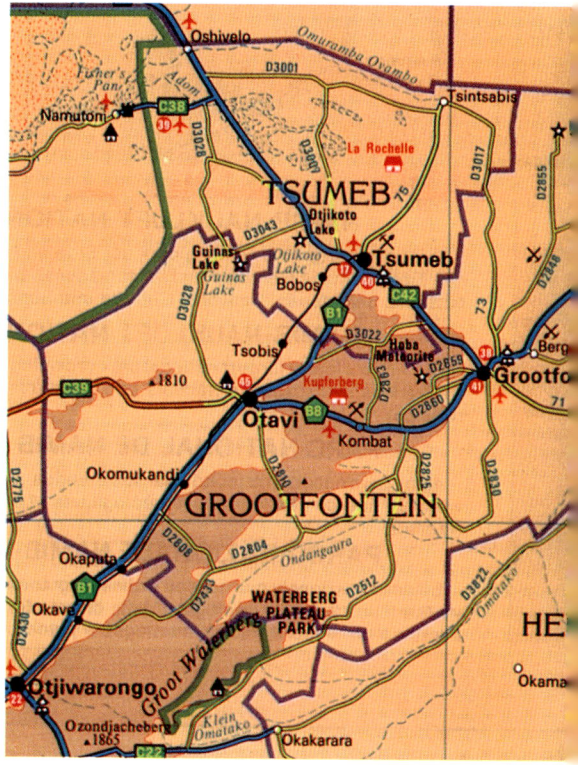

Senken. Während der Regenzeit ist's üppig-grün wie daheim, ein paar Monate später wird daraus dürre Busch-Steppe. Man kann also auf zwei Reisen zu verschiedenen Jahreszeiten zwei völlig konträre Namibias erleben.

59 Tonnen aus dem All

Bei der Farm *Rietfontein* kreuzen wir die Teer-Pad und nehmen Kurs auf den *Hoba*-Meteoriten. Er ist heute leicht zu finden, da bestens ausgeschildert (24 km). Und er läßt sich auch besser betrachten, denn seit Mitte der 80er wurde er weitgehend freigelegt und präsentiert sich wie ein Riesen-Filet am Boden eines runden Amphitheaters.

Das „Ding" aus dem Weltall fand Platz im Guiness-Buch der Rekorde: Nicht der größte Meteorit, sondern „der größte bekannte",

3

2,75 m lang, 2,43 m breit und 59 Tonnen schwer. Durchaus möglich, daß weltweit noch schwerere Himmelskörper verborgen in der Erdrinde stecken.

Der *Hoba* schlug im Jahre 1920 in der Nähe von Grootfontein ein. Hoppla: damals wurde er gefunden. Ist auch gut so, denn der Einschlag vor etwa 80.000 Jahren war vermutlich mit ziemlichem Urknall verbunden, der die Umgebung nachhaltig verwüstet hat. Das weite Talbecken ringsum dürfte dabei seine Form erhalten haben. Der Metall-Koloß, den wir zu sehen kriegen, ist nur der Rest vom Schützenfest: Vorm Eintritt in die Erd-Atmosphäre war der Meteorit noch voluminöser. Er Meteorit besteht zu 82% aus Eisen, zu 16% aus Nickel und ist selbst unter praller Sonne erstaunlich kühl. Offenbar leitet das Metall die Wärme gut ab. Viele Souvenirjäger hatten Teile abgezwackt; daher wird der Meteorit heute bewacht.

Ganz in der Nähe eine gepflegte Rest Area, auf der man auch übernachten kann (geringe Gebühr). Ein sicherer Platz: Beim Grillen könnte ein Statistiker ausrechnen, wie extrem gering die Wahrscheinlichkeit ist, daß hier noch ein Meteorit einschlägt...

Tsumeb: Minen und tiefe Löcher, Qualm und Grün

Nur 20 km sind's vom *Hoba* bis Grootfontein (wo die *Caprivi*-Route 26 startet). Doch der Abstecher in die östliche Stadt des Nordnamibia-Dreiecks Otavi-Grootfontein-Tsumeb ist nicht nötig, da die Tsumeb-Teerstraße bereits im Talbecken unterhalb von Grootfontein nach Nordwesten abbiegt.

Die drei Städte bedeuten für das dünnbesiedelte Namibia eine ungewöhnliche Konzentration: nirgendwo sonst liegen größere Orte so dicht zusammen! „Größer" ist dabei relativ zu sehen: TSUMEB zählt als Nummer 2 von Namibia nur 17.600 Einwohner!

Die Stadt auf 1.300 m Höhe hat zwei Gesichter. Zunächst das heitere: Viel Grün, lila-blaue Jacarandas, knallige Bougainvilleas. Man hat genügend Wasser, denn aus dem nahen *Otjikoto-Lake* lassen sich große Mengen fördern. Zudem ist das Bergland, das letzte im Nordosten und relativ nah am Okavango, nicht so trocken wie der Südwesten. Maximalwerte von 600 mm jährlich reichen fast an deutsche Niederschlagsmengen heran, allerdings liegt hier in den Tropen die Verdunstungs-Rate weit, weit höher.

Den Qualm hinterm Garten-Look kann man nicht übersehen. Tsumeb ist Namibias wichtigste Erzminen-Stadt. Die Damara haben hier schon vor Ankunft der Europäer in simplen Öfen Kupfer geschmolzen. Mit besserem Know-How wurden bald Tausende von Tonnen gefördert: Kupfer und Blei, nebenbei fiel auch Silber, Zink u.a. ab.

Die schnell verlegte Schmalspurbahn (1906, nur vier Jahre nach der Verbindung Windhoek-Swakopmund fertig und später durch eine Normalspur ersetzt) hatte sich bald amortisiert. Dank des guten Anschlusses erreichte deutscher Jugendstil selbst diese abgelegene Zone. „Glückauf" prangt an einer Schule – welch ein Afrika...

Wie lange das Erz wohl reichen wird? Für Amateur-Prospektoren sicher ewig: Die Vielfalt an Mineralien macht Tsumeb (neben der Uis-Mine, Route 7) zum Mineraliensammler-Dorado. Es gibt ein kleines Museum, das den Querschnitt und wertvolle Edelsteine zeigt, daneben im *Khorab*-Raum (s.o./Otavi) Waffen, die von den Deutschen vor ihrer Kapitulation im Otjikoto-See versenkt und später geborgen wurden.

Tsumeb – Otjikoto-See – Namutoni/ Etosha (115 km)

Tsumebs „Erzberg" verschwindet allmählich im Rückspiegel. Die Ebene läßt es sich nicht anmerken, daß sie sanft abfällt, aber Detailkarten zeigen's: Die 4000-Fuß-Marke

Namibia 30c

TSUMEB Lead, Copper, Zinc   1991

J. van Niekerk

Karten der 80er Jahre zeigen auf der Höhe der Etosha-Nordgrenze eine Demarkationslinie: *Die Red Line*, die einen breiten Streifen Nord-Namibias als militärisch überwachte Sonderzone begrenzte: Kaoko-, Owambo-, Kavango-, Bushman-Land und Caprivi gehörten dazu.

Heute wird am einstigen Checkpoint *Operet* niemand mehr auf Waffen kontrolliert. Man plant, den Veterinärzaun mit seinen Gates, der den Süden vor Seuchen schützen soll, an die Angola-Grenze zu verlegen. Danach ließe sich Owambo-Vieh vermarkten.

Doch trotz Teerung der einstigen RSA-Heerstraße *B1 & C46* lockt das Owamboland mit den Ruacaná-Wasserfällen Touristen nicht sonderlich an. Dabei lebt hier die Hälfte der Bevölkerung – und die hat Entwicklung sowie bessere Infrastruktur bitter nötig.

Das westlichere Kaokoland ist für die meisten attraktiver (Route 6). Von dort lassen sich die wenig attraktiven Wasserfälle des Kunene über die Pad *C35* übrigens auch erreichen.

Große Bäume, meist Kameldorn-Akazien, prägen das Savannen-Bild neben der guten Schotterstraße nach Tsumeb. Die Zukunft des für seine Mineral-Vielfalt berühmten Tsumeb-Bergwerks ist ungewiß.

(1.220 m) wird passiert, Namutoni liegt gar auf „nur" 1.100 m – im Vergleich zu Europa ist das immer noch enorm hoch: fast Brennerpaß-Niveau.

24 km nördlich von Tsumeb verbirgt sich nahe der Straße der *Otjikoto*-See und etwas weiter an der *D3043* der *Guinas*-See.

Für die Herero ist der Otjikoto „tiefes Wasser, tiefes Loch". Der Wasserspiegel lag etwa 80 bis 100 Meter über Grund (bisweilen werden sogar 120 m angegeben), ist aber während der letzten Jahre etwas gesunken: Die fehlenden Meter verbrauchte Tsumeb für Minen und Grünviertel.

Man fühlt sich an Karst-Seen erinnert: Auch hier dürfte es sich um eingestürzte Grotten handeln; im Guinas-See entdeckte man Stalaktiten und Stalagmiten, die nie und nimmer in einem See, sondern nur in einer Tropfsteinhöhle entstanden sein können.

Wir biegen nach Westen ab auf die geteerte Straße C38 zum *Etosha National Park.* Hier entstand die *Mokuti Lodge,* wie alle privaten Anlagen knapp außerhalb des Parks; der

Name bedeutet „im Busch" (etwa 11 km von Namutoni). Das hochbeinige Safari-Gefährt der Lodge ist das einzige offene Fahrzeug, das den Park befahren darf. Ansonsten sind offene Autos generell verboten – und Motorräder natürlich sowieso (gilt für alle Parks).

NAMUTONI – Liebe auf den ersten Blick: Das weiße Fort der Kolonialzeit wirkt zugleich fremd in dieser Umgebung und ein wenig vertraut. Es strahlt enorme Atmosphäre aus. Nicht nur, wenn die Sonne versinkt und die Fahne eingeholt wird. Nahebei das Camp. Ob Zimmer im Fort-Hotel oder Zeltplatz: Namutoni ist üblicherweise Startpunkt für Etosha.

4 ETOSHA NATIONAL PARK

Rund um die Salz-Ton-Pfanne der Etosha Pan entstand Namibias renommiertester und am besten erschlossener Nationalpark. Schon 1907 als Naturschutzgebiet deklariert, reichte er in den 50er Jahren bis zur Küste und war mit rund 100.000 qkm größter Nationalpark der Erde. Ohne Rücksicht auf ökologische Erfordernisse wurde er 1964 auf 22.270 qkm verkleinert, um Siedlungsfläche im Kaoko- und Damara-Land zu gewinnen.

Name: *Etosha,* vieldeutig: „Großer weißer Platz" (Owambo-Sprache). „Ort des trockenen Wassers" (ebenfalls Owambo). Oder „wo man wegen heißen Bodens von einem Bein aufs andere hüpft" (Buschmannsprache).

Lage: Nord-Namibia. Michelin-Karte 955 Falte 25 rechts. – 540 km nördl. von Windhoek; 110 km nördl. von Outjo bzw. nordwestl. von Tsumeb.

Karten: f&b-Karte Feld 2 C + D und Sonderkarte 1:100.000. – Sehr gut:

Etosha-Touristenkarte mit Infos zu Flora und Fauna, Klima und Wasserstellen (in Windhoek-Buchhandlungen oder Etosha-Stores).

Straße: C38 und viele Nebenstrecken im Park.

Entfernungen: Östliches *Von Lindequist Gate* via *Halali/Okaukuejo* bis Andersson Gate ca. 165 km. Durch lohnende *Loop*-Schleifen und Abstecher kommt weit längere Strecke zusammen. West-Etosha mit *Galton Gate* bei Otjovasandu (184 km): z.Zt. nur für organisierte Gruppen.

Zustand: gepflegte Schotter- oder Naturstraßen, gut befahrbar, nach Regen u.U. für Pkw problematisch.

Verkehr: relativ dicht, im Süd-Sommer etwas geringer.

Zeitbedarf: 3 bis 4 Tage. – Der (Süd-)Sommer ist keine ideale Reise-Saison für Etosha.

Geöffnet: ganzjährig. Halali ist von Anfang November bis Mitte März geschlossen, Info dazu auch vor Ort. – Die Camps müssen vor Sonnenuntergang erreicht sein und können erst nach Sonnenaufgang verlassen werden!

Tankstellen: ausreichend vorhanden, z.B. an den Camps Namutoni und Okaukuejo; Tsumeb, Outjo.

Versorgung: Läden und Restaurants in Namutoni, Halali und Okaukuejo.

Permits/Reservierung/Info: Bei den Naturschützern in Windhoeks Independence Avenue (→ Anhang).

Achtung: Im Park darf das Fahrzeug außerhalb der Camps auf keinen Fall verlassen werden, auch nicht auf Parkplätzen! – Keine offenen Fahrzeuge, keine Motorräder.

▲ Drei Camps (Namutoni, Halali, Okaukuejo).

🏠 Namutoni, Okaukuejo und Halali ☎ 061-224201

Mokuti-Lodge (Lindequist Gate) ☎ 061-34 512

Anschluß-Strecken: Route 5 (Etosha/Twyfelfontein).
Route 3 (Etosha/Waterberg).

Namutoni – Halali

1903 entstand das erste deutsche Fort NAMUTONI (was „hochgelegener Ort" bedeutet) am Ostrand der Etosha-Pfanne. Es wurde 1904 von angreifenden Owambos zerstört, nachdem sich die nur siebenköpfige Besatzung zurückgezogen hatte. 1906 baute die Schutztruppe das zweite Fort, so, wie es sich heute als Lodge mit der schönsten Atmosphäre präsentiert (seit 1957 Touristen-Quartier).

Abends wird, untermalt vom Zapfenstreich, die Flagge eingeholt. Später tönt aus dem Busch das Urwald-Konzert: Ein undefinierbares Geheul, gemischt mit afrikanischen Rhythmen aus den Hütten der Einheimischen.

Bei Sonnenaufgang wird das Tor geöffnet – günstiger Zeitpunkt für die erste Pirschfahrt. Eine exakte Routenbeschreibung ist nicht nur unnötig, sondern sogar überflüssig. Viel wichtiger ist die gute Etosha-Karte mit allen Wasserstellen.

Man läßt sich „treiben", bleibt hie und da etwas länger, um zu beobachten, wie das Wild allmählich an die Tränke zieht, lange sichert, trinkt und dabei aufmerksam um sich peilt. In Etosha kommt's nicht darauf an, viele Kilometer zu „machen" - dabei kann einem vieles entgehen.

Ein Wild-trächtiger *Game Drive* führt von Namutoni nach Nordwesten, an den Ostrand der „Pfanne". Sie war einst ein riesiger See – die Pan mißt heute rund 5.000 qkm!

Beim Austrocknen blieben Mineralien zurück, und über der weißen Fläche flimmert die Luft, was zum Namen „Ort des trockenen Wassers" führte. Hier im Osten fallen etwa 500 mm Niederschlag im Jahr (meist in den ersten drei Monaten), doch der Regen verdunstet relativ schnell.

Bei OKAVI (nordwestlich von Namutoni) gleich zwei Tränken (Grundwasser-Quellen). Hier finden sich Strauße, Gnus, Zebras, Giraffen. Ein permanentes Kommen und Gehen. Steter Wechsel. Viele Tiere streifen scheinbar ziellos umher, andere folgen auf der Suche nach optimaler Weide bestimmten Wanderrouten. Löwen haben feste Reviere. Ranger können Ihnen vielleicht sagen, wo sich gerade ein Rudel aufhält.

Eine Rundtour führt zunächst nach Osten zu *Fisher's Pan*. Diese Pfanne kann nach starken Regenfällen vom *Omuramba Owambo* gefüllt werden. Omuramba steht für wenig ausgeprägte Täler, die z.B. für den Kaudom-Wildpark typisch sind (Route 31). Ein „prehistoric Watercourse" führt weiter nach Westen in die *Etosha Pan*.

Unser Weg passiert die Wasserstelle *Twee Palms,* von dort Richtung Südwesten zurück nach Namutoni an seiner artesischen Quelle.

HALALI wurde als Camp 1967 eröffnet und liegt etwa in der Mitte zwischen Namutoni und Okaukuejo. Benannt ist's nach dem Jäger-Signal für „Jagd aus". Zwar beträgt die Distanz von Namutoni nach Halali nur 75 km, doch bei den Pirschfahrten kommen weit über 100 km zusammen – mehr als ein halber Tag.

4

Deutsches Kolonial-Fort Namutoni im Osten des Etosha-Nationalparks. Ein imponierendes Bauwerk und stimmungsvolles staatliches Park-Hotel. Unterm Klang des Zapfenstreichs wird bei Sonnenuntergang die Fahne eingezogen – schön zu erleben von der Höhe des Aussichtsturms.

Trotz Verkleinerung auf „nur" noch 22.270 qkm übertrifft die Park-Fläche die des Bundeslandes Hessen, reicht aber nur für begrenzte Wild-Population aus. Wissenschaftlich orientiertes Park-Management muß für Gleichgewicht sorgen, leichter gesagt als getan. Einstige Wanderungswege des Wilds sind nämlich gekappt, Zäune verhindern naturgemäßes Ausweichen zum Okavango und zur Atlantikküste.

Das hat zur Folge, daß sich viele Gebiete im Park nach Überweidungsschäden nur schwer regenerieren können. Tiere müssen abgeschossen werden, um den Bestand „tragbar" zu machen. Im kenianischen Tsavo-Park zeigte sich, wie ein Übermaß an Elefanten den Lebensraum buchstäblich ruinierte.

Ein weiteres Problem entstand beim Wegebau: Nach dem Ausheben von Kies entstanden Tümpel, und im alkalischen Wasser gediehen gefährliche Milzbrand-Bakterien. Aasfresser übertragen die Krankheit, an der jähr-

lich etwa drei Prozent des Etosha-Wilds zugrunde gehen.

Zurück auf Pirsch-Fahrt. Große Giraffen kreuzen majestätisch den Weg. Langsam entfernen sie sich, „tauchen" ein in Luftspiegelungen und werden dabei scheinbar vergrößert. Ein alter Elefantenbulle äst auf der Piste. Diese Einzelgänger können gefährlich werden. Wir beobachten durchs Fernglas, wie er

Mit dem Wild ist nicht zu spaßen

**„Bleib im Wagen –
nicht verzagen!"**

Durchaus möglich, daß Sie keinen Löwen zu sehen kriegen, andererseits kann's passieren, daß der Löwe Sie anpeilt...

Unter *Lustiges und Listiges* berichtet Wendula Dahle im Express-Reisehandbuch: „Ein deutscher Tourist verließ verbotenerweise in Etosha sein Auto; in Deutschland entdeckte er auf der Leinwand, daß vor ihm ein Löwe im Gras gelegen hatte". Erscheint durchaus glaubhaft. Die Etosha-Warnschilder „Bleib im Wagen – nicht verzagen" sollte man daher trotz ihres etwas drögen Oberlehrer-Tons verdammt ernst nehmen.

Es war einmal an der Wasserstelle *Helio*, 6 km vom Camp *Halali* entfernt. Wir bogen ein auf den Parkplatz, Augen links zur Wasserstelle. Alles leer, kein Tier weit und breit. Durst plagte uns, aber das Trinkbare im Cockpit war „vernichtet". Fast schon war die Autotür geöffnet, um aus dem Gepäckraum Nachschub zu holen (was kann auf einem Großparkplatz schon passieren?), doch Trägheit siegte. Halali war ja nah.

Rückwärtsgang rein, Wende – da lagen sie, höchstens fünf Meter vorm Kühler: sechs Löwen im Schlagschatten eines Buschs, beim grellen Licht fast nicht zu sehen...

Story Nummer zwei: Siesta-Zeit im

Kalahari-Gemsbok-Park. Eine Rest Area taucht auf, mit Picknick-Tischen und Stühlen. Nichts wie hin - und trotzdem nicht raus! Ein Löwenrudel hat es sich im Schatten der Kameldornbäume bequem gemacht.

Story Nummer drei: Zimbabwe, Teerstraße von der Botswana-Grenze nach Victoria Falls. Langwierige Abfertigung an der Grenze. Es dunkelt. Die Autoscheinwerfer waren bei vorangegangener Schlammpistenfahrt verdreckt und wollen gereinigt sein. Links ran. Raus? Lieber erst mal routinemäßige Umschau. Der Fleck dort: ein plattgefahrener Elefanten-Scheißhaufen? Wäre nichts Ungewöhnliches. Aber das Ding wirkt eine Nummer zu groß.

Ableuchten mit der Taschenlampe: Liegt doch da eine Löwin, den Hintern genüßlich auf warmem Asphalt! Der Adrenalin-Stoß wird unvergeßlich bleiben...

Ein Löwe kommt selten allein. Mit zittriger Hand richte ich den Lichtkegel übers Gras am Straßenrand: Tatsächlich: Nummer zwei, drei und vier direkt neben der Beifahrertür. Nochmal Adrenalin, und nicht zu knapp! Der Herr des Harems hatte es sich weiter vorn gemütlich gemacht... Hungrige Löwinnen umkreisen den Geländewagen - das würden sie mit viel Fleisch im Bauch nie tun, denn dann pflegen sie der Ruhe. Nach geraumer Weile verschwindet der Boss brüllend im Busch.

Es muß nichts passieren: Löwen sind geeicht auf spezielle Beutetiere. Aber man sollte das Schicksal nicht herausfordern. Im Zweifel immer: „Bleib im Wagen – nicht verzagen!". Im Auto ist man sicher. Daher sind die Game Parks auch nichts für Motorradfahrer! Wer kann sonst noch gefährlich werden? *Elefanten* greifen an, wenn sie gereizt sind. In Etosha soll ein Ranger von einem Elefanten niedergewalzt worden sein. Gefahr droht vor allem dann, wenn Elefantenmütter ihre

Jungtiere bewachen. In Botswana wollte eine Touristin ein Junges streicheln: „Viel ist von ihr nicht übriggeblieben", hieß es dazu lakonisch. Angiffslustig können auch Flußpferde sein, so man ihnen zu nah auf die Pelle rückt. Und erfahrene Kenianer meinen, daß die im Vergleich zum Raubwild eher unscheinbaren Büffel die meisten Opfer fordern.

Verhält man sich vernünftig, dann kann eigentlich nichts passieren: Nie zu nah ran und, wie gesagt: „Bleib im Wagen..."

„Ort des trockenen Wassers": Die Etosha-Pfanne war einst mit Wasser des Kunene gefüllt, der sich später einen anderen Weg suchte. Touristen sollten während der Pirschfahrt auf den festen Parkwegen bleiben.

Rechte Seite: Eine natürliche Wasserstelle am Rand der Pfanne (andere wurden künstlich geschaffen). Springböcke, Antilopen, Zebras sind ebenso interessant wie das Großwild.

armdicke Äste mit dem Rüssel rupft und warten trotz Saunatemperaturen im Fahrzeug geduldig, bis er den Weg freigibt.

Auch der Wechsel der Vegetation ist interessant: Da gibt's Wäldchen wie in Europa, offenes Buschland und nahe der Pfanne die weiten Grasflächen, nur mit niedrigen Sträuchern bewachsen.

Wieder Elefanten, eine Herde von zwanzig Tieren, viele Junge dabei. Bevor sie trinken, „duschen" sie sich mit Sand ab. Zebras und Antilopen stehen still und argwöhnisch herum. Nashornvögel picken mit langen Schnäbeln aufgeregt am Elefantenkot, der bisweilen so groß ist wie das Rad einer Schubkarre.

Einige Kilometer weiter dann das lang erwartete Highlight: Löwen im Busch! Sind sie satt oder auf Beute aus? Kein einziges Tier an der nahen Wasserstelle. Nach einer halben Stunde trollt sich das Rudel und verschwindet im Gänsemarsch im Busch. Nachts tönt ihr Brüllen bis zum Halali-Camp.

Halali – Okaukuejo (70 bis 140 km)

Das Camp HALALI schmiegt sich an zwei Hügel, die *Tweekoppies.* Hier kann man auf dem *Elandsdraai* ins Hinterland fahren oder – faszinierender – ein Stück hinaus auf die weite weiße Etosha-Fläche. Ein Gefühl, als nähere man sich dem Meer. Wo am *Etosha-Lookout* der feste Park-Weg endet, führen Reifenspuren weiter hinaus in die Pfanne. Doch dazu sollten sich auch Geländewagenfahrer nicht verführen lassen.

Der Weg von Halali nach OKAUKUEJO wirkt wegen abnehmender Vegetation monotoner als der Ostteil, aber dafür wartet dies Camp mit besonderer Attraktion auf: Die Wasserstelle wird abends beleuchtet. Mit angehaltenem Atem sitzen Besucher hinter schützender Mauerbrüstung und beobachten, wie Elefanten zum Saufen kommen, sich abspritzen und „fingerhakelnd" mit dem Rüssel raufen. Dann ein Nashorn. Gegenseitiges Belauern. Fantastisch! Erstaunlicherweise fühlen sich

Pro & contra
Handel mit dem Weißen Gold

1989 wurde der Elfenbeinhandel weltweit verboten. Das dürfte die Wilderei
drastisch eingeschränkt haben. Im
März '92 plädierten Südafrika, Botswana, Malawi, Zimbabwe und Namibia bei der Artenschutzkonferenz in
Kyoto dafür, das Weiße Gold der Elefanten in beschränktem Ausmaß wieder verkaufen zu dürfen.
Die Gründe sind klar: Elefanten konnten sich wieder vermehren, einzelne
müssen gar abgeschossen werden,
um die Bestände auf vertretbarem
Maß zu halten. Mit den Verkaufs-Erlö-
sen könnte der Erhalt der Herden
finanziert werden.
Andererseits könnte die Wilderei wieder aufleben. Das geht ganz leicht: Im
Februar '91 wurden in Botswana zwei
Touristen festgesetzt. In den Türver-
kleidungen des Geländewagens hatte
man zwei Sturmgewehre entdeckt,

die die beiden in Etosha „gefunden"
haben wollten. Dazu auch gleich
Handgranaten...
Sicher würde Elfenbein-Verkauf den
Naturschützern Geld für ihre Aufgabe
in die Kasse schaufeln. Aber das Han-
dels-Risiko ist wegen potentieller Wilderei nicht gering. Ein Teufelskreis.

*Wandmalerei: Wilderer haben
ein Gnu erlegt. Bei Elefanten
geht's mehr ums Elfenbein als
um das Fleisch.*

4

Neu: Auch das Camp Halali hat nun eine illuminierte Wasserstelle.

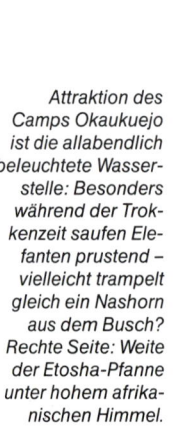

Attraktion des Camps Okaukuejo ist die allabendlich beleuchtete Wasserstelle: Besonders während der Trokkenzeit saufen Elefanten prustend – vielleicht trampelt gleich ein Nashorn aus dem Busch? Rechte Seite: Weite der Etosha-Pfanne unter hohem afrikanischen Himmel.

die Tiere vom grellen Licht überhaupt nicht gestört.

Hat man Pech, sammelt sich später, nach den festgesetzten Essenszeiten, eine angeheiterte Reisegruppe, die sich den Teufel schert um das Schild *Bitte Ruhe...*

Okaukuejo ist das älteste „Lager" im Park. Sein hoher Wasserturm, über der Ebene schon von weitem auszumachen, dient auch als Aussichtspunkt: Im Norden die Etosha-Pfanne, weit im Osten die Hügel bei Halali. All das liegt auf rund 1.000 m Höhe – der Niveau-Unterschied zwischen Namutoni und Okaukuejo beträgt nur 13 Meter.

Etoshas Westen

Nordwestlich von Okaukuejo warten weitere Pirsch-Routen, etwa nach *Grünewald* oder zum *Leeubron,* dem Löwenbrunnen. Der Westteil des Parks jenseits der Wasserstelle *Ozonjutji* ist für Einzel-Touristen nicht zugänglich. Änderungen möglich, zumal im äußersten Südwesten ein neues Camp entstehen soll *(Otjovasandu)* mit Zufahrt vom Kaokoland bzw. von Kamanjab.

Derzeit können nur organisierte Gruppen unter Leitung gut ausgerüsteter Reiseveranstalter weiter vorstoßen. Grund dafür ist schlechtere Park-Infrastruktur.

Die 184 km lange Fahrt zwischen Okaukuejo und Otjovasandu *(Galton Gate)* berührt acht Wasserstellen, führt durch Mopane-Buschwald in eine Felslandschaft, die dem Kaokoland ähnelt. Zu sehen sind geschützte Arten wie Berg-Zebra, Black Rhino und Impala. Da Elefanten und Löwen in der West-Zone noch nicht an Autos gewöhnt sind, sollen sie selbige schon attackiert haben...

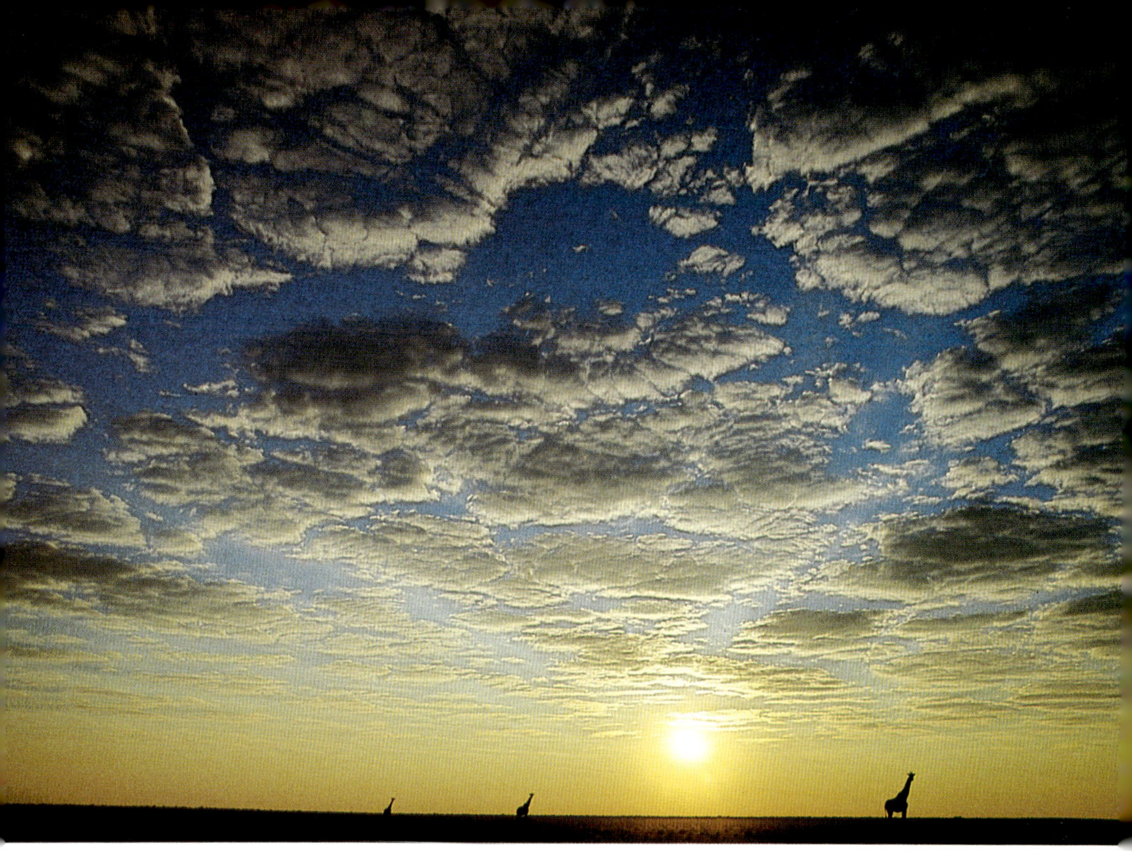

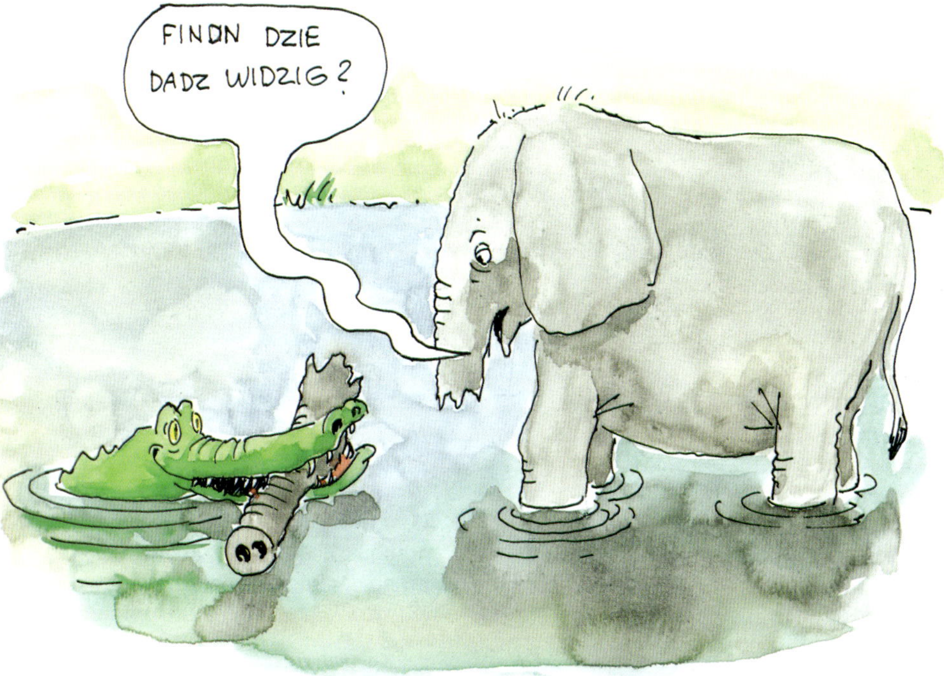
FINDN DZIE
DADZ WIDZIG?

5 ETOSHA – OUTJO – TWYFELFONTEIN (380 km)

Dieser Teil der „klassischen Rundtour" führt in die ehemalige Selbstverwaltungszone „Damaraland" (etwa Südafrikas *Homelands* entsprechend). Von der Etosha-Pfanne zu den Bergen nahe des Atlantiks (also nah heran an die nördliche Namibwüste).
Lage: Nordwest-Namibia. Michelinkarte 955 Falte 25.
Karten: übliche Straßenkarten. f&b Sektoren C2 und 3. UNO-Westblatt 1:1 Mio (keine touristischen Eintragungen, aber gute Reliefdarstellung).

Sehr gut: Karte 1:500.000 *Otjiwarongo 1914.*
Straßen/Entfernungen: C38 vom Camp Okaukuejo nach Outjo im Süden (115 km). C39 nach Westen bis Khorixas (140 km), parallel dazu Alternative längs des Ugab-Tals (Vingerklip). Rund 110 km auf C39, dann D3254 bis zu den Felsgravierungen von Twyfelfontein.
Zustand: Teer bis Khorixas, ansonsten ordentliche Schotterstraßen, auch Ugab-Variante.
Pkw-/Camper-tauglich.

Zeitbedarf: 1 Tag
Versorgung/Tankstellen: Outjo, Khorixas.
🅰 Einfaches Camp bei Twyfelfontein. – *Khorixas Rest Camp,* gleich westlich von Khorixas, östlich des versteinerten Waldes.

🏨 *Khorixas*
Rest Camp   ☎ 0908-3512
Gästefarm Bambatsi
(zeitweise geschlossen) 06542-1104
Hotels in Outjo: *Etosha*   06542-26
Hotel Onduri   06542-14/165

Anschluß-Strecken: Etosha (Route 4). Brandberg-Küste (Route 7).
Ins Kaokoland (Route 6).

Da diese Route fahrtechnisch einfach ist, könnten Sie nach Sonnenaufgang vor dem eigentlichen Start noch eine letzte Pirschfahrt bei Okaukuejo „vorschalten". Twyfelfonteins Feslgravierungen liegen ohnehin erst nachmittags im besten Licht (aber dann meist auch unter starkem Sturm).

Das Andersson-Gate wird passiert, 17 km südlich von Okaukuejo. Außerhalb des Parks dürfte bald eine neue Lodge entstehen (im Park selbst nur staatliche Unterkünfte und Camps).

Mit dem Wild ist es nun erst mal vorbei – andererseits tut's nach Tagen permanenter Hochspannung ganz gut, nicht mehr hinter jeden Busch lugen zu „müssen". Neben Farmzäunen (eine Farm heißt bezeichnend *Karstfeld*) Termitenbauten, leicht nach Norden geneigt, um der Sonne möglichst wenig „Angriffsfläche" zu bieten.

Die Straße steigt allmählich an, von der Etosha-Höhe um 1100 m bis 1330 m bei OUTJO, wo die C39 nach Khorixas abzeigt, nun bis zum verträumten Hauptort des ehemaligen *Damaralands* geteert. Die Namen früherer kolonialer *Bantustans* wie Hereroland, Kavangoland usw. wurden nach der Unabhängigkeit von offiziellen Karten getilgt, werden sich aber noch lange halten.

Outjo, 318 km nördlich von Windhoek, ist gute Versorgungsbasis des Nordens. Zwei Hotels, Campground. Unter Denkmalschutz stehen der Wasserturm sowie das *alte Steinhaus.*

Von Outjo führt die C38 nach Otjiwarongo, dann geht's auf der C33 nach Usakos und weiter zur Küste. Durchgehend geteerte Alternativroute, wenn man Twyfelfontein nicht besuchen will.

Wilde Bergland-schaft bei den Stein-Gravuren von Twyfelfontein – und ein unvergeßliches Camp. Die Fels-Nische bot vor Zeiten schon Berg-Dama-ras Schutz vor dem Sturm, der häufig nachmittags durchs Tal fegt.

5

Das langsame Sterben von KALKFELD:
Ganz im Gegensatz zum hübschen
Omaruru mit Denkmälern wie *Franke
Tower* ging's mit Kalkfeld in den letzten
Jahren rapide bergab: Hotel, Store und
viele Häuser sind verfallen, die meisten
Weißen zogen fort und wirtschaftlicher
Niedergang setzte ein (75% Arbeits-
lose). Vandalismus gab dem Ort den
Rest und sorgte für den derzeitigen tri-
sten Anblick mit *Ghost Town*-Charakter.
Jetzt hofft man auf die Wiedereröffnung
eines Eisen-Bergwerks und des *Trans-
Namib*-Bahnhofs, was neue Impulse
geben könnte.

*Kleines Safari-
Risiko: Wenn ein
„Rivier abkommt",
der Fluß fließt, muß
man u. U. warten, bis
der Wasserspiegel
gesunken ist. Nicht
immer wird – wie
hier in Omaruru – vor
der Gefahr gewarnt.
Unten: Das zauber-
hafte Namibia-Edel-
weiß.*

Outjo – Khorixas (136 bzw. 165 km)

km 29 an der *C39* westl. von Outjo: nach Süden (links) zweigt die geschotterte *D2752* ab,
die interessantere Alternative zur Asphalt-
Rennstrecke. Die Nebenroute folgt dem breiten Tal des *Ugab-Rivier,* das wie ein Urstrom-
tal alter Feuchtzeiten wirkt. Auffällig sind die
horizontalen, ungefalteten Fels- und Sedi-
ment-Schichten, an den Ufer-Terrassen bestens zu erkennen.
Die Straße ist in erstklassigem Zustand, aber
stetes Auf und Ab läßt Berg- und Talbahn-Ge-
fühle aufkommen. Viele Damaras sind auf ihren Donkey-Eselskarren unterwegs; das Leben geht hier immer noch seinen ruhigen
Gang. Staub gehört zum Alltag, Grün gibt's
nur nach raren Regen – möglicherweise
wird's der Besucher aus Europa kaum wahr-
nehmen und als normal ansehen.
Rausragendes Element am Ugab ist die *Vingerklip,* leicht als Fingerklippe zu deuten. Früher stand sie ein wenig im Schatten des *Finger Gottes,* dessen extrem schlanker Hals die
Last vieler Tonnen nicht mehr balancieren
konnte und Ende '88 umstürzte (Route 25).
Der elegante Konkurrent ist – leider! – weg

vom Fenster und die Fingerklippe wurde in
Namibia einzigartig.
Es besteht wenig Gefahr, daß sie das gleiche
Schicksal erleidet, wie der Gottes-Finger:
Diese 35-m-Säule aus Konglomerat (nichts
anderes als verfestigtes Geröll) steht auf brei-
terer Taille solide da, der Aufbau wirkt wie ein
Festungsturm. Es ist ein Wunder, daß die
Schleifkräfte der Erosion die Klippe ausge-
spart haben.
Zugänglich ist die Fingerklippe von der Farm
Bertram (Zufahrt auf der *D2743*). Geringes
Entgelt für den Unterhalt des Picknick-Platzes
am Felsen.

KHORIXAS („Korikas" ausgesprochen) liegt bereits unter der 1.000-m-Marke. Das Verwaltungszentrum der Region hieß früher *Welwitschia* nach den berühmten Namib-Pflanzen, die sich weiter westlich und südlich finden. Auch der aktuelle Name stammt aus der Botanik und bezeichnet einen Busch-Baum dieser ariden Zone.

Relativ gute Versorgung. Tankstelle. Rest-Camp mit Store etwas westlich der Stadt. *Relativ teuer!*

Von Khorixas ins Kaokoland: *D2620* zur Lodge *Palmwag* 170 km), per Pkw evtl. noch 110 km bis *Sesfontein* (Route 6.1). Danach reines 4WD-Terrain, nur für Geländewagen mit guter Ausrüstung (Route 6.2).

Khorixas – Twyfelfontein (110 km)

Die Straße *C39* (früher *D2620*) verläßt Khorixas nach Westen und führt, Twyfelfontein südlich liegenlassend, hinab zum Atlantik.

SKELETTKÜSTE: Zufahrt nach *Torra Bay:* Für den *Skeleton Coast Park* ist ein Permit notwendig, lt. Vorschrift in Windhoek ausgestellt (nach anderen Angaben auch in Okaukuejo/Etosha). Das

Park-Gate *Springbokwater* an unserer C39, 34 km östlich der Küstenstraße, ist täglich nur bis 17 Uhr geöffnet.

Vorbei am recht komfortablen *Khorixas Rest Camp* (mit Swimming Pool) geht's zum „Versteinerten Wald" (km 44). An einem Arm des *Aba Huab Rivier* (der andere passiert Twyfelfontein) wurden Baumstämme freigelegt, die Millionen Jahre von Schlamm bedeckt waren und Kieselsäure aufnahmen. Dabei „versteinerten" sie und nahmen je nach Art der eingedrungenen Mineralien unterschiedliche Farbe an.

Die Holzstruktur ist noch deutlich zu erkennen, aber das Material ist – natürlich – schwer wie Stein (mitnehmen darf man kein Stück!).

Solches *petrified wood* findet sich an vielen Orten auf der Welt; das Besondere an diesem „Wald" ist, daß die Stämme ziemlich parallel lagern und möglicherweise von Fluten oder vor der Land-Hebung von Meeresbrandung angespült wurden. Unter dem „Strandgut"

Auf dem Weg nach Twyfelfontain und zur Küste: Gute Wüstenstraße durchs sonnenverbrannte Damaraland.

5

sind gewaltige Urwaldriesen, bis 30 m Länge und 6 m Umfang!
Neben diesen toten Fossilien einige lebende: Welwitschias, uralte und nur im Namib-Raum vorkommende Pflanzen (siehe Route 13).
Nach weiteren 30 km astreiner Wüstenstraße wie in Bergzonen der Sahara zweigt die *D3254* nach Südosten ab und hinter einem „Blockberg" aus gerundeten Zyklopensteinen ist TWYFELFONTEIN erreicht.

Steinzeit-„Bilderbuch"

Das Tal der „zweifelhaften Quelle" fasziniert mit seinen zerklüfteten, oft in kantigen Brokken vom Berg abgestürzten Felsen. Ihre Sandstein-Schichtstruktur ist gut erkennbar. Für Farmerei hat die geringe Wassermenge

nicht gereicht, das Farmhaus wurde aufgegeben und verfiel.
Attraktion ist jedoch weniger die Landschaft, als die kulturellen Zeugnisse früherer Bewohner: Tausende von Fels-Gravuren und (seltener) Malereien auf Steinplatten. Die fantastische Fels-Galerie, einzigartig im südlichen Afrika, würde allein die weite Anfahrt lohnen.
Dargestellt ist die Jagd-Beute der Entstehungszeit dieser Petroglyphen vor einigen tausend Jahren; die jüngsten stammen von den Berg-Damaras des 19. Jahrhunderts.
Das Alter erschließt sich aus dem Grad der „Patina-Nachdunklung", ein Oxydationsprozeß wie bei der Entstehung des „Wüstenlacks" auf den glatten Sandsteinflächen (Erklärung s. Route 17). Ohne Wüstenlack-Belag auf dem Fels gäbe es hier keine Tierbilder: Erst durchs Abmeißeln der Deckschicht

Tier-Menagerie auf glatten Sandsteinplatten. Das einst an der „zweifelhaften Quelle" von Twyfelfontein jagdbare Wild ist sehr naturalistisch dargestellt. Berühmt ist der Löwe mit dem abgeknickten Schwanz.

ergeben sich die warmfarbigen Hell-Dunkel-Kontraste (besonders schön am späten Nachmittag).

Alle Tiere sind weitgehend naturalistisch dargestellt und gut erkennbar, es handelt sich also nicht um Phantasiemalereien: Giraffen, Elefanten, Nashörner, Strauße... Dies Wild gibt es noch heute in weiterer Umgebung, aber nicht mehr rund um dies Tal.

Sehr markant ist der Löwe mit abgeknicktem Schwanz, ferner eine besonders große Giraffe und der „große Elefant", der einen Meter auf die Platte bringt. Ringsum liegen wie helle Muschelschalen auf rötlichem Sand die Werkzeuge der Steinzeit-Künstler, mit denen sie die Tiere buchstäblich auf den Fels „bannten" - vielleicht diente das alles dem üblichen Jagdzauber?

Steinsetzungen zeigen alte Wohn- und Feuerstellen. Die „zweifelhafte Quelle" hat einst für viele Menschen gereicht, aber eben nicht zur Farmerei. Mag sein, daß die Quelle in feuchterer Vorzeit ergiebiger war. Beim heutigen ariden Klima hätte das Großwild keine Lebensgrundlage gefunden.

Die Ranger zeigen gern und eifrig eine Menge interessanter Dinge, die man selbst vielleicht nicht finden oder deuten könnte: Symbole, eingemeißelte Tierspuren auf den Felsen – und hie und da am Boden kleine „Südwester-Edelweiß", mit flauschigen Blättern dem der Alpen ähnelnd. Die Blüte ist jedoch innen rot bis rosa angehaucht.

Rauh, herb, reizvoll-fremdartig:

6 KAOKOLAND

Das lange verschlossene *Kaokoland* oder *Kaokoveld* mit seiner Himba-Bevölkerung gehört zu den faszinierendsten Gebieten Namibias. Es erfordert extrem gute Vorbereitung und besondere Rücksichtsnahme auf Land und Leute, andernfalls evtl. Restriktionen.

Name: bedeutet „links des Kunene", in Fließrichtung Westen gesehen.

Lage: Nordwest-Namibia südlich des Kunene-Flußes. Michelin-Karte 955, Falte 21 unten und 25 oben. – Begrenzung: Atlantik im Westen, Kunene als Grenzfluß zu Angola im Norden, Etosha-Nationalpark sowie Owambo-Land im Osten und Hoanib-Rivier im Süden.

Straßen: D2620 nach Palmwag. D3707 und D3703 und Nebenwege im nördlicheren Kaokoland.

Entfernungen: Palmwag/Sesfontein/Purros 208 km, evtl. Pkw-tauglich (mit Vermieter klären!). Kaokoland-Rundfahrt bis Opuwo ca. 720 km. Nur Allradfahrzeuge, möglichst im Konvoi.

Zustand der Pads wechselt, abhängig von der Trocken- oder Regenzeit. Mal staubig, trocken, mal schlammig und unbefahrbar. – Fahr-Erlaubnis für Raum Sesfontein beim Vermieter einholen.

Karten: Pad-Karten zeigen nur Teile des Wege-Netzes im Kaokoland. Topographische Karte 1:500.000 *Opuwo 1711* (enthält auch Skelett-Küste). – In Windhoek detaillierte 250.000er Karten besorgen (*Opuwo, Swartboois-drif, Sesfontein*).

Zeitbedarf: Palmwag-Sesfontein 2 Tage. Für Rund-Tour 6 bis 14 Tage!

Tankstellen: Palmwag, Khorixas, Outjo, Opuwo, Ruacana. Reservekanister unbedingt notwendig.

Versorgung: Opuwo, Ruacana. Ein wenig in Palmwag. Unterwegs spärlich bis null!! – Vorab in Khorixas und Outjo. – Wasser: Orupembe, Otjinende, ggf. aus dem Kunene. Reserven mitnehmen!

Gesundheit: Wasser-Entkeimung. Evtl. Malaria-Prophylaxe am Kunene. ⛺ Palmwag, am Kunene, ansonsten freie Camps.- In der Nähe: Outjo, Khorixas (→ Route 5).

🏠 Palmwag, erreichbar übers *DAS*-Büro Swakopmund ☎ 0641-4664

Anschluß-Strecken: Route 5 (Etosha Nationalpark nach Twyfelfontein). Route 4 (Etosha Nationalpark, auch von Norden erreichbar von Ruacana (*C46*) via Ondangwa (*B1*) zum Ost-Eingang bei *Namutoni*).

Das Kaokoland blieb weitgehend unberührt und vor Massen-Tourismus geschützt durch seine Unzugänglichkeit und das Wegenetz, das selbst geübten Geländewagenfahrern einiges abverlangt! Nicht zuletzt aus diesem Grund blieb es ein weißer Fleck in der Namibia-Reiseführer-Landschaft!

Kaoko ist, sieht man von einzelnen Flecken an den Gebirgspads zwischen Marienfluß und Opuwo ab, sehr sauber. Also: Nehmen auch Sie Ihren Müll wieder mit zurück und entsorgen Sie diesen ordnungsgemäß!

Geländewagen sind unbedingt erforderlich, Fahrt mit mindestens zwei Autos gebietet die eigene Vernunft. Ein französischer Geländewagenfahrer wurde im Frühjahr 91 von den Fluten des Hoanib überrascht und saß fest – 10 lange und einsame Tage später wurde er zufällig entdeckt und abgeschleppt. Der mögliche Streckenzustand bestimmt die Wahl der Reisezeit. Aktuelle Auskünfte erteilt auch das *Nature Conservation* Büro (→Anhang).

Unsere „Damaraland-Kaokoland-Schnupper-Route" nach SESFONTEIN ist mit Pkw zu befahrbar; auch zur ersten Himba-Ansiedlung PURROS ist ein Pkw oder ein VW-Bus ausreichend – vorausgesetzt, der Hoarusib führt kein Wasser! (Route 6.1.).

KUNENE
Epupa Falls
Camp Synchro
Hartmannstal
Marienfluss
3700
158
75
3700
3703
Otjitanda
Otjijanjasemo
3700
55
32
28
Epembe
21
3701
15
3702
3700
Ruacana
Ruacana Waterfall
17
Mahenene
Olifa
3617
Ombalantu
3618
40
Onesi
45
3616
3612
30
Van Zyl's Pass
33
3700
64
3700
3703
Etanga
Rooidrom
95
16
OPUWO
C41
33
C35
65
Tsandi
3612
Orupembe
3707
144
3705
20
Kaoko-Otavi
16
56
Khumib
3710
50
60
3709
60
3705
92
3708
15
3708
35
Ombombo
14
Otjondeka
3709
PURROS
3707
208
3704
50
95
3710
Amspoort
Möwe Bay
14
HOANIB
Sesfontein
12
12
3706
53
5
Hobatere
Otjovasondu
2695
26
2763
20
20
72
2763
2673
3248
2620
77
KAMAN.
Palmwag
2620
2650
2646
34
2667
19
14
26
Terrace Bay
SKELET
3706
91
KHORIXAS
2646
41
2650
6
2650
56
C35
2670
35
ETOSHA
GAME
C35
10

Camp in der Kaoko-land-Einsamkeit: Ein Königreich für einen glatten Platz in der Steinwüste des Uniab-Gebiets.

Organisiertes Abenteuer

Das Kaokoveld steht auch dem Interessierten ohne eigenen Geländewagen offen. Die meisten Veranstalter von Individualreisen haben entsprechende Touren im Programm. Buchung ist in Windhoek problemlos möglich, Vorausbuchungen per Telefon oder Telefax sind zu empfehlen.

6

Ohne Planung keine Tour! Kaokoland-Fahrten erfordern sorgfältige Vorbereitung. Minimalausrüstung: Karten und Kompass, Reifenflickzeug und Montierhebel, Ersatzschläuche und Luftpumpe (+ das notwendige Knowhow), Wasservorrat und Verpflegung samt Reserve, ferner ausreichend Treibstoff! Als Ausgangspunkt bietet sich die ausgezeichnet geführte PALMWAG LODGE am Uniab an.

6.1 Kaoko zum „Anwärmen"

(Palmwag (0 km), Warmquelle (86 km), Sesfontein (110 km), Purros (208 km), Palmwag (416 km).

Für die Fahrt nach Purros sollten zwei Tage mit Übernachtung im Freien angesetzt werden; als Tagestour ist die Strecke bis Sesfontein mit Abstecher zum Ongongo-Wasserfall und zurück gedacht.

Links: Exotische Pflanzen sprießen unter Palmen zwischen den Felsen von Palmwag. Unten: Nur ja nicht zu nah ran! Recht aufgeregt rüsselschwenkende Elefantenkühe mit Babies im nördlichen Damaraland.

PALMWAG LODGE

Komfortable Palmenoase im wildreichen Damaraland unter der Verwaltung von DAS – Desert Adventure Safaris, Swakopmund. Deutsche bzw. deutschsprechende Leitung und Mitarbeiter.

Palmwag ist über eine problemlose, steinige Pad von Kamanjab (135 km) oder von Khorixas aus (170 km) mit Pkw zu erreichen. Einen platten Reifen sollte man einkalkulieren, besonders wenn die Zeit drängt und das Tempo über vertretbare 70km/h ansteigt. Es gibt Zeltplätze mit einfachen Sanitäreinrichtungen, warme Duschen und komfortable, schilfgedeckte Bungalows. Gemütliches Restaurant und kleine Bar ergänzen das Angebot. Ein winziger Laden hält die notwendigsten Kleinigkeiten bereit, und ein Swimmingpool unter wehenden Palmen lädt zum Bade. Durch das Camp ziehende Elefanten sind, vor allem in der Trockenzeit, keine Ausnahme!

Die Palmwag-Tankstelle ist die letzte auf dem Weg ins Kaokoland, mit Benzin und Dieselkraftstoff – zu geringfügig höherem Preis als an den südlicheren Zapfsäulen. Für den Notfall steht eine Buschwerkstatt mit Rat und Tat zur Seite. *DAS* ist offizieller Konzessionär für das Damaraland mit seinen Rhinos, Elefanten, Giraffen. Für Fahrten mit eigenem Fahrzeug ist daher eine Lizenz erforderlich, die für wenige Rand in Palmwag erworben werden muß.

Man verläßt PALMWAG in Richtung Sesfontein. Die Pad verläuft gradlinig durch Hügellandschaft, die Oberfläche ist grob geschottert; selten Wellblech. Gemächliche Gangart um 60km/h schont nicht nur Reifen und Seele, sondern erlaubt auch Ausblicke auf die häufig neben der Pad auftauchenden Tiere (Giraffen, Elefanten, Oryx, Springböcke...) und Pflanzen.

Während der ersten 25km ab Palmwag weisen grüne Schilder auf lohnende (lizenzpflichtige!) Abstecher zu Canyons und Wasserfällen in westlicher Richtung hin. Diese teilweise nur wenige Kilometer entfernten Highlights sind per Pkw auf keinen Fall und mit dem VW-Bus nur sehr schwer zu erreichen (Gefahr von Schäden; 1,5 Stunden für 11 Kilometer)!!

Wie eine Berg- und Talbahn senkt sich die Pad immer wieder steil in ein Flußbett hinunter, um auf der anderen Seite ebenso steil nach oben zu führen – kein Problem in der Trockenzeit. Diese natürlichen Speedbreaker lassen höhere Geschwindigkeiten kaum zu.

Nach 75 km Fahrt, über weite Ebenen und an kleinen Ansiedlungen der Hereros und Damaras vorbei, überquert (in der Regenzeit: durchquert oder auch nicht!) man den Khowarib. Ein kleiner Abstecher nach rechts zur nahegelegenen Khowarib-Schlucht ist lohnend, der warme Fluß lädt zum Fußbad ein. Vorsicht – aufdringliche Paviane! Die Herero-Hütten von Warmquelle erreicht man nach weiteren 11 km auf der Pad nach Sesfontein.

Nicht für Pkw: Die nach Nordost abzweigende Pad zu den Ongongo-Fällen erfragt man am besten vor Ort; steht die Karte Sesfontein 1:250.000 zur Verfügung, nimmt man den Kompass zu Hilfe. Nach 6 km erreicht man das Ende einer

Pad und läßt das Fahrzeug stehen. Kurzer Fußmarsch zu kleinem, schilfumsäumtem See (ca. 30 qm) mit halboffener Höhle, das Auffangbecken des warmen Ongongofalls. Ein Badeparadies!

Die Palmwag-Lodge ist ein Traum: Paradies mit Schwimmbädern im trockenen Land. Das Camp ist aber auch nicht ohne (→letzte Seite dieser Route).

Im Notfall wird gesucht!
Für Reisende mit nur einem Fahrzeug bietet es sich an, hier ein Begleitfahrzeug mit ortskundigem Fahrer anzumieten, der auch über momentane Aufenthaltsorte der Wildtiere informiert ist.
Ein weiterer Service, der Palmwag als Ausgangspunkt für die Kaokolandtouren interessant macht, ist das *Search + Rescue*-Angebot für den Individualreisenden, ein echtes Sicherheitsplus! Meldet man sich zum ausgemachten Termin nicht zurück, wird auf den abgesprochenen Strecken gesucht. Dafür werden ca. 3 Rand je Kilometer in Rechnung gestellt.
Wem die Palmwag-Mannschaft im Hinblick auf die Erteilung von Informationen (wo finde ich die Nashörner?) etwas wortkarg erscheint, möge bedenken, daß die Lodge auch von ihrem Wissen und ihrer Erfahrung lebt und entsprechende Informationen vorzugsweise für Reisende bereit hält, die DAS-Rundtouren buchen.

6

Ende 1991 wurden im Gebiet Bewässe-
rungsleitungen verlegt. Es ist anzunehmen, daß Wasser vor den Fällen abge-
zweigt wird und der See nicht immer
von dem Wasserfall gespeist wird. Seit
1991 wird das Gelände bewacht und
ein geringer Eintritt verlangt.

Die Häuser von SESFONTEIN erscheinen wenige km nach Überquerung des Hoanibs bei
km 110. Sesfontein (der Name ist ein Hinweis
auf 6 Quellen in der näheren Umgebung) bietet weder Versorgungsmöglichkeiten noch
besonders Sehenswertes. Die Ruinen des
ehemaligen deutschen Forts und der dan-
ebenliegende deutsche Soldatenfriedhof sind
Zeugen längst vergangener Tage und für den
einen oder anderen Anlaß zum Nachdenken.
Herero- und Damarafamilien haben ihre Hütten in der Schwemmebene verteilt und leben
dort unter einfachsten Bedingungen von ihren Ziegenherden und wenigen Rindern.
Die immer steiniger werdende, nur einmal im

*„Schlösser" und
„Tempel" des Hoaru-
sib – Lehm-Sedi-
mente und alte Fluß-
Terrassen.*

Die Himba oder Ovahimba sind eine namibische Volksgruppe, die sich stark von den übrigen Namibiern unterscheidet. Sie kamen aus dem Norden ins Gebiet links des Kunene (Kaoko). Auffallend sind rötliche geschminkte Haut, Haartracht und symbolträchtiger Schmuck.

Jahr nach der Regenzeit gerichtete Wellblech-Pad verläßt Sesfontein in westlicher Richtung und folgt auf halber Strecke ab den TOMAKAS-Hütten dem Lauf des Gomatum.

Erste Himba-Hütten

Nach weiteren 35 km anstrengender Fahrt ist die Herero- und Himba-Siedlung PURROS im grünen Hoarusib-Tal erreicht. Keine Versorgungsmöglichkeiten, evtl. kann man etwas Wasser erhalten.

Purros ist durch die Pads gut erschlossen und wird von einigen Reiseveranstaltern als Himba-Siedlung vorgeführt. Die Himba bieten Handarbeiten und Schmuck zum Tausch an; „echte", getragene Stücke darf man hier nicht erwarten. Aber ist nicht auch ein einfacher, verzierter und mit Ocker verschmierter Armreif eine 'echte' Erinnerung?

Falls die Tour nicht als Privat-Rallye durchgeführt wird, lohnt es sich, in der Nähe von Purros ein Camp zu suchen, um am nächsten Morgen ausgeruht nach Palmwag zurückzufahren.

Nur Allrad!!

6.2 Große Kaokofeld-Tour (siehe Seite 84)

Palmwag, Sesfontein (110 km), Felsenge (135 km), Amspoort (182 km), Purros (267 km), Orupembe (375 km), Rooidrom (423 km), Marienfluß-Kunene (498 km), Van Zyl's Paß (553 km), Opuwo (723 km).

Für diese Tour sollten Sie sich mindestens eine Woche Zeit nehmen. Dafür werden Sie belohnt mit einzigartigen Landschaften, vielfältiger Tierwelt und unvergeßlichen Begegnungen mit den Himbas, freundlichen Menschen aus scheinbar vergangenen Tagen.

Achtung: Der Van Zyls Gebirgs-Paß sollte nur von erfahrenen Offroadern in Angriff genommen werden. Extreme Winkel, Böschungen, Abgründe und Auswaschungen bilden Hindernisse. Bis zu 40 Grad Steigung! Bei Regen oder Nässe ist der Paß auch mit Differential-Sperren nur unter Lebensgefahr zu bewältigen! – Ausweichmöglichkeit: Rückfahrt über Rooidrom, Sesfontein nach Palmwag oder über Orupembe nach Opuwo. Karten 1:250.000 → Vorspann.

*Rechts: Das Kaokoland ist 4WD-Revier. Extrem schwierig: Die Pad über den Van Zyl's Pass. Unten: Den warmen Ongongo-Fall erreicht man auf einer 6 km-Fahrt von **Warmquelle** nach Norden. Ein kurzer Fußmarsch führt zum Fall mit seinem Pool.*

Treibstoff erhalten Sie in Palmwag und in Opuwo. Nicht selten hat die Tankstelle in Opuwo kein Diesel oder Benzin. Die nächstgelegene Tankstelle ist in RUACANA (ca. 150 km) an der Grenze nach Angola! Etwas Diesel kann man im Notfall eventuell vom Kraftwerk in Opuwo erhalten.

Hoanib: Von den Palmen in die Einsamkeit

Wir folgen der Pad von Palmwag bis Seisfontein und zweigen bei den letzten Hütten in Richtung Süd-West zum Hoanib-Tal ab. Eine Pad ist nicht auszumachen, man muß fragen bzw. nach Kompass fahren. Eine deutlich sichtbare Pad erkennt man – je nach vorausgegangenem Wetter – erst nach einigen Kilometern.

Das Hoanib-Tal ist von einzigartiger Schönheit. Die Pad läuft meistens im Flußlauf, gesäumt von höherliegenden, mit Bäumen und Sträuchern bewachsenen Terrassen. Beim Vorbeifahren kreuzen nicht nur Strauße oder Oryx-Antilopen den Weg – mehrere Elefanten haben im Hoanib ihr Zuhause. Halten Sie nach frischen „Elefantenbollen", nach Wasserlöchern und Fußabdrücken Ausschau, wenn Sie auf Elefanten-„Jagd" sind. Häufig fressen sie in den dichten, grünen Büschen auf dem Hochufer und sind dann kaum zu entdecken.

Die Pad durchquert eine Sandebene und zwängt sich 25 km von Seisfontein durch eine nur 5 Meter breite Fels-Enge. Alle Möglichkeiten zur Tierbeobachtung, denn „durch diese hohle Gasse muß er kommen: Antilope, Strauß oder Elefant! So einladend dieses Plätzchen für eine Übernachtung auch scheinen mag, verzichten Sie darauf! Sie stören bzw. sperren die natürliche Wanderroute der Tiere!

Amspoort – kein Nabel der Welt

Folgen Sie den Hoanib-Terrassen, bis sich das Tal in Richtung West deutlich weitet. Am

Fuß der nördlichen Bergrücken treffen Sie auf eine weite Ebene und folgen den Spuren aus dem Flußlauf heraus. Sie sind in AMS-POORT (km 182) – ein Name auf der Landkarte, kein Wegweiser, keine Hütten, kein Bier, nur eine windige und staubige Kreuzung.

Die Weiterfahrt nach Westen im Hoanibtal führt in den Skelettküstenpark: Eintritt strengstens verboten! Hohe Geldstrafen! Gelegentliche Kontrolle mit Flugzeugen.

Folgen Sie daher der nach Norden abzweigenden Pad 70 km in Richtung NNW. Die gute Piste führt über Kiesebenen, kann flott befahren werden, bis man die Berge südlich Purros erreicht. Die Richtung wechselt vor den Bergen für die nächsten 10 km abrupt nach NO, um dann 5 km vor Purros in einem weiten Bogen auf die Pad Sesfontein-Purros zu stoßen. Rückfahrt über Sesfontein nach Palmwag möglich (208 km).

Tabak, Seife, Mili-Mehl

Bei Purros (km 267) wird der vegetationsreiche Hoarusib überquert und nach 36 km auf steiniger Wellblech-Pad kreuzt das Khumib-Tal unseren Weg. Wir zweigen scharf rechts ab und folgen dem sehr sandigen Khumib-Tal in Richtung NNO.

Die Fahrt im Khumib zeigt vergleichsweise üppige Tierwelt, wenn man die Augen offen hat und sich nicht nur vom Autofahren beherrschen läßt. Adler, Antilopen, Giraffen und natürlich Springböcke und Strauße beleben dieses kleine Tal.

Noch etwa 50 km anstrengender, langsamer Fahrt in der Geländeuntersetzung. Dann trifft die sandige Khumibtal-Pad auf die präparierte Wellblech-Pad Orupembe – Opuwo (rechts abbiegen, wenn Sie auf direktem Weg nach OPUWO wollen, ca. 180 km).

Wir biegen nach links ab und folgen der präparierten Pad 12 km bis zu den bescheidenen Hütten von ORUPEMBE (km 375). Das Windrad der Wasserpumpe ist von weitem zu sehen und signalisiert: Frisches Trinkwasser! Die Hütten gehören den nomadisch lebenden Himbas, die Rinder und Ziegen halten und sind die meiste Zeit unbewohnt. Halten sich Himbas dort auf, freuen sie sich über ein Stück Seife, etwas Tabak oder Mili-Mehl (Maismehl).

Man trifft sich bei Rooidrom!

In Orupembe gabeln sich die Pads. Die westliche Route führt über weitgehend eintönige und steinige Wellblech-Pads auf direktem Weg ins Hartmannstal oder nach Rooidrom (78 km), die östliche Route erreicht Rooidrom (Gesamt-km 423) nach 45 km Fahrt durch abwechslungreiche Gebirgslandschaft.

ROOIDROM (rotes Faß) ist ein Kuriosum in der Landschaft, vergleichbar mit dem *Arbre du Ténéré* in der Sahara. Ein leeres, rotes Benzinfaß an einer wichtigen Padkreuzung und Markierung in topographischen Karten. Auch als Kommunikations- und Treffpunkt wird die Tonne genutzt. „Aufgewertet" wurde Rooidrom durch die Installation eines (natürlich nicht funktionsfähigen) Telefons. – Bei Rooidrom wurde mehrfach von Löwenrudeln berichtet, also Vorsicht!

Seitensprung zu den Kunene-Krokodilen

Rooidrom – Hartmannstal – Kunene – Rooidrom (ca. 200 km).

Wir verlassen Rooidrom nach Westen. Die rote, feste Pad quert kleine, von Büschen und Bäumen gesäumte Flußtäler. Nach 24km zweigen wir an der Kreuzung nach Norden ins Hartmannstal ab. Die 70 km lange Fahrt zwischen Skelettküstenpark und Hartmannbergen bis zum Dünenkamm vor dem Kunene bietet ein unvergeßliches Erlebnis für jeden Wüstenfreund.

Die zunächst feste Pad wird nach Norden sandig, stellt jedoch kein ernsthaftes Problem dar für Geländewagen. Vegetationsärmere Umgebung.

6

Nach 75 km gabelt sich die Pad: die NNW-Route entspricht dem in den Karten eingezeichneten Verlauf; die nach NNO abzweigende Piste führt über Bergkämme und extrem steile, langabfallende Dünen zum KUNENE-Ufer. Man trifft hier auf Camps namibischer Veranstalter und ist mit Sicherheit ein ungern gesehener, da nicht zahlender Gast.

Die eingezeichnete Pad erreicht den Kunene etwa 15km nach der Gabelung und endet an einem Dünenkamm 180 m überm Kunene. Der Blick reicht bis nach Angola, die Mündung des Catuati liegt vor Ihnen. Der Kunene zwängt sich an dieser Stelle durch einen Canyon.

Der Abstieg mit dem Fahrzeug zum Kunene ist möglich, sollte aber erst nach ausgiebigen Erkundungen zu Fuß in östlicher Richtung in Angriff genommen werden. Eine Düne ist talwärts schnell absolviert, aber der Rückweg kann zum Problem werden!

Baden im Kunene – nur wahren Krokodil-Fans angeraten! Der Test: ein österreichi-

Der Kunene, Grenzfluß zu Angola, beim Hartmannstal. Oben: Die schwierige Sandpiste ins Hartmannstal ist sicher nicht jedermanns Sache...

scher Reisefreund hinterließ 1990 am Kunene einen Pinzgauer (von ActionMobil) mit offenstehender Tür und ein Paar Schuhe am Ufer: Krokodil oder nicht, das ist nun die Frage, die sich auch die Lebensversicherung des Vermißten stellt...

Die Rückfahrt nach Rooidrom ist problemlos, vorausgesetzt, man verfährt sich nicht an den Abzweigungen und Gabelungen dieser Pad!

Am Marienfluß – auf heißer Pad!

Wir verlassen ROOIDROM (s.o.) in Richtung NO und wählen an der 10 km entfernten Gabelung die Richtung Nord.

> Die nach Nordosten abzweigende Pad erreicht nach 16 km den Van Zyl's Pass (s.u.) und führt direkt nach Opuwo.

Die Pad am MARIENFLUSS führt durch Gebirge und weite Landschaften, durch bewachsene Flußtäler und über feste Dünen. Das Tal ist wesentlich weniger wüstenhaft als das Hartmannstal. Lieblicher. Marienhaft.

Viele Wildtiere wurden nach dem Krieg wieder heimisch gemacht. Die sandige Pad zeigt Spuren von Giraffen, Oryx und Löwen!!

Magische Zirkel

Seltsame kreisrunde, vegetationslose Flächen erregen die Aufmerksamkeit. Es handelt sich nicht um mit Sand aufgefüllte Granaten- oder Minentrichter, obwohl diese Deutung angesichts einiger Fahrzeugreste naheläge.

Eine Untersuchung ergab, daß im Zentrum jeder dieser Flächen eine Euphorbie stand, die nach ihrem Absterben den Boden mit giftigen Substanzen so belastet hat, daß keine neuen Pflanzen gedeihen können.

75 km nach Rooidrom stehen wir wieder am Ufer des KUNENE (km 498) neben dem Camp *Synchro* von Koos Verwey (Kaoko-Himba-Safari, Windhoek). Gepflegte Bambushütten werden von einem Himba aus Otjihende bewacht und saubergehalten. Übernachtung

---

Gras-Brand

Hinweis: Viele Pads, besonders am Marienfluß und im Kaudom-National-park, sind zwischen den Spuren mit hohem Gras bewachsen. In der Trockenzeit verstopfen die Samen die Lamellen des Kühlers und können nur schwer entfernt werden. Eine Fliegengaze, evtl. aus Edelstahl, sollte vor den Kühler gespannt werden. Folgenreicher ist die Ansammlung abgerissener trockener Gräser zwischen Auspuff und Karosserie – es herrscht akute Brandgefahr! Unser 2-kg-Feuerlöscher mußte zweimal in Aktion treten und war danach leer! Löschversuche mit Sand oder Wasser erwiesen sich als wirkungslos.

„Magische Zirkel" südlich vom Marienfluß: Abgestorbene Euphorbien vergifteten den roten Sand.

nach Absprache, Gebühr vor Ort bezahlen. Weiterfahrt, z.B. entlang dem schilfbestandenen und teilweise felsigen Ufer des Kunene ist nicht möglich; lediglich 8 km südlich vom Camp Synchro bietet ein 17-km-Abstecher nach Nordwesten einen weiteren Zugang zum Kunene. Man trifft auf ein einfaches Camp, in dem auch einige Mineraliensucher ihrem Gewerbe nachgehen.

Da geht der Paß ab!

Wir fahren die Pad zurück nach Süden und treffen 35km nach dem Camp Synchro auf den Abzweig in Richtung SSO zum VAN ZYLS

Camping im Team:
Kleine Gruppe beim „Outdoor Life" (Palmwag).

PASS, dessen Basis nach weiteren 20km erreicht ist.

Übernachtungsmöglichkeiten in der Nähe von Himbahütten sowohl im schmalen Tal vor dem Paß (km 553), als auch auf einer Plattform nach dem ersten, sehr steilen Stück des Passes. Die Übernachtung auf der Höhe – in der Nachbarschaft einer Himbasiedlung – ist vorzuziehen. Weiter Blick auf den Marienfluß; ein Sonnenuntergang über dem Skelettküstenpark und die freundlichen Himba belohnen für die anstrengende Tour.

Am folgenden Tag wird der Aufstieg fortgesetzt, zu den Himba-Siedlungen OTJIHENDE und OTJITENDA, wobei der schlecht zu erkennende Abzweig (km 582) nach Opuwo in zunächst südlicher Richtung nicht verpaßt werden darf!

Folgen Sie der sehr grobsteinigen Pad weiter nach Nordosten, sind Sie auf dem besten Weg nach EPUPA FALLS (160 km) mit seinen 80 m tiefen Kunene-Fällen. Sehr mühselige Fahrt; Sie treffen auf viele Himba, die noch kaum Kontakt mit Touristen hatten. – Ggf. Weiterfahrt nach RUACANA (170 km).

Die Pad hat eine Oberfläche aus sehr großen und spitzen Steinen (Reifenschäden!), die Reisegeschwindigkeit liegt bei 20 bis 40 km/h. Die Strecke führt durch das Weidegebiet der Himba, teilweise durch baumbestandene, grüne Täler mit stark ausgeschwemmten Ufern, die mühsam durchquert werden müssen.

OPUWO (km 723) wird 170 km östlich vom Van Zyls Paß erreicht; nur die letzten Kilometer sind schnelle und gute Pad. Daher sind 2 Tage für diese Strecke anzusetzen.

Windhoek erreichen Sie nach 710 km. Bis Kamanjab sehr gepflegte Pad, dann gute Asphaltstraße.   Bernd Woick

7 BRANDBERG – HENTIESBAAI (320 km)

Die Etappe bringt landschaftliche und kulturelle Highlights, gewürzt mit eigenartigem klimatischem Erlebnis: drastischer Temperatursturz auf dem Weg vom 850 m hohen Bergland zur Küste.

Lage: Nordwest-Namibia. Michelin-karte 955 Falte 25 rechts.

Karten: Übliche Pad-Karten reichen. UNO-Blatt West zeigt Relief sehr gut (südlich des 20.Breitengrads, östl. des 14. Längengrads). – 1:500.000 Blatt *2113 Windhoek.*

Straßen/Entfernungen: Stich-straße *D3254* zum Verbrannten Berg (ca. 6 km). *D2612* nach Osten zur *C35* (65 km). – Nach 58 km führt Stichstraße *D2359* nach Westen ins Tsisab-Tal des Brandberg-Massivs. – Auf der *C35* noch etwa 135 km zur Küste.

Zustand: Normalerweise ordentliche Schotter- oder Naturstraßen. C35 sehr gut, z.T. glatt gewalzte Salz-/Gips-Oberfläche. – Achtung: Da die D2612 partiell schwierig ist, sollten Pkw-/

Wohnmobilfahrer die C35 von Twyfel-fontein aus via Khorixas ansteuern!!

Zeitbedarf: 1 bis 1,5 Tage je nach Aktivitäten unterwegs.

Versorgung/Tankstellen: Khorixas und Hentiesbaai.

▲ Khorixas. Mehrere Campingplätze an der Küste (Mile 72 und Jakkals-putz). Ggf. Busch-Camp am Brand-berg-Rand.

🏠 Khorixas-Camp (s. Route 5). Hentiesbaai
Hotel De Duine ☎ 06442-1

Anschluß-Strecken: Route 8 (Atlantikküste).
Routen 9/10 (Swakopmund / Walvis Bay)

Der frühe Morgen sollte noch einigen Highlights um TWYFELFONTEIN gehören: Zum Beispiel die als *Zeremonienplatz* gedeutete Gruppe von Gravuren abseits der Quelle (4WD). Da gibt's „Adam und Eva", ferner potent dargestellte Mannsbilder (Infos vom Ranger). Kurzer 5-km-Abzweig zum *Verbrannten Berg,* einem von vulkanischen Vorgängen ruß-schwarz gefärbten Bergkamm südöstlich von Twyfelfontein. Dazwischen auch eine Palette rötlicher, violetter und ockerfarbiger Tupfer.

In der Nähe, am Weg zum Verbrannten Berg, die *Orgelpfeifen:* bizarre Felssäulen aus Ba-salt, beim Erkalten in scharfkantige Form ge-bracht.

Weiße Dame hinter Gittern

Kürzester Weg zum Brandberg-Massiv ist die *D2612,* aber wegen sandiger Abschnitte ha-ben konventionell angetriebene Autos Pro-bleme; einen steckengebliebenen VW-Cam-

per mußten wir da mal bergen. Pkw-Fahrer berichteten von Umkehr nach Erreichen der ersten Sandfelder (siehe Vorspann).

Der BRANDBERG ist eigentlich kein Berg, son-dern ein rundes Gebirgsmassiv mit mehreren Gipfeln, darunter der 2.573 m hohe *Königstein,* Rekordhalter unter Namibias Bergen. Große Teile des Brandbergs sind Naturschutzgebiet. Ein derart herausragendes Massiv mußte bei den Ureinwohnern Gegenstand der Vereh-rung werden: Die Hereros nannten ihren „Olymp" *Omukuruwaro,* Berg der Götter. Viel-leicht ist's eine Anspielung auf die vielen Felsbilder aus prähistorischer Zeit.

1918 wurde der Königstein erstmals vom Landvermesser Reinhard Maack bestiegen; dabei entdeckte er im Tsisab-Tal (durch den unsere Zufahrtsroute führt) die berühmt ge-wordene „Weiße Dame".

Die Pforte der Tsisab-Schlucht ist schon von weitem sichtbar. „Wüstenlack" färbte Steine so dunkel, daß sie wie verbrannt wirken, was dem Berg wohl den Namen gab.

Wir stellen das Auto am Parkplatz ab und steigen um in die Wanderstiefel – je früher am Morgen, desto schattiger und kühler! Ab dem späten Vormittag kann's höllisch heiß werden im Kessel!

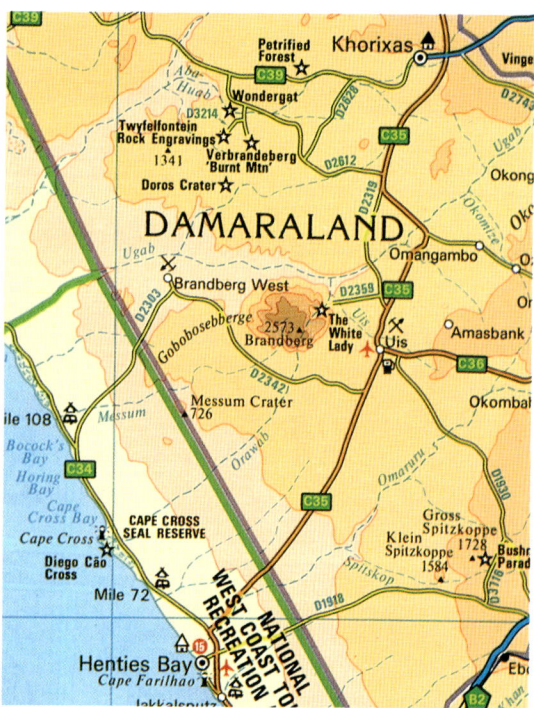

Kurz vor der Landung in Windhoek unterm Kabinenfenster: der Brandberg. Ein Gipfel dieses isolierten „Inselbergs" ist der Königstein, mit 2.573 m höchster Berg des Landes. Durch die Tsisab-Schlucht (hier an der linken Brandberg-Seite) führt die Zufahrtspiste zur „Weißen Dame". – Über der Küstenebene im Hintergrund wabert Seenebel.

Rechts: Die „Orgelpfeifen" bei Twyfelfontein. Eine Laune der Natur formte erkaltenden Basalt zu dieser eckigen Form. Die Säulen sind zwei bis fünf Meter hoch.

Der Weg ist ziemlich steinig, aber mit weißen Pfeilen gut markiert. Im Zweifel immer leicht links halten Richtung Ostseite des Felstals. .

Dann ist sie da, die „weiße Dame". Hinter Gittern in *Maacks Shelter,* unter einem Fels-Überhang, gut geschützt gegen Witterung und Vandalen. Gut zu erkennen ist sie nicht (mehr).

Eine Entstehungs-Theorie: Wanderer aus dem Mittelmeer-Raum sollen die Dame und ihr Gefolge zu Fels gebracht haben. Gewisse Ähnlichkeiten zu mediterranen Kunstformen lassen sich zwar konstruieren. Aber diese Künstler wären dann die ersten Transafrika-Globetrotter gewesen – und das vor etwa 15.000 Jahren...

Vermutlich ist die Gestalt nicht mal eine Dame. Man hielt sie wegen Pfeil und Bogen für die römische Jagdgöttin Diana; wahrscheinlich ist ein einheimischer Buschmann-Häuptling dargestellt. Sei's drum – die Pilger-Tour zu „ihr" ist ein Erlebnis für sich.

Schon die ein- bis zweistündige Wanderung zur Weißen Dame zeigt, mit welchen Problemen man bei weiterführenden Aktivitäten zu kämpfen hat. Trotz kleiner Quellen ist ausrei-

chender Wasservorrat ein größeres Problem in den Tropen als unter heimischer Sonne. Zurück auf die C35, Kurs Südwest, zur Küste. Voraus leuchten helle Abraumhalden der

Nur wegen skurriler Deutungs-Versuche interessant: die „White Lady". Unterm linken Tier ist sie kaum noch zu erkennen. Es gibt gelungenere Malereien am Brandberg.
Oben: Bergtouren in den Tropen sind anstrengend. Auch kleinere Wanderungen werden mit Highlights der Wüsten-Flora belohnt.
Rechte Seite: Jedes Schattenplätzchen ist gefragt beim Campen im Glutofen der Tsisab-Schlucht. Noch gibt's hier keine Reglementierungen.

geht's auf den Atlantik zu, der sich auch ohne den häufigen Seenebel durch hellgrauen Dunstschleier bemerkbar macht.

Klima-Schock an der Küste

Es gibt hier keine Zäune mehr, keine Farmen. Die Piste ist mit Stöcken markiert und glatt gewalzt, so hart wie Asphalt (nur bei Nässe zeigt sie aalglatt den Unterschied).

Anfangs spürt man's nicht, aber irgendwann dringt die Kühle durch. Trotz abnehmender Höhe (was doch meist Temperaturanstieg bedeutet) verkriecht sich das Quecksilber. Ein Frühsommer-Beispiel: 35° am Brandberg, flugs runter auf 30, 25 Grad. An der Küste steht's meist noch tiefer... Dabei knallt die Sonne mit voller Kraft.

„Schuld" an solch ungewöhnlichem Klima-Schock ist der kalte Benguela-Strom. Der sorgt andererseits für reiche Meeres-Fauna, die jedoch zu reichlich abgeschöpft wurde.

Dann die Küstenstraße *C34* und die *National West Coast Recreation Area.* Ein Permit ist bis zur Grenze des nördlich anschließenden *Skeleton Coast Park* nicht erforderlich (Route 8).

Das breite und meist trockene Tal des *Omaruru-Rivier* wird auf einer 1980 erbauten Brücke überquert. Zuvor war's unmöglich, den Fluß zu passieren, wenn er „abkam" und Wasser führte (am nördlicheren *Ugab* ist's heute noch so).

8 km südlich der Einmündung: HENTIES-BAAI/BAY, 73 km nördlich von Swakopmund bzw. 439 km von/bis Windhoek. Eine Feriensiedlung, belebt hauptsächlich im Dezember/Januar und an langen Wochenenden. Ein Clou ist der Wüsten-Golfplatz am Rivier.

Mit viel Liebe und ausreichend Wasser aus den nahen Omaruru-Grundwasservorkommen versuchen die Bewohner, etwas Grün und damit angenehmes Flair in den Ort zu zaubern. Großer Jubel wird unter europäischen Besuchern trotzdem nicht ausbrechen, zumal das kalte Wasser selten zum Bade lockt.

Zinn- und Wolfram-Mine UIS, was in der Nama-Sprache soviel heißt wie Brackwasser. Die Mine wurde zwar vor einigen Jahren geschlossen, steht aber auf Abruf zu weiterer Förderung bereit.

Das Gebiet ist ein Dorado für Mineralien-Sammler und Amateur-Prospektoren. Leicht findet man jemanden, der wertvolle Tips geben kann. Dabei fällt auch noch anderes Interessantes ab über die Mine sowie über die Umgebung und das Leben hier draußen – einer der typischen Anlässe, gänzlich unorganisiert hilfreiche Kontakte zu knüpfen...

Etwa 20 km südöstlich des Königsteins

8 HENTIESBAAI – WEST- UND SKELETT-KÜSTE (130/285 km)

Namibias Atlantikküste wirkt auf Besucher total unterschiedlich. Die einen freuen sich am cool-herben „Kontrastprogramm" zum Inland, die anderen trollen sich nach kurzer Stipvisite. Der *Skeleton Coast Park* ist enorm reglementiert, so daß vielen schon beim Studieren der Permit-/Reservierungs-/Zeit- und Gebots/Verbots-Angaben die Lust vergeht (s.u.). Evtl. ist das zur Touristen-Steuerung beabsichtigt – und tut der Natur gut. Touren nördlich des Ugab ggf. mit Safari-Veranstaltern absolvieren; die *Wilderness* des hohen Nordens ist auf eigene Faust nicht zugänglich. Einen Tag rund ums *Kreuz-Kap* einplanen! Alternative: *Sandwich Harbour* mit Dünen und Lagune (nur Geländewagen, → Route 10).

Name: „Skelettküste" nach den Schiffswracks und im Dünensand gefundenen Gebeinen.

Lage: *National West Coast Tourist Recreation Area* von (Walvis Bay)/Swakopmund bis zum Ugab-Rivier. Dort Beginn des *Skeleton Coast Park* bis zum Grenzfluß Kunene. Michelin-Karte 955 Falte 25.

Karten: Pad-Karte. f&b Sektoren B2/3. UNO-Karte, Westblatt. 1:500.000 Blatt *1711 Opuwo* (=nördlich des Huab) und *2113 Windhoek* (=südlicher Teil).

Straßen: *C34* längs der Küste. *C39* südlich Torra Bay nach Twyfelfontein/Khorixas (Route 5).

Zustand: Meist gute Schotter- oder Salz-/Gips-Straßen. Im Bereich der West-Coast-Area Pkw-tauglich.

Entfernungen: Swakopmund/Hentiesbaai 73 km. Weiter bis Kreuz-Kap 54 km. Bis Gate am Ugab-Rivier 74 km; mit Abstechern insgesamt 220 km. – Ugab/Torra Bay 115 km, bis Terrace Bay weitere 50 km.

Zeitbedarf: Kreuzkap Halbtags-Tour, Skeleton Coast 1 bis 1,5 Tage! Torra Bay nur offen zwischen 1. Dez. und 31.Jan.! – Ugab Gate muß bis 15 Uhr passiert sein, Ostzufahrt Springbokwater bis 17 Uhr.

Permit: Keines für West-Küste. Nördlich des Ugab nur mit Permit und Reservierung.

Versorgung: Vor allem in Swakopmund, auch in Hentiesbaai. Laden/Tankstelle Torra Bay nur während der namibischen Dezember-Schulferien geöffnet.

⋀ Mehrere Camps in der West-Coast-Area (Mile 14, Jakkalsputz, Hentiesbaai, Mile 72, Mile 108). Torra Bay (s.o.). – Freies Campen ist nicht erlaubt.

⌂ Swakopmund (Route 9). Hentiesbaai (Hotel und Ferienwohnungen). Terrace Bay (Reservierung in Windhoek, Swakopmund oder Okaukuejo).

Anschluß-Strecken: nach Süden (Swakopmund, Namib): Routen 9 und 11.
Nach Osten (Brandberg, Twyfelfontein, Etosha): Routen 7 und 5.

8.1. West Coast Area

Nördlich der relativ jungen Feriensiedlung *Hentjesbaai* überqueren wir den Omaruru-Rivier. Da dieser Fluß relativ häufig „abkommt", wurde hier – anders als am nördlicheren Ugab – eine Brücke gebaut.

Die *Benguela*-Küste wirkt etwas monoton, je nach Wetter abweisend (unterm Küstennebel) oder freundlicher unter mehr oder weniger strahlender Sonne. Ganz anheimelnd ist sie nie, aber ein Paradies für Ozean-Fischer. Sie vermummen sich trotz tropischer Lage oft in Winter-Dress.

Schon allein den Anglern zuzuschauen, ist ein Erlebnis: Da werden an den Hochseeruten (die vertikal am Auto befestigt wie Funkantennen wirken) gewaltige „Kaliber" bis hin zu Haien aus dem trotz aller Alarmrufe fischreichen Wasser gezerrt.

West- und Skelett-küste zwischen Swakopmund und Terrace Bay. Der ca. 35 km schmale Küstenstreifen ist nach NNW ausge-richtet. Einzige Zufahrten: C34 von Süden und C39 von Khorixas.

*Die kühle Küste ist ein Angler-Dorado; am Weekend und zur Ferienzeit ein Wald von Ruten. Uns er-scheint das **Fishing** paradiesisch frei, doch Namibier be-klagen Restriktionen.*

Beim Gespräch mit Petri-Jüngern kriegt man noch Tolleres vorgesetzt, vielleicht ist auch etwas Anglerlatein dabei. – Adressen von An-gel-Safaris siehe Anhang.

off road? – on the road!

Die Strände sind frei zugänglich, aber nur mit Geländewagen! Mag der Sand meist sehr tragfähig sein: stellenweise gibt er tückisch nach. Möglichst auf frischen Spuren bleiben. Keine neuen Spuren sollten dagegen östlich der Küstenstraße gelegt werden. Dort findet sich die unscheinbare Flora der mittleren Na-mib: Flechten auf Kieseln und Steinplatten. Diese grünen, gelblichen und orangefarbe-nen Ur-Pflanzen sind einerseits sehr robust, andererseits wachsen sie nur langsam. Wer mit dem Geländewagen über die nur schein-bar sterilen Hügel brettert, zerstört unter den Reifen eine Flora, die Jahrzehnte, wenn nicht Jahrhunderte braucht, um sich zu regenerie-ren.

Ganz selten wird uns hier ein Schakal begeg-nen. Der „Ausputzer" der Wüste entsorgt Aas, angeschwemmte tote Robben, Fisch-Reste und ähnliches. Kollegin Hyäne ist noch weni-ger zu sehen, da nachtaktiv. Dafür macht sie sich laut heulend akustisch bemerkbar.

Cape Cross

Die graue Küste hat weder Ortschaften noch Landmarken, die sich als Orientierungs-punkte eignen. Daher wurden Angel- und Campingplätze nach Meilen benannt: *Mile 72* (=115 km ab Swakopmund) ist ein gut aus-gestatteter *Caravan Park*. Bezeichnend: Viele

8

Besucher haben ihre Zelte mit allen denkbaren Materialien gegen den strammen Küstenwind gesichert. – Freies Campen ist nicht erlaubt.

16 km weiter (50 km ab Hentiesbaai, 130 km ab Swakopmund) Abzweigung zur *Seal Reserve* am KREUZ-KAP. Eintrittspreise → Anhang. Täglich außer freitags geöffnet von 10 bis 17 Uhr. Ein Info-Blatt gibt's im Office. Keine Unterkünfte, kein Camp.

Schon die Einfahrt zum Schutzgebiet ist liebevoll gestaltet: Ein Portal wie zwei Robben mit Imponiergehabe. Im Inneren geht's so weiter: Mauern, Aussichts-Terrassen. Der Besucher ist ausgegrenzt. Andernfalls wür-

Kleinst-Lebewesen der Namib-Küste: Recht farbenfrohe Flechten. Sie überstehen lange Trokken-Perioden, blühen bei Nässe buchstäblich auf.

Brandungs-Getöse, Robben-„Blöken" und durchdringender, fast ätzender Geruch: Robbenkolonie von **Cape Cross.** *Da ist schwer was los zwischen Bullen, „Harem" und Babies. Strandpisten an der Atlantikküste. Weicher Sand ist nicht ungefährlich, besonders, wenn die Flut kommt! – „Salzstraßen" (eine Namibia-Spezialität) wirken wie Asphalt.*

den die Robben wohl bald umsiedeln an ruhigere Gestade.

Zigtausende von *Seals* tummeln sich in ihrem Element, dem kalten Wasser des Benguela-Stroms. Oder sonnen sich genüßlich am Strand. Bullen bewachen ihren Harem, putzige Babies „robben" zur Mutter. Es geht dabei so eng her, daß Jungtiere Gefahr laufen, erdrückt zu werden: Ein Drittel stirbt, bevor es ausgewachsen ist.

Die Pelzrobbenjagd, die Tiere einst stark de-

zimierend, wurde eingeschränkt. Doch die „Ernte" (wie's ein Prospekt dezent umschreibt) ist notwendig, um Schäden am Öko-System zu verhindern - und um Fischer-Klagen über reduzierte Ausbeute zu begegnen. Dabei fegen Trawler-Schleppnetze den Atlantik bestimmt intensiver aus als es die Tiere können: „Der Mensch, Geschäftemacher und größter aller Räuber", kommentiert Bannister im „Herben Paradies".

Über der Robbenkolonie liegt durchdringender Geruch, freundlich formuliert. Man könnte auch sagen: Es stinkt wie die Pest, wie in einer sehr schlecht geführten Fischmehl-fabrik. So ist's halt in der Natur.

Dazu ein unerwartet hoher Lärmpegel. Da wird gejammert, gestöhnt und geblökt; Kontakt-Rufe gehen hin und her, denn Robben scheinen sich (und vor allem ihren Nachwuchs) akustisch anzupeilen.

All das wird noch überlagert vom Donnern der Brandung. Wie schwere Reiter wogen grüne Atlantik-Brecher heran; die Robben tauchen elegant durch die „Rollers" hindurch, um auf Fisch-Beutezug zu gehen. Die Jungen brauchen täglich 8% ihres Körpergewichts an Nahrung.

Der Name des Kaps soll an den ersten Europäer erinnern, der 1486 hier landete: Der Portugiese Diego Cão stellte hier ein *Padrão* auf, ein schweres Steinkreuz. Es sollte Seezeichen sein und Symbol der Landnahme, ähnlich wie das zwei Jahre später von Bartolomëu Diaz beim heutigen Lüderitz errichtete Kreuz. An diesem wüsten Landstrich hatten die Portugiesen kein Interesse: Ging's ihnen doch um den Seeweg rund um Afrika nach Osten.

Heute stehen hier wie in Lüderitz nur Nachbildungen, veränderte Neuschöpfungen. Das Cão-Original landete während der deutschen Kolonialzeit in einem Berliner Museum. Das neuere Kreuz von 1980 wirkt echter als das Ersatzstück aus dem Deutschen Reich.

Die Umgebung der Replika ist symbolträchtig gestaltet: Kreuz des Südens und andere Sterne, Richtungsweiser der Seefahrt. Alle Navigationsmittel halfen den Schiffen nicht, die an der Küste zu Bruch gingen. Wracks liegen zahlreich in der Brandung – oder im Hinterland, wenn sich die Strandlinie verlagert hat. Auf der 500.000er-Karte *1711 Opuwo* sind einige Wrack-Positionen samt Schiffsnamen und Strandungs-Datum verzeichnet.

Eindrucksvoll und relativ leicht zugänglich die *Winston,* 59 km nördlich des Kreuzkaps, 3,5 Kilometer von der Straße entfernt. Nur die festgefahrenen Spuren durchs Marschland benutzen!

Das Wrack ist in zwei Teile geborsten, Seevögel sitzen und nisten in den Rahen und auf den Decksaufbauten (siehe Abbildung).

Hatte sich die Besatzung an Land gerettet, wurde aus Seenot Wasser-Not. Es gibt weit und breit keine Quellen. Die Chance, daß Helfer vorbeikommen könnten, war einst gleich null: Hier hatte niemand etwas verloren.

8.2. Skeleton Coast

Der *Ugab Rivier* hat seinen Einzugsbereich

*1486 errichtete der Portugiese Diego Cão ein Kreuz – erstes, wenngleich folgenloses Zeichen europäischer „Landnahme" im Gebiet des heutigen Namibia. Das **Padrão** ist eine Replika.*

Wracks an der Küste: Außer der erwähnten, nördlich von Cape Cross leicht erreichbaren *Winston,* wurde die Skelettküste weiteren Schiffen zum Grab, fast alle nördlich von Terrace Bay: *Suidekus* an der Möwe Bay (1977). *Sir Charles Elliot* nordwestl. von Rocky Point (1942). Die *Dunedin Star* scheiterte ebenfalls 1942, südl. des 18. Breitengrads. 120 km südlich von Walvis Bay liegt das Wrack der *Eduard Bohlen,* 1910 gestrandet, heute tief landeinwärts in den Dünen. Ein Zeichen, wie diese nach Westen hin vordringen. Hinweis: Die meisten Wracks können der Restriktionen wegen nicht auf eigene Faust angesteuert werden (s. 8.2.)

Dutzende von Schiffen scheiterten an der Atlantikküste; hölzerne Windjammer der Ostindienfahrer verrotteten fast völlig.
Die **Winston** ist leicht erreichbar und wurde von Seevögeln „wiederbelebt".

Einige mögliche Gründe für die ungewöhnlich vielen Strandungen an Namibias Skelettküste: Starke, landwärts blasende Winde. Sichtbehinderungen durch Seenebel. Kräftige Unterströmung des Benguela-Stroms.

Brandung und Rost haben das Wrack der
Winston *inzwischen fast "platt gemacht"*.

8

zwischen Outjo und Otavi. Das Wort „ent-springen" läßt sich bei Namibia-Flüssen schlecht verwenden, denn die Riviere kommen ja nur nach schweren Regen ab, haben keine Quellen, sondern nur Einzugsgebiete.

Das Tal bildet westlich vom Brandberg die Südgrenze des *Skeleton Coast Park.* Wenn der Ugab Wasser führt, wird das etwas makaber mit Totenköpfen „geschmückte" Tor am *Ugabmond* überflüssig, denn dann kommt niemand durch. Risiko-Zeitraum: Januar und Februar. Aktuelle Auskunft bei den Naturschützern oder beim AA.

Das Ugab-Gate liegt etwa 210 km nördlich von Swakopmund und ist nur mit Permit bzw. bestätigter Reservierung passierbar. Termin ist dabei 15 Uhr, damit man Camp oder Unterkunft bei Tageslicht erreichen kann.

Ziemlich eintönig, aber wegen wechselnder Stimmungen nicht reizlos, geht's an der kühlen Küste nach Nordwest. Der Huab-Rivier hat als einziger Fluß im Skeleton-Park eine Brücke. Sie wurde während der 60er Jahre erbaut von einem Öl- und Diamanten-Prospektor, der bei Toscanini sein Glück versuchte. Diamanten finden sich in rentabler Menge nur bei der Oranje-Mündung.

Als erstes erreicht man das einfache Camp TORRA BAY; alle Ausrüstung ist mitzubringen (Vorsicht: nur 1.12. bis 31.1. geöffnet).

TERRACE BAY ist eine ganzjährig geöffnete Anlage mit komfortablem Logis. Der beliebte Stützpunkt der Atlantik-Angler kann touristisch interessant sein, wenn man sich intensiv mit der eigenartigen Küstenwüste beschäftigen will. Die „Mondlandschaft", ist näher betrachtet, nicht leblos. Allerdings sind Ausflüge nur auf begrenztem Gebiet möglich. Begrenzung der Besucherzahlen dürfte dem Park gut tun. Seltene Löwen und Elefanten auf der einen, Delphine und Robben, Flamingos und Seevögel auf der anderen Seite bleiben ungestört.

Der nördlichste Wilderness-Abschnitt der Skelettküste (zwischen Hoanib-Rivier und Kunene) ist für Individualtouristen tabu – läßt sich aber mit Reise-Unternehmen besuchen. Fly-in-Safaris dauern fünf Tage und starten in Windhoek. Camp nach Flug zum Khumib-Rivier: 35 km landeinwärts, nordöstlich von Rocky Point. Man wird in Iglu-Zelten untergebracht.

Begleitete Landrover-Touren zu „brummenden Dünen", zur Robbenkolonie bei Kap Frio und zum „weißen Tempel" im Hoarusib-Canyon. Schwerpunkt der Safari liegt auf dem Erlebnis weit-offener Landschaften. Kostenpunkt: ca. 4.000 Rand.

Info: Olympia Reisen, Postf. 43, Windhoek. Tel. 22 55 39 oder Bonn 0228-40003-0

*Das Skelettküsten-Tor am **Ugabmond**, an der Mündung des Ugab-Rivier: recht makaber und nicht leicht zu überwinden. Ohne Reservierung/ Permit geht nichts. Das Gate wird ab 15 Uhr dicht gemacht, damit genügend Zeit bleibt, Camp oder Hotel zu erreichen.*

*Kiesiger Strand von **Terrace Bay**. Das bei Fischern beliebte Hotel mit eigenartiger Ausstrahlung ist einziger ganzjähriger Anlaufpunkt der Skelettküste.*

UGAB-WANDERUNGEN unter Ranger-Leitung: Start jeden 2. und 4. Dienstag im Monat um 9 Uhr ab Gate Ugab-Rivier. Die 50-km-Tour mit maximal acht Teilnehmern dauert bis zum folgenden Donnerstag und kostet ca. 75 Rand. Gut geeignet sind dafür die Wintermonate April bis September.
Rechtzeitige Reservierung mit Vorlage eines aktuellen Gesundheitszeugnisses beim Reservierungsbüro in Windhoek (→ Anhang).

9 RUND UM SWAKOPMUND

Lage: Swakopmund liegt westlich der Hauptstadt am Atlantik und blieb im Zentrum die wohl am meisten deutsch geprägte Stadt Namibias. – Michelin-Karte 955, Falte 29.

Name: nach Mündung des Swakop-Rivier. Auf alten Karten *Tsoachaub/Swakop.*

Einwohner: 13.600 (Fischer Weltalmanach '92). Angaben für Swakopmund-Distrikt: 20.757 (amtlich).

Karten: Padkarten. f&b Sektor C4. Karte 1:500.000 *Windhoek 2113.*

Zufahrten: Gute Teerstraße *B2* von Windhoek via Usakos (363 km, touristisch weniger interessant). – *C28,* der alte „Baai-Weg" vom Hochland über den Bosua-Paß in die Namib (350 bis 400 km, Route 13). Anschlußstrecken siehe unten.

Zustand: Die wichtigsten Straßen rund um Swakopmund (außer Sandwich Harbour) sind gut und Pkw-tauglich (gilt auch für die meisten Namib-Wüsten-Pads).

Zeit: Swakopmund 1 Tag, Umgebung mindestens 1 Tag. Während der namibischen Ferienmonate, im (Süd-)Sommer Dez./Jan., ist alles ziemlich ausgebucht!

Versorgung: In Swakopmund alle Versorgungsmöglichkeiten.

⚑ stadtnah komfortabler Caravan Park *Mile 4* 0641-61781. Dann längs der Küste *Mile 14, Jakkalsputz, Mile 72, Mile 108.* Nach Süden siehe Route 10.

🏨 14 Hotels in Swakopmund (siehe Stadtplan), z.B.

Hansa***	☎ (0641)-311
Europa Hof**	5898
Jay Jays*	2909
Atlanta*	2360
Ferienhäuser, kommunal, billig	2807
Ausgefallener: *Burg Nonidas,* 10 km nordöstlich an *B2*	4544.

Anschluß-Strecken: Von Norden *C34* Skelettküste (Route 8) bzw. *C35* von Etosha/Brandberg (Route 7). Nach Süden: *B2* Walvis Bay/Sandwich Harbour u. Namib-Wüste (Routen 10/11).

Ganz bewußt übernachten wir bei Hentiesbaai (Hotel, Route 7) oder auf einem der Küsten-Camps, um Swakopmund nach Möglichkeit in strahlender nachmittäglicher Sonne anzusteuern. Das Erlebnis der „grauen Stadt am grauen Meer" fällt dann am folgenden Morgen unter wahrscheinlich aufziehendem Seenebel viel leichter, da man das heitere Gesicht der Stadt ja bereits gespeichert hat.

Die Anreise führt vorbei an Urlaubs-Orten, die nur saisonal belebt sind und folglich in der Nebensaison etwas tot wirken. Wie etwa *Wlotzkasbaken.* Auch das sollte man sich mal näher ansehen, um zu erfahren, wie man's sich in rauher Umgebung durchaus gemütlich machen kann. Auffällig sind die Wasser-

behälter an jedem Haus: Es gibt keine Wasserleitungen. Jeder bunkert in den Maxi-Tonnen seinen Bedarf – wie bei uns das Heizöl. Wir passieren eine *Saline,* wo sich schon mal übler Geruch breit machen kann und erreichen schließlich die ausufernden Vororte des Städtchen. Platz hat man hier wirklich zur Genüge.

Dann wird's deutsch. Bahnhofstraße. Am Zoll. Bismarckstraße. Kaiser-Wilhelm-Straße (das „Wilhelm" führte übrigens Windhoeks Hauptstraße schon seit längerer Zeit nicht mehr im Schilde – sie heißt nun ohnehin *Independence Avenue*).

Zu den Straßennamen paßt die Architektur: Fachwerk, Gründerzeit, wilhelminisch und was einem noch alles spontan dazu einfällt.

SWA 25c SALT-WORKS — DISPATCH TO REFINERY

Z

Swakopmund-Hotels:

Atlanta Hotel	1
Hansa Hotel	3
Europa-Hof	5
Grüner Kranz	6
Hotel Schütze	7
Dig by See	8
Prinzessin Ruprecht	9
Pension Rapmund	10
Schweizerhaus	11
Strand Hotel	12
Jay Jays Hotel	13
Hotel Garni Adler	13
Pension d'Avignon	15

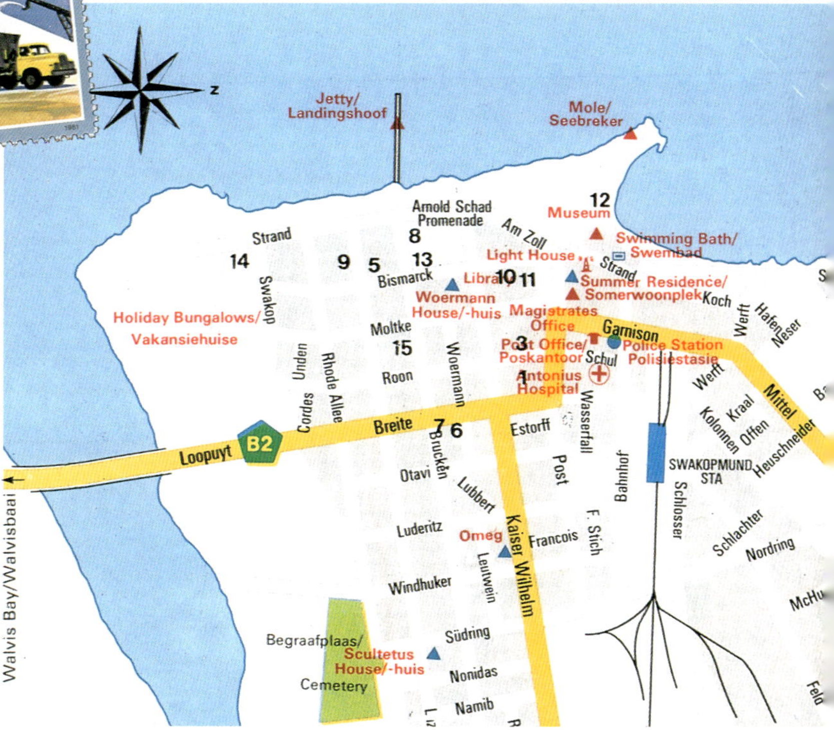

Die unvollendete
Landebrücke von
Swakopmund, mit
Beton saniert. Hier
hat nie ein Ozean-
riese angelegt;
Frachter wurden per
Leichter entladen.

Jetty/
Landingshoof

Mole/
Seebreker

Arnold Schad Promenade

Museum 12

8

Am Zoll

Swimming Bath/
Swembad

Strand

14

9 5 13

Bismarck

Light House

Library

Summer Residence/
Somerwoonplek

Woermann
House/-huis

Magistrates
Office

Koch

Moltke

Holiday Bungalows/
Vakansiehuise

15

Post Office/
Poskantoor

Garnison

Police Station
Polisiestasie

Werft

Hafen

Neser

Roon

Antonius
Hospital

Schul

Werft

Mittel

B

Swakop

Unden

Rhode Allee

Cordes

Woermann

Estorff

Wasserfall

SWAKOPMUND.
STA

Kolonnen Offen

Kraal

Heuschneider

Loopuyt **B2**

Breite

7 6

Bahnhof

Schlosser

Schlachter

Nordring

Brücken

Otavi

Lübbert

Post

F. Stich

Luderitz

Omeg

Kaiser Wilhelm

Francois

McHu

Windhuker

Leutwein

Südring

Begraafplaas/
Cemetery

Scultetus
House/-huis

Nonidas

Namib

La...

Feld

Walvis Bay/Walvisbaai

B2 Windhoek/Burg Nonidas

9

Nur die Palmen wollen nicht so recht dazu passen.

Am besten läßt man alles erst mal während einer Kreuz-und-quer-Fahrt auf sich wirken, parkt dann das Auto und untersucht „Klein-Deutschland in Afrika" per pedes.

Ein kleiner Kultur-Schock nach der Tour durch die Halbwüstenzonen des Nordens und Nordwestens: „Was darf's denn sein?" - und das in Afrika! Fröhliches „Tschüssi" von schwarzer Verkäuferin. Geschäfte wie daheim in einer Mittelstadt größeren Kalibers. Ein Waren-Sortiment, von dem man in anderen afrikanischen Großstädten nur träumen kann. Dazu die Selbstverständlichkeit, mit der das alles einfach so ist, hier und heute...

Kritiker werden jetzt von „kolonialem Fremdkörper" oder ähnlichem sprechen. Oder davon, daß das Angebot für viele Schwarze unbezahlbar ist. Richtig. Ich bin auch kein Freund von Kolonial-Strukturen – aber: Was wäre hier ohne *dieses* Swakopmund?

Das Museum knöpft man sich am besten gleich nachmittags vor: Ozean und Wüste, Flora und Fauna werden präsentiert – und natürlich auch Koloniales. Wie gesagt: Was wäre hier ohne dies alles?

Da erfährt man viel über die Entstehung der Infrastruktur, vom Ochsenkarren bis zur hochmodernen Uran-Mine. Jetzt kommt's in

Deutschland in Afrika: „Adler-Apotheke". Relikte der Kolonialzeit sind in Swakopmund geballter zu finden als in Windhoek. Unten: Schwarz und Weiß tanzen an der Strandpromenade. So finden Kulturen zueinander.

Nach einem Artikel der Namib Times von 1988 nannten die Nama den Fluß Tsoaxoub, weil er in Flutzeiten *dirty looking masses of mud* mit sich führt *which to the Nama imagination bore a close resemblance to human „excrement".*
Rücken Sie dem Swakop ruhig näher auf die Pelle (z.B. bei der Oase Goanikontes). Da ist nichts Anrüchiges zu sehen am „Platz, wo der Kameldorn wächst" - und auch anderswo.

(Fast) wie zu Kaisers Zeiten? Straßennamen halten Swakopmunds Entstehungsgeschichte wach. Im Hintergrund das Woermann-Haus mit seinem markanten Turm. – Bei der Fahrt entlang der Küste kann man versuchen sich vorzustellen, was hier wäre ohne die Kolonialphase.

Einst und jetzt einträchtig nebeneinander: Die ehemalige Zollstation Nonidas über dem Swakop wurde zu stilvollem Hotel. Neue Staatssprache ist das wenig verbreitete Englisch. Moderner Namibier/Namibianer und sein „Foh bei Foh"-Geländewagen beim Freizeitspaß in der Wüste. Unten: Swakopmund aus der Vogelperspektive.

Namibia nur darauf an, das Positive der Kolonialzeit mit neuen Perspektiven zu verküpfen. Aufs Ergebnis im Swakopmund-Museum des Jahres 2000 darf man gespannt sein!

Dann hinab zur Landebrücke, vorbei am Woermann-Haus mit seinem markanten Fachwerk-Turm. Gegenüber residieren die Naturschützer, auch einen Besuch wert wegen ihrer Ausstellungen. Wenn man noch Permits oder Infos braucht, muß man auf jeden Fall hin.

Die Landebrücke (Jetty) ist, neben dem Marinesoldaten nahe dem Leuchtturm, wohl *das* Wahrzeichen von Swakopmund. Eine Unvollendete, denn sie wurde nie fertig. Und wäre wohl auch längst im Atlantik versackt, wenn man sie nicht vor einigen Jahren mit großem Aufwand restauriert hätte.

Swakopmund war nie als Hafenort geeignet, aber man hatte keine Alternative. Walvisbaai, der einzige gute Naturhafen weit und breit, gehörte schon vor „deutscher Zeit" zur Cape Province. Die RSA-Enklave dürfte über kurz oder lang namibisch oder gemeinsam verwaltet werden.

Hafen-Alternative: Lüderitzbucht, die Keimzelle der Kolonie. Zu weit ab, zu lange und schwierige Transportwege, dazu für heutige Hochseeschiffe zu klein (siehe Route 18).

Also versuchte man, das Unmögliche möglich zu machen und den auf 600 m geplanten Eisen-Steg über den Sandstrand vorzutrei-

9

„Bull's Party" in den Erongo-Bergen. Erosion zersetzt Granit, Abschuppung und Abspringen von „Schalen" führte zu eigenwilligen Formen. Am Sockel wirkt Bodenwasser auf den Salzanteil im Granit und lockert durch chemische Verwitterung die Struktur. Danach kann der Wind „angreifen" und die physische Erosion wie Temperaturschwankungen. Rechts: Die Spitzkoppe, Namibias „Matterhorn".

ben. Da muß man sich vorstellen, wie Frachtgut einst ent- und geladen wurde: mit Leichtern, die Lasten zu wartenden Dampfern transportierten. Am Landesteg hat nie ein Ozeanriese festgemacht.

Mit dem Ende der deutschen Kolonialzeit im WK I war das Thema halb fertig erledigt. Die Mandatsmacht Südafrika brauchte keinen Walvisbaai-Nebenbuhler – aber die Unvollendete steht noch fast 80 Jahre später. Nicht mehr ganz original, aber immerhin...

Die Jetty ist ein feines Ziel für den Sonnenuntergang. Fotografen sollten nicht zu lange warten mit dem Druck auf den Auslöser: Es kann sein, daß die Sonne hinter einer Wolkenwand überm Horizont versackt.

Unterm Seenebel zeigt sich ein ganz anderes Swakopmund. Ein bißchen Allerheiligenstimmung irgendwo in deutscher Kleinstadt. Kalt, grau und leer wirken die überbreiten Straßen, die, typisch südliches Afrika, einst den Ochsengespannen Wendemöglichkeit gaben.

Auch der *Fog* gehört zur namibischen Küste. Wer's nicht mag, kann ein paar Kilometer ins Landesinnere und damit dem Seenebel aus-

weichen: Im Burg-Hotel *Nonidas,* einer umfunktionierten alten Zollstation aus deutscher Zeit. Sie liegt hoch überm Swakop-Rivier, und das Hotel rühmt sich, außerhalb der Nebelzone zu liegen – und da ist was dran.

Wer meint, zur Wüstentour gehöre auch ein Kamelritt, kann das haben: Östlich von Nonidas harren die Wüstenschiffe derer, die da kommen wollen (ggf. Auskunft im Hotel).

Auf der Fahrt von Swakopmund nach Nonidas ein andersartiges Wüstenschiff an der *B2:* ein altes Dampf-Lokomobil, das tonnenschwere Ladungen durch den Wüstensand ziehen sollte. Der „Dampfochse" von 1896 war seiner Aufgabe jedoch nicht gewachsen, landete als Monument aus der SWA-Gründerzeit vor den Toren der Stadt und wurde *Martin Luther* genannt: „Hier stehe ich, ich kann nicht anders..."

Sand gibt's rund um Swakopmund zur Genüge, aber dem Weg von Windhoek zur Küste stemmt sich hier kein unüberwindlicher Dünengürtel entgegen wie etwa östlich von Walvis Bay. Das hat zur schnellen Entwicklung von Swakopmund beigetragen: Schon 1902

war die Eisenbahnlinie zwischen Stadt und Hafen fertig, keine 20 Jahre nach Ausrufung von Deutsch-Südwest.

Abstecher von Swakopmund

Ins wild-zerklüftete ERONGO-GEBIRGE mit der Gäste-Farm *Ameib* nördlich von Usakos. Bizarre Berg-Szenerie wie die „Bullen-Party": Felskugeln auf schlanken, von Erosion gefeilten „Hälsen", die nur entfernt wie Getier wirken. „Teufelsmurmeln" heißen anderswo solche Gebilde. Ein langer Fußmarsch führt zur Phillips-Grotte, einem Felsüberhang mit Buschmann-Zeichnungen.

Ameib Farm ist eine große Gästefarm mit gemütlichen Zimmern, die in der Saison im voraus gebucht werden müssen.

Ein kleiner, eingezäunter Campingplatz bietet zehn großzügige Stellplätze für Zelte oder Fahrzeuge, sehr saubere Toiletten- und Duschanlage und ein Kinderblockhaus.

Die (deutschsprechende) Besitzerin hat einen Wildtierzoo aufgebaut, der nicht nur Springböcke, Strauße und Kudus, sondern auch junge Elefangen (Rüsselschütteln inklu-sive), Giraffen und Geparde beherbergt. Verletzte oder herrenlose Tiere fanden ein Heim.

Leicht erreichbar ist auch „Namibias Matterhorn", die SPITZKOPPE (nördlich der *D1918* von Usakos nach Hentiesbaai). Mit ihren 1.728 Metern ragt sie stolz und einsam übers flache Küstenvorland. Am Fuß des Inselbergs ist in rundgeschliffener Fels-Wildnis freies Campen möglich, besonders an der Nordflanke.

An der Südostseite bei den *Pondok*-Bergen einige verblaßte Felszeichnungen in *Bushman's Paradise*. Mit einem Drahtseil-Akt kann man Felsen erklimmen; schon die wilde Szenerie und Vegetation am Bachbett sind den Abstecher ins Paradies der Wüste wert.

Wer von Walvis Bay aus die Kies-Namib auf der *C14* durchqueren will (Route 11), sollte zuvor unbedingt die „Mondlandschaft" sowie die *Welwitschia Plain* am SWAKOP RIVIER besuchen (Finale unserer Route 13). Ein illustriertes Faltblatt gibt's dazu bei Swakopmunds Naturschützern.

Für die genannten Ausflüge eignet sich die topographische Karte *2113 Windhoek*.

10 WALVIS BAY – SANDWICH HARBOUR (4WD, 90 km)

Karte: siehe Route 11
Namen: *Walvis Bay* ist sprachliche Kreuzung aus Englisch & Afrikaans: Walfisch-Bucht nach Walfängern, die die günstige Hafenbucht ab dem 18. Jahrhundert nutzten. Eine daneben übliche, rein afrikaanse Schreibweise Walvisbaai findet sich auf der für Namibia verbindlichen UNO-Karte nicht mehr; ferner ignoriert das Blatt auch die Walvis-Bay-Grenzen.
Die Stadt mit ihrem 10-Meilen-Umfeld war niemals Teil von Deutsch-Südwest, sondern gehörte zur südafrikanischen Cape Province. Ca. 23.000 Einwohner.
Sandwich Harbour hat mit Sandwich nichts zu tun, sondern leitet sich ab von *Sandvis* (Sand-Fisch). Kein Imbiß-Stand am Hafen der Jahrhundertwende, der inzwischen von einer Sandbank versperrt ist und großteils verlandete.
Lage: West-Namibia; Walvis Bay ge-

hört derzeit zur RSA. – Michelinkarte 955 Falte 29.
Karten: f&b Sonderkarte. – Topogr. Karte 1:500.000 Blatt *2314 Rehoboth*, auch sehr gut für Namib-Naukluft, Routen 11, 12 und 14!
Zufahrt: Von Walvis Bay rund 45 km nach Süden. Nur 4WD!! – Sie haben kein Allrad-Fahrzeug? In Walvis Bay oder Swakopmund lassen sich Touren buchen.
Zustand: Anfangs guter, befestigter Weg, später sehr schwere Sandpisten! Eine der schwierigsten Allradstrecken Namibias. Möglichst immer auf vorgebahnten Spuren bleiben und bei Ebbe fahren (*low tide*). Tide-Tabellen an Tankstellen (z.B. BP oder CWB) in Walvis Bay, wo sich auch das
Permit für Sandwich Harbour besorgen läßt. Lagune und Umgebung gehören zum Namib-Naukluft-Park. Der Erlaubnisschein ist daher auch bei den Naturschützern in Swakopmund

erhältlich, günstig schon wegen der Info über Sperrzeiten: Von 25.1. bis 15. April ist derzeit Angeln bei Sandwich Harbour verboten.
Zeitbedarf: Ein Tag. Keine Übernachtungsmöglichkeit. Allein für die Fahrt *one way* gut zwei Stunden! Tip: An Wochenenden sind an der Piste 'ne Menge Angler unterwegs; bei Fahrproblemen ist dann eher mit Hilfe zu rechnen.
Versorgung: Fehlanzeige (außer in Walvis Bay).
▲ Bei Sandwich Harbour nicht erlaubt. Schön gelegener Caravan Park in Walvis Bay an der Lagune oder am Langstrand nördlich der Stadt, zu Füßen der Dünen.

🏨 Walvis Bay u.a.:

*Casa Mia***	☎	0642-5975
Hotel Atlantic		2811
*Flamingo Hotel**		3011
Esplanade, Rasthäuser		6145

Anschluß-Strecken: Route 11 (Walvis Bay-Kuiseb-Sossusvlei), Route 9 (Swakopmund), Route 8 (Skelettküste).

Südlich von SWAKOPMUND, an der Brücke über den meist trockenen Swakop, die derzeitige Grenze zur Republik Südafrika. Formalitäten am *Monitoring Post* sind minimal: typischer „Kleiner Grenzverkehr". In Windeseile werden Paß-Daten und Autonummer notiert, wobei sich die Südafrikaner gar nur mit letzterer begnügen.
Mittelfristig ist mit einer Einigung zwischen Namibia und der RSA (die auf Schildern als

„good neighbour" für sich wirbt) über den Status von Walvis Bay zu rechnen. Dann wird's wieder, wie vor der Unabhängigkeit ohne Kontrollen hin und her gehen.
Die 34 km bis Walvis Bay sind ein gefundenes Fressen für Dünen-Fans. Ausläufer der Namib beginnen gleich südlich des Swakop und reichen weit hinab nach Lüderitz. Vormittags zeigen sich meist wenig Ähnlichkeiten mit der Sahara: Da wabert grauer, feuchtigkeitsbrin-

Walvis Bay wurde am 1. März 1994 an Namibia abgetreten. Die Kontrollen sind schon vorher entfallen.

Im Küstenbereich wird die Namib-Wüste zur Spielwiese: Buggy am komfortablen Campingplatz nördlich Walvis Bay. Morgens zieht Seenebel vom Atlantik in die Dünen. Unten: Flamingo-Schwärme an Tümpeln rund um die noch südafrikanische Hafenstadt.

Ideal ist daher der moderne Campingplatz *Langstrand* (14 km südlich von Swakopmund, 17 km nördlich von Walvis Bay). Ist das Lager aufgeschlagen im Holiday Resort, kann man sich den Dünen widmen und von der Höhe den Sonnenuntergang genießen. Ein Drei-Sterne-Erlebnis.

In der Nähe eine 1500 qm große Plattform im Meer. Auf dieser künstlichen Insel wird seit den 30er Jahren Guano gewonnen, immerhin rund 1000 Tonnen jährlich.

WALVIS BAY wartet mit besonderem Status-symbol auf: mit einem überdimensionierten Kreisel, ganz so wie in neureichen arabi-

gender Seenebel über die Dünen, ein apartes Bild. Am eindrucksvollsten wirkt das Sand-meer gegen Abend, wenn lange Schatten Strukturen in die Dünen zaubern.

10

schen Ländern, wo ein *Roundabout* (oft ziemlich sinnlos) auf den anderen folgt. Hier zweigt Route 11 ab in die „Kies-Namib" und weiter nach Sossusvlei.

Die Stadt selbst wirkt langweilig und gesichtslos. Nichts zu spüren von Hafenromantik, wenn man vom Meer- & Fisch(mehl)-Geruch des frischen Seewinds mal absieht. Walvis Bay ist einziger Tiefwasserhafen an der fast 1.500 km langen Namibia-Küste; seit 1878 (also noch vor deutscher SWA-Ära) gehört er zur britischen Kap-Kolonie, nach WK I zu Südafrika. Lüderitz bietet modernen Schiffen zu wenig Tiefe und schlägt jährlich nur 50.000 Tonnen um, Walvis Bay 740.000 Tonnen.

Bleibt das Highlight von Walvis Bay: Eine Wattenmeer-Lagune südwestlich der Stadt. Die *Wetland & Nature Reserve* hebt man sich am besten auf für die Rückkehr von Sandwich Harbour, denn der Campground liegt ideal. Flamingos, Kormorane, Seeschwalben und Zugvögel, dazu bisweilen Hunderte von Pelikanen am *Pelican Point:* kein Vergleich mit der zwar reichen, aber monotonen Vogelwelt an den langen Sandstränden weiter nördlich.

Sandwich Harbour – Luftdruck runter!

Wir passieren Wüstenzäune zur *Drift Sand Stabilisation.* Ob sie helfen, die Treibsande mittelfristig aufzuhalten? Bei Sandwich Harbour haben die Dünen binnen weniger Jahrzehnte ganze Arbeit geleistet und Hafen wie Werksanlagen verschüttet.

„Heavy Sand" auf dem 4WD-Weg zur Lagune. In den Spuren bleiben! Untersetzung rein, Drehzahl knapp überm Bereich des max. Drehmoments. Sitzt man trotzdem fest: Luftdruck absenken, schaufeln und ein wenig Schiebe-Unterstützung. Unten: Wo einst Schiffe vor Anker gingen, bildete sich ein Vogel-Paradies – nur zu Fuß erreichbar.

Man plante sogar einmal, als Alternative Buchten an der Skelettküste im Norden auszubauen, aber die liegen allesamt zu weit ab vom Schuß.

PAALTJES (ca. km 15) ist erster Angelplatz für die Leute mit überlangen Atlantik-Angeln. Anfangs ist die Straße noch fest, windet sich durch Marschland mit Schilf und Sümpfen. Hier sickert Wasser des Kuiseb durch die Dünen.

Dann beginnt der Sand. Runter mit dem Luftdruck (bis ca. 1 atü), wenn Pumpe oder Kompressor für späteres Aufblasen dabei sind. Freilaufnaben sperren. Allrad rein, wenn nötig, hie und da auch Untersetzung L4. Ab geht die Post...

Wir kurven – hoppe hoppe Reiter – teils über Sandkuppen, teils drum herum, wobei immer

Spuren von Vorfahrern gefolgt wird. Das verhindert Versacken auf dunklen, trügerischen Sand- und Salz-Flächen.

Das Gebiet gehört zum *Namib-Naukluft* Park, folglich gelten auch dessen Beschränkungen: Keine Motorräder, kein freies Campen erlaubt. Permit (s. Vorspannkasten). Angeln ist verboten zwischen dem 25. Januar und dem 15. April.

Ab km 33 führt die Piste glatt und gerade über ein Plateau vor den Dünen, doch immer wieder muß sich der Geländewagen auch durch „heavy sand" mahlen. Wohl nichts für jemanden, der noch keine Erfahrungen mit Geländewagen sammeln konnte.

km 50: Ein Zaun, nördliche Begrenzung des Lagunen-Schutzgebiets. Von hier bis SAND-WICH HARBOUR noch eine knappe halbe Stunde per pedes. Dabei Rücksicht nehmen auf scheue Vögel wie die Damara-Seeschwalbe, die ihre Brut aufgibt, wenn sie vom Nest aufgescheucht wird.

So lohnend wie anstrengend ist der Aufstieg auf die goldgelben Dünen, wobei sich der „zwei-Schritt-vor-einen-zurück-Kletterer" möglichst nach Süden halten sollte (wegen des Ausblicks auf die Lagune) und dabei auf fest gepressten, dem Wind ausgesetzten Sanden. Lockerer Sand läßt beim Abgleiten

ein unwirsches Brummen ertönen – die Dünen singen...

Historische Rückblende beim Anblick des grünen „Strandmeers": Hier ankerten einst Walfang- und Handelsschiffe, mehr noch als in Walvis Bay! Daher auch das „Harbour" im Namen, das sich bis heute hielt (allerdings steht's im Englischen oft auch nur für „Bucht"). Ein Schatzschiff soll von den seewärts vordringenden Namib-Sanden begraben sein; wer sucht, der findet – wahrscheinlich nichts...

Die Lagune ist halb salzig, halb „süß", daneben einige Tümpel, gespeist vom Süßwasser des Kuiseb, das durch die Dünen sickert. Diese Kombination und recht geschützte Lage sorgen nahe des Steinbock-Wendekreises für reiche Vogelwelt und viele Fische; Angeln ist in der Lagune jedoch nicht erlaubt, nur am Strand: Kabeljau, Steinbrassen u.a. Das Süßwasser lockt auch Oryx-Gemsböcke, Schakale und Hyänen aus der Namib.

Spärliche Reste der alten Fischfabrik lassen sich noch erkennen; immerhin war sie bis in die 50er Jahre in Betrieb – und nun ist fast alles weg. Was blieb, ist der Ortsname *Anichab* auf einigen Karten, geblieben sind die Schätze einer starken Natur. Und die sind den mühsamen Abenteurer-Weg allemal wert.

West-Rand der Namib: Dünengürtel und Lagune „Sandwich Harbour". Das Gebiet verändert sich permanent: Dünen wandern, die Sandbank wächst und schrumpft... - (Das Satellitenbild im Wüsten-Kapitel zeigt auch Sandwich-Harbour.)

Durchs kiesige „Nichts"

11 WALVIS BAY – KUISEB CANYON (130 km)

Lage: West-Namibia. Michelinkarte 955 Falte 29 rechts oben.
Die Strecke führt etwa parallel zur nördlicheren C28 durch den Kies-Teil der Namib im nördlichen Namib-Naukluft-Park (siehe dazu Namib-Satellitenfoto). Faszinierende Vollwüste, noch keine Dünen.
Permit: Für Transit auf Hauptrouten C14, C28, D1982 und 1998 nicht erforderlich, jedoch für alle Nebenwege, Abstecher und Camps. Permit z.B. auch in Swakopmund erhältlich. Off-road-Fahrten und Verlassen der Wege nicht erlaubt.

Karten: Übliche Straßenkarten. f&b *Namibia,* Sonderkarte „Namib-Naukluft". - Detailliert: 1:500.000 *Rehoboth 2314* (enthält auch Sandwich Harbour, Sossusvlei, Naukluft).
Straße: Durchgehend *C14* (bisweilen noch alte Nr 36). Alternative: C28 Swakopmund – Bosua-Paß (Route 13), stellenweise interessanter!
Zustand: Gute Schotterstraße; Pkw-tauglich (Vorsicht an kurzen Problemstellen).

Entfernung: inklusive Abstechern zum Canyonrand ca. 130 km.
Zeit: Halber Tag. Ideal: Start von der Küste nachmittags, Übernachtung an einem der Camps. Folgender Tag zum Sossusvlei.
Reisezeit: ganzjährig, während des Südsommers im Inland sehr heiß.
Tankstellen/Versorgung: Nur in Walvis Bay.
Λ z.B. Vogelfederberg, Homeb oder Kuiseb Canyon.
⌂ Fehlanzeige; s. Route 14.

Anschluß-Strecken: Route 14 (Sesriem-Sossusvlei).
Route 9 (Swakopmund). Route 12 (Gamsberg-Windhoek).

Wer die Mondlandschaft am Kuiseb samt Flechten-Zone und Welwitschias bereits vom *Bosua-Pass* kommend besucht hat (Route 13) oder von Swakopmund aus, startet in Walvis Bay am großen Rondell nach Osten. Ausschilderung *Windhoek via Gamsberg Pass 310 km.* Im Brackwasser südlich der Straße je nach Wasserstand bisweilen Flamingo-Schwärme.

Kleine Attraktion noch auf RSA-Gebiet ist die Bahn *Plum:* Reste einer von den Briten Ende des letzten Jahrhunderts gebauten Schmalspur-Linie, der ersten im Lande. Züge der 18-km-Linie wurden anfangs von Maultieren gezogen; ab 1915 gab's eine Lokomotive namens Hope, die am Bahnhof noch zu besichtigen ist.

Eine Privatstraße zweigt nach Süden ab zum Wasserwerk *Rooibank* am Kuiseb; sie führt neben dem Flußbett weiter zur Wüstenforschungs-Station *Gobabeb,* darf jedoch leider nicht benutzt werden.

Die Dünen enden (Richtung Nord eine Zufahrt zu besonders hohen Exemplaren). Auch mit dem Teerbelag ist's vorbei.

km 16 (entsprechend dem alten 10-Meilen Umfeld von Walvis-Bay): Grenze RSA/Namibia, auf südafrikanischer Seite 1992 noch trotzig-„historisches" Schild *SWA.* Reibungslose Abfertigung. Am Grenzposten beginnt der Namib-Naukluft-Park (siehe Kasten).

Nun brettebene bis leicht wellige Kies-Wüste, den Sahara-Fahrern als Serir bekannt. Allmählich endet der Kühl-Effekt des Atlantiks, die Temperaturen können rapide ansteigen: Differenzen von 15 Grad und mehr auf 100 km sind keine Seltenheit. Zugleich nimmt die Luftfeuchtigkeit ab. An der Küste liegt sie im Jahresschnitt bei 45%, 40 km landeinwärts bei 30 und 100 km vom Atlantik unter 20%!

Sonderkarte des f&b-Blatts: Der Norden des Namib-Naukluft-Parks nördlich des Steinbock-Wendekreises. Südlich von Walvis Bay die schwere Piste nach Sandwich Bay/Harbour (→ Route 10). Die C14 durch die „Kies-Namib" ist Pkw-tauglich.

Grenzposten in der Namib. Wegen der Zollunion zwischen Namibia und RSA nur Paßkontrolle auf RSA-Seite.
Auch nach Namibias Unabhängigkeit ließen die Südafrikaner trotzig das Schild „SWA" stehen...

Die Kies-Namib ist so monoton wie faszinierend: Weite mit verstreuten Inselbergen, flimmernde Luft. Einige wenige Wüstentiere: Antilopen, Strauße. Kaum noch Vegetation bei nur 20 mm Jahres-Niederschlag. Die Namib-Pflanzen nutzen die Feuchte des Seenebels zum Überleben.

km 49: Der rundgeschliffene VOGELFEDER-BERG mit einfacher Camp-Area (Permit notwendig). Dieser „Ayers Rock der Namib" besteht im Gegensatz zu den benachbarten Ha-

miltonbergen aus Granit. In schalenförmigen Vertiefungen bleibt nach Regen lange Zeit Wasser zurück. – Wanderungen mit Weitblick auf die Namib. Eine Übernachtung hier im „Nichts" ist ein besonderes Erlebnis.

Wir haben die 500-m-Höhenlinie erreicht, es geht über die Tumas Vlakte (=Ebene) kaum spürbar weiter hinauf. Abzweigung nach Süden zur Station GOBABEB und zum Camp Homeb, beide unmittelbar am Kuiseb. Es wäre schön, wenn man in Gobabeb nach USA-Vorbild ein Visitor Centre mit Infos für Wüstenfreunde einrichten würde.

Die Höhenlinie 600 m ist erreicht; von einer Kuppe endlos weiter Blick über die Wüsten-Ebene im Osten.

km 70: Abzweig der Pad 1982 zum Us-Paß und weiter nach Windhoek (250 km). Diese Strecke gehört zu den einsameren der Randstufen-Pässe (Gradient 1:10, entsprechend 10% Steigung).

11

Das Plateau changiert von grau bis braun (abhängig vom Sonnenstand). Das hohe Bauwerk in der Ferne ist kein Aussichtsturm, sondern eine Relaisstation für moderne Mikrowellenverbindungen: Telefon, Fax, Daten. km 107: Flaches Bett des Aussinanis-Rivier. Einige Kameldorn-Akazien, Rest Area mit Camp-Möglichkeit im Baumschatten: *Kriess se Rus.* Kleine Gesellschafter beim Zelten: Tenebrio-Käfer. Auf der Nahrungssuche folgen kleinere Käfer-Männchen den größeren Weibchen; angeblich, um den Schatten auszunutzen.

Einsamer Köcherbaum mit leuchtenden Ästen (→Route 20) über kiesigem Plateau. – Naturkräfte gaben dem Granit des Vogelfederbergs eigenwillige Formen. Zu Füßen des „Ayers Rock" der Namib-Wüste ein einfacher Campground, im Hintergrund die Schotterstraße auf lichtüberfluteter Weite.

Rechte Seite: Das Kuiseb-Tal mit Namib-Dünen bei der Forschungsstation Gobabeb.

Die Straße windet sich eine Schiefer-Steilstufe hinauf, an der Köcherbäume (Baum-Aloen, siehe Kokerboom-Wald bei Keetmanshoop), Kandelaber-Euphorbien und Balsam-Büsche wachsen. Von der Höhe weiter Rückblick über die Kieswüste.

Im Osten über der Straße ein markanter Tafelberg: der 2.347 m hohe Gamsberg, noch 80 km Luftlinie entfernt (andere Angaben 2.542 m laut AA; 2450 m auf ONC-Karte). km 121: Nach Norden zum Park-Camp *Ganab,* nahe der Straße zum Us-Paß.

Namib-Naukluft-Park

In puncto Größe hat dieser Park eine derart rasante Entwicklung genommen, daß die Kartenzeichner der steten Erweiterung kaum folgen konnten. Es begann mit dem *Namib Desert Park* (Südgrenze etwas südlich vom Kuiseb) und dem separaten *Naukluft Mountain Zebra Park.* Sossusvlei lag damals also noch im Diamantensperrgebiet 2, das nach und nach in den *Namib-Naukluft-Park* integriert wurde. Ende der 80er Jahre war die Größe nach Einbeziehung des *Diamantgebiet Nr 2* auf 5 Millionen Hektar gestiegen und grenzt nun an die Straße Aus-Lüderitz. Lediglich ein Küstenstreifen südlich des 26. Breitengrads blieb Sperrgebiet (s. Route 19). Weite Teile des Parks blieben Schutzzonen und sind Touristen nicht zugänglich. Nicht weiter tragisch, denn die vier Hauptzonen bieten alles, was das Herz eines Wüsten-Fans begehrt: *Namib Desert:* Die Kieswüste zwischen den meist trockenen Flüssen Swakop und Kuiseb (siehe Routen 11 und 13).
Sandwich Harbour an der Atlantikküste. Ozean, Süß- und Brackwasser-Lagunen mit reicher Vogelwelt, Dünen (Route 10).
Sesriem und Sossusvlei: Trockental des Tsauchab Rivier mit Sesriem-Schlucht. Wenn der Tsauchab „abkommt", verdampft das Wasser in Salz-/Ton-Pfannen inmitten von Sterndünen (Route 14).
Naukluft-Berge: Ein Massiv am Rande der namibischen Steilstufe. Kleine, permanente Wasserläufe in ungewöhnlicher Gebirgs-Umgebung. Zusätzlich historisch interessant (Route 15).
Gewaltige Kontraste machen die Tour durch dies Gebiet zu einer Kette von Highlights. Die Naukluft wird von Touristen oft weggelassen, weil sie sich nur mühsam in die übliche Rundreise einbinden läßt und europäischen Landschaften ähnelt.
Es gibt keine Unterkünfte der Naturschutzbehörde, sondern nur Camps. Permits (außer beim Reservierungs-Büro in Windhoek) in Hardap, Sesriem, Lüderitz und Swakopmund; an Wochenenden bei der Hans-Kriess-Garage/Tankstelle in Swakopmund und in Walvis Bay bei der CWB-Tankstelle. – Namib-Hütten → Route 14.

Nach Süden Abzweig zur *Zebra Pan,* Homeb und Gobabeb (in Kombination mit oben genanntem Abzweig wird eine Rundtour möglich). *Homeb* ist ein einfacher Campground am Kuiseb mit Blick auf gegenüberliegende Namib-Dünen. Dies Sandmeer lebt: Gräser, Büsche und Kleintiere profitieren sowohl von seltenen Inlandregen, als auch vom morgens heranwabernden Seenebel. Der Sand ist voller Tierspuren – weites Feld für Amateurforscher...
km 130: Abzweig zur *Aruvlei* mit kleiner Picnic Area (etwas Schatten!). Stichstraßen (z.B. bei km 135 zum Haupt-Panorama-Punkt) führen zum Rand des *Kuiseb-Canyon,* der sich tief ins Plateau eingeschnitten hat. Die Felsformationen sind dabei nicht so schroff-kantig wie am Fish River Canyon, sondern eher gerundet, bizarr gefaltet: dunkle Schieferschichten und heller Kalkstein.
Der *Kuiseb Pass* beginnt, einer der „negativen" Pässe, die nicht auf eine Höhe hinaufführen, sondern hinab ins Relief. Gradient 1:9, entsprechend 11,1% und damit ziemlich mühelos zu nehmen. Die Straßenbauer haben gute Arbeit geleistet. Fahrt auf einer Naturstraße durch solch wilde Landschaft könnte in anderen Ländern ausarten zu stundenlanger Schwerstarbeit am Steuer.
km 143: Flußbett des Kuiseb (meist trocken)

11

mit kleinem Campground unter Anabäumen. Diese Akazienart wirft zeitweise ihre Blätter ab, wenn das Grundwasser rar wird.

Für den (häufigen) Fall, daß es auf dem Plateau sehr stürmt, ist das Camp an der Kuiseb-Brücke ideal; ansonsten würde ich den Vogelfederberg der Weite wegen vorziehen.

Der etwa 440 km lange Fluß kommt (wenn er „abkommt") von Windhoeks Bergland und „mündet" bei Walvis Bay – in den Dünen, wobei etwas Wasser bis zum Atlantik-Strand sickert. Seit Beginn der Kolonialzeit hat's der Fluß etwa 15mal geschafft, das Tal auf voller Länge und damit das wichtige Wasserreservoir bei Rooibank zu füllen.

Östlich der Brücke steigt die Straße aufs hohe Gegen-Ufer, vorbei an braun-verbrannt wirkenden, blattlosen Flaschen-Bäumen.

km 148: Ein *Grid*-Gitter markiert die Ostgrenze des Namib-Naukluft-Parks. Überm Plateau thront am Osthorizont der kantige Gamsberg, zu dem südlich der Farm *Schlesien* die Straße C26 abzweigt (km 160, Route 12). Geradeaus C14 nach Solitaire und zum Sossusvlei (Route 14).

„Immer mehr Deutsche verschwanden hinter dem Stacheldraht der Internierungslager. Jeden Tag konnte uns das gleiche Schicksal ereilen. Das war ein mehr als grausiger Gedanke für zwei junge Männer, die gewohnt waren, forschend die Einsamkeit von Wüsten und Steppen zu durchstreifen..."

Zitat aus *Wenn es Krieg gibt, gehen wir in die Wüste* von Henno Martin. Konsequenz: Die beiden suchen während des Zweiten Weltkriegs ihre persönliche Neutralität in der Einsamkeit des Kuiseb Canyon. Ein tolles Buch, aus dem sich – neben reichlich Abenteuer und echtem Survival – viel über namibische Wüsten herauslesen läßt.

Mag oben auf dem Namib-Plateau der Sturmwind fauchen – am Grunde des Kuiseb-Canyons ist's idyllisch still; da faucht höchstens die Gas-Lampe unter Akazien. Ohne künstliche Beleuchtung hat man jedoch mehr vom unglaublich klaren Sternenhimmel.

Passende Camp-Lektüre: Henno Martins Kriegsflucht-„Survival" (siehe Kasten). „Schauplatz" der spannenden Geschichte: verborgene Zonen des Kuiseb-Canyon.

12 GAMSBERG PASS – WINDHOEK (190 km)

Lage: Zentral-Namibia, an der Randstufe. Michelinkarte Falte 29 rechts oben.

Ich würde die südlichere Spreetshoogte (Route 16) dem Gamsberg-Paß vorziehen.

Name: Der Gamsberg findet sich auf älteren Karten auch als *Gansberg*. – *Garden Route* ist im Kontrast zu benachbarten Wüstenzonen zu verstehen. Gelegentlich vom Gamsberg abfließendes Regenwasser sorgt für etwas üppigere Vegetation.

Karten: Pad-Karten. f&b Sektor D4. Detaillierte Darstellung auf Karte 1:500.000 *Rehoboth 2314.*

Straße: Durchgehend C26. Nur mäßiger Verkehr, obwohl neben *Bosua Pass* beliebtester Randstufen-Übergang. Kaum lohnende Abstecher.

Zustand: Schotterstraße, gelegentlich Wellblech, meist gut, auch im überschwemmungsgefährdeten Talbereich nördlich des Gamsbergs. Pkw-tauglich.

Versorgung/Tankstellen/Camps: Keine. Nächste Stützpunkte bei der Farm *Solitaire,* in Rehoboth an der B1 oder in Windhoek.

Zeitbedarf: ein halber Tag.

Anschluß-Strecken: Route 11 (Kuiseb-Walvis Bay) und 14 (Sesriem-Sossusvlei) im Westen. Im Osten alle Routen ab Windhoek.

Südlich des Abzweigs zur Farm SCHLESIEN (Route 11) verlassen wir die Schotterstraße C14. Sie führt weiter nach *Solitaire* sowie nach Helmeringhausen mit Abzweig nach Sesriem/Sossusvlei (Route 14).

Die Gravel Road quert nun eingezäuntes Farmland mit – je nach Saison – mehr oder weniger dichtem Gras. *Beeste op pad,* warnt ein Schild, Tiere auf der Straße, hauptsächlich Ziegen und Schafe.

Wie auf einer Berg- & Talbahn geht's rauf und runter unter der markanten Tafelberg-Kulisse des *Gamsbergs.* Auf älteren Karten ist er als *Gans Berg* verzeichnet und mit nur 2.000 Höhenmetern reichlich unterbewertet. Der Klotz bringt's amtlich auf 2.347 m, wobei andere Angaben bis 2.542 m reichen.

Herumliegendes Gestein wirkt bisweilen wie Glas: Dank des harten Quarzits konnte der Tafelberg der Erosion trotzen und gehört neben Spitzkoppe, Waterberg und Brukkaros zu den typischen „Landmarken" Namibias, ist bereits wenige Kilometer südlich von Windhoek über dem Horizont auszumachen.

Typisch Namibia: Postsack am Abzweig zur Farm. Die Nummern finden sich z.B. auf der detailreichen „Farm-Karte" 1:1 Million.

km 21: Abzweig der Pad 1438 zu den Gamsberg-Westhängen, nach *Picadilly* mit „Mount Gamsberg Safari Club" und zur Farm *Corona.* Der Weg ist kurvig, aber bestens ausgebaut, obwohl er keine Hauptverkehrsfunktion hat. Laut Karte müßte die Weiterfahrt zur Gamsberg-Farm möglich sein, wo man evtl. die Erlaubnis zur Gipfeltour auf den Berg bekommen könnte (s.u.).

Die C26 steigt weiter leicht an, dabei wird mehrmals der Rivier zu Füßen des Gamsbergs überquert.

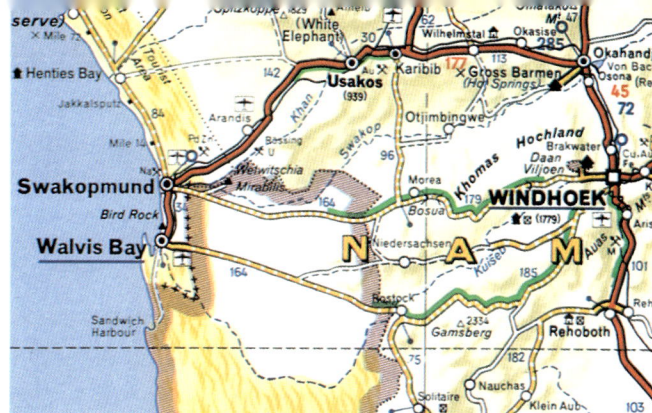

Die Gamsberg-Route: Eine rauhe Verbindung zwischen Küste und Hauptstadt, Alternative zur Teerstraße über Karibib.

Eine Schleierwolke sorgt für dramatische Stimmung: Ebene und Inselberge der Namib-Wüste unterhalb der „Randstufe".

km 48: Eine Steilstufe. Einblicke in die Nordost-Flanke des Gamsbergs. Die Straße erklimmt das Plateau, mit dem der Gamsberg einst verbunden war. Der Steigungs-Gradient 1:9 (= etwa 11%) bereitet keine Schwierigkeiten. Empfohlen wird der Paß, der eher eine Plateau-Abfahrt ist, in Richtung Ost-West.

Das Panorama nach Westen ist stark: Nach der Weite der Namib eine zerfurchte Berg-Kulisse, die jedoch den Weitblick auf die Küstenebene verstellt.

Mit dem Fernglas läßt sich an der Gamsberg-Ostrampe eine gewundene Allrad-Piste ausmachen. Sie führt vom Gebiet der Farm

12

Camp am Gamsberg, neben einem aufgelassenen Abschnitt der Paß-Straße. Der 2347 Meter hohe Tafelberg hebt sich markant ab am lichtüberfluteten Horizont.

Leise rieselt der Schnee...

...daheim! Dem deutschen Winter kann man in Namibia gut entkommen, vor allem im Süden des Landes (der Norden ist ab Dezember heiß und feucht). Zwar steigt das Quecksilber auch im Süden auf hohe Werte, aber die Hitze ist relativ trocken, zudem bleibt immer die Küste, „Notausgang" zur natürlichen Kühlkammer. Weihnachten draußen, unter den Sternen – ist doch mal was ganz anderes. Wie das in Namibia aussieht, hat H. de Greeff in der *Namib Times* in Verse gefaßt:

Glocken Klang ist nun verklungen
Alle Lieder sind gesungen
Wir sitzen unterm Sternenzelt
Schaun wie ein Stern vom Himmel fällt.

...

Grillengezirp soll uns nicht stören
Von weitem kann man den Schakal hören. –
So feiern wir unterm Sternenzelt
Weihnacht – in unserer Welt!

...

Gamsberg hinauf (Zufahrt Richtung *Weenen* auf der Pad 1278, etwa 60 km ab C26. Am besten mit Hilfe der 500.000er-Karte zu finden). Ein Farmer dieser Region meinte, nach Rücksprache mit dem *Gamsberg*-Farmer sei evtl. eine Gipfel-Tour möglich; man kann sich für die Erlaubnis mit einigen *Rand* revanchieren.

Südlich der *Hakosberge* ist das Plateau erreicht. Auf den abwechslungsreichen Anstieg folgt der ruhigere Abschluß des *Khomas-Hochlands.*

Die C24 mündet ein, von Nauchas bzw. vom *Spreetshoogte*-Pass kommend, dem schönsten und aufregendsten Paß der Randstufe (→ Route 16).

Es geht über einen flachen Hochland-Sattel mit Blick zu den Auas-Bergen, dann flachwellig auf dem 1800-m-Plateau nach WINDHOEK.

30 km südwestlich der Hauptstadt zweigt die *Pad 1982* nach Westen ab: die wenig befahrene Alternative nach Swakopmund/Walvis Bay über die *Us-Hoogte,* den Us-Paß. Er ist etwas weniger steil als der Gamsberg (10%) und mündet im Herzen des *Namib-Naukluft-Parks* in die C14 nach Walvis Bay (Route 11). Ausgespart bleibt dabei jedoch der grandiose Kuiseb-Canyon!

Berge auf der Wanderschaft.

Berge, die vom Wind täglich neu geformt werden. Die Hünen unter den Dünen. Und doch eine Wüste voller Leben, deren Lee- und Luvseite eine unterschiedliche und einmalige Flora und Fauna hervorbringen. Was für ein Land! Ein Ozean voller Wüste, eine Savanne voller Leben, ein Urwald am Okawango. Wilde Pferde. Fremde Völker. Das größte Wildschutzgebiet der Erde. Und dann plötzlich ein Städtchen wie mitten in Deutschland. Willkommen zu Hause. Hier spricht man Deutsch, neben Englisch und Afrikaans.

Informationen über: Namibia
Verkehrsbüro, Postfach 20 41,
W-6380 Bad Homburg,
Telefon 06172 / 40 66 50,
Telefax 06172 / 40 66 90.

Ein Schauspiel. In Deutsch.

NAMIBIA

Vom Hochland in die Namib-Wüste

13 WINDHOEK – BOSUA-PASS – SWAKOPMUND (335 km)

Verbindung zwischen der Hauptstadt Windhoek/Daan-Viljoen-Park und dem Atlantik. Kürzester, jedoch nicht geteerter Weg nach Swakopmund; eindrucksvollere Alternative zur Asphaltstraße *B2* via Okahandja/Karibib.
Lage: Zentral-Namibia. Michelinkarte 955 Falte 29 oben.
Karten: Übliche Straßenkarten. f&b Sektoren C+D 4. Topographische Karte 1:500.000 *Windhoek 2113.* – Für West-Teil 13.3 das Naturschützer-Faltblatt mit Karte: *Die Welwitschia-Fläche – eine faszinierende Fahrt.*

Straße: Durchgehend *C28*, Abstecher im Namib-Naukluft-Park.
Zustand: Überwiegend erstklassige, gepflegte Schotterstraße. Auch Nebenwege sind Pkw-tauglich, wenn nicht mit 4x4 (für Allrad) markiert.
Bosua-Paß (ca. 145 km westlich von Windhoek): Mit Gradient 1:5 (= 20%) ziemlich steil, aber gut machbar. Üblicherweise wird die Abfahrt zur Namib in Ost-West-Richtung befahren (also im Gefälle), doch modernen Autos bereitet auch der Gegen-Anstieg kaum Schwierigkeiten; möglichst die

Morgenkühle ausnutzen.
Entfernung: 335 km, mit Abstechern (z.B. Blutkuppe, Welwitschia Plain, Mondlandschaft) um 400 km.
Zeit: ein Tag, besser 1,5 Tage mit Campieren im Namib-Naukluft-Park.
Versorgung/Tankstellen: Windhoek; unterwegs Fehlanzeige.
⚐ Einfache Plätze: Blutkuppe und im Tal des Swakop-Rivier (Markierung 10 in oben erwähner Karte). Permits in Windhoek oder Swakopmund.
⌂ Windhoek. Daan-Viljoen-Wildpark (Route 1). Swakopmund (Route 9).

Anschluß-Strecken: Routen 2, 12, 25, 29 ab bzw. nach Windhoek. Im Westen Routen 9 und 8 (West-/Skelettküste) oder Route 10 (Walvis Bay-Sandwich Harbour, 4WD).

13.1. Windhoek – Bosua Pass

Volltanken in Windhoek, denn bis zur Küste wird sich keine Tankstelle finden!
Auf der *Khomas-Hochland*-Straße, dem modernen Nachfolger des *Baai*-Wegs von Jonker Afrikaaner, verlassen wir die Hauptstadt nach Westen zum DAAN-VILJOEN-WILDPARK (Route 1).
km 0: Abzweig zum Game Park, idealer Ausgangspunkt für die Tour übers Hochland zur Namib. Die Straße *C28* ist hervorragend geteert bis zum Ende des Hochland-Aufstiegs.
7 km westlich von Daan Viljoen: Abzweig zur *Matchless Mine,* wo seit Mitte des letzten Jahrhunderts bis 1980 Kupfer abgebaut wurde.
Nun bis kurz vor Swakopmund Schotter-

straße, aber in meist erstklassigem Zustand; nur wenige Wellblech-Abschnitte.
Ziemlich kurvig geht's übers hügelige Hochland mit einer Durchschnittshöhe von etwa 1.800 m (knapp eineinhalbmal soviel wie der Brenner-Paß!). Die Straße „stürzt" sich in Täler und steigt wieder empor.
km 19: Baumgartenkirche. Sie gehört zu einer Stiftung mit Schwerpunkt Ausbildungs-Förderung.

Die „grünen Hügel Afrikas"

km 40: *Curt-von-François-Feste* nördlich auf einem Hügel, so unscheinbar, daß man fast dran vorbeifährt (schlechte Ausschilderung). Aus Naturstein mörtellos aufgeschichtete Grundmauern stehen noch. Mit ihren Schießscharten erinnern sie eher an einen Bunker

Von-François-Feste an der Hochland-straße. Nur im (Süd-) Sommer zeigen sich Bäume und Gras saftig-grün, anson-sten leuchtet das Hochland gelblich-verdorrt – und ist trotzdem voller Reiz.

Steilstrecken am Bosua-Paß – auf Schotter mit Vorsicht zu „genießen". Unten: Morgenlicht verzaubert die Namib-Wüste.

als an eine strategisch wichtige Straßen-Festung.

Unter der *Feste* der Heusis-Rivier, in der Re-genzeit mit grünen Auen. Ansonsten ist's recht trocken – *Trockenposten* hieß die Fe-stung, weil hierher Soldaten strafversetzt und „trockengelegt" wurden, die zu tief ins Glas geschaut hatten.

Weiter geht's hügelauf – hügelab. Durch zer-klüftetes Grasland, je nach Jahreszeit gelb-braun leuchtend oder samtig-grün schim-mernd. Die „grünen Hügel Afrikas" - typi-sches Rinder-Weideland, völlig anders als das karge Schafzuchtgebiet im Süden.

Akazien oder Dornbüsche setzen Akzente. Im Süden ist bisweilen die unverwechselbare, scharf konturierte Tafel des Gamsbergs sichtbar (Route 12). Gen Nord, also zur Rech-ten, taucht das Erongo-Gebirge auf, mögli-cherweise auch die Spitzkoppe.

km 115: Abzweig der D1953 nach OTJIM-BINGWE, wichtiger Ort der Kolonial-Ära mit „Pulverturm", halbwegs" zwischen Windhoek und Walvis Bay nahe des Swakop Rivier. Heute ein ruhiges, ursprünglich gebliebenes Nest und daher einen Abstecher wert.

km 125: Der BOSUA PASS beginnt, die Gefäl-

13

lestrecke hinab zur Namib. Wegen des starken Neigungswinkels sollte ein kleiner Gang eingelegt werden; Bremsen ist auf lockerem Schotter riskant.

Aussichtspunkte: Panorama aufs Tiefland und auf die Berge ringsum (Tip: vom *Spreetshoogte*-Paß ist der Blick über die Namib berauschender). Rapide geht's bergab: Nach der 1.500-m-Höhenlinie wird die Vegetation karger, man spürt den Einfluß der Namib, die auf etwa 1.200 m Seehöhe beginnt. Trotz der Kargheit überlebt hier die Farm *Anschluss* (man sieht nur ihre Windpumpen und Vieh-Verlade-Anlage).

Etwa bei km 150 zweigt erst die D1980 nach Süden ab zum schwierigeren *Us Pass,* dann die gute *C32* nach Norden (USAKOS an der Teerstraße B2 Swakopmund/Windhoek). Beide Abzweige sind gut ausgeschildert.

Auf der C28 noch 152 km bis Swakopmund, durch steiniges, meist verbrannt wirkendes Namib-Land, das allmählich in die Kies-Ebene übergeht, typisch für diesen Teil der Wüste.

13.2. Erste Namib-Highlights

km 193: Grenze des Namib-Naukluft-Parks (→Route 11). Die C28 darf ohne Permit passiert werden: Die Straße führt gradlinig zu einem Kontrollposten bei Walvis Bay, überquert dann den Swakop Rivier und mündet knapp östlich von Swakopmund in die Hauptstraße B2.

Viel interessanter sind die Varianten nördlich der Hauptstraße (Permit!). Erster Abstecher nahe der Parkgrenze nach rechts (Norden): Über die *Tinkas*-Fläche zur Blutkuppe, ein Granit-Inselberg, der seinen makabren Namen einigen rötlichen Flecken verdankt. Da sich um den Berg nach Regen reichlich Wasser sammelt, gibt's hier viel Vegetation – zumindest im Vergleich zur kahlen Tinkas-Ebene (auf ihr vereinzelte Köcherbäume).

Picnic-Area und Camp-Möglichkeit am Fluß. Auf der Ebene, bei Kleintinkas, kann man deutsche Kriegsgräber und spärliche Reste eines Polizeipostens finden (Tinkas war Station am alten Baai-Weg, siehe oben).

Zur *Welwitschia Plain* darf seit einigen Jahren nicht mehr die direkte Zufahrt am *Langen*

Weite der Namib! Welch andere Wüste läßt sich derart problemlos erfahren? Selbst einige Nebenrouten sind Pkw-tauglich und deutlich beschildert.

Auf dem Weg zur
Welwitschia Plain:
*Ein Seiten-„Wadi"
des Swakop Rivier –
fast wie in Arabien.
Im Sommer ist man
dankbar für den
Schatten. Alter-
native: Das nahe
Swakop-Park-Camp
mit Akazien.*

Heinrich-Berg benutzt werden, aber gut aus-geschildert geht's *4x4 only* (nur Gelände-wagen) in Richtung Swakop-Fluß mit seinem wenig ausgeprägten Bett. Konventionelle Fahrzeuge benutzen die bessere Pad *C28* zum Welwitschia-Abzweig.

Die ausgeschilderten, offiziellen Pisten düfen nicht verlassen werden. Das Gebiet (und be-sonders die Flechtenfelder weiter westlich) ist ökologisch sehr empfindlich; durch Rei-fenspuren wurde schon viel zu viel zerstört.

13.3. Welwitschias und Mondlandschaft

km 0: Ausgeschilderter Abzweig zur Welwit-schia-Ebene (Nr 13 im Faltblatt). Einige die-ser „fossilen", uralten Pflanzen wuchern be-reits hier neben dem Weg.

km 8,5: (Nr. 8) Abzweig nach Westen zur Mondlandschaft (s.u.). Voraus Sierra-Säge-zahn-Ketten, vor denen sich die Straße durch ein an Sahara-Wadis erinnerndes Tal zum Swakop Rivier hinabsenkt (Nr. 10 des Falt-blatts, km 13,5). Im sandigen Flußbett üppige Vegetation, Camp-Möglichkeit unter großen Akazien – eine echte Oase in der Wüste.

km 20 Abzweig zu einem Camp 2,5 km weiter westlich. Dann beginnt der eigentliche *Wel-witschia Drive:* Mehrere Pracht-Exemplare dieser nur im Bereich der Namib wachsen-den Pflanze sind mit „männlich" oder „weib-lich" markiert (einige dieser Sex-Symbole verschwanden in den Taschen von Souvenir-Jägern).

Vandalismus vermutete man, als 1992 eine Welwitschia weiter im Norden abgebrannt ist. Wahrscheinlicher ist Blitzschlag, denn zum Entflammen dieser Pflanzengiganten hätte man eine Riesenmenge Treibstoff gebraucht. Nicht nur Feuer schädigt die 1859 entdeckte Pflanze, um deren exakte Einordnung in die Flora sich Wissenschaftler lange stritten.

Welwitschias leben vom Seenebel, nehmen durch feines Wurzelwerk aber auch Feuchtig-keit aus der obersten Bodenschicht auf. Da der Wüstenboden unter den Fußstapfen der Besucher verdichtet wird (reduzierte Wasser-aufnahme), sollte man nicht zu nah herange-hen. Eine besonders große Welwitschia am Ende des *Drive* wird durch einen Zaun ge-schützt. Sie könnte 1.500 Jahre alt sein!

13

Botanisches Wunder: **Welwitschia mirabilis,** ein uraltes Pflanzen-„Fossil", bestens angepaßt ans Wüstenklima und nur in der Namib vorkommend. Kontrast zur hellgrauen Namib-Ebene: Die düstere „Mondlandschaft" am Swakop Rivier. Erosion zerfurchte die Felsen.

Zurück zum Abzweig bei Nr. 8. Wir passieren ein historisches Militärlager von 1915 mit den Resten eines Kettenfahrzeugs und anderen „zivilisatorischen" Überbleibseln.

Im Norden nun die „Mondlandschaft": das zerrissene, fast vegetationslose Felstal des Swakop, von Erosion geformt. Später kommt die Kluft des *Khan Rivier* hinzu, die Szenerie wirkt noch wilder.

Tot ist die Region nicht: Flechten wachsen hier – extrem langsam (weniger als einen Millimeter im Jahr). Bei Markierung 3 sind Spuren des alten *Baai Wegs* erkennbar, weil sich die Flechten in der langen Zeit seit Auflassung der historischen Route noch nicht regeneriert haben.

Etwas herausragender sind die *Taler-* und *Tinten-*Büsche, ebenfalls typische Trockengewächse der Namib (z.B. bei Markierung 2). Die Pflanzen dieser Region müssen mit nur 2 cm Regen pro Jahr auskommen – meist nur das Ergebnis eines einzigen Gewitter-Gusses. Bisweilen regnet es jahrelang überhaupt nicht.

Bei der ausgeschilderten Abzweigung zur Fluß-Oase *Goanikontes* läßt sich der Boden der Swakop-Schlucht ansteuern – herber Kontrast zum flachen Sandbett weiter östlich oder unmittelbar bei Swakopmund. In der Oase etwas Landwirtschaft, daneben ein Querschnitt durch die Akazien-Arten, ferner

Feigenbäume und Palmen. Ideal für Siesta auf der Rest Area.

Weiterfahrt nach Swakopmund siehe oben. Nahe des alten Dampf-Traktors namens Martin Luther stoßen wir auf die Teerstraße, danach Ortsbeginn von Swakopmund (vergleiche Route 9).

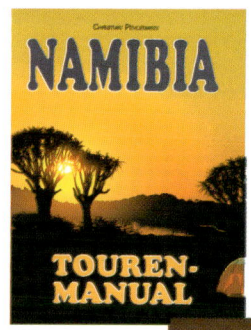
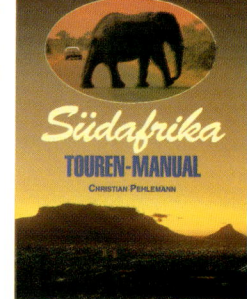

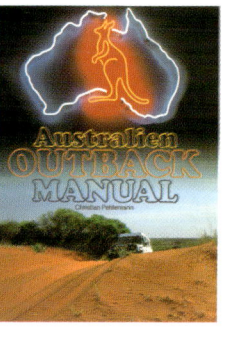

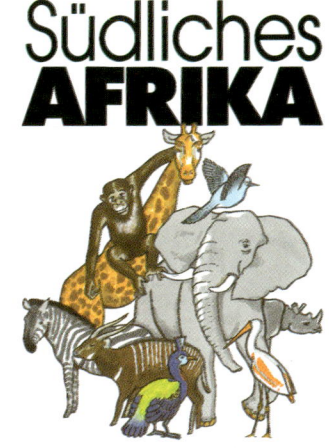

14 KUISEB – SESRIEM/SOSSUSVLEI

Lage: Zentral-Namibia, am Ostrand des Namib-Naukluft-Parks. Michelinkarte 955 Falte 29 Mitte rechts.

Karten: Pad-Karte, f&b Sektor C5 und rückseitige Detailkarte, UNO-Westblatt. Topogr. Karte 1:500.000 *Rehoboth 2314.*

Straße: C14. Südlich von Solitaire nach Süden auf Pad 36, dann ausgeschildert *Sesriem/Sossusvlei.*

Zustand: Schotterstraße, später rauhe, knapp Pkw-taugliche Wege zum Sossusvlei (Wellblech!). Letzte Kilometer sandig, nur Allradantrieb.

Entfernungen: Kuiseb Canyon bis Sesriem 175 km. Vom Sesriem-Camp zum Sossusvlei und zurück 140 km.

Zeit: Ein Tag (besser 1,5 Tage). Davon mindestens 6 Stunden für Sossusvlei-Dünen, die Ton-Pfanne zu deren Füßen sowie An- und Rückfahrt. Das Sesriem-Camp muß bei Sonnenuntergang erreicht sein. - Im (Süd-)Sommer extrem hohe Temperaturen, unbedingt die frühen Morgenstunden für die Dünen nutzen.

Tankstellen: Solitaire, Sesriem-Camp, Büllsport und Maltahöhe.

Versorgung: mäßig in Solitaire, gut in Maltahöhe. – Immer genügend Wasser mitführen.

⛺ großartig in *Sesriem.* Nur wenige Campsites (Ausbau geplant), Reservierung daher empfehlenswert. Wenn Plätze frei sind, geht's auch ohne vorherige Buchung.

🏨 Keine Unterkunft in Sesriem, lediglich Camp.
Rastlager *Namib* ☎ 06632-3211 (ca. 35 km südlich von Solitaire).
Hotel *Maltahöhe* 06632-13 (rund 150 km von Sesriem).

Anschluß-Strecken: Route 17 nach Süden (Sesriem/Aus). Route 15 (Naukluft). Routen 12 und 16 (nach Windhoek). – Route 11 (Kies-Namib/Walvis Bay). Evtl. lohnender Wechsel auf Route 13 (Welwitschia/Mondlandschaft/Swakopmund).

Auf geht's vom Boden des Kuiseb-Canyon auf der C14 zum östlichen Hochufer der Schlucht, zugleich Ostgrenze des Namib-Parks (Finale der Route 11 beim Abzweig der Gamsberg-Pad C26 nach Osten).

Allmählich tauchen die ersten rötlichen Namib-Sande auf, etwa am Rand einer „Sägezahn-Sierra" voraus. Ein Dutzend Kameldornbäume in der Senke vor einem Berg deutet darauf hin, daß dort bisweilen Wasser steht bzw. daß Grundwasser relativ hoch reicht.

km 13 ab Gamsberg-Abzweig: Zufahrt zur Farm *Oase,* die wegen der fast permanenten Dürre nicht mehr in Betrieb zu sein scheint: Der Farmzaun ist auf langen Strecken umgestürzt. Viele Farmer betreiben die Karakul-Zucht nur noch in kleinem Rahmen.

Der *Gaub Pass* ist wie *Kuiseb* kein Berg-Übergang: Abfahrt in ein Trockenflußtal mit sanftem 5,5-Prozent-Gefälle (Gradient 1:18). Knapp nördlich des Flusses (derzeit ohne Markierung) der WENDEKREIS DES STEINBOCKS (23° 27′ Süd). Er markiert den südlichen Rand der Tropen: Hier steht die Sonne am 21. Dezember senkrecht, „wandert" dann zurück zum Äquator (21.3.). Wenn sie am 21.6. überm nördlichen Krebs-Wendekreis steht, ist Winter in Namibia: Die Sonnenbahn verläuft relativ niedrig überm Nordhorizont, die Tage sind kürzer, die Nächte kühl und auf dem Hochland kalt. Aber von echtem Winter mit Gräue und Kälte kann keine Rede sein.

40 km südlich des Gaub-Tals eine Farm mit Bäumen am Fuß eines Dünenfelds als Wasserspeicher dient.

Zum Sossusvlei
siehe Satelliten-Foto
Seite 290/291

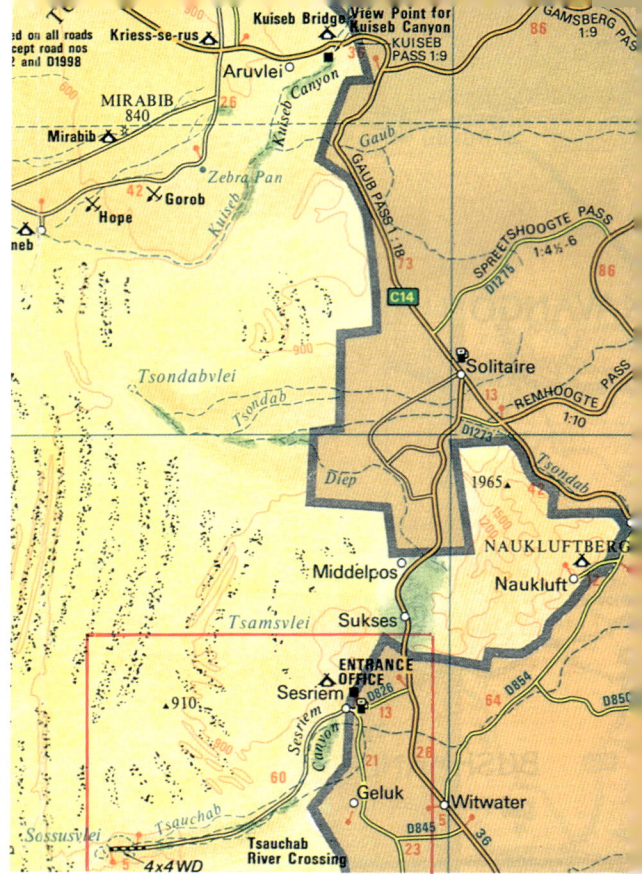

*Gegensätze auf engstem Raum: Farmland (erkennbar an den typischen Weidezäunen), das auf Europäer wie Wüste wirkt. Wenige Kilometer weiter die Zufahrt zum **Sossusvlei** im Namib-Naukluft-Park: Malerische Dünen – neben dem Wild beliebteste Foto-Motive Namibias. Auch hier sind die Wege überraschend gut!*

14

*Oben: „Wellblech"
auf der Sossusvlei-
Piste, zum Glück nur
auf wenigen Kilo-
metern.
Links: Ganz selten,
wenn der Tsauchab-
Rivier „gut abkommt",
sind die Sossusvlei-
Pfannen mit Wasser
gefüllt. Dann läßt
sich reichlich Wild
beobachten.
Unten: Herrliches
Sesriem-Camp:
Jeder Stellplatz mit
Schattenbaum und
Wasserhahn. Wo
gibt's so etwas in der
Sahara?*

Voraus das *Naukluft*-Bergmassiv (Route 15), eine relativ wasserreiche und historisch interessante Gebirgs-Oase. Nach Osten zweigt die Pad 1275 ab zur *Spreetshoogte,* dem wegen des Namib-Panoramas interessantesten Paß der Randstufe.

9 Kilometer südlich dieses Abzweigs die Farm SOLITAIRE mit Tankstelle und kleinem Store. Der Name stimmt: Solitaire liegt wirklich einsam, ist einziger Versorgungspunkt an dieser Route (man backt gutes Brot!). Bei Sesriem ist eine Farm mit ebenso bezeichnendem Namen *Eensaam* verzeichnet...

Westlich der Farm das *Tsondabvlei,* Endstation für den Tsondab Rivier, dem Namib-Dünen seit zigtausend Jahren den Weg zum

Atlantik blockieren. *Das Vlei* ist Südwester-Bezeichnung für einen Trockensee, der sich nur in Regenzeiten mit Wasser füllt, danach aber austrocknet.

Tsondabvlei bleibt für Touristen gesperrt. Es

liegt im ehemaligen Diamanten-Sperrgebiet Nr. 2, das Teil des Namib-Naukluft-Parks wurde.

Ein neues Rastlager *Namib* mit fünf Rasthäusern entstand südwestlich von Solitaire. Der Besitzer organisiert Touren mit Allrad-Bus in die *Sossusvlei*-Pfanne: Gute Möglichkeit für Pkw-Fahrer, problemlos nah an die Dünen zu kommen. Auch das Maltahöhe-Hotel bietet Geländewagen-Exkursionen ins Vlei.

Wir folgen nun der *Pad 36* nach Süden und passieren einen Park-„Korridor“, der die Namib-Zone des Parks mit den markanten, horizontal geschichteten Naukluft-Bergen im Osten verbindet. So kann das Wild hin und her wechseln, ohne von Farmzäunen behindert zu werden.

SESRIEM ist kein Ort, sondern „nur“ ein gut ausgestatteter Campground mit Duschraum am Rand der Dünenzone. Zehn Stellplätze, liebevoll angelegt, zum Teil schattig unter Akazien. Jeder Site mit privatem Wasserhahn – ein Luxus in der Wüste. Ein zauberhafter Platz mit toller Wüsten-Kulisse. Wer das mag und auskosten will, sollte hier zwei Übernachtungen einplanen.

Grund für relativen Wasserreichtum ist der nahe *Sesriem Canyon*. Die teilweise sehr schmale und tiefe Schlucht (einige Kilometer südlich des Camps) wurde vom Tsauchab Rivier in den relativ weichen Boden aus Kalksandstein und Geröll-Konglomerat gegraben. Verkittetes Geröll erinnert an Zeiten, zu denen hier reichlich Wasser floß.

Erste Besucher mußten sechs Riemen aus Ochsenleder (daher der Name *Ses-riem*) aneinanderknüpfen, um aus dem permanenten Wasserloch schöpfen zu können.

Nach rarem Regen kann man in einem Canyon-Pool baden – eine Erfrischung nach der Sossusvlei-Tour. Allerdings ist das Wasser oft nicht gerade sauber; eingeschwemmte „Fremdkörper“ treiben an der Oberfläche. Wem der Tümpel nicht behagt, der hat die Camp-Dusche in der Rückhand.

Siehe Panoramafoto Seite 300/301

Sesriem-Canyon, wenige Kilometer vom Camp entfernt. Viele übersehen ihn, da er durch nichts auf sich aufmerksam macht. Hie und da verengt sich die Schlucht auf wenige Meter.

*Eine Dünentour ist mühsam. Wer aber ein Snowboard raufschleppt, kann nach dem Panorama über Vlei und Sandmeer bei rhythmischer Abfahrt jubilieren. Wie das **Sandboarding** geht? Mit etwas mehr Rückenlage als im Schnee! Es wedelt sich wie auf Firn – und wirkt berauschend wie Champagner...*
Die bald vom Wind verwehten Spuren ähneln denen von kleinen Wüstenschlangen, die sich „seitenwindend“ über heißen Sand bewegen und ihn dabei möglichst wenig berühren.

14

Siehe auch Seite 290/291

Sesriem – Sossusvlei (80 km)

Die Wüstentour beginnt beim Tor am Sesriem-Office und führt nach Südwesten ins Dünengebiet (früher Diamant-Sperrgebiet Nr 2).

Die Kies-Ebene kriegt allmählich einen graubraunen Staub-„Anstrich" und wird später abgelöst von gelbem Lehm mit tiefen Trockenrissen.

Nach 24 Kilometern wird der Tsauchab Rivier überquert; es geht südlich des Trockentals weiter, Kurs Westsüdwest. Phantastische Dünen sind nah. Am schönsten wirken sie sehr früh morgens oder mit den Schatten des späten Nachmittags.

Die Piste ist geprägt von starkem Wellblech, wie man's auf den Hauptrouten zum Glück fast nie unter die Räder kriegt. Allradfahrzeuge benutzen bisweilen parallel verlaufende, weichere Spurenbündel.

Viele Bäume im Tal sind abgestorben, weil ihre Wurzeln nicht mehr ans periodisch fließende Wasser heranreichen.

Die *Nara,* eine am Boden kriechende Pflanze, setzt grüne Tupfer an einige Dünen. Es handelt sich dabei um eine Gurken-Art mit Melonen-ähnlichen Früchten. Neben den Welwitschias gehört sie zu den typischen Namib-Gewächsen.

Man begegnet erstaunlich vielen Tieren: Strauße veranstalten bisweilen Wettrennen mit den Autos, Antilopen weiden am Fuß der Dünen oder unter Akazien.

Dann die helle Tonpfanne des SOSSUSVLEI. Nach dem Parkplatz für nicht allradgetriebene Gefährte können Geländewagen noch etwa 2 km weiter vordringen zu den Sandbergen. Dies Pistenstück ist auch für 4WD-Anfänger nicht schwierig – möglicherweise muß hier zum ersten und letzten Mal auf einer Namibia-Tour der Allradantrieb eingelegt werden.

Dann hinauf auf die Dünen. Es bleibt müßig zu räsonieren, ob sie tatsächlich zu den höchsten der Welt gehören: 430 m hohe Sandwälle der algerischen Sahara halten im Guiness-Buch den Rekord – im übrigen läßt sich die Höhe einer Düne nicht so leicht vermessen wie die eines Bauwerks.

Höhenangaben allein sagen wenig. Die Sossusvlei-Dünen sind jedenfalls grandios. Das bekommt man bei Dünenwanderungen zu spüren: Anstrengender Aufstieg – zwei Schritt vor, einer zurück.

Von der Höhe faszinierender, weiter Blick auf ein Meer kreuz und quer quirlender Sterndünen, dazwischen die Tonpfannen des *Vlei* (Erklärung s. o.).

Einige *Pans* erreicht der von den Naukluft-Bergen „abkommende" Tsauchab schon nicht mehr: Wanderdünen blockten den Wasserweg ab, zurück blieb das „tote Vlei" mit

Ballon-Safari

Perspektiven-Wechsel gefällig? Kann man haben. Nahe der Game Ranch *Namib-Rand* (südlich von Sesriem) werden frühmorgens Ballon-Safaris über die Namib zu den Dünen des Sossusvlei-Gebiets organisiert. Für Unterkunft ist dort übrigens auch gesorgt.

Das sanfte, stille Gleiten übers *timeless land* ist sicher ein schöneres Erlebnis als ein Flug mit lautem Kleinflugzeug. Gekrönt wird's mit dem üblichen Champagner-Frühstück der Ballonfahrer; ein Zertifikat gibt's auch.

Reservierungen: direkt bei *Namib Sky Adventures* ☎ (06632) 5703, P.O. Box 197, Maltahöhe oder über Reisebüros. Ca. 600 bis 700 Rand/Person.

abgestorbenen Bäumen. Wahrscheinlich liegen unterm Namibsand weitere ex-Vleis, ebenso wahrscheinlich, daß die heutige Mündungspfanne in einigen hundert Jahren begraben sein wird und weiter östlich ein neues Vlei entsteht.

Nach guten Regen füllt sich die Pfanne, und Wild sammelt sich an deren Ufer. Dünen und Wild so dicht zusammen! Ein z.B. in der Sahara nicht vorstellbarer Anblick.

Das Wasser versickert und erreicht unterirdisch den etwa 60 km entfernten Atlantik. Möglicherweise tritt dort, bei Fischers- und Reutersbrunn Wasser aus dem Sossusvlei wieder zutage.

Die Dünenfarben wechseln mit dem Tageslicht. Mittags wirken sie eher blaß, zum Sonnenuntergang hin changieren sie zu rötlichem Hellbraun.

Leider kann man das Versinken des Sonnenballs hinterm gewellten Horizont nicht vom Dünenkamm aus erleben: Sesriem muß vor Einbruch der Dunkelheit erreicht sein. Camping ist direkt am Sossusvlei nicht erlaubt.

Bitte Platz nehmen unter der Akazie... Dünen haben enorme Ausstrahlung. Wohl dem, der sie nicht nur mit flinkem Druck auf den Auslöser auf den Film bannen, sondern sie, wie Eric Liebermann, aquarell zu Papier bringen kann.

Quellwasser in der Wüste

Karte → Route 14

15 NAUKLUFT-BERGE

Name: „enge Schlucht". Bevor Naukluft mit Namib die Ehe des Namib-Naukluft-Park einging, hieß das Schutzgebiet nach den scheuen Bergzebras *Naukluft Mountain Zebra Park*.
Lage: Zentral-Namibia. Michelinkarte 955, Falte 29 rechts (ohne Namenseintrag zwischen den beiden Pads Solitaire-Maltahöhe).
Karte: f&b *Namibia*, Sonderkarte Namib-Naukluft. UNO-Karte, Blatt West. Topographische Karte 1:500.000 *Rehoboth 2314*.
Zufahrt von Norden: C14 von Solitaire gen Süden zur Farm BÜLLS-

PORT, dann D854 knapp 9 km nach Südwesten zum 1. Gate. Noch 21 km nach Norden in die Berge. – Von Sossusvlei/Sesriem: zurück auf Pad 36 Solitaire-Maltahöhe, nach 27 km nordostwärts in die D854 einbiegen, vom Gate s.o. – Von Maltahöhe: 111 km auf der C14 nach Norden bis Büllsport, dann wie oben.
Die Wege sind ausreichend beschildert und meist in ordentlichem bis gutem Zustand (Pkw-tauglich).
Zeitbedarf: 1 Tag, je nach Wanderung entsprechend mehr (s.u.) Der Park ist von Sonnenaufgang bis Son-

nenuntergang geöffnet.
Permit: Vorab in Windhoek oder im Park.
Tankstellen: Solitaire, Büllsport
▲ Im Naukluft-Park. Wenn Platz vorhanden, auch ohne vorherige Reservierung.
🏚 Eine sehr einfache Hütte für Wanderer im Park; am besten richtet man sich aufs Campieren im Zelt ein.
Namib Rastlager
bei Solitaire ☎ 06632-3211
Nächstgelegenes Hotel:
Maltahöhe, 06632-13

Die Naukluft ist ein fast 2000 m hohes Gebirgsmassiv am Rand der Namib-Wüste, wie eine natürliche Festung wirkend (was sie ja während der Kolonialkriege für die Nama von Hendrik Witbooi anno 1894 auch war). Der Nama-Kapitän wird auf den Banknoten des *Namibia-Dollar* erscheinen, womit der Widerstandskämpfer quasi zur nationalen Identifikations-Figur erhoben wird.

Nicht nur in puncto Landschaft ragt die Naukluft aus der Umgebung heraus: Es gibt – eine Rarität in dieser ariden Zone – viele Quellen am Bergfuß. Wasser, wenn auch nicht im Überfluß, so doch ausreichend für intensive Flora längs der Bachläufe und für etwas Wild (z.B. Bergzebras).

Die meisten europäischen Touristen machen um die Naukluft buchstäblich einen Bogen: Sie biegen von Solitaire ab nach Westen zum Sossusvlei, das fraglos exotischer ist als die uns eher vertraut anmutende Berglandschaft.

Trotzdem sollten Sie versuchen, einen Tag für die Naukluft abzuzweigen. Das setzt einen zusätzlichen Kontrast-Akzent zwischen die Dünen-Vollwüste und das karge „Dürrefarmland" um Maltahöhe/Helmeringhausen.

Einmal ganz um die Ecke rum...

Obwohl die *Naukluft* schon weit nördlich von SOLITAIRE sichtbar wird, ist's noch ein gutes Stück Weg dorthin. Es gibt nämlich von Norden keine Zufahrt.

Südlich der einsamen Farm (mit Store/Tankstelle) wird wieder mal eins der wunderbarweiten Plateaus am Nordfuß der Berge überquert: schnurgerade, Kilometer um Kilometer, über die Trockentäler der Riviere Arib und Noab.

Hinein in die Berge, ins *T*sondab-Tal, das weiter westlich die gleichnamige (für Touristen nicht zugängliche) Vlei-Pfanne bildet. Im Osten die Remhoogte-Berge, westlich das

Naukluft-Massiv aus Dolomit und tatsächlich mit gewissen *Dolomiten*-Ähnlichkeiten. Daneben ein verbrannt wirkendes Blockmeer. Noch Farmen wie *Bergweide* und *Blasskranz.* Die C14 ist so gut in Schuß, daß sogar Schotter-ungewohnte Touristen aus Mitteleuropa jubelten: „Unglaublich, daß man mit einem Pkw die Piste so leicht und schnell packt."

Dann öffnet sich das Tal wieder. An der Farm BÜLLSPORT, 111 km vor Maltahöhe, zweigt die D854 zum Naukluft-Park nach Westen ab, nach rechts. Jetzt geht's das erste Mal um die Ecke. Bei km 8,6 nochmal ein Knick, diesmal nach Norden. Erstes Gate; es wird bei Sonnenuntergang geschlossen.

Voraus eine ebenso schroffe Bergflanke wie im Norden. Wo soll da die Zufahrt sein? Es gibt sie: schräg nach Westen in ein Tal hinein. 21 km ab Büllsport das zweite Gate mit der Hütte *Hiker's Haven.*

Einst war hier die Farm *Naukluft,* die um 1960 vom Staat aufgekauft wurde. Nach dem Park-Office noch einen Kilometer vorbei an dunklem, „wüstenlackiertem" Gestein zum Camp am Naukluft-Rivier. Es gibt derzeit nur vier *Sites.* Wer ohne Reservierung kommt, der muß u.U. vor Sonnenuntergang wieder raus... Oder mit dem Ranger verhandeln.

Am Weg eine rostige Gedenktafel für den Reiter Kraus, der in den Kämpfen zwischen den Nama und der „Deutschen Schutztruppe" fiel. An die Nama, die sich dem „Schutzvertrag" widersetzten, erinnert nichts. Der Aufstand endete 1894 mit Witboois Kapitulation.

Naukluft-Wanderungen

Man hat die Wahl zwischen mehreren Wanderwegen, die zum Teil anstrengenden *Hiking*-Charakter haben und daher reglementiert sind: Der 120(!) km lange *Naukluft-Trail* ist in acht Tagen zu bewältigen, darf aber wegen der (Süd-)Sommerhitze nur zwischen 1. März und 31. Oktober begangen werden. Mindestens 3 Wanderer müssen ein Team bilden. Das Permit für 25 Rand schließt je eine

Attraktion der Naukluft-Berge ist das gluckernde, glasklare Wasser in der Wüste. Daneben finden sich historische Relikte und die raren Berg-Zebras.

Übernachtung im ehemaligen Farmhaus am Anfang und am Ende der Wanderung ein.

Dieser Trail ist nur etwas für Versierte und gut Ausgerüstete (Detailkarte vorab in Windhoek besorgen; Infos bei den Naturschützern oder vor Ort bei Park-Rangern).

Einfacher ist der 10-km-Trail (etwa vier Stunden). Von Kurzzeit-Besuchern wird gern ein Teil des *Waterkloof Trail* begangen, der Richtung Nordwesten zu einigen Pools mit Sinter-Terrassen und kleinen Wasserfällen führt. Das weiche Gestein wird von Mineralien gebildet, die nach Verdunsten des Wassers zurückbleiben. Um die herrlich-klaren, flaschengrünen Wasserbecken und längs des „Waterkloof" dichte Vegetation.

Schon auf diesem kurzen Weg kommt man in zwei bis vier Stunden zu guten Naukluft-Eindrücken und einigen erfrischenden Bade-Möglichkeiten.

Naukluft-Fauna: Neben den Berg-Zebras gibt's Kudus, Springböcke, Paviane und kleine Klippschliefer, bevorzugte Beute der Schwarzadler. Geparden und nachtaktive Leoparden wird man wohl kaum zu Gesicht bekommen.

16 DELIKATESSE: SPREETSHOOGTE-PASS

Lage: Zentral-Namibia östlich des Namib-Naukluft-Parks. Michelinkarte 955 Falte 29 rechts (diese Nebenroute südlich der Gamsberg-Route ist jedoch nicht eingezeichnet).
Karten: Padkarten. f&b Sektor D4 und rückseitige Sonderkarte. Topogr.Karte 1:500.000 *Rehoboth 2314*.
Straße: *D1275*, etwa 10 km nördlich von Solitaire von der *C14* abzweigend. Bei Nauchas mündet die Spreets-

hoogte-Straße in die *C24/Remhoogte*.
Entfernung: Solitaire-Windhoek ca. 220 km, via Rehoboth (Teerstraße nach Windhoek) ca. 270 km.
Zeitbedarf: halber Tag, ideal mit Übernachtung oder zumindest Pause bei Sonnenuntergang an der Randstufen-Kante („Paß-Höhe").
Steigung: Steilster Paß an der Randstufe. Gradient bis 1:4,5 = bis 22% auf Schotter. Empfohlene Fahrrich-

tung: von Osten nach Westen, aber bei richtiger, zügiger Fahrweise auch in Gegenrichtung machbar (nicht für Wohnmobile).
Versorgung/Tankstellen: Solitaire, Rehoboth, Windhoek.
▲ Sesriem, Bush Camps.
🏠 *Namib-Camp* bei Solitaire (Rt. 14), Rehoboth
Bahnhof-Hotel   0020-8550
Windhoek (siehe Route 1)

Anschluß-Strecken: Route 14 (Sesriem/Sossusvlei).
Route 11 (Walvis Bay-Swakopmund). Ferner Windhoek-Routen (2, 13, 25, 29).

Zugegeben: Es gibt einfachere Pässe über die „Randstufe" als ausgerechnet die *Spreetshoogte* mit ihrer happigen 22-%-Steigung. Und es gibt auch bekanntere (diese Paß-Delikatesse kennen selbst viele Namibier nicht).

Aber die Höhe belohnt den etwas mühsamen Aufstieg mit unvergleichlichem Blick über die Namib!

Wer mit 4WD + Zelt oder per Wohnmobil unterwegs ist, sollte eine Übernachtung an der Rest Area einplanen. Möglicherweise krönender Abschluß einer Namibia-Tour.

Von den Naukluft-Bergen kommend (wie auch von Sesriem/Sossusvlei), steuern wir erst mal die Farm SOLITAIRE an und tanken sicherheitshalber.

Auf der C14 noch knapp 10 km nach Norden, wo gut ausgeschildert die Spreetshoogte-Zufahrt beginnt. „Zu steil für Caravans!", warnt ein Schild. Stimmt: sogar Pkw ohne Wohnwagen am Haken kann die 22-%-Steigung zu

schaffen machen. Da kommen selbst die meisten Alpenpässe nicht mit – und die bieten dank Asphalt bessere Traktion! Campmobil-Fahrer sollten den Paß vorsichtig (!) im Ost-West-Gefälle angehen.

Zunächst geht's über sanft gewelltes Namib-Vorland. Voraus ist die markante Gamsberg-Tafel sichtbar. Die üblichen Zäune deuten Farmland an, ein Farmhaus duckt sich unter einen „Inselberg" bei km 13.

Die Berge der namibischen Randstufe heißen hier sogar Rantberge. An ihrer Flanke sind die Spreetshoogte-Windungen nahe eines auffälligen Hauses auf der Höhe erkennbar.

km 32 ab Abzweig: Der Anstieg von etwa 1000 auf 1800 m setzt ein. Geländewagen sollten für bessere Traktion den Allradantrieb einschalten (H4). Ganz Vorsichtige brummeln mit Untersetzung (L4) und mittlerer Tourenzahl (also mit gemütlichem Tempo) himmelwärts.

Wichtig bei Überwindung des (gar nicht mal

Von allen Pässen der mittleren Randstufe ist die "Spreetshoogte" der schwierigste – aber auch der lohnendste!

Steil kurvt der Schotterweg über dem Windrad auf die Höhe.

Die extreme Spreetshoogte-Steigung kommt bei der Nachtaufnahme gut raus: Die Lampen eines Geländewagens hinterließen Lichtspuren während der Langzeit-Belichtung.

sehr langen) steilsten Abschnitts ist vor allem, den „Vortrieb" nicht zu verlieren. Also nicht unnötig schalten oder stoppen. Anfahren auf dem lockeren Schotter ist danach schwer möglich.

km 35,6 erste Rest Area noch unterhalb der Paßhöhe.

km 36,7 zweite Rest Area mit Super-Weitblick. Sinkende Sonne zaubert Strukturen in die Namib-Landschaft. Kuppelberge heben sich ab von den Ebenen. Beim Klettern auf die Hügel bekommen Sie im Norden den Gamsberg vors Visier.

Abendlicht bringt Farbe ins Spiel: eine Rot-Schattierung nach der anderen. Zuletzt changiert's in Orange und in immer dunkler werdendes Violett – übliche Colorierung fast aller Namibia-Abende, aber hier über einem grandiosen Amphitheater.

Lichtpünktchen auf der Ebene: Autos oder Farmhäuser. Klettert in der Dunkelheit ein Fahrzeug die Spreetshoogte hinauf, laut röh-

rend wegen der Anstrengung, hat man den Eindruck, es würde eine Steilwand ansteuern. Die Scheinwerferkegel bohren sich in den Himmel.

Spätabends schläft der übliche Westwind oft ein. Aber nur kurz, denn er dreht und bläst später sanft vom Hochland zum Atlantik. Das liegt an unterschiedlich starker Abkühlung der Luftmassen über den Bergen und über der tieferliegenden Namib-Wüste.

Spreetshoogte – Windhoek

16

km 51: NAUCHAS, ein Ort, der nur wie eine etwas groß geratene Farm wirkt. Von hier geht's weiter südlich über den harmloseren und weniger aufregenden Remhoogte-Paß Richtung Naukluft.

Wir folgen nun der geschotterten Hauptstraße nach Nordosten bzw. Norden. Das Plateau wirkt gegenüber der exotischen Namib-Wüste etwas monoton (flachwellig und umkränzt von Bergen), hat aber mit seinen Farmen, Teichen und Windmills durchaus seinen Reiz.

km 23 ab Nauchas: gute Schotterstraße Kurs Ost nach REHOBOTH, wo man nach 72 km den Asphalt der B1 unter die Räder kriegt. Der Umweg zur Teerstraße bringt jedoch keinen großen Zugewinn an Fahrkomfort: Die geradeaus folgende C26 (unsere Gamsberg-Route 12) ist normalerweise ebenfalls in gutem Zustand. Nach WINDHOEK via *Kupferberg* (sanfte 8 %) noch etwa 135 km.

Der nahe Gamsberg ragt über die Oberkante der Randstufe. Nach Westen öffnet sich ein grandioses Panorama über die abendliche Namib-Wüste mit ihren „Inselbergen".

Durststrecke durchs Land der „Dürrefarmer"

17 SESRIEM – HELMERINGHAUSEN – AUS (370 km)

Sieht man von den markanten Tafelbergen und Kliffs des *Escarpment* mal ab, und auch von der Extravaganz des *Duwisib*-Schlosses, zeigt die lange Route durchs Land der Dürrefarmer von Helmeringhausen wenig Reiz. Zumindest oberflächlich betrachtet. Und doch sollte man die Etappe nicht im Schnellgang hinter sich bringen: Hier ist echtes, weites, rauhes Namibia zwischen Wüste und Kulturland.

Lage: Südwest-Namibia. Michelinkarte 955, Falte 29 und 33 oben.

Karten: Padkarte. f&b Sektoren D 5 und 6 sowie rückseitige Sonderkarte. – Topographische Karte 1:500.000 Lüderitz 2514.

Straßen: *D826* ab Sesriem nach Süden, ab Duwisib ausgeschildert zur *C14* nach Helmeringhausen (diese Straße führt Richtung Südost weiter nach Bethanien und zur Querverbindung B4 Lüderitz-Keetmanshoop). – Die *C13* verbindet Helmeringhausen mit Aus, dem Start unserer Routen 18 (Lüderitz) bzw. 20 (Keetmanshoop) siehe unten.

Zustand: Relativ gute Schotterstraßen. Pkw-tauglich.

Entfernungen: 370 km. Etwas kürzer bei Weglassen von Duwisib und Helmeringhausen, statt dessen vorbei an Farm Sinclair (D407) bzw. Farm Namtib (D707).

Zeitbedarf: 1 Tag. Die Strecke von Sesriem bis Lüderitz ist mit der nötigen Muße an einem Tag kaum zu schaffen, daher unterwegs Übernachtung oder Bush-Camping.

Versorgung (Grundbedarf): Helmeringhausen, Aus, ggf. auf den erwähnten Gästefarmen.

Tankstellen: Sesriem, Helmeringhausen, Aus (Reservekanister empfohlen).

⛺ Sesriem. Gästefarmen. Ggf. „Bush Camp"

🏠 Aus (→ Route 18).

Farm Sinclair ☎ 06372-6503
Farm Namtib 06362-6640

Anschluß-Strecken: Route 14 (Sesriem-Kuiseb-Canyon). Route 11 (Walvis Bay). Routen 13 oder 16 (nach Windhoek). Route 20 (Aus-Keetmanshoop). Route 18 (Aus-Lüderitz). „Outback-Route 22 (Fish River-Oranje-Rosh Pinah-Aus).

Auf relativ rauher Pad (D826) wenden wir uns von Sesriem nach Süden. Anfangs liegen zur Rechten noch Dünen der Namib, davor kohlenschwarze Berge. Einige wenige Farmen wie *Geluk* vor rotem Sand. Bergketten sind mal horizontal geschichtet wie Torten, dann bizarr gefaltet und verformt.

Alte Karten der Jahrhundertwende zeigen hier Buschmann-Wohngebiete: *Ganin*- oder *Khoma*-Buschmänner. Heute werden Sie keine mehr finden; nur ein *Bushman Hill* an der Grenze des Namib-Naukluft-Parks erinnert an die Ureinwohner.

km 92: nach langem, schnurgradem Pad-Abschnitt westlich der *Nubi*-Berge eine Farm mit Tankstelle (Farmer's Service). Der Name? Tut nichts zur Sache, da in kaum einer Karte verzeichnet. Man kommt hier mit ganz wenigen Orientierungspunkten aus. Wichtiger als Namen sind die Wege-Nummern.

Durch die Wüste! Als wenn man's nicht wüßte, warnt ein Schild vor „Sandduine on pad". Feiner rötlicher Sand, wie aus einer Eieruhr. Es tut gut, mal hinauszuwandern in die Weite.

Die D826 verliert ihren Sandstraßen-Charakter und knickt nach Osten ab, steigt allmählich in die Berge.

Pad 407 zweigt nach Süden ab mit Zufahrt zu den Gästefarmen *Sinclair* oder *Namtib* (s.u.). Wer auf die bizarre „Exotik" des *Duwisib*-Schlosses verzichten kann, ist mit der Straße 407 am Rand der Namib besser bedient als mit der Route an der Randstufe.

Wüstenlack:
Gestein mit „Sonnenbrand".

Auffällig bei Fahrten durch wüste Zonen sind die häufig tiefschwarzen, glänzenden Steine. Richtiger: Schwarz überzogenes Gestein, denn selbiges kann innen durchaus auch braun oder grau sein. Sonnenstrahlung und Hitze tragen in chemischen Prozessen diesen Wüstenlack auf. Vereinfacht gesagt: Das Gestein schwitzt, kriegt einen Sonnenbrand.
Dazu kommt dann noch der polierende Einfluß des Windes. Im Laufe der Zeit peitschen Millionen von Sandkörnchen auf die dunkle Kruste und glätten sie.

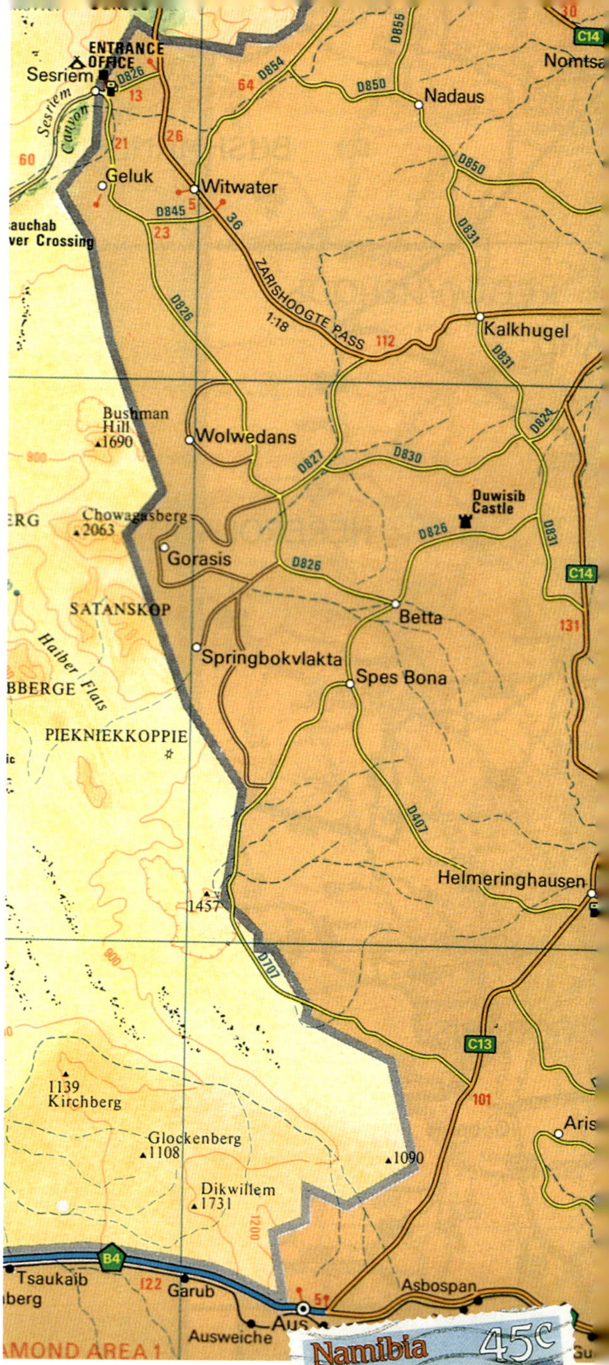

Erosionsformen am Weg: Ein Felsmassiv wurde durch Sonnenstrahlung und auch durch Frost-Sprengungen in ein „Blockmeer" zerlegt. Typischer Fall von Insolations-Verwitterung.

17

Eine Farm am Rand der Wüste. Der Windmotor pumpt Wasser aus einem natürlichen Tiefwasser-Reservoir. – Schloß Duwisib auf der Duwisberplatte. Unten: „Hotel" unter 1000 Sternen. Die namibische Lichtkuppel gibt sich fast allabendlich so farbig.

km 158: Zur Linken Schloß DUWISIB – als hätte sich der Bauherr, Baron von Wolff, einen Jux machen wollen am Wüstenrand. Rundum einfache, zweckmäßige Farmhäuser und dann ein solch romantisches Schlößchen mit Zinnen... Nicht überwältigend groß, ähnlich den Burgen von Windhoek, aber in welcher Umgebung! Wer Marokko kennt, könnte aus der Distanz glauben, einen *Ksar* am Rand des Atlas-Gebirges vor sich zu haben.

Wolff wollte hier am „Regenplatz" der Nama groß ins Pferdezucht-Geschäft einsteigen; vielleicht stammen die Wildpferde bei Garub (Route 18) von diesem Gestüt in der Halbwüste. Heute kann man das Sandstein-Schlößchen und von Wolffs exquisite Hinterlassenschaft besichtigen.

Auf der *D824* geht's nach Süden durch ein Längstal mit den üblichen „Tortenschicht"-Bergen. Die Kliffs des Escarpments sind weit entfernt, doch allmählich nähern wir uns dem *Schwarzrand* mit seinen Tafel- und Kegelbergen. Die Felsbildungen sind ein Lehrbuch für Geomorphologie, für die langsamen Veränderungen des Landes durch Erdkräfte, Wind und Wetter.

km 203: *C14.* Nach etwa 60 km HELMERINGHAUSEN auf 1.342 m Höhe. Winziger Ort mit so kurzer wie überbreiter Dorfstraße: Ochsengespanne sollten einst in einem Zug wenden können. Geblieben ist leichter Wildwest-Einschlag, High-Noon-Feeling. Einblick in die gute, alte Zeit bringt das Freilichtmuseum.

Die *C14* via BETHANIEN mit dem alten *Schmelen-Haus* (Route 20) ist günstigste Zufahrt nach Keetmanshoop und zum Fish River, wenn Lüderitz nicht ins Timing paßt.

Namtib: Ein Gästefarm-Beispiel

Eingebettet in ein abgeschiedenes Tal der *Tirasberge* liegt die Farm NAMTIB, 16.400 Hektar groß und westlich von Helmeringhausen am Rand des Parks.

Abzweig von der *C13* etwa 62 km nördlich von Aus. Dann noch 47 km auf der *D707* nach Nordwesten. Die 12-km-Zufahrt ist ausgeschildert.

Renate und Walter Theile gaben ihre bürgerliche Existenz auf, um im Südwesten Afrikas ein (auch ökologisch) interessantes Experiment zu wagen: Der Bestand an domestizierten Tieren (Rinder, Schafe, Ziegen) wurde reduziert, um heimischem Wild Raum zu geben.

Besucher können mit dem Farmer im offenen Geländewagen Pirschfahrten unternehmen oder einfach „nur so" herumwandern – und dabei Oryx-Antilopen sehen oder Springböcke, Kudus, Strauße, Klippspringer, Paviane, Löffelhunde, Luchse, Schakale...

In den Bergen der Farm Namtib: Regenfahnen über der Wüste

Über 48 Vogelarten hat der Farmer gezählt, darunter Adler, Falken, Habichte, Geier, Trappen. Siedelweber bauen riesige Sammelnester in Akazien.

Namtib liegt an der Grenze zwischen roten, durch Erosion bizarr geformten Granitbergen und der weiten Dünenwüste der Namib. Kaum zu glauben, daß man in wildromantischen Schluchten Quellen mit Biotopen findet, die für Wüsten völlig untypisch sind.

Die Theiles wollen ihren Gästen ursprüngliches Farmleben nahebringen. Man kann in eigenen Zelten oder in Wohnhäuschen übernachten. Essen: gemeinsam mit den Farmleuten oder grillend am Lagerfeuer. Massentourismus ist verpönt. Namtib – so was wie ein Geheimtip?

17

Wir wechseln auf die *C13* nach Südwesten. Die gute Pad steigt leicht an, durch erodierte Blockberge hinauf zum *Rooirand.* Tolle Weitblicke nach Westen zur Namib. Dort, an den *Tiras*-Bergen, liegt die Farm Namtib (s. Kasten), wo man tiefer eintauchen kann in die Wüsten-Faszination und den Farm-Alltag kennenlernen kann.

Zum reinen Quick-Transit ist diese Zone viel zu schade. Zumindest eine ausgiebige Siesta

samt Wanderung in die hinreißende Einsamkeit sollte man einplanen. Oder ein Bush Camp auf freiem Plätzchen – was aber der Zäune wegen gar nicht leicht zu finden ist...
Auf sanftem Anstieg verlassen wir das Hochtal um die Farm Tirool, das zum Einzugsgebiet des Koichab-Rivier gehört. Der Trockenfluß, dessen Name „Salzstrauch" bedeutet, mündet östlich von Lüderitz in der Namib, in der Koechab-Pan.
Es geht hinüber auf die Asphaltstraße *B4,* knapp östlich von Aus (Route 18).

Links: Namibias Weite – hautnah erlebt. Da fühlt man sich ganz klein.

Durstige Schafe trippeln so lange blökend ums Zelt, bis man kapiert: Die haben Durst...

Es war einmal...

... *einer der zauberhaften Abende am Rande der Namib. Vergessen wird man ihn nie, mag's noch so abgedroschen klingen. Berge, Weite, Vollmond – eine aufbauende Perspektive. Stille bei einschlafendem Wind.*

Irgendwas raschelt, scharrt hinter Felskugeln während des Abendrot-Schauspiels. Nachschau: Schaf-Mutter mit Sprößling. Halb scheu, halb *fordernd schauen sie mich an und blöken. Es dauert ein wenig, dann fällt der Groschen: Ihr habt wohl Durst?!*

Schnell ist ein Behälter mit Wasser gefüllt. Glücklich saufen sie's weg, geräuschlos saugen sie das Naß in sich hinein. Noch 'ne Füllung gefällig? Auch die wird still und leise weg-„gepumpt" - da wird nicht geschlabbert, wie's die Hunde tun.

Unsere Freunde bleiben uns bis zum Start am nächsten Morgen erhalten. Obwohl sie normalerweise weite Strecken laufen, weiden sie die ganze Nacht über geräuschvoll rund ums Zelt. Sie sind uns als Teil dieses trockenen Landes genauso ans Herz gewachsen wie Großwild von Etosha oder wie die weit verbreiteten Springböcke. Auch das ist Namibia...

18 AUS – LÜDERITZ(BUCHT) (125 km)

Lage: Südwest-Namibia. Michelinkarte 955, Falte 33 West.
Karten: Padkarten. f&b Sektor C6, rückseitig Stadtplan. Gute Karten auch im Lüderitz-Ortsprospekt. – Topogr. Karte 1:500.000 Lüderitz 2514.
Straße: *B4* zwischen dem Dorf Aus und Lüderitzbucht (die Keimzelle von Deutsch-Südwest wird meist Lüderitz abgekürzt). Einzige touristisch wichtige Straße Namibias, zu der es für die Rückfahrt keinerlei Alternative gibt! Zu beiden Seiten der B4 derzeit unzugängliche Zonen: Unmittelbar nördlich der Namib-Naukluft-Park bzw. an der Küste Überbleibsel von Sperrgebiet Area 2. Südlich des „Korridors" das Sperrgebiet Area 1.
Routenlänge: Die „Sackgasse" mißt one way etwa 125 km und ist wegen „Namibias Rothenburg" und dessen rauher Umgebung ein Muß. Keine Abstecher von der Straße möglich zwischen Aus und Lüderitz!
Straßenzustand: Durchgehend erstklassig geteert. Auf den letzten Kilometern vor Lüderitz häufig Verengung durch Sandverwehungen.
Zeitbedarf: 1,5 Tage hin und zurück. Wegen kühlen und nachmittags meist stürmischen Wetters reduzieren viele den Besuch auf einen Tag (Anreise dann möglichst früh am Morgen, Rückfahrt am späten Nachmittag; bei solcher Stippvisite läßt sich ein Besuch der Geisterstadt Kolmanskuppe kaum einbauen!
Tankstellen: Lüderitz, Aus. – Hinweis für Fahrzeuge mit geringerer Reichweite als 350 km: Bei Fahrt von Aus nach Osten gibt's an der B4 bis Keetmanshoop ansonsten keine Tankstelle; Zapfsäule in Goageb derzeit außer Betrieb!
Versorgung: Lüderitz
ⓘ „Lüderitz-Stiftung": Bismarckstraße.   06331-2532 Geöffnet Mo-Fr 8.30 – 12 und 14 bis 16 Uhr. Sa nur vormittags. Hier gibt's die Permits für Kolmanskuppe und Elisabeth-Bucht).
Naturschutzbüro: Schinzstraße.
⛺ Lüderitz, auf der Haifischinsel: sehr gepflegt, mit Restaurant. – Freies Campen zwischen Aus und Lüderitz nicht möglich, da Verlassen der Straße verboten. Not-Camp an einer der Wüstenparkplätze.
🏨 *Bay View Hotel***   06331-2288
Kapps Hotel   2701
Zum Sperrgebiet*, garni   2856
Rastlager, Hütten, Rondavels   2398
AUS: *Bahnhof-Hotel**   063332-44

Anschluß-Strecken: Route 20 (nach Osten: Keetmanshoop). Route 17 (nach Norden: Sesriem/Sossusvlei). Route 22 (Süd-Schleife Fish River/Oranje/Aus).

Auf rund 1.600 Meter hohem Massiv thront AUS vor markanten Felsriffs der Randstufe (Rooirand). Damit liegt's höher als z.B. der Brenner-Paß über den Alpen-Hauptkamm! Trotz der Nähe zur Namibwüste kann's hier im (Süd-)Winter lausig kalt werden...

Die neue Teerstraße B4 führt etwas nördlich am Ort vorbei, aber ein Stop lohnt, denn Aus ist durchaus nicht ohne Charme. Das „Bahnhof-Hotel" steht als einziges Gasthaus allein auf weiter Flur, auf einem Gebiet größer als Bayern. Wieder mal ein Indiz für die menschenleere Weite des Landes.

In der Nähe finden sich spärliche Reste eines Internierungs-Camps aus dem Zweiten Weltkrieg für deutschstämmige „Südwester". Es wurde auch als „Konzentrationslager" bezeichnet.

Aus war während der Kolonialzeit bedeutender als heute, blieb jedoch wichtiger Verkehrsknotenpunkt. Etwas östlich des Orts mündet von Norden die C13 (Helmeringhausen, Sesriem/Sossusvlei, →Route 17) in die B4; der C13-Süd-Ast kommt vom Oranje bzw. vom Rosh-Pinah-Bergwerk herauf, siehe Route 22.

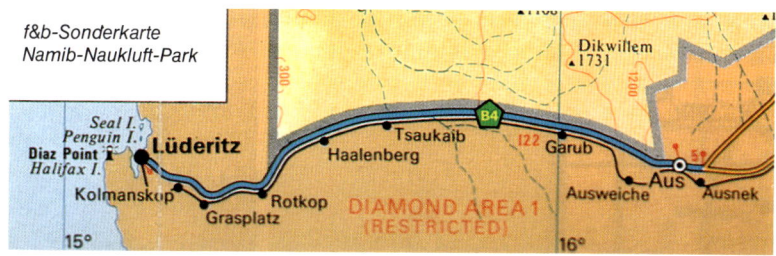

f&b-Sonderkarte
Namib-Naukluft-Park

Seltene Warnschil-
der an der Teerstraße
nach Lüderitz:
„Sand" und „Wind"...
– Wassertank des
Bahnhofs **Garub** vor
dem Bergmassiv von
Aus. Obwohl sich hie
und da Sand breit
macht auf den Glei-
sen, ist die Bahn
noch in Betrieb.

Geplant ist, die Eisenbahnlinie Keetmans-
hoop/Seeheim/Lüderitz hier enden zu lassen.
Dieser Seitenarm der Hauptlinie von Windhoek zur Republik Südafrika dient hauptsächlich dem Abtransport der Rosh-Pinah-
Erze, die von Schwerlastern auf der C13-
Schotterstraße rangekarrt werden.

Schon symbolisch wäre das Absterben der
Bahn-Fortsetzung nach Lüderitz für den kleinen Hafenort ein schwerer Schlag, denn derzeit hofft man immer noch auf eine (wohl un-
rentable) internationale Bahnverbindung von
Lüderitz nach Botswana. Längst eingestellt
wurde der Personenverkehr.

Aus – Kolmanskuppe (115 km)

Auf 20 Kilometer langer Gefällestrecke geht's
westlich von Aus hinab zur Namib-Wüste,
schließlich gilt's, auf dem kurzen Weg zum Atlantik runde 1.500 Höhenmeter „abzubauen".
Die Bahn, ansonsten nahe der Straße verlaufend, weicht hier weit nach Süden aus.

Das Panorama über die Ebene mit ihren verstreuten Inselbergen gehört zu den eindrucksvollsten in Süd-Namibia. Doch die
Weite ist „dicht"! Paradox: Zwar enden bei km
12 die Farmzäune, aber das Gebiet neben

der Straße ist auch ohne Drahtverhau *off
limits*: Diamant-Sperrgebiet bzw. Namib-
Naukluft-Park. Dank strikter Restriktionen
blieb die Küstenzone ein nahezu unberührtes
WüstenWildnis-Gebiet, weltweit in dieser Art
und Größe ohnegleichen.

km 28: Südlich der Straße der schon ziemlich
demolierte und trotzdem stimmungsvolle
Bahnhof GARUB. Obwohl die Strecke nach
Lüderitz noch in Betrieb ist, hat man nahezu
alles nicht Niet- und Nagelfeste abgeräumt.
Noch blieb der große Wasserturm intakt. Mit
dem am Bergfuß geförderten Wasser wurde
einst die Diamantenmine Kolmanskuppe versorgt (s.u.).

In der trockenen Umgebung von Garub weiden wilde Pferde, Nachkommen von Gäulen
der Deutschen Schutztruppe oder vom Ba-
ron-Wolff-Gestüt (Route 17). Sie haben sich
im Laufe der Jahre perfekt angepaßt ans
aride Klima und finden hier ein wenig Wasser.

Nach den Längsdünen der Küste und den Sterndünen von Sossusvlei nun Barchane-Sicheldünen, die auch den Asphalt bedecken. – Seltsamer Wüsten-Name: **Grasplatz***...*
Rechte Seite: Highway Melody auf dem Weg nach Lüderitz.

Für Bahn-Fans: im spärlichen Gras Überreste einer Schmalspurbahn, die im Nichts endet. Interessant auch die Stromleitung nach Lüderitz: Wegen des „schlechten Wetters" (so ein Namibier), sprich wegen Wechsel zwi-

schen hoher Luftfeuchte, Sturm und trockener Hitze, soll sie das best-isolierte Stromkabel der Welt sein!

Die schnurgerade Teerstraße überquert eine wüste Ebene, wo man so richtig die Arme breit machen kann. Außer einer Rest Area mit liebevoll gepflanzten Bäumen und dem „Bahn-Hof" *Tsaukaib* (ohne Gebäude) nichts Markantes – nur großartige Natur!

Beim Bahnhof *Haalenberg* wird eine letzte Barriere vor der Küste überwunden. Ein Berg im Süden mißt, so nah am Meer, immerhin noch 1.068 m.

Dann erste Warnschilder: *Sand!* und *Wind!.* Besonders nachmittags, wenn der berüch-

tigte Südwester-Seewind tost, ist hier der Teufel los. Sandfahnen fegen über die Straße und prasseln gegen die Karosse – der Name des Bahnhofs Grasplatz (km 108) wirkt dann besonders absurd.

20 km vor Lüderitz zweigt nach Süden eine Privatstraße des Diamanten-Monopolisten CDM ab. Sie führt zur komfortablen, privaten und ohne Permit unzugänglichen *Mining Town* Oranjemund (→ Abschnitt 19 „Sperrgebiet").

Sandverwehungen nehmen zusehends zu. Bei unserer letzten Tour war die Schienen-„Nabelschnur" zwei Meter hoch mit Sand bedeckt und wirkte tot. Bahn und Straße hat man gezielt so zum Wind angelegt, daß sich die Sande von selbst entfernen, trotzdem muß oft der Bulldozer ran.

Auch mit scheinbar harmlosen Sandrippen ist nicht zu spaßen: Solche Mini-Barrieren sind knüppelhart und können das Auto gewaltig beuteln! Langsam überrollen oder umfahren.

km 115: Abzweig nach Süden zur 1989 wieder aufgelebten und nun hochmodernen Diamantenmine ELISABETH BAY der CDM. Obwohl sie im „Sperrgebiet" liegt, läßt sich u.U. übers CDM-Büro beim Lüderitz-Museum eine ge-

führte 3-Stunden-Visite organisieren (Jeden Dienstag und Donnerstag 14 bis 17 Uhr. Auskunft/Buchung s. Vorspann).

Am Abzweig versinkt allmählich die Geisterstadt KOLMANSKOP (Kolmanskuppe) im Sand. Das Permit muß in Lüderitz besorgt werden, der Rundgang durch Industrieanlagen der Diamantenmine und Jugendstilhäuser der Ghost Town ist nur vormittags möglich: Permit: derzeit bei der Touristen-Information in Lüderitz. Zugang für Individualreisende montags bis samstags 9.30 bis 10Uhr30; Gruppen eine Stunde später.

Schon der Blick durchs Fernglas läßt von der Straße aus die Vergangenheit aufleben; man spürt die Bedeutung der sandigen Kuppe für die Entwicklung von „Südwest".

Sturm

Lüderitzbucht wurde gestern von heftigen Sandstürmen heimgesucht. Tonnen von Sand wurden auf die Straßen und in die Stadt geweht. Am Nachmittag erreichte der Sturm eine Stärke von 55 Knoten (rund 100 km/h).

Aus der Allgemeinen Zeitung

18

Die jetzige Geisterstadt entstand nach der Jahrhundertwende, boomte in den 20ern und bestand bis in die 50er Jahre. Als die Vorkommen erschöpft waren, verlagerte sich die Suche an lukrativere Schürf-Orte: Oranjemund wurde ab 1936 zur hochmodernen Nachfolgerin von Kolmanskop. Vor wenigen Jahren kam die CDM wieder nach Lüderitz zurück und sorgte für Aufschwung, den die Stadt bitter nötig hat.

Lüderitz: Keimzelle am Ende der Welt

Beim Kilometerstein 120 zeigt sich Lüderitz zum ersten Mal: nur ein Dutzend bunter Dächer in der Ferne, umgeben von wahrlich trostloser und trotzdem (oder gerade deswegen) faszinierender Wüstenei. So sieht sie also aus, die offizielle Keimzelle der deutschen Kolonie? (Inoffiziell" waren vor der Kolonisierung andernorts bereits Missionare am Werk.)

km 126: LÜDERITZBUCHT (835 km von Windhoek). Aus der Nähe betrachtet, wirkt die Stadt weitaus anheimelnder. Allerdings gibt es nur wenig Grün. Dank seiner Lage auf Felsen und an einer Bucht steht Lüderitz ganz anders da als das auf Sand gebaute Swakopmund (Route 9).

An jeder Ecke präsentiert der kleine, überschaubare Hafenort andere architektonische Schmuckstücke: ein Spiel von Formen und Farben. Gut zu beobachten beim Spaziergang hinauf zur Felsenkirche von 1912. Von oben Blick aufs „Rothenburg ob dem Atlantik" ohne Hochhaus-Einlagen.

Besonders gefallen hat uns das *Goerke*-Haus oder Magistratsgebäude (1908), ein auf düstere Felsen gesetztes pastellblaues Schlößchen, von den CDM-Leuten bestens renoviert. Anschauenswert sind auch Woermannhaus, Bahnhof, Post, Handelshäuser – und das Museum: Neben Traditionellem ein Diorama über Diamanten-Förderung.

*Ghost Town **Kolmanskuppe:** Vom Diamanten-Rausch blieben malerische Ruinen. Die Edelsteinschürfer zogen um nach Oranjemund, kamen jedoch unlängst wieder zurück.*

1983 feierte die Keimzelle der Kolonie ihren 100. Geburtstag unterm Motto: „Lüderitzbucht soll leben". Hundert Jahre lang war alles mal mehr, mal weniger gut gelaufen: „Up & Down" sagt man hier. Beispiel für einen Down-Tiefschlag: Kurz vorm Jubiläum hatte der Ort den Stadt-Status verloren... 1992 brachte der Distrikt Lüderitz 17.475 Seelen in die amtliche Statistik.

Wie wird die Zukunft aussehen? „Lüderitzbuch lebt" schlagzeilte die Allgemeine Zeitung bei unserem letzten Besuch im Februar 1992. Es klingt wie eine Beschwörung. Impulse gehen aus von der Elisabeth-Diamantenmine und von einer modernen Fischfabrik. Langusten, einst eine wichtige Einnahmequelle, werden nur noch in geringer Menge gefangen und zumeist exportiert.

Es lebe Lüderitz! Wegen ihrer rauhen Umgebung und der einzigartigen Architektur (→ folgende Seite) hinterläßt die abgelegene, isolierte Hafenstadt einen nachhaltigen Eindruck. Über den farbigen Fassaden der Turm der Felsenkirche.

Sollte es mit Südafrika zu positiver Einigung in puncto Walvis Bay kommen, dürfte der Lüderitz-Hafen (derzeit trotz geringer Tiefe immerhin Namibias Nummer eins) bedeutungslos werden.

Langfristig bleibt wohl nur die Alternative des Neugier- und Nostalgie-Tourismus. Zum Bade lockt zwar nicht viel, aber die deutsche Vergangenheit und die Umgebung haben's in sich.

Wichtig wäre auch die Öffnung der Küstenstraße hinab nach Oranjemund. Das würde zwar nichts an der abseitigen Lage ändern, aber Lüderitz käme endlich zu einem größeren Umfeld und aus der beengten Keimzellen-Situation heraus.

Franz A. E. Lüderitz
Rund um die erste Landnahme

Ob Lüderitz geahnt hat, was für eine Mondlandschaft ihn bei seiner Ankunft im Oktober 1883 erwarten würde? Vermutlich war's ihm egal, denn als Vorreiter der kurzen deutschen Ära war er nicht an Kolonisation (Ackerbau) im engeren Sinn interessiert, sondern am Handel. Und der läßt sich ja auch in wüster Umgebung abwickeln.

Der Landkauf von 1883 ist bezeichnend, mag jeder drüber denken, was er will. Ein Streifen von 20 Meilen Tiefe wurde dem Nama-Kapitän Fredericks in Bethanien abgehandelt. War der Nama-Boss imstande, solch fremde Maß-Einheiten umzusetzen, dann mußte er an englische Meilen denken, also an 20mal 1,6 km. Das Gebiet Walvisbaai war ja schon Jahre zuvor (und ist's bis heute) nach solchen Meilen abgesteckt. Damit hätte Fredericks nur scheinbar wertloses Sand-Land abgetreten, denn von Diamanten ahnten beide Verhandlungspartner nichts.

Doch die Deutschen legten „geographische Meilen" à rund 7,5 km zugrunde. Und so reichte das „Lüderitzland" kolonialzeitlicher Karten 150 km landeinwärts, tief ins Weideland der Nama.

Dieser Streifen war noch breiter als das heutige Sperrgebiet. Er reichte vom 26. Breitengrad (heute noch Grenze zwischen Diamantenzone und Namib-Naukluft-Park) bis hinab zum Nordufer des Oranje. Übrigens: Erst seit der Unabhängigkeit 1990 verläuft die Grenze zwischen Namibia und der RSA in der Fluß-Mitte.

Der Lüderitz-Landkauf und mehr oder weniger starke Bedrohung durch die Engländer führten in der Folge zu deutschem Schutz, sprich: zum Engagement des Bismarck-Reichs.

1884 startete die Kanonenboot-Politik und damit die Inbesitznahme weiterer Küstenstreifen bis fast hinauf zum Kunene.

Ausgespart blieben Walvisbaai und einige winzige Guano-Inseln. Lediglich die Haifischinsel beim späteren Ort Lüderitzbucht wurde deutsch, da man sie wegen fehlender Umrundungsmöglichkeit nicht als Insel betrachtete. Auf ihr war 20 Jahre später das Schicksal der Nama erst mal besiegelt; sie landeten im Lager, etwa dort, wo's heute den Campingplatz gibt...

18

*Postalische Liebes-
erklärung an Lüderitz.
Unten: Das **Goerke-
Haus** leuchtet nach
der Renovierung
durch die CDM
pastellblau über
seinem Fels-Sockel.*

Tour zu „Agate"

Beliebtes Ausflugsziel ist der Achatstrand nördlich der Stadt. Die gute Gravel Road führt an der neuen Pescanova-Fischfabrik vorbei und ist mit *Agate Beach* gut ausgeschildert.

Unterwegs wird ein Gebiet mit etwas Oberflächenwasser passiert, wo sich Gazellen beobachten lassen.

km 8: Ende am Achatstrand. Das hermetisch abgeriegelte Sperrgebiet macht weitere Vorstöße unmöglich. Viel Auslauf haben die Lüderitzer wahrlich nicht...

Pkws und Campmobile sollten die Strandlinie vorsichtig angehen, denn abseits der festen Spuren fährt man sich auf dem Marschland schnell fest.

In puncto Achate darf man nicht zuviel erwarten: Der Sand wirkt ziemlich „ausgesucht" und gibt nicht mehr viel her; als Souvenir kauft man polierte Achate besser in Lüderitzer Shops oder in Buchhandlungen.

Nach Absprache mit den Naturschützern dürfen auch Sandrosen (Kristallisationsprodukte aus Sand, Salz und Gips) in begrenzter Zahl und Größe ausgegraben werden. Sollte man

Zieht Euch warm an! Am Diaz-Kreuz faucht besonders am Nachmittag der kalte „Südwester". Das Padrão erinnert an Bartolomëu Diaz, der hier 1488 Seezeichen bzw. Landmarke setzte. Der heutige Hafen ist für moderne Frachter zu klein.

sie nicht besser lassen, wo sie „wachsen"? Schon allein die Strandwanderung lohnt, mit Blick auf die Namib-Dünen, die weiter nördlich beginnen.

Diaz-Kreuz (50 km)

Am Ortseingang von Lüderitz startet die Rundtour zur Diaz-Spitze, eine kurvige Angelegenheit auf Schotterstraßen, zum Teil durch bizarre Mondlandschaft. Hier und da führen Spuren über Wattenmeer-Ebenen, doch diese Pisten sollte man eher Einheimischen überlassen, die die Tragfähigkeit besser abschätzen können. Ein im Salzschlamm versacktes Auto läßt sich nur schwer bergen.

Nahe des Leuchtturms und eines verfallenen norwegischen Walfang-Camps erhebt sich auf einem Felsriff die Nachbildung des Kreuzes, das der Portugiese Diaz an der Bucht Angra Pequeña 1488 errichtete. Die erste Kreuz-Replik wirkte wie das Kreuz einer Kriegsgräber-Gedächtnisstätte. Zum 500-Jahr-Jubiläum der Diaz-Landung wurde 1988 ein ausgefeilteres, dem Original ähnlicheres

Padrão auf den brandungsumtosten Felsen gestellt.

Gleich gegenüber ein Nebelhorn, das markerschütternd vorm Seenebel warnt und Orientierungshilfe geben soll. Diaz mußte 1488 (oder 1486, da streitet man sich) ohne Horn auskommen, aber das geschah ihm recht: Hat er doch nicht nur sein Seezeichen aufgestellt, sondern auch gekidnappte Guinea-Frauen in dieser tödlichen Steinöde ausgesetzt. Was tat man nicht alles im Zeichen des Kreuzes...

Vom Leuchtturm führt eine Küsten-Piste nach Süden, mit Abstechern zu diversen Buchten wie Fjord, Essy-Bay oder Knochenbucht (Picknick-Area). Langusten dürfen zwischen 1.1. und 30.6. gefangen werden, maximal fünf pro Person und Tag – aber schon eine einzige bedeutet eine Delikatesse.

Mit dem Fernglas können Sie auf vorgelagerten Inseln (sie gehören alle zur RSA) möglicherweise Pinguine anpeilen. Wenn's zu sehr stürmt: in zehn Minuten wandert man zur Eberlanz-Höhle, die etwas Schutz bietet.

„No Stops – no fotos!"

19 „SPERRGEBIET" ODER: DER REIZ DES VERBOTENEN

Die Frage: „Komme ich ins Sperrgebiet?" wird oft gestellt. Die Antwort: Theoretisch ja, praktisch nein. Wenn ja: Der Reiz des Verbotenen lohnt den Aufwand nicht...
Zugang: Nur mit kaum erhältlichem Permit (CDM, P.O.Box 35, Oranjemund 9000). Die Chancen sind minimal, denn die Minengesellschaft hat verständliches Interesse daran, niemanden zu nahe an ihre Schätze heranzulassen.
Straßen: Gute private CDM-Schotterstraße von Oranjemund bzw. von der Grenzbrücke bei Alexander Bay (RSA) Richtung Nordost nach Rosh Pinah. Die Küsten-Route von Oranjemund nach Lüderitz ist, wenn überhaupt, dann nur in Begleitung von CDM-Leuten befahrbar.
Sollte die Straße Oranjemund/Lüderitz mit dem Highlight „Bogenfels" in Zukunft geöffnet werden, dann voraussichtlich nur für organisierte Safari-Touren.

Karte → Route 20

Auf alten Karten aus der Südwester-Zeit verläuft ein 70 bis 100 km breites *Verbode Gebied* vom Kuiseb-Rivier (östlich Walvis Bay) hinab bis zum Oranje: das „Sperrgebiet". Bis heute hat's auch in englischen Texten meist den deutschen Namen behalten.

Diese Zone wurde schon nach den ersten Diamantenfunden 1908 unter Verschluß genommen und dürfte anno 2010 (wenn die Regelung ausläuft und nicht verlängert wird) dank modernster Technik ausgebeutet sein.

Die nach dem Ersten Weltkrieg gegründete CDM *(Consolidated Diamond Mines)* verlagerte ihre Aktivitäten vom Raum Lüderitz-Kolmanskuppe an die Mündung des Oranje und gründete dort in den 30er Jahren die private *Mining Town* Oranjemund.

Seitdem wurde das Sperrgebiet stetig verkleinert, umfaßt nördlich von Lüderitz nur noch einen im Schnitt 40 km breiten und 75 km langen Streifen bis zum 26. Breitengrad. Die ex-Sperrzone hatte ihr Gutes: Die Natur wurde im unzugänglichen Gebiet nicht gestört, was mittelfristig so bleiben dürfte. Freigemachte Gebiete wurden dem Namib-Nau-kluft-Nationalpark zugeschlagen, womit dieser zu einem der weltweit größten wurde.

Oranjemund ist – wie alle Minen-Städte – extrem komfortabel, wobei Angestellte alles zum Nulltarif kriegen: Wohnung, Strom, Wasser, Schwimmbad, Schule... Hauptsache, die Leute sind loyal und zufrieden in der kargen Umgebung. Erkauft wird's mit rigoroser Isolation und Überwachung, damit der Diamanten-Schwund möglichst gering bleibt.

„The Diamond Law is very strong", meinte ein freundlicher Security-Mann, der uns an der Grenzbrücke ausnahmsweise ein Permit für die Benutzung der Straße von Oranjemund

Linke Seite: Der „Fremdlingsfluß" Oranje und Oasen zwischen Namib-Dünen. – Schroffe Felswüste im Sperrgebiet. An Diamanten läßt einen die CDM natürlich nicht heran...

nach Rosh Pinah ausstellte. Man sollte also der Versuchung widerstehen, nach Diamanten zu suchen; finden würde der Laie wohl sowieso keine. Aber wie sollen die CDM-Leute wissen, ob man harmloser Laie oder potentieller Diamantendieb ist?

Wer das O.k. an der RSA-Grenze nicht kriegt (was wohl eher die Regel sein dürfte), muß den weiten Weg vom südafrikanischen Alexander Bay via Port Nolloth zurückfahren zur Hauptstraße und über Vioolsdrif/Noordoewer einreisen. Das bedeutet rund zwei verlorene Tage! (Es gibt noch eine Verbindung von Alexander Bay nach Nordosten Richtung Sendelingsdrif, aber der Ort taucht in der Liste der Grenzübergänge nicht auf.)

Unter Aufsicht konnte in Oranjemund getankt werden; auch Sprit gibt's für die Minen-Arbeiter zu niedrigerem Preis als an Zapfsäulen der weiteren Umgebung.

Anschließend wurde ins Permit die Start-Zeit eingetragen (damit die Fahrdauer beim Verlassen des Sperrgebiets kontrolliert werden kann). Nach freundlicher Ermahnung „No stops, no pictures!" (wobei es eher um die Stops als um die Fotos geht) sind wir entlassen für den 80 km langen Weg zum Checkpoint am östlichen Zaun des Sperrgebiets.

Angesichts der Restriktionen und grimmiger Warnschilder wie MYNGEBIED – BLY WEG (Minengebiet – bleib weg) muß sich jeder selbst fragen, ob sich der Permit-Aufwand lohnt.

Vom *Auchas*-Bergwerk bei km 37 ist außer Abraumhalden und Truck-Schwerverkehr nichts Detailliertes zu erkennen. Hier schürft CDM nach Edelsteinen, die sich auf einem früheren Strandgebiet abgelagert hatten. Der „Diamanten-Transporteur" Oranje hatte im Lauf von Jahrmillionen verschiedene Betten und Mündungsgebiete. Daher die Suche im Hinterland, auf alten See-Terrassen, daher auch die enorme Breite der Prospektions-Zone.

Was gibt's sonst noch? Bizarre Gebirge und Mondlandschaften wie im Sperrgebiet finden sich auch anderswo. Zugegeben: Die grünen Oasen am Oranje, umgeben vom Dünenmeer, sind beeindruckend. Ansonsten läßt sich der Fluß auf der „freien Route" weiter östlich genauso gut erleben (siehe Oranje-Route 22). Dort darf man sich nach Gusto ausleben in puncto Fotos und Stops.

Fazit: Eine Tour durchs Sperrgebiet, wenn sie überhaupt erlaubt wird, zahlt sich angesichts des Aufwands und der Beschränkungen derzeit nicht aus.

Begrenzte Abstecher ins Sperrgebiet (z.B. Bogenfels, Pomona, Elisabethbucht): Kolmanskuppe Touren, Tel 06331-2445

20 AUS – KEETMANSHOOP (220 km)

Lage: südliches Namibia, ca. 200 km nördlich des Oranje-Flusses. Michelinkarte 955, Falte 33.
Die Route hat keine spektakulären Attraktionen, wirkt jedoch stark durch die trocken-aride Umgebung.
Straße: *B4,* östliche Verlängerung der Zufahrt von Aus nach Lüderitz.
Routenlänge: 220 km
Straßenzustand: Westliche Hälfte zwischen Aus und Goageb gute, Pkw-taugliche Schotterstraße (Asphaltie-rung seit langem geplant). Östliche Hälfte nach Keetmanshoop erstklas-sige Teer-Pad.
Zeit: Ein halber Tag; mit Abstecher nach Bethanien ein Tag.
Karten: Übliche Straßenkarten. f&b Sektor D6. – Topogr. Karte 1:500.000 *Lüderitz 2514;* Anschaffung des öst-lich anschließenden Blatts *Keetmans-hoop 2518* lohnt nur bei Abstecher zum südafrikanischen Kalahari-Gems-bok-Park (→ Route 23).
Tankstellen: Nur in Aus und Keet-manshoop. Zapfsäule Goageb nicht zuverlässig, bisweilen geschlossen.
Versorgung: Grundbedarf Goageb, ansonsten alles in Keetmanshoop.
🛈 Gutes Touristenbüro in Keetmans-hoop, Alte Post.
🅰 Keetmanshoop (Caravan Park, recht laut). Kokerboom/Köcherbaum-Wald. Ansonsten Busch-Camping.

🏠 Aus	☎ 063332-44
Goageb: *Konkiep*	06362-3321
Keetmanshoop: *Canyon*	0631-3361
Hansa-Hotel	3344

Anschluß-Strecken: Route 21 (zweigt 40 km vor Keetmanshoop nach Süden ab zum Fish River Canyon). Route 25 (Keetmanshoop-Mariental-Windhoek). Route 23 (nach Osten zum Kalahari-Gemsbok-Park). Von AUS nach Norden: Route 17 (Aus-Sesriem-Sossusvlei). Nach Süden: Route 22 (Aus-Oranje-Fish River).

Ein Dorn im Auge der Lüderitz-Bewohner ist das Teer-Ende östlich von Aus. Allerdings soll die Etappe Aus-Goageb in den nächsten Jahren asphaltiert werden (das wäre nicht schwierig, da der Unterbau gut ist, würde aber trotzdem einen Haufen Geld kosten).
Von Norden und von Süden mündet die C13 ein, dann geht's auf gutem Schotter-Belag zu den schroffen Tafelbergen der Randstufe. Das heißt: erst mal hinab! Und dann durch einen breiten, wenig ausgeprägten Paß des *Escarpment.* Kein Vergleich mit den steilen Höhenwegen westlich von Windhoek (siehe *Bosua*-Paß, *Gamsberg* und *Spreetshoogte*).
Rundum typisch süd-namibische Einsamkeit. Hie die Farm *Schakalskuppe,* da der Bahnhof *Guibis* vor dem weiten Plateau, in das sich der Fish River weiter östlich hineingefräst hat.

Die Straße steigt bei Guibis leicht an; beim Stop (km 62) Weitblick nach Süden mit der verloren wirkenden Bahnstation im Vordergrund.
km 82: Einstige *Native Reserve Sormas,* heute aufgelöst.
km 86: Swartkop Rivier mit relativ guten Bushcamp-Möglichkeiten auf den höhergelegenen Ufern.

Abzweig einer Schotterstraße nach BETHANIEN (weiter östlich, in Goageb, startet eine gute 30-km-Teerstraße dorthin). Dieser Ort auf 1.004 m Höhe gilt als eigentliche koloniale Keim-zelle Namibias; Lüderitz ist dagegen rund 70 Jahre jünger.
Um 1814 baute hier der Missionar

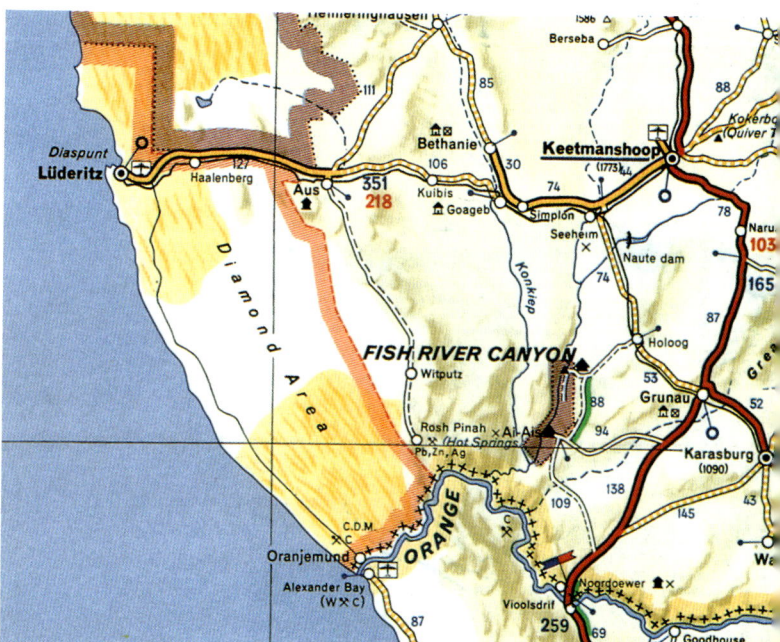

Eine aufgegebene Farm: Buchholzbrunn. Mit schmucken Baum-Aloen vor dem Tore muß es hier mal gemütlich gewesen sein. Heute gibt abplatzender Verputz den Blick frei auf Lehmziegelmauern.

Schmelen eine Station bei einer „unversiegbaren Quelle" und nannte sie Bethanien. Dies Häuschen und das des Khoikoi/Nama-Kapitäns Fredericks gelten heute als „erste Steinhäuser" Namibias.

Bethanien war auch ein Schauplatz beim Verkauf des Küstenstreifens an Lüderitz (→Route 18). Erlebbare Weltgeschichte – en miniature, zumindest was die Räumlichkeiten angeht.

Beim Buchholzbrunn Rivier Ruinen des gleichnamigen Farmhauses, malerisch flankiert von zwei Köcherbäumen (Baum-Aloen). Südlich der Straße Reste alter Werksanlagen.

km 108 = 0: GOAGEB, Mini-Ort mit leichtem Wildwest-Einschlag am Konkiep Rivier. Immerhin Übernachtungsmöglichkeit unter Dach und Fach. Und bei Fahrt in Ost-Richtung Beginn des Asphalts.

Es folgt permanenter Wechsel zwischen Hügelland und Plateaus, mit berauschenden Panoramen.

km 50: Östlich von Goageb lakonisches Schild *Monument.* Ein holpriger Weg und anschließende kurze Wanderung führen zu spärlichen Resten des Forts *Naiams,* das dies wasserreiche Tal des Schnepfenriviers einst sicherte. Ein Geschichts-Dokument, das kaum noch Beachtung findet. Daher vielleicht um so interessanter...

Noch ein Paß, dann geht's in weiter Kehre ins Tal des *Fish River* und auf moderner, elegant geschwungener Betonbrücke drüber hinweg.

„Weiß-Afrika"

Die Bezeichnung mag irritierend klingen. Sie hat nur um zwei Ecken herum entfernt etwas mit Hautfarbe zu tun. Zu vernehmen ist sie von Reisenden, die viel herumkommen. „Weiß-Afrika" steht für die Länder des Schwarzen Erdteils, in denen alles so gut oder fast so gut funktioniert wie in Europa, Nordamerika oder Australien. „Weiß-Afrika" klingt etwas oberflächlich, signalisiert aber ohne viel Worte, was zu erwarten ist:

o sicheres Versorgungssystem
o Post, Telefon, Straßen o.k.
o kaum spürbare Korruption
o kein Schwarzmarkt
o gute Landkarten
o 100%ig Treibstoff an Tankstellen
o moderne Werkstätten
o hoher Hygiene-Standard (Trinkwasser!)
o Service

Rechts: Der Bahnhof **Guibis** *gibt dem Auge Halt – ansonsten verliert sich der Blick in der Weite des Südens. Kaum zu glauben, daß das Plateau weiter links vom tiefen* **Fish River Canyon** *aufgebrochen wird.*

Dieser Fluß, der in feuchterer Vorzeit den *Fish River Canyon* formte, liegt meist trocken.

km 65: Abzweig der Zufahrt nach *Ai Ais* und zum *Fish River Canyon* (→Route 21). Gut befahrbare Schotterstraße. Unterwegs keine Tankstelle!

SEEHEIM liegt, obwohl auf fast allen Karten direkt an der B4 verzeichnet, etwas südlich in einer kleinen Schlucht am Ufer des Fish River. Fast jeder Besucher Süd-Namibias fährt dicht dran vorbei, kaum einer kennt diese schmucke Company Town der Eisenbahn, von der nur einige Häuser blieben. Hier zweigt die Lüderitz-Stichbahn ab von der Hauptstrecke nach Südafrika.

km 106: Kaiserkrone Rivier. Kein gewaltiges Flußtal, wie's dem stolzen Namen gebühren würde, sondern einer der vielen unscheinbaren Trocken-Bäche, die nur nach Regen Wasser führen.

km 112: KEETMANSHOOP an der B1 nach Vioolsdrif am Oranje (Grenze zu Südafrika, 302 km) bzw. nach Windhoek im Norden, knapp 500 km.

Der Ort auf etwa 1.000 m Höhe wirkt wie eine Oase in verdorrter, arider Zone, wo die Verdunstung weit, weit höher liegt als der durchschnittliche Niederschlag (siehe Stichwort *arid* und Route 25). Trotzdem geben die Weiden genug her, um die Region zu einem Zuchtgebiet für Karakul-Schafe zu machen: Lieferanten von Wolle, Fleisch und vor allem von Fellen für stark Trend-abhängiges Pelz-Werk. Nur ganz junge Baby-Lämmer liefern den „Rohstoff" (sorry) für glänzend-weiche *Swakara*. Das Wort ist sprachliche Kreuzung aus SWA und Karakul (zukünftig Namikara*?). Moderne Pelz-Kreationen sollte man sich in Windhoeks Pelzhäusern mal ansehen.

Wie Bethanien ist auch Keetmanshoop älter

* Neuer Name: *Nakara*

als Lüderitz: Erste Weiße etablierten sich zu Beginn des 19. Jahrhunderts; 1866 wurde die Station der Rheinischen Mission gegründet. Heute ist die „Hoffnung Keetmans" (ein deutscher Kaufmann) pulsierender Verkehrsknotenpunkt und „Hauptstadt des Südens". Der Distrikt meldete 1992 etwas mehr als 20.000 Einwohner.

Keetmanshoop bietet alle Versorgungsmöglichkeiten. Gutes Info-Büro im alten „Kaiserlichen Postamt". Dazu Attraktionen von alter Kirche bis zu Deutschem Club. Hotel (Canyon) und Campingplatz. Naturnahe Alternative: Zelten oder Mieten einer Hütte auf der Farm *Garganus* beim Köcherbaum-Wald.

Alt-Deutschland in Afrika: „Kaiserliches Postamt" von Keetmanshoop (heute Info-Office).
Unten: Leuchtende Architektur, wohl von Südafrika beeinflußt. Keetmanshoop war vor der deutschen Kolonialzeit vom Kap aus gegründet worden.

Kokerboom-Wald (15 km)

Die Umgebung von Keetmanshoop wartet mit drei Highlights auf: Nummer 1 ist fraglos der *Fish River Canyon* (165 km, Route 21). Im

20

Naute Dam (52 km) wird Wasser des Löwen-Flusses (nicht das des Fish River!) gestaut. Für Touristen aus eher feuchten Gefilden ist er trotz Wild- und Vögel-Population nur bedingt interessant.

Lohnender: der KÖCHERBAUM-WALD. Die 15-km-Zufahrt zweigt nördlich der Stadt von der B1 ab Richtung Koes (C17), dann nochmal links auf die Pad 29 und zur Farm GARGANUS. Die Michelinkarte verlegt den Kokerboom-Wood ebenso wie ältere Namibia-Karten zu weit nach Süden; er liegt nordwestlich der Eintragung, ist aber dank guter Beschilderung problemlos zu finden.

Eintritt und Campen kosten ein paar Rand; daneben gibt's preiswerte Hütten. Ein spezielles, vorab zu besorgendes Permit ist nicht erforderlich.

Seit der malerische Wald nur noch gegen geringe Gebühr zugänglich ist, scheinen sich Vandalen andernorts auszutoben: Die Besucherzahlen gingen etwas zurück, dafür sind der früher oft „vermüllte" Platz und seine sanitären Anlagen tiptop sauber.

Köcherbäume sind eigentlich keine Bäume, sondern Baum-Aloen: *Aloe dichotoma,* wobei der botanische Beiname auf die vergabelten Äste hinweist. Solche Pflanzen gibt's in Namibia und im nördlichen Südafrika, z.B. bei Kenhardt südlich der Augrabies-Wasserfälle.

Buschmänner höhlten weichfaserige Äste (in denen die Sukkulenten Wasser speichern) aus, um Köcher für die Pfeile zu gewinnen. Daher der afrikaans-Name *Kokerboom,* englisch *Quiver Tree.*

Die Aloen wachsen gern auf dunklen Felsformationen *(Ysterklip),* die die Tageshitze speichern und sie nachts allmählich abgeben. Zugleich wärmeliebend und winterhart ist der Köcherbaum: er erfriert nicht!

Natürliche Kokerboom-Wälder (also ohne künstliche Zusatz-Pflanzungen) bestehen aus Hunderten von Baum-Aloen, bis neun

Meter hoch und um 300 Jahre alt. Der „Wald" bei Keetmanshoop wurde 1955 zum „National-Denkmal" aufgewertet.

Verästelte Blüten dieser Bäume bringen es auf eine Länge von 30 cm. Blütezeit im (Süd)-Winter, d.h. Juni/Juli. Fantastisch sind Köcherbäume jedoch das ganze Jahr über: Die bizarren Aloen heben sich als traumhafte Kulisse ab vom blauen Himmels-Horizont – und stehen in unglaublicher Steigerung vorm Abendrot-Farbenspiel. Schon allein die helle, lockere und fotogene Rinde schaut toll aus. Das muß man gesehen haben!

Nicht nur abends ein Highlight: Köcherbaum-Wald bei Keetmanshoop. Baum-Aloen blühen in unserem Sommer. – In der Nähe gigantische Natur-Mauern, wie von Riesen aufgetürmt, doch durch Erosion entstanden.

Andererseits: Ein einsamer Köcherbaum, irgendwo auf weiter Flur entdeckt, kann genauso stark wirken!

Zyklopen-Mauern

Etwas nordöstlich vom Köcherbaum-Wald (das Zaun-Tor ist nicht zu verfehlen) wartet eine weitere Natur-Attraktion: Die Erosion hat aus Felsschichten Zyklopen-Mauern geformt. Starkes Stück: Waren hier Riesen am Werk beim Bau von Festungswällen?

Wer sein Entry-Permit bei der Garganus-Farm entrichtet hat, darf auch im Natur-Stein-garten zu Fuß auf Rundkurs gehen (aber nicht campen). Eine runde Stunde sollte dafür angesetzt werden.

Der Weg ist nur schwach angedeutet bzw. markiert. Vorsicht: man kann beim unbeschwerten Wandern durchs Fels-Labyrinth leicht die Orientierung verlieren!

Auch hier sprießen Köcherbäume, doch rauhe Steinzeit-Kulisse dominiert über kargen Bewuchs. Weiß der Himmel: Möglicherweise sah der heutige Köcherbaum-Wald mit seinen zusammengestutzten Felsen vor Jahrmillionen mal genauso aus...

Wo die Ebene zu Bruch geht...

21 FISH RIVER CANYON

Name: Nach dem etwa 800 km langen *Fish River*. Er fließt nach Regenfällen auf dem Khomas-Hochland zunächst nach Osten, dann nach Süden durch den 160-km-Canyon und mündet in den Oranje (führt aber nur selten Wasser). – Der Canyon-Park trägt den Namen *Ai-Ais* nach den warmen Quellen im Südteil (mit gutem Tourist Resort).
Lage: Süd-Namibia, Michelin-Karte 955, Falte 34 links.
Karten: Pad- und AA-Karte. f&b Sektor D6. UNO-Westblatt (Wegenetz unkomplett). Topogr. Karte 1:500.000 Alexander Bay 2714. – Gute Wanderkarte mit Infos bei den Park-Rangern. Park: Ai-Ais wurde kürzlich bis zum Oranje und weiter nach Westen ausgedehnt. Einlaßgebühr (s. Anhang) auch vor Ort zahlbar.
Haupt-Zufahrt von Norden (siehe Route 20): *C12* ab Seeheim bis Holoog (ca. 78 km), dann D 601 ausge-

schildert via *Hobas* zum Canyon (33 km). Von Hobas 12 km zum Canyon. Ab Keetmanshoop bis Canyon und zurück zum Hobas-Camp ca. 200 km.
Zufahrt von Osten (Hauptstr. B1): *C10* etwa 75 km bis Ai-Ais; etwa 25 km vorher Abzweig nach Norden zum Haupt-Aussichtspunkt.
Zufahrt von Süden (→ Route 22): 40 km nördlich des Oranje (Noordoewer) Abzweig. *Pad 316* nach Nordwest; 73 km bis Einmündung in die C10 nach Ai-Ais.
Verbindung Hobas – Ai-Ais: Pad 324 nach Süden knapp 70 km; ab Keetmanshoop direkt 235 km.
Zustand: Durchgehend gute Schotterstraßen, bei Trockenheit Pkw-/Camper-tauglich. Verbindung Hobas/Ai-Ais z.T. sehr kurvig!
Zeiten: Keetmanshoop – Canyon 3 Stunden. Am besten 1 Tag mit Übernachtung in Hobas. – Hobas-Ai-Ais 2 Stunden. – Tagesbesuche von

Sonnenaufgang bis Sonnenuntergang. Ai-Ais ist nur im (Süd)Winter vom 2. Freitag des März bis 31. Okt. offen!
Tankstellen: Keetmanshoop, Ai-Ais, Noordoewer (am Oranje).
Versorgung: Am besten in Keetmanshoop. Shops in Ai-Ais, Hobas.
Canyon-Wanderweg: Halbtagestour zum Canyonboden. – 2 Tage (Nordteil) bis 6 Tage (gesamte Strecke bis Ai-Ais, rund 90 km). Nur Mai bis Ende August. Mindestens 3 Personen; aktuelles Gesundheitszeugnis notwendig. Permit vorab beantragen; Gebühr (s. Anhang).
⛺ Hobas, 11 km östlich vom Nord-Lookout (sehr schön!), Ai-Ais im Süden.
🏨 Ai-Ais, recht touristisches Resort. Luxus-Wohnungen mit 2 Einzelbetten (ca. 100 Rand), Wohnungen (4 Betten, 90 Rand), Hütte (4 Betten, 55 R.). – Preise nur Anhaltswerte. Reservierung empfohlen, → Anhang.

Anschluß-Strecken: Route 20 (Keetmanshoop). Route 25 (Keetm. – Windhoek). Route 22 (Südtour: Ai-Ais – entlang des Oranje – Rosh Pinah – Aus).

SEEHEIM (Route 20) verbirgt sich malerisch in einer kleinen Schlucht, rund 40 km südwestlich von Keetmanshoop, 72 km östlich von Goageb. Seit's die neue Brücke über den *Fish River/Visrivier* gibt, rollt der Verkehr etwas nördlich und außer Sichtweite vorbei.
Hier beginnt nicht nur die Strecke zum Canyon, sondern auch die Eisenbahn-Nebenstrecke Aus-Lüderitz, die hier von der Hauptlinie nach Südafrika abzweigt. Der Name

Seeheim wirkt in dürr-arider Zone übertrieben. Immerhin fanden die ersten Seeheimer am Ufer des *Fish River* genügend Wasser. Vielleicht gab's mal einen größeren Pool im Flußbett.
Wir rollen neben dem Haupt-Gleis auf rund 680 m hohem Plateau nach Süden.
km 26: Trockenes, flaches und hauptsächlich an den vielen Bäumen erkennbares Flußbett des Löwen Rivier. Er wird weiter östlich ge-

staut; der Naute Dam sichert die Wasserver-
sorgung der Zone um Keetmanshoop (Abzweig 3 km südlich der Löwen-Furt am Bahnhof Gawachab mit Wasserturm und Viehver-
lade-Rampen).

Über die immer noch als Schaf-Farmland ge-
nutzten Halbwüste erhebt sich im Osten das
schroffe Escarpment der *Klein-Karas-Berge*;
vom nahen Canyon im Westen ahnt man hier
noch nichts.

*Links: Kleine
Schlucht mit dem
verborgenen See-
heim.*

*Unten: Große
Schlucht: Erste Son-
nenstrahlen ertasten
den Grund des Fish
River Canyon mit
seinen Pools.*

km 68: Zufahrt zur Augarabies Steenbok Nature Reserve mit Camp-Möglichkeit, einfacher Unterkunft und Wanderweg. Die Landschaft ist der am Canyon bereits ähnlich, doch ist dies noch nicht die Zufahrt nach Hobas und zum Main View Point!

km 70: HOLOOG am Rivier mit eben diesem Namen. Bahnhof mit gleichförmigen, vorfabrizierten Rundhütten. Im Süden ein markanter Tafelberg, vor dem die D601 bei km 78 nach Südwesten abzweigt (geradeaus weiter neben der Bahn nach GRÜNAU).

Noch einige Farmhäuser mit viel Grün drumherum, dann bei km 88 die Grenze des *Ai-Ais-Naturschutzgebiets*. Das Permit gibt's beim Park-Ranger an der Station HOBAS: Mit Info-Stelle, Swimming Pool und Campground – ein sehr ansprechendes Nachtquartier.

Hoch überm Fish Canyon

Ganz ohne Vorwarnung tut er sich heute nicht mehr auf, der nach dem Grand Canyon zweitgrößte Canyon des Globus. Dezentes Mauerwerk am Horizont kündigt ihn an – und vor der Abbruchkante hat die Parkverwaltung am Aussichtspunkt Zäune in den Fels gerammt.

Vielleicht hat mal jemand nicht rechtzeitig die Kurve gekriegt?

Durch permanente Vergleiche mit „Big Brother" in Arizona ist der Erwartungshorizont extrem hoch gespannt, einige Besucher sind etwas enttäuscht. Tiefblick und Panorama über die Felskulissen sind beeindruckend.

Der *Fish* mäandriert wild, was für ursprünglichen Flußlauf auf flachem Plateau mit wenig Gefälle spricht. Aber der Canyon entstand nicht nur durch Erosion, durch jahrmillionenlange Schleifarbeit, sondern auch durch Faltungen und Risse der Erdkruste. Die Ebene ging buchstäblich zu Bruch.

Noch etwas unterscheidet den Canyon vom US-Gegenstück: Es tost kein Fluß mehr hindurch. Der Fish River, der als längster Fluß des Landes ein Viertel von Namibia „entwässert", wird bei Hardap gestaut. Und selbst ohne diese Sperre könnte das „Quellgebiet" zwischen Naukluft und Khomas-Hochland nie für permanenten Nachschub sorgen.

Etwa 500 m unterm Plateau-Abbruch (es kommt einem gar nicht so tief vor!) haben sich Pools gebildet, die von gelegentlichen Regenfällen gespeist werden. In Süd-Namibia beginnt die Zone der (Süd-)Winterregen, doch erlebten wir in der Nähe auch ergiebige Sommergewitter. Danach kann der Fish schon mal auf die Flossen kommen und fließen.

Die Mini-Seen am Schluchtboden scheinen auch vom Grundwasser was abzubekommen: Die meisten trocknen nie aus, was bei extremer Verdunstungsrate und minimalem Niederschlag jedoch zu vermuten wäre. Wegen des Wassers gibt's etwas Wild in der Tiefe: Kudus, Zebras und Leoparden.

Unter steiler Mittagssonne wirkt die Canyonwand blaß und kontrastlos. Die geologische *Peep Show* (wie's der Reader's Digest Guide so gewagt wie treffend formuliert) gewinnt erst mit sinkender Sonne an Schärfe und Kontur. Dann heben Schatten die Fels-Basteien voneinander ab.

Diverse Felsschichtungen lassen sich auch von Laien unterscheiden. Die ältesten, ganz unten freigeschrappt, sollen 2,5 Milliarden Jahre alt sein – 1,3millionenmal die Zeit von Christi Geburt bis heute, auch im Vergleich nicht recht vorstellbar.

Vom ersten View Point führt ein rauh-steiniger Fahrweg zum nördlicheren Lookout. Auf einem anderen Sträßchen lassen sich Aussichtspunkte im Süden ansteuern, ein Dutzend Kilometer entfernt (scharfkantigem Gestein möglichst ausweichen).

Es wiederholt sich nichts: Jeder Auslug hat etwas andere Perspektive, ein wenig anderen Charakter: Fluß-Schlingen, Stein-Bastionen, Schluchten, schroffe Felswände.

Vor einigen Jahren konnte man nahe der Canyon-Abbruchkante übernachten. Das ist nun nicht mehr erlaubt. Gute Alternative zum einstigen Super-Aussichts-Camp: Hobas, etwa 10 km entfernt.

Langer Marsch durch die Schlucht

Der Trail durch die Schlucht bedeutet (wie der im Naukluft-Massiv) eine Herausforderung für Wanderer. Aber die Naturschützer gehen auf Nummer sicher: Das Permit gibt's erst nach Vorlage eines aktuellen Gesundheitszeugnisses. Und auch danach wird nur eine mindestens drei Mann/Frau starke Gruppe losgelassen auf den etwa 85 km langen, anstrengenden Pfad. Last but not least: Nur im (Süd-)Winter, siehe Vorspann...
Wem der vier bis fünf Tage dauernde Marsch zeitlich nicht paßt, der kann auch einfach nur hinab- und wieder raufsteigen (halber Tag). Oder er marschiert lediglich vom Main View Point zur *Sulphur Spring,* einer Oase mit Dattelpalmen. Zwei deutsche Ausbrecher aus dem Weltkrieg-I-Internierungslager von AUS überlebten hier monatelang. Man sagt, das sei eine Verwechslung mit Henno Martin und seinem Freund, die im Zweiten Weltkrieg den Kuiseb-Canyon als Fluchtort wählten, →Route 11).
Etwas nördlich der Palmen-Quellen führt ein „Notausgang" zurück aufs Plateau, wo sich „Trekker" von Reisepartnern per Auto abholen lassen können. Wer die Kurzwanderung auskosten will, sollte zwei Tage ansetzen.
Auch Kurz-Touren sind permitpflichtig. Proviant ist mitzubringen, Wasser gibt's in den Pools. Vor Gebrauch filtern oder entkeimen.

Ziemlich heiß: Ai-Ais

Vielseitig gibt sich die Straße von Hobas nach AI-AIS: mal weite Ebenen, typisch Namibia. Dann Berge, rauher Fels, ebenfalls typisch Namibia. Wer jedoch auf einer Rundreise möglichst viel Verschiedenartiges auskosten will, beschränkt sich auf den *Main View Point*

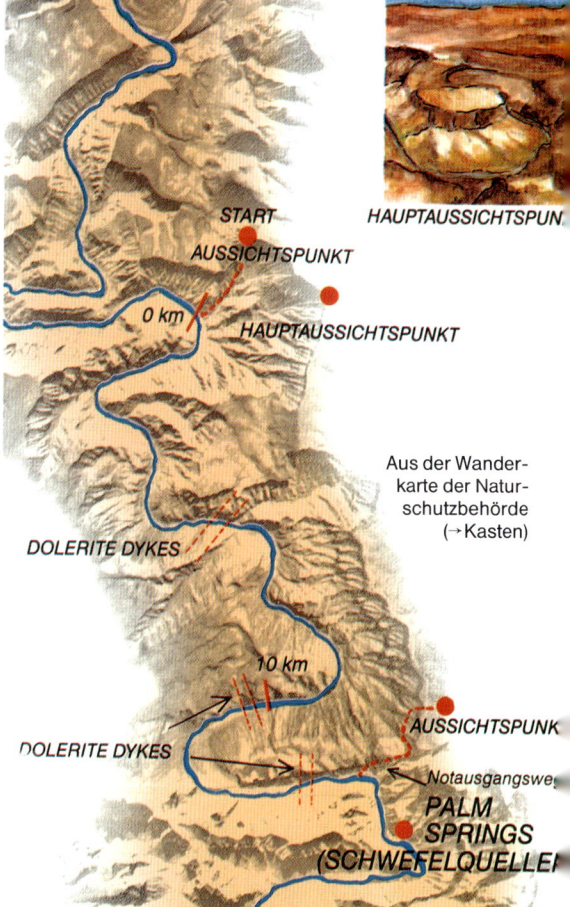

START
HAUPTAUSSICHTSPUN

AUSSICHTSPUNKT

0 km   HAUPTAUSSICHTSPUNKT

Aus der Wanderkarte der Naturschutzbehörde
(→Kasten)

DOLERITE DYKES

10 km

AUSSICHTSPUNK

DOLERITE DYKES

Notausgangsweg
PALM
SPRINGS
(SCHWEFELQUELLEI

Nördlicher Startpunkt der Canyon-Wanderung – nur mit Permit und Ausrüstung hinab ins und durchs Tal!

und seine Umgebung im Norden; Ai-Ais wird dann besucht, wenn's über die *Oranje-Route* ins „namibische Outback" gehen soll (→22). Vor allem die letzten Kilometer hinab nach Ai-Ais faszinieren: Zwar sind die Schluchtwände

21

*Palmwedel von Ai-Ais spenden Schatten, aber kühl wird's darunter nicht. – Windpumpen gehören zu Namibia: Ein besonders farbenfrohes Exemplar am **Hobas**-Camp.*

Rechte Seite oben: Weite auf dem Weg nach Ai-Ais. Vom nahen Canyon ist nichts zu spüren. Bei längerer Fahrt auf solch einsamen Pisten verliert man ein wenig das Gefühl für den Linksverkehr.

hier nicht mehr so lotrecht wie im Norden, aber schroff genug. Durch steiles Wüstental à la Sahara „stürzt" man von der 800-Meter-Höhe in den Riß der Erdkruste und hinab in die Binsen (die gibt's drunten im Tal auf etwa 300 Metern).

Aber nicht spärliches Wasser im Flußbett

macht den Reiz dieser Oase aus, sondern die warmen Quellen. „Glühend heiß, brühheiß", so lautet die Übersetzung des Nama-Worts *ai-ais*.

Die Springs wurden um 1850 von einem Nama-Hirten entdeckt, der streunendenden Ziegen nachsetzte. Das „heiß" kann sich wahlweise auf die Quellen (60 Grad) oder auf die Lufttemperaturen beziehen.

Kein Wunder, daß das hoch-komfortable Resort während des Sommers geschlossen bleibt: vom 31. Oktober bis Mitte März. Geschlossen heißt jedoch nicht, daß sich kein kurzer Rundgang machen oder ein Bad im Heil-Wasser nehmen ließe. Wir fanden den Swimming Pool Mitte Februar gefüllt, einen Monat vor Eröffnung der Ai-Ais-Saison.

Hier herrscht Ordnung, was bereits ein Blick auf die zwei Seiten langen Bade-Regeln zeigt. Auf Unterkunft und Service darf man in der off-season nicht hoffen.

Zwar wurde es im Hochsommer nicht so heiß, daß man Spiegeleier auf den Felsen braten konnte (manchmal soll das möglich sein). Aber 6 Grad wärmer als oben auf dem Plateau war's schon. Dabei trieb bereits die „kühle" Höhenluft das Quecksilber auf unerquickliche 32°! Ai-Ais – glühend heiß...

Abenteurer-Route? (4WD)

Auf der UNO-Karte und im topographischen Blatt 2714 ist eine Piste eingezeichnet, die sich auf keiner gängigen Pad-Karte findet: Sie verläuft von AI-AIS etwa 8 km nach Süden, dann nach Westen, wo das Trockental des Fish River überquert wird.

Auf dem westlichen Canyon-Rand geht's dann nach Norden, unterhalb der *Chumberge* nach Wegdraai und Churutabis. Dort alternativ nordwärts zur *B4* Keetmanshoop-Aus oder nach Westen zur *C13* Rosh Pinah-Aus, das Huib-Hochplateau südlich umgehend.

Diese Routen verlaufen durch total abgelegenes Land. Wenn sie für öffentli-

Bei Ai-Ais hat die Fish-Schlucht von der Dramatik am nördlichen Viewpoint (links) eingebüßt. Zum Ausgleich: ein warmes Bad.

chen Verkehr frei sein sollten, dann ist das sicher nur etwas für Geländewagen-Fahrer mit 4WD-Know-How, reichlich Speis und Trank (!) sowie kompletter Selbsthilfe-Ausrüstung. Laut Ranger-Auskunft ist der südliche Teil reines Allrad Terrain. Am besten nur im Konvoi mit zwei Fahrzeugen befahren.

Süd-Tour durchs namibische „Outback"

22 FISH RIVER – ORANJE – AUS (500 km)

Nebenroute durchs entlegene Nami-bia-„Outback", Alternative zur Rück-fahrt vom Fish River Canyon nach Norden (allerdings zeitaufwendiger!).

Lage: Süd-Namibia nördlich des Oranje. Michelinkarte 955 Falte 33 rechts und 34 links.

Karten: Die *Pad 717* am Oranje ist auf kaum einer Karte verzeichnet, Ausnahme *AA-Namibia*. Sie fehlt selbst auf dem topogr. Blatt *Alexander Bay 2714* (wegen der Geländedarstellung trotzdem empfehlenswert).

Straßen: *D316* von Ai-Ais zur B1. Nach Südosten zum Grenz-Ort *Noordoewer* am Oranje. – *D212* und *P717* (teilweise Privatstraße!) neben dem Oranje nahezu unverfehlbar nach Rosh Pinah. Von dort auf der *C13* Kurs NNW nach Aus.

Entfernungen: Ai-Ais – Noordoewer 125 km. Entlang des Oranje nach Rosh Pinah ca. 215 km. Rosh Pinah – Aus 165 km. – Der Umweg gegenüber der Nord-Tour (via Seeheim, Route 21/20): ca. 150 interessante Kilometer.

Zustand: Gute bis mäßig gute Schotterstraßen, bisweilen Wellblech. Geteerte B1 hinab zum Oranje-Tal.

Zeitbedarf: 1,5 Tage. Ideal mit Camp am Oranje.

Versorgung (z.T. mäßig): Ai-Ais, Noordoewer, Rosh Pinah, Aus.

Tankstellen: Ai-Ais, Noordoewer, Rosh Pinah, Aus.

🛖 Busch-Camping am Oranje.
🏨 Ai-Ais (Route 21) ☎ 06331-2532
Noordoewer *Suidwes Motel*   0020-13
Rosh Pinah: Resthouses.
Aus *Bahnhof-Hotel*   063332-44

Anschluß-Strecken: Route 21 (Fish River-Keetmanshoop) mit Fortsetzung nach Windhoek (Route 25) oder zum Kalahari-Gemsbok-Park/RSA (Route 23). Ab AUS: Route 18 (nach Lüderitz). Route 17 (Sesriem-Sossusvlei). Route 20 (nach Keetmanshoop).

„Outback Namibias"? Man würde nicht wagen, diese meist aufs Hinterland und Inland Australiens gemünzte Bezeichnung zu verwenden, wenn's nicht so in einem Namibia-Druckwerk zu lesen wäre.

Es stimmt: Der Süden ist ein „Land hinten draußen", hat vieles gemein mit Australiens Hinterland: Weite, Wege, Licht, Farben, Klima, hoher Himmel. So gesehen, könnte man viele und weitere Zonen Namibias als „Outback" apostrophieren...

Der Süden ist ein Land extremer Weiten: anfangs noch mit isolierten Inselbergen und Kuppen und weitem Tal des *Gamkab Rivier.*

In den Bergen westlich der D316 eine Mine: *Nama Minerals.* Von dort führt eine Straße längs des Gamkab-Tals di-rekt nach Süden zur Farm *Außenkehr* am Oranje (siehe UNO- und topographische Karte).

Diese Straße verläuft anfangs kaum 5 km parallel zur D316. Wer bei der Farm Kanabium eine Verbindung findet, spart (wenn die Minenstraße nicht gesperrt ist!) über hundert Kilometer Weg und hat trotzdem noch viel vom Oranje...

Hie und da noch Farmen, *Tafelkop* zum Beispiel mit Tafelberg dahinter, wie schon der Name sagt. Trotz des Halbwüstencharakters weiterhin Farm-Zäune. Flimmernde Seen, auf denen Berge zu schwimmen scheinen. Alles nur heiße Luft...

Ein scheinbar endloses Plateau wird überquert. Es senkt sich ab km 50 allmählich hinunter zur Asphaltstraße B1, die bei km 73 erreicht ist.

Es geht weiter bergab. Von 600 m Höhe hinab zum Oranje (etwa 220 Meter) auf relativ kurzer Gefälle-Strecke. Entsprechend steigt die Temperatur! Aber auch erhöhte Luftfeuchte an der Fluß-Oase macht zu schaffen. NOORDOEWER ist ein unscheinbares Dorf 40 km südlich der o.a. Einmündung. Motel, zwei Tankstellen, Post-Kantoor, Store. Viel mehr ist nicht – dafür rauhe Berg-Szenerie, ähnlich wie bei Ai-Ais. Noordoewer liegt auf einem relativ flachen „Gleithang" des Oranje; überm Südufer mit südafrikanischem Grenzposten VIOOLSDRIF ragt der schroffe, hohe „Prallhang" auf, den der Oranje im Lauf der Zeit aus einem Bergmassiv herausgefräst hat.

Ausführliche **Südafrika**-Infos im SÜDAFRIKA TOUREN-MANUAL (312 Seiten, siehe S. 133).

Wolkige Farbenpracht über den Bergen nördlich des Oranje. Das Lichtspiel der Morgen- und Abenddämmerung ist am Rande der Tropen von überraschend kurzer Dauer.

Namibia-Zufahrt von Südafrika

Haupt-Verbindung zwischen dem Oranje und Kapstadt ist die N7, etwa 680 km lang und in erstklassigem Zustand. Lohnende Abstecher: Südlich von Springbok über den *Wildeperdehoek*-Paß zum unberührten, verträumten Atlantikhafen HONDEKLIPBAAI.

Kontrast zu den weiten, offenen Flächen der nördlichen Kap-Provinz: Die *Cederberge* nordöstlich von Kapstadt. Ausgangspunkt ist CLANWILLIAM an der N7. Die Straßen in den Bergen sind nur geschottert, aber Pkw-/Camper-tauglich. Ideal für die Tour durchs *Namaqualand* ist der (Süd-)Winter: Nach Regenfällen

22

kann einige Tage den Fluß hinab paddeln bis zur Farm AUSSENKEHR oder gar zur Mündung des Fish River. Die meist dem Nordufer des Oranje folgende Pad D212 erleichtert einem Team die Begleitung und den Rücktransport.

Die Bootstour ist relativ ungefährlich, führt jedoch durch einsames Land. Krokodilen ist das leicht trübe Oranje-Wasser zu kalt, Bilharziose gibt's auch nicht. Am meisten zu schaffen macht eine Stromschnelle auf der Höhe des *Tjambock-Rivier,* wo sich der ansonsten gemächlich und breit mäandrierende Fluß in einer Spalte verengt. Zuvor unbedingt anschauen!

Interessant sind kleinere Diamanten-Minen am Ufer: Abraumhalden, rosten-

Von Namibia nach Südafrika: nach Kapstadt und zum Kap der Guten Hoffnung (oben). Abstecher nach Osten: Bei Upington bildet der Oranje die tosenden Augrabies Falls. Rechts: Wildblumen-Pracht Süd-Namibias und des Namaqualands.

verwandelt sich die Steppe in einen Wildblumen-Teppich (je nach Vordringen der Winterregen übrigens auch im südlichen Namibia).

Dauer der Fahrt inklusive Abstecher: drei bis fünf Tage. Gute Karte vom Automobilclub *AA: Capetown to Vioolsdrif* mit Sonderkarte der Cederberge.

Kajak-Fahrt durch die Wüste...

Der Oranje ist ein „unregulierter", naturbelassener Fluß, wie man's in Mitteleuropa kaum noch kennt. Wer ein Schlauch- oder Faltboot im Gepäck hat,

des Gerät und verlassene Geisterdörfer. In puncto Umweltverschmutzung muß man den Prospektoren nicht folgen: Abfälle komplett mit zurücknehmen nach Noordoewer. In arider Zone verrotten nicht mal Gemüsereste (siehe Kapitel *Umwelt*).

Kein eigenes Boot dabei? Es gibt auch organisierte Touren. Aktuelle Adresse und Preise im Anhang unter *Kanu*.

Längs des Oranje

In Noordoewer sollte man versuchen, sich über den aktuellen Zustand der Uferstraße zu

Der Oranje ist ein „Fremdlingsfluß" wie der Nil (vgl. Route 19). Wasser aus fernen Regionen produziert in der Namib-Wüste Oasen oder zumindest sattes Grün. Das sandige Gegenufer gehört Südafrika.

informieren (z.B. an der Tankstelle, im Motel). Ist nicht ganz leicht, da sich nur wenige auskennen. Die relativ neue Straße zur Rosh-Pinah-Mine ist ja nicht mal in allen Karten eingezeichnet.

Mit „auf und ab" ist die Uferstraße am besten charakterisiert. Sie verläuft meist neben dem Oranje. Wo jedoch die Topographie nicht mitspielt, hat man sie etwas nordwärts über Berge und Kuppen verlegt.

Es gibt eine Menge Camp-Möglichkeiten nah am Wasser, was man sonst im ariden Namibia nicht oft geboten bekommt.

Der Oranje ist ein „Fremdlingsfluß", der Wasser aus den weit entfernten südafrikanischen Drakensbergen heranführt. Darin ist der Oranje dem Nil ähnlich: Beide schaffen eine Fluß-Oase in nahezu regenloser Wüsten-Umgebung.

Die meist künstlich bewässerten Felder wirken vor allem vom Hochufer großartig. Zumeist blieb das Oranjetal jedoch unberührt. Bei Beginn der Kolonial-Ära war das Tal Habitat vieler Wild-Arten. Heute begegnen Ihnen hier „nur" noch Antilopen, Strauße u.a.

Wie beim Nil ist das Oranje-Wasser nicht klar, sondern trüb, voller Feinmaterial. Darin übertrifft der Oranje sein nordafrikanisches Pendant.

10 km südlich von Rosh Pinah mündet von Westen eine Privatstraße der CDM ein. Sie ähnelt unserer Strecke von Noordoewer, führt jedoch durch Diamanten-Sperrgebiet! Selten am Fluß entlang, meist durch die Berge verlaufend, endet sie nach etwa 85 km bei Oranjemund an der Grenzbrücke zu Südafrika. Ein Permit ist am östlichen Checkpoint nicht zu bekommen (→ Route 19).

Rosh Pinah – Aus (165 km)

Ohne Erz gäbe es rund um ROSH PINAH vermutlich gar nichts in der sonnendurchglühten Landschaft. Außer dem Oranje, dem der Ort reichlich Wasser abzapft, gibt's in extrem weitem Umkreis keinerlei natürlichen Wasservorkommen. Mit Oranje-Wasser läßt sich immerhin etwas Grün erzeugen in dieser künstlichen Oase, deren Bewohner unter Hitze stöhnen.

Sehr ausgefallen wirkt der metallene Glok-

22

kenturm der Kirche. – Letzte Tankstelle bis Aus bzw. Keetmanshoop, wenn man von der C13 nach Nordosten abenteuert (s.u.).

Östlich von Rosh Pinah die Mine, deren Erze auf der C13 zur Bahn nach Aus transportiert werden und die daher in gutem Zustand ist. Wenig Wellblechstruktur auf der Pad, aber relativ viel Lastwagen-Verkehr.

Später folgen an unserer C13 noch Varianten (P719 und 727), von denen aus man näher rankommt an die Huib-Tafelberge. Eine kleine Abenteuer-Tour durch vom Tourismus völlig „unbeleckte" Urlandschaft. Selbst in der recht genauen Pad-Karte sind nicht alle Wege eingezeichnet. (Vgl. Pisten-Hinweis bei Ai-Ais, Route 21.)

Neben-Pads sind zwar beschildert, es

Künstliche Oase: Die Minen-Stadt Rosh Pinah, belebt vom Pioniergeist der Bewohner und bewässert vom nahen Oranje. Zum Schutz vor Hitze erbaute man die Kirche in eigenartigem Stil, auch der Metall-Glockenturm ist ungewöhnlich.

Nach dunkler Bergszenerie wieder Wechsel im Landschafts-Charakter: Allmählich steigt das Plateau an, im Osten begleitet von Tafelbergen und Abbruchkanten der Randstufe (Huib-Hochplateau). War der Oranje bei Rosh Pinah bereits auf 75 m Seehöhe gefallen (rund 120 km vor der Mündung), so liegt unser Ziel AUS auf 1.600 m.

Wir durchqueren karges Viehzuchtland (Schafe, auch einige Rinder). An den wenigen Brunnen wird Wasser per Windkraft hochgepumpt: Diese Windmills sind für Namibias „Outback" so typisch wie fürs australische.

> km 47: Farm WILPÜTZ, mit Abzweig der Pad 463 nach Osten.
> Durch abgelegenes Hinterland könnte man via HOPE Richtung Nordost hinüber vagabundieren zum Konkiep Rivier und nach GOAGEB.

empfiehlt sich jedoch, ein Logbuch zu führen und gefahrene Kilometer mit den Angaben der Pad-Karte zu vergleichen. Ferner sollten die Fahrtrichtungen überprüft und notiert werden. Gefüllter Treibstofftank und überreichlich Wasservorrat sind wohl selbstverständlich.

Die C13 verläuft schnurgerade über ein Plateau zwischen den Swartkloofbergen im Westen und Huib-Tafelbergen im Osten. Streckenweise wurden nicht mal Zäune gespannt! Ungenutztes Farmland – das will was heißen in Namibia!

km 75: Wegweiser zu einigen Farmen am Swartkloofberg mit Hinweis auf Safari-Möglichkeiten. Hier im „Wilden Süden" ist das was ganz Neues.

Zwischen Inselbergen öffnen sich immer wieder Panoramen zur Namib-Wüste; die Grenze

Weite des „namibischen Outback" zwischen Rosh Pinah und Aus. Ein Land, um mal so richtig die Arme auszubreiten; außer an den Zäunen eckt man nirgendwo an. – Wasser? Nein: Die Sonne produziert heiße Luft-Seen. Dank niedriger Luftfeuchtigkeit läßt sich Hitze gut ertragen.

des Sperrgebiets verläuft etwa 20 bis 30 km westlich der Straße.

Die flachwelligen Ebenen sind von goldleuchtendem Gras bedeckt. Zur Rechten Tafelberge der Randstufe *(Rooirand)* durch die die derzeit noch ungeteerte *B4* nach Goageb/ Keetmanshoop führt.

Allmählich klettert die C13 hinauf auf die Höhe von AUS (1.600 m), passiert dabei un-

scheinbare Riviere und Zufahrten zu Farmen, deren Gehöfte außer Sichtweite bleiben.

In zerbröselnden, von Erosion zerlegten Felsen „verkrümelt" sich der kleine, verlassen wirkende Ort Kubub. Kurz darauf folgt die Bahnstation Ausnek, wo die Rosh-Pinah-Erze auf Güterzüge verladen werden. Man verhüttet sie in Südafrika.

Infos zu AUS finden Sie in der Route 18.

23 ZUM KALAHARI GEMSBOK NATIONAL PARK (RSA)

Name: Nach dem Südausläufer der *Kalahari Desert:* keine echte Wüste, sondern semi-aride Savanne. *Kalahari* bedeutet „Wildnis". Außer dem *Gemsbok* (Oryx-Antilope) gibt's Wildbeest, Springböcke und relativ viele Kalahari-Löwen.

Lage: Keilförmiger Nordwestzipfel der RSA etwa auf der Höhe Keetmanshoop/Mariental. Michelinkarte 955: Falte 30 Mitte und Falte 34 oben.

Karten: Pad-Karten. AA-Südafrika *Northern Cape.* – Topogr. Karte 1:500.000 *Keetmanshoop 2518.* – Im Park-Büro Wegekarte mit allen Wasserstellen.

Park-Begrenzung: Der 20. Längengrad bildet die Westgrenze des Parks, zugleich Staatsgrenze Namibia/RSA. Das Nossob-Tal trennt RSA und Botswana, der Auob begrenzt den 9.600 qkm-Park nach Südwesten. Beide fließen bei *Twee Rivieren* zusammen – d.h. wenn die Trockentäler Wasser führen, was selten vorkommt.

Zufahrten: Von Namibia: Nur ab Keetmanshoop auf C16 via Aroab

zum Grenzposten Rietfontein (210 km, gesamt 360 km). Der einstige Grenzposten *Mata Mata Gate* ist derzeit leider geschlossen. Die Nordzufahrt von Aranos, längs des Nossob zur RSA-Nordspitze *Union's End* war schon immer *prohibited entry*. Solange Mata Mata geschlossen bleibt, ist daher eine Rundtour von bzw. nach Mariental/Gochas nicht machbar.

Von RSA: Ab Upington auf Teerstraße R32; bei der *Spitskop Nature Reserve* zweigt die R360 ab Richtung Andriesvale. Nach 153 km Einmündung in die von Namibia/Rietfontein kommende R31. 85 km bis Twee Rivieren. Gute Beschilderung, keine Orientierungsprobleme.

Zustand: Überwiegend gepflegte Schotterstraßen; die R360 von Upington ist weitgehend geteert. – Parkwege meist in den Trockentälern von Nossob und Auob; Probleme durch partielle Überflutungen nach Regen! Querverbindung zwischen beiden Flüssen über Kalahari-Dünen; dank Schotter-Befestigung Pkw-tauglich.

Reisezeit: Ganzjährig, beste Zeit ist Februar bis Mai. Im Südsommer bisweilen Regen, im Südwinter kalte Nächte. – Der weiten Anfahrt wegen mindestens drei Tage einplanen. Gates schließen bei Sonnenuntergang (je nach Saison zwischen 18 und 19.30 Uhr).

Tankstellen: An Zufahrtsstraße und Camp Twee Rivieren.

Versorgung: Keetmanshoop; Laden in Twee Rivieren.

⚊ In den drei Camps *Mata Mata, Nossob* und *Twee Rivieren.*

⚏ In allen drei Camps gut ausgerüstete Hütten oder Cottages. Während der Ferien und an Wochenenden sind die Camps oft ausgebucht; sind Hütten frei, kriegt man sie auch ohne vorherige Reservierung.

Information/Buchung: *National Park Board,* P.O.Box 787, Pretoria 0001. ☎ Pretoria (012) 343 1991. – Für Schnell-Auskünfte (z.B. über Öffnung des Mata Mata Gate) kann der Park auch direkt angerufen werden (Upington 9901).

Anschluß-Strecken: Route 25 (Keetmanshoop-Windhoek). Route 20 (Keetmanshoop-Aus) mit Abzweig Fish River Canyon (Route 21). Nach Osten: Route 24 (nur 4WD: Durch die südliche Kalahari nach Norden zur Verbindung Maun-Windhoek, Route 29).

Die Trans-Kalahari-Route Windhoek-Maun (Route 29) bringt gute Eindrücke von der zweiten „Wüste" an Namibias Ostgrenze. Doch der südafrikanische *Kalahari Gemsbok National Park* setzt noch was drauf: ziegelrote

Dünen, typische Vegetation und Tierwelt. Großwild (wie Elefanten, Giraffen) gibt's hier zwar nicht, aber viele Gnus, Antilopen, Gemsböcke und Kalahari-Löwen – integriert in eine abwechslungsreiche Landschaft mit Dünen

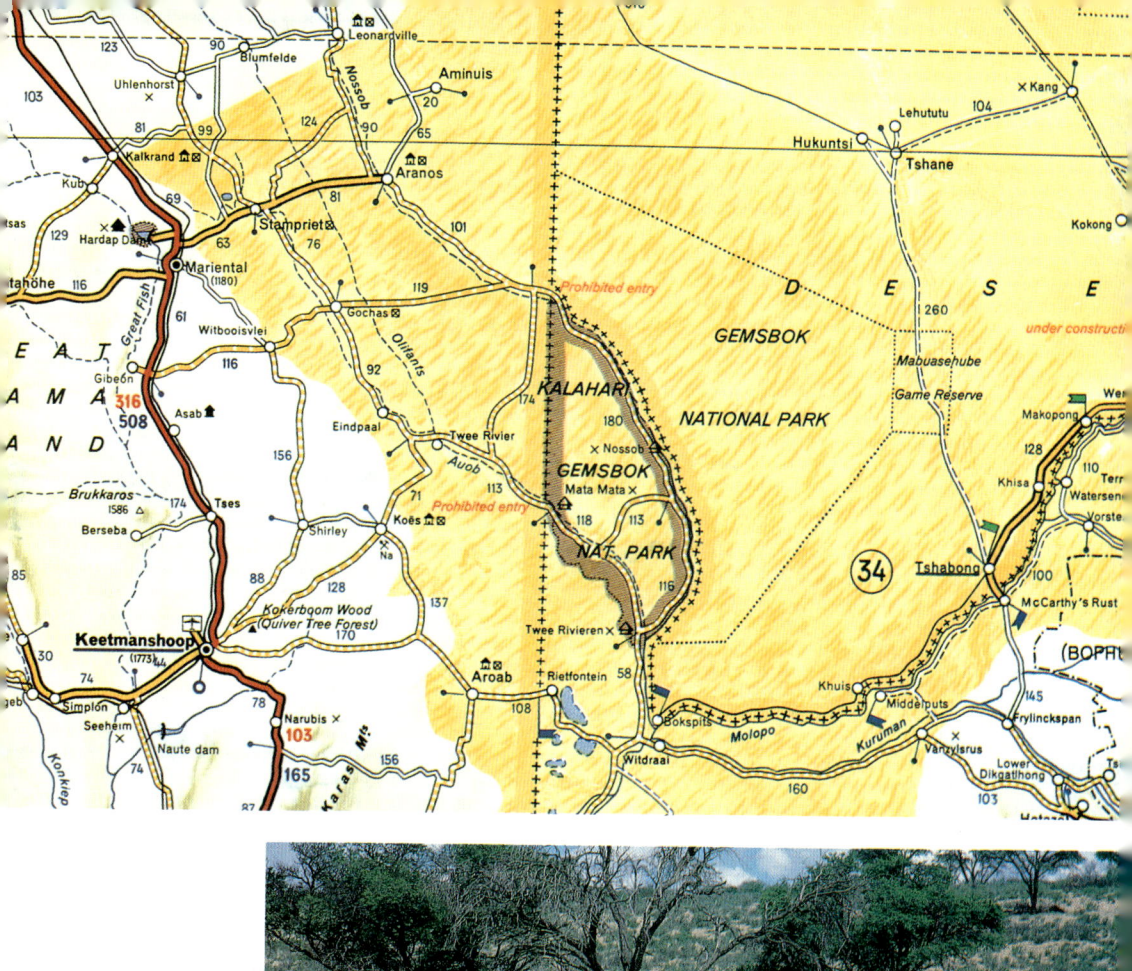

Eine Gnu-Herde im „fossilen", meist trockenen Tal des Nossob. Die grimmig dreinschauenden Tiere ziehen oft im Gänsemarsch zu neuen Weidegründen.

und Flußtälern, in denen Kameldornbäume und andere Akazien wachsen. Weil die Fauna bisweilen eher unsichtbar bleibt, fällen Touristen bisweilen schnell ihr Urteil: „Ganz interessant, aber wenig Tiere."

Vom Haupt-Camp TWEE RIVIEREN („zwei Flüsse") mit recht gut bestücktem Store gibt's zwei Routen: Die östliche folgt dem breiten Tal des meist trockenen *Nossob-Rivier*. In diesem „Wadi" verläuft die Grenze zu Bots-

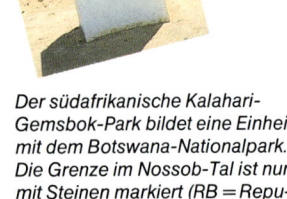

23

wana, ohne jeden Zaun, denn man käme ohnehin nicht weit im östlich angrenzenden *Gemsbok National Park.* Die Parks sind zusammen über zwei Millionen Hektar groß!
Nur Grenzsteine mit RB für *Botswana* bzw. *RSA* für *Republic of South Africa* markieren den Grenzverlauf. Tiere können unbehelligt ihren alten Wildwechseln folgen, hier wurde kein Ökosystem zerrissen.
Es wurden schon Herden von 100 bis 150 Gemsböcken gesichtet, aber diese Oryx-Antilope kommt meist in kleineren Gruppen vor. Das Tier ist gut angepaßt an die enormen Temperaturunterschiede und kann wochenlang ohne Wasser auskommen (die Feuchtigkeit von Pflanzen genügt).
Südafrikas Nordspitze *Union's End* liegt dort, wo der Nossob die „Lineal-Grenze" des 20. Längengrads quert. Der Name erinnert an die „Unions-Zeit" vor Gründung der RSA. Die Kap-Provinz muß sich diesen Kalahari-Zipfel erst zu Beginn des 20. Jahrhunderts gekrallt haben, denn auf älteren Karten ist er beim *Britisch-Betschuanaland* verzeichnet (heute Botswana); die *Kapland*-Grenze verlief damals weiter südlich am Oranje.
Halbwegs zwischen *Twee Rivieren* und dem Landes-Ende das zweite Camp NOSSOB (Hütten, Campground, 160 km nördlich von Twee Rivieren). Ein kleines Info-Centre erklärt die Tierwelt der Kalahari.
Der zweite der beiden Flüsse, die *Twee Rivieren* den Namen gaben, ist der westlichere *Auob,* der aus dem Raum östlich von Mariental herab „fließt". Die Gänsefüßchen sollen's andeuten: Auch in diesem Tal fließt nichts oder fast nie was. Fluß-Fossilien aus feuchter Vorzeit, die nur selten Wasser führen: nach schweren Regengüssen im namibischen Einzugsbereich.
Farmer sagen: nach *guten* Regen. Fluten bewässern die Weide, füllen aber auch die Grundwasserreservoirs. Solche liegen unter

Der südafrikanische Kalahari-Gemsbok-Park bildet eine Einheit mit dem Botswana-Nationalpark. Die Grenze im Nossob-Tal ist nur mit Steinen markiert (RB = Republic of Botswana).
Unten: Sternstunde einer Safari – eine Löwin am „Riß". Die Pranke bohrt sich durchs Gerippe, krachend brechen die Gnu-Rippen. Natur pur.

den Hunderte von Metern dicken Sandschichten beider Riviere, und davon leben Baum und Strauch, Mensch und Tier. Im Park-Gebiet kommen jährlich nur magere 20 cm Regen runter (zwischen Dez. und April).

Keep on graveled road!

Ein uraltes Schild am Beginn der interessantesten Strecke im Park warnt: *Sand Dunes following 34 miles,* dabei mißt man schon lange metrisch.
Die Querverbindung zwischen beiden Tälern

Die Kalahari-Halb-wüste schmückt sich mit Bäumen, aber in ihre Gräser kann man sich auch ver-lieben. In der Regen-zeit leuchten sie grün, gelblich und rot.
Unten: Nach Regen füllen sich die in den Grund geschrappten „Hohlwege" mit Wasser. Kein Pro-blem für 4WD. Schwierige Ab-schnitte werden bis-weilen auf Ompads umfahren.

beginnt 58 km nördlich des Haupt-Camps nahe der Wasserstelle *Kamkwa* im Auob-Tal. In leichtem Bogen führt sie 55 km nach Osten zum Nossob. Die Dünen wurden längst ent-schärft: Kies machte den weichen Weg trag-fähig und Pkw-tauglich.

Neben der Piste zwischen Auob und Nossob finden sich keine dichten Antilopen- und Springbock-Herden wie in den beiden Tälern, aber hier kriegen Sie typische Kalahari-Land-schaft zu sehen. Dünenkette auf Dünenkette, bewachsen mit Langgras. Eine Berg- und Talbahn mit unübersichtlichen Kuppen.

Windmotoren pumpen den Tieren Wasser aus der Tiefe. Hier ist am ehesten mit Wild zu rechnen. Fürs Wohl der Reisenden wurden in beiden Tälern Rest Areas eingerichtet. Vorm

Aussteigen sorgfältig die Umgebung mit dem Fernglas absuchen: An Picknick-Tischen tra-fen wir schon mal ein Löwenrudel...

Grenz-Ärgernis

So lohnend der Abstecher in diesen Park ist, so wenig empfehlenswert erscheint er zur Zeit. Denn nach Namibias Unabhängigkeit wurde das Gate MATA MATA geschlossen.

Der Eingang beim dritten Park-Camp (110 km nordwestlich von Twee Rivieren) konnte zwar gemäß den Park-Regeln nur mit Buchung passiert werden, aber außerhalb der Hoch-saison war die Zufahrt auch ohne Reservie-rung möglich. Nun geht gar nichts mehr.

Damit ist die „natürliche" Zufahrt von Namibia versperrt, der Weg von Mariental und Gochas (mit Denkmal für ein Gefecht der Kolonialzeit) längs des Auob-River. Auch kein Ausweg aus dem Park nach Nordwest.

Die Sperre ist um so unverständlicher, als zwischen Namibia und der RSA wegen ihrer Zoll-Union keine Fiskal-Schranken nötig sind. Nur ein, zwei Grenzer würden reichen, und selbst das nur für wenige Stunden am Tag. Solange das Mata Mata Gate geschlos-sen bleibt, läßt sich der Kalahari-Park nur mühsam in eine Rundtour einbauen.

24 KALAHARI-GEMSBOK-PARK – TSHABONG – GHANZI (950 km)

Karte → Route 23

Teilweise schwierige Verbindung zwischen Süd-Namibia (Route 23) und der Straße Maun-Ghanzi-Windhoek (Route 29). Beginnt ohne Fahrprobleme in Südafrikas Kalahari-Gemsbok-Park, ab Tshabong 4WD-Piste durch die südwestliche Kalahari (Botswana).
Nur für sehr Erfahrene, nur für Geländewagen. Komplette Selbsthilfe-Ausrüstung an Bord nehmen, reichlich Vorräte sowie Wasserreserven für 6 Tage. – Konvoi-Fahrt empfehlenswert!
Lage: Süd-Namibia + nördliche RSA + Südwest-Botswana. Michelinkarte 955 Falten 34 oben und 30 Mitte.
Karten: Michelin-Karte, AA-Karten *Northern Cape* oder übliche RSA-Karten. Botswana-Karten (f&b, Shell u.a.). – Detaillierter: ONC 1:1 Mio (*Q4*, allerdings muß man die Pisten-Linie Tsha-

bong-Tshane selbst einzeichnen. Macht nichts: Es gibt eh keine Orientierungspunkte!) – Topogr. Karte 1:500.000 *Leonardville 2318* zeigt den Nordteil der Piste um Tshane.
Attraktion: Insgesamt nahezu unberührtes Land (punktuell etwas Viehzucht). Highlight: Die einsame Mabuasehube Game Reserve zwischen Tshabong und Tshane. Keine Facilities! Permit möglichst in Tshabong besorgen (bei der Einreiseprozedur nachfragen).
Straßen/Entfernungen/Zustand:
Vom Gemsbok-Park RSA-Straße *R31* durchs Kuruman-Tal via Vanzylsrus zum Grenzübergang McCarthy's Rust (360 km). Alternative Piste durchs Molopo-Tal von Bokspits nach Tshabong (ist uns nicht näher bekannt). – Sehr schwierige Sandpiste Tshabong-

Tshane (240 km). – Zerfahrene Sandstraße und später qualitativ wechselnde Gravel Road via Kang nach Ghanzi (ca. 360 km).
Zeitbedarf: 4 Tage! Auf Pisten Tagesleistungen nur um 160 km. – In der Regenzeit (Dez.-März) in der Kalahari u.U. schlechter Wegezustand.
Verkehr: auf der Piste sehr spärlich (null bis zwei Autos pro Tag).
Tankstellen: Vanzylsrus, Tshabong, Kang (nicht immer offen), Ghanzi. 2 Reservekanister für Um- oder Rückwege sind ein Muß!
Versorgung: Läden an der RSA-Str. 31. Ghanzi. Reichlich Vorräte und Botswana-*Pula* vorab besorgen.
⛺ Busch-Camps!
🏨 Kalahari-Gemsbok-Park (→ Route 23). Vanzylsrus. Ggf. bei Tshabong, Ghanzi. Auf Zelten einrichten!

„Diese Strecke fuhr noch keiner von meinen Kunden", meinte der versierte Allrad-Vermieter Uwe Kessler in Windhoek. Das spricht für sich: Die Route durch die südwestliche Kalahari ist schwierig und einsam (letztoroo bo deutet u.U. eine größere Belastung als die Fahrprobleme). Nur etwas für Versierte, und auch die fahren besser im Konvoi.
Belohnt wird die Anstrengung mit dem Erlebnis eines ursprünglichen Landes, eine Erfahrung, die man in Ruhe auskosten sollte.

Kalahari-Gemsbok – Tshabong

Die erste Etappe ist nicht schwierig: Vom Park-Resort *Twee Rivieren* vorbei an roten

Kalahari-Dünen 53 km Richtung Süden nach BOKSPITS. Dies ist die einzige Zufahrtsstraße zum Kalahari-Gemsbok-Park, solange die Nordroute via Mata Mata geschlossen ist. 3 km entfernt das Motel *Molopo*.
Weiterfahrt nach Osten, Richtung Vanzylsrus. Die R31 entpuppt sich als gut befahrbare Gravel Road längs des wenig markanten KurumanTals. Bisweilen wirkt sie, tief in den Boden geschrappt, wie ein Hohlweg durch den Buschwald.
ASKHAM, östlich von Witdraai bei km 69: Möglichkeit, Vorräte nachzukaufen. Der Hardware-Store „is a man's dream, not a woman's", meinte ein glücklicher Kunde ange-

Kleines Gehöft und Windpumpe südlich des Kalahari-Gemsbok-Parks. Weicher Kalkstein am Hochufer – letztes Gestein für lange Zeit...

Unten: Die Piste Tshabong/Tshane ist durch die Spuren gut „definiert", aber (vor allem nach Regen) trotz des Sandes hart und ruppig. Der Four Wheeler torkelt wie ein trunkener Elefant in den „Gleisen".

sichts des überreichen outdoor-Ausrüstungs-Angebots.

Farmen, Windräder, Kameldorn-Bäume, Karakul-Schafe, Dünen – das sind die Sehenswürdigkeiten am Weg.

km 125 Abzweig nach Upington. km 230 ab Kalahari-Park: VANZYLSRUS mit relativ guter Infrastruktur (Hotel, Tankstelle).

Erstklassige Straße nach Frylinckspan. Erste Möglichkeit, nach Norden zum Molopo abzuzweigen (Middelputs) und von dort zum Grenzübergang zu fahren. Zweite Variante: bei der Farm Concordia nach Osten. Hier wird die Orientierung mangels Wegweisern mühsam.

An der Grenze hat Botswana kein Immigration-Office. Grenz-Formalitäten wollen in TSHABONG bei der Polizei erledigt sein, was mit ziemlicher Sucherei verbunden ist. Den Einreisestempel muß man sich holen, auch wenn's schwer fällt. Botswana ist schließlich kein Homeland à la Transkei, wo das Fehlen eines Stempels eher Regel als Ausnahme ist (bzw. war). Bei Kontrollen kann's daher üble Probleme geben.

Piste Tshabong – Tshane (240 km)

24

Bei den Grenzern sollte man auch nach dem *Wildlife*-Büro fragen, weil dort ein Permit für die *Mabuasehube Game Reserve* zu besorgen ist. Notfalls geht's auch ohne. Bei Zufahrt von Norden ist das ohnehin die Regel.

Ein Schild, immerhin: *Tshane 240 km.* Anfangs ist die Piste noch gut befahrbar, dann wird's weichsandig. Tiefe Fahrspuren mit hohem Mittelstreifen. Der Geländewagen schlingert wie ein Schiff auf rauher See.

Wen hier der Mut verläßt, der kann noch bequem ausweichen: Zurück nach Tshabong. Von dort führt eine bald durchgehend geteerte Straße via WERDA auf die bisweilen rauhe, aber ziemlich problemlos befahrbare Schotterstraße hinauf nach Ghanzi. Weiter nördlich gibt's an der Tshane-Piste keinen „Notausgang" mehr!

Nur noch Sand, Sand, Sand. Gestein sahen Sie letztmals an den Kalkstein-Riffs südlich des Kalahari-Gemsbok-Parks.

Das Kalahari-Dünenmeer ist nicht nackt und bloß wie in der Namib oder Sahara, sondern recht dicht bewachsen mit Gräsern und Gesträuch, oft auch Akazien. Eine „grüne Wüste".

Vergessen wir das Fünfgang-Getriebe: Überm Zweiten geht nichts mehr. Immer gleichmäßig dahin durch die Sand-„Gleise" bei 2500 bis 3000 Touren. Die Spitze liegt bei 20 bis 40 km/h.

Wegen tiefer Löcher ist bisweilen sogar die Untersetzung L4 und zahmeres Tempo nötig, weil der Allradler sich sonst zu sehr aufschaukelt und wie besoffen torkelt. Nach Regen ist der Sand zwar tragfähig, aber hart.

Werden Bachtäler gequert, dann fällt die graue Sand-Farbe auf: Nicht mehr das typische Kalahari-Rot! Der Sand kann nicht oxydieren, wenn er von Zeit zu Zeit vom Wasser bewegt wird und seine Eisenbestandteile ausgewaschen werden.

Ganz selten ein Weitblick von Dünenkuppen. Auf der Ebene kann sich kein Gefühl für die Höhenlage entwickeln: Die Oberfläche des Kalahari-Sandpolsters liegt im Schnitt einen Kilometer überm Meeresspiegel!

km 73: Südgrenze der MABUASEHUBE GAME RESERVE, die östliche „Verlängerung" des unerschlossenen *Gemsbok National Parks.* Der wiederum bildet, ohne Zäune, nur mit Grenzsteinen, eine Einheit mit dem südafrikanischen Kalahari-Park.

„No hunting". Zu jagen gibt's nicht viel, zumindest nicht an der Piste. Eine Menge Vögel, viele Schmetterlinge, die in der Regenzeit mit Gruppensex beschäftigt sind. Grillen. Termitenbauten wie in Australien. Antilopen. Springböcke. Großwild ist auch mit dem Fernglas nicht auszumachen.

Im Park verläuft die Piste auf der harten Oberfläche einiger Salz-Ton-Pfannen, in denen periodisch einströmendes Wasser verdampft. Größte ist die *Mabuasehube Pan.*

Zwei Wege zweigen ab nach Osten, in keiner Karte verzeichnet. Also lieber weiter auf Nordkurs bleiben, wo bald die 1.100-m-Höhenlinie passiert wird.

km 135: Nordgrenze der Reserve. Die Landschaft ändert sich nicht. Warum auch... Eine Grille „reicht" uns weiter zur nächsten. So ist man immer begleitet.

Am Wegrand kreuzt bald größere Begleitung auf: Rinder. Die Pisten-Böschungen sind zunehmend zertrampelt, das Viehzucht-Land beginnt - dies ist die „schmutzige Kalahari", das Fliegen-Land im Gegensatz zu den „sauberen", naturbelassenen Kalahari-Gebieten.

Bisweilen ist der Sand durchsetzt mit Calcret, einer Kalkstein-Art. Die Zone ausgeprägter Dünen ist vorbei, das zeigt sogar die großmaßstäbliche Michelinkarte.

Wegegabelungen ohne Ausschilderung, z.B. bei km 205. Angaben sind ziemlich sinnlos, weil solche Pisten schnell verschwinden und anderswo neu entstehen. Wir halten uns nun immer rechts, weil der „Generalkurs" jenseits von Tshane auf Ost schwenkt.

Pralles Leben nach zwei Tagen totaler Einsamkeit. Wandelnde Botswana-Steaks auf oft überweideter Savanne, fröhliche Kinderschar an der Wasserstelle im Ort. Erbetene Kleidung sollte man besser Erwachsenen diskret zustecken.

Typische Hütten in Tshane. Die Umzäunung aus Ästen soll Vieh fernhalten. Auch die raren Wasserlöcher in Flußtälern sind auf diese Weise geschützt.

Durch die Weide-Wüste:
Tshane – Kang -Ghanzi

km 225: Rundhütten von TSHANE (1.130 m). Ein Ortszentrum ist nicht auszumachen. Neben typischen, umzäunten Kral-Bauten mit ihren „Regenschirm"-Dächern auch einige „moderne" Häuser mit Wellblechdächern. Generatoren tuckern. Dutzende von Kindern bitten um Kleidung, um T-Shirts – und um Zigaretten.

Tshane ist ein Viehzüchter-Zentrum in der Weide-Wüste (ein anderes ist Hukuntsi, 10 km nordwestlich). *Botswana Beef* mundet

köstlich, genauso wie das Fleisch in Namibia. Problematisch bei der Rinderzucht sind Landzerstörung durch Überweidung und sehr hoher Wasserverbrauch, der fast ausschließlich aus begrenzten Tiefenwasser-Vorräten gedeckt wird.

Sogar eine Zapfsäule gibt's in Tshane – aber ob man auch ganz sicher und immer Sprit kriegt?

Alternative zur monotonen Querverbindung nach Osten: die Piste via LEHUTUTU (ca. 12 km nördlich von Tshane). Sie schwenkt etwa 50 km weiter nörd-

Man ackert sich durch... Die Haupt-
Route nach Kang wurde breiter, ist
aber meist nicht besser.
Oben: Während der Regenzeit blüht
die Kalahari.
Unten: Am Ende keine Oase, aber zumindest ein „Oasis Store", der Well-
blech-Supermarkt von Ghanzi.

lich hinüber zur Schotterstraße nach
Ghanzi. Schwierige Orientierung (dazu
topogr. Karte siehe Vorspann). – Wer
nicht das Okavango-Delta ansteuern
will: Eine sehr einsame Piste führt via
Nojane zum Grenzposten Mamuno.
Über 300 km – unbedingt im Konvoi
fahren!

In Tshane sogar ein Wegweiser nach *Kang* an
der Hauptroute: 104 km. Die Straße wird breiter, zwei, dreispurig. Aber nicht besser. Wie
ein Acker, zum Teil sehr ausgefahren mit hohem, von Lkws aufgeworfenem Mitteldamm
zwischen den Reifenspuren. Nach Regen die
reinste Schlammschlacht.

Im Gegensatz zur unwichtigen Piste Tsha-
bong-Tshane hat dieser Weg gewaltige Bedeutung für die Versorgung der Viehzucht-
Orte und für den Abtransport der wandelnden
Steaks. Folglich „herrscht" hier relativ reger
Verkehr (eigentlich herrscht der Weg über
den Verkehr...)

KANG (1.040 m) ist ebenfalls Farm-Zentrum.
Dazu Stützpunkt an der „Straße des Todes",
als welche der Rindertreck-Weg von Ghanzi
nach Süden wegen früherer Gefahren (Was-
sermangel) berüchtigt war.

Heute rollen Viehtransporte zu den Schlacht-
häusern von Lobatse an der Südafrika-
Grenze problemlos dahin: Die Straße ist relativ gut, und Wasser gibt's in allen Orten aus
Tiefbrunnen.

Relativ gut, das heißt: In die Gravel-Sektio-
nen, so gut wie die in Namibia, sind immer
wieder zermalmte „Schlachtfelder" einge-
sprenkelt, die buchstäblich erkämpft sein
wollen. Hie und da wurde Gestein als Füllma-
terial abgeladen, lose auf den Sand gewor-
fen, aber nicht gewalzt.

Ungewöhnlich im sonst brettebenen Land
sind ausgeprägte Täler mit *Pans*. Die Vegetation wirkt mickriger, und eine Tonpfanne wird
nach dem einzigen markanten Baum gar
Lone Tree Pan genannt.

Im Gegensatz zur aufregenden Kalahari-Zone rund um den Mabuasehube-Wildpark wirkt das Land monoton.

Ab km 230: Weidezäune der *Ghanzi Farms* (auch Ghanzi-Block). Der trotz geringer Größe wichtige Kalahari-Ort GHANZI auf 1.140 m Höhe ist bei km 255 erreicht und damit auch unsere Route 29: Kurs Ost nach Maun und zum Okavango, Richtung Westen nach Windhoek.

Gabelungen ohne Wegweiser in Botswana: Hier und auf den folgenden Kilometern hilft nur der Kompaß weiter – und eine gute Karte. Unten: „Lohn der Angst" - ein Busch-Camp in der Kalahari.

Ein gutes Stück „Relax"

25 KEETMANSHOOP – MARIENTAL/HARDAP – WINDHOEK (500 km)

Im Vergleich zu den spannungsgeladenen Zonen am Rand der Namib wirkt diese Strecke durch den *Namaland*-Distrikt und durchs *Rehoboth*-Gebiet auf viele monoton. Höhepunkt: Abstecher zum Brukkaros-Krater, zum Hardap Dam.

Lage: Nord-Süd-Hauptstrecke südlich von Windhoek. Michelinkarte 955, Westteil der Falten 30 und 34.

Karten: Übliche Pad-Karten. f&b Sektoren D4/5/6. UNO-Westblatt. Topographische Karte 1:500.000 *Lüderitz 2514* ist gut für Umgebung des Brukkaros-Kraters.

Straße: *B1,* früher Pad 1/3 und 1/4, erstklassig geteert.

Länge: 500 km

Funktion: Wichtiger Transportweg von/nach Südafrika (Grenzübergang Noordoewer/Vioolsdrif, siehe Route 22). Touristisch wirkt die Strecke ziemlich uninteressant, zumal, seit der „Finger Gottes" bei Asab umgestürzt ist.

Zeitbedarf: Ein Tag. Strecke wird gern bei Mariental (Hardap Dam) unterbrochen

Versorgung, Tankstellen: Keetmanshoop, Mariental, Rehoboth, Windhoek.

⚐ Keetmanshoop. Kokerboom-Wald (Route 20). Windhoek. Nahezu in der Mitte: schattiges Camp am Hardap Dam.

🏠 Keetmanshoop (s. R.20). Mariental: *Sandberg-Hotel* ☎ 0661-856
Kalkrand: *Hotel K.* 06672-29
Rehoboth: *Rio Monte* 06271-2161
Suidwes Hotel 2238
In der „Erholungsstätte Hardap" großzügige und preiswerte Rasthäuser mit 2 oder 5 Betten. Reservierung in Windhoek (→ Anhang). Wenn Bungalows frei sind, bekommt man sie auch ohne Reservierung.

Anschluß-Strecken: Route 20 (Aus – Keetmanshoop).
Route 23 (Keetmanshoop – Kalahari Gemsbok Park).
Im Norden alle Routen von/bis Windhoek (2, 12, 13, 16, 29).

Wir verlassen KEETMANSHOOP Richtung Norden auf der erstklassigen *B1.* Nach dem unübersehbaren, hochmodernen Krankenhaus zweigt nach Osten die Straße *C17* Richtung Koes ab, auf der sich der Kokerboom-Wald (Route 20) ansteuern läßt – größte Attraktion der Region nach dem Fish River Canyon.

Wie ein Fremdkörper durchschneidet das Asphaltband der B1 flachwelliges, arides Land. Erstaunlich: Die gleiche Umgebung, von rauhem Schotter aus erlebt, würde weit attraktiver wirken. Das scheinbar schwerelose Dahinrollen auf glatter Bahn verändert den Eindruck.

Hie und da Grüppchen von Karakul-Schafen, die sich jedoch in der Weite verlieren. Die *Bestockung* muß niedrig gehalten werden, um Überweidungsschäden zu verhindern oder zu reduzieren: Drei Hektar Weidefläche für ein einziges Schaf ist kein ungewöhnlicher Wert. Die Region Keetmanshoop ist ein Zentrum der namibischen Schafzucht (zu Karakul und *Nakara*-Pelzen siehe Route 20).

Auch hier regnet's selten, übers Jahr kaum 15 Zentimeter! Die Verdunstungsrate würde jedoch ausreichen, um 400 cm zu verdampfen. Ein Musterbeispiel für Aridität (vgl. Abschnitt *Klima*).

km 80: TSES ist Ausgangspunkt für eine Tour zum *Brukkaros*-Krater. Anfangs Kurs West Richtung *Berseba,* eine 1850 gegründete Nama-Missionsstation. Dann auf *Pad 3904* nach Norden. Gut ausmachen läßt sich das Bergmassiv auf der UNO-Karte oder auf der Topographischen Karte (siehe Vorspann). Der Pseudo-Vulkan ist 1.586 m hoch und vermutlich durch Magma gebildet, an die Oberfläche gedrungenes, geschmolzenes Gestein aus dem Erdinneren. Die Entstehungsgeschichte ist kompliziert – Vulkan hin, Vulkan her, lassen Sie sich vom Klotz beeindrukken, der abrupt einen halben Höhen-Kilometer über der Ebene aufragt.

Eine schweißtreibende Bergwanderung führt in den Krater hinein. Da sich hier Regen sammelt, gibt's auch mehr Vegetation als ringsum auf der „Pampa", unter anderem 'ne Menge Köcherbäume.

Weit im Osten eine Bergkette: der *Weißrand,* vor dem einst *Mukurob* in den Himmel ragte, der „Finger Gottes". Erosionskräfte hatten die Felsnadel in Jahrmillionen von der Felsformation isoliert, mit der sie anfangs zusammenhing. Die Gesteinsschichten des Fingers fanden sich an den benachbarten Kliffs wieder: Sedimente wie Sandstein, dazu Schiefer.

Es gibt viele solcher Steinsäulen auf der Welt; weiterer Vertreter in Namibia: *Vingerklip* nahe des Ugab-Tals, westlich von Outjo (Route 5). Der 34 m hohe Finger Gottes beeindruckte jedoch durch seinen extrem schlanken „Hals", auf dem der fast 10 m hohe „Kopf" mit ungeheurem Druck lastete.

Im Dezember 1988 stürzte der Finger Gottes um. Just an dem Tag, als Südafrika ankündigte, Namibia in die Unabhängigkeit entlassen zu wollen. Ein Fingerzeig? Ursache für den Umsturz (des Felsens) war entweder ein Wirbelsturm oder ein Erdbeben, das zur gleichen Zeit eine Zone Rußlands erschütterte. Der 25-km-Abstecher von ASAB (130 km nördlich von Keetmanshoop) zum Mukurob bringt nichts. Man würde den Trümmerhaufen wohl kaum identifizieren können.

Noch 1992 prangte *Mukurob* auf dem Titel der Gratis-Pad-Karte und ist als Sehenswür-

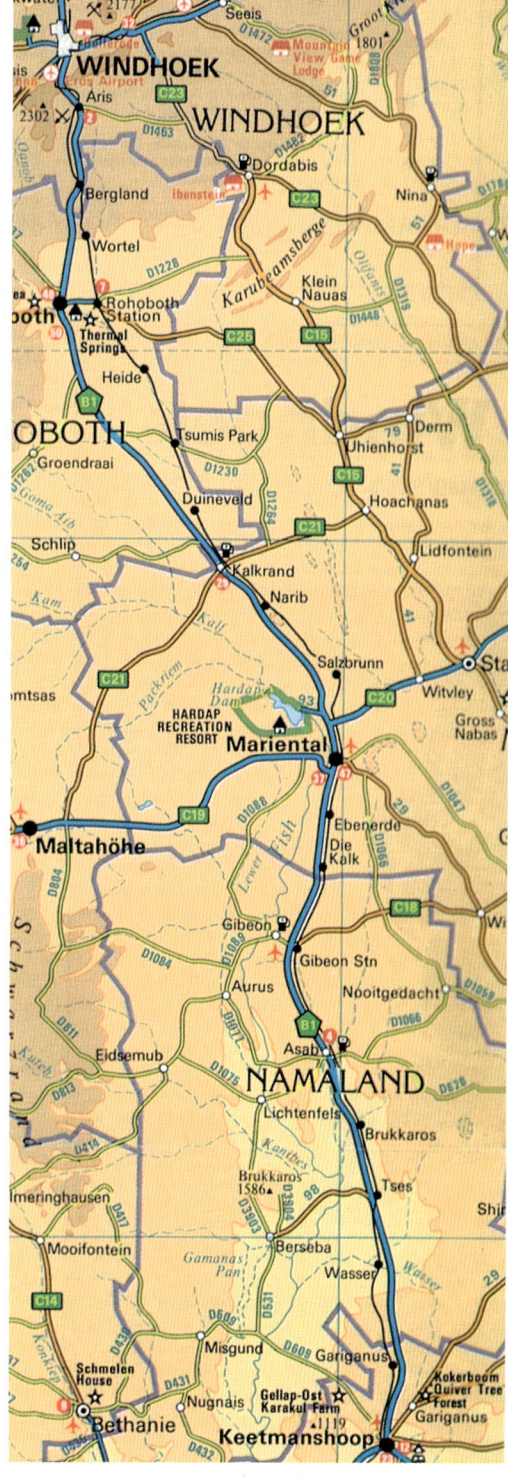

Route durch Namaland und Rehoboth.

digkeit Nummer 15 verzeichnet. Namibia mag sich nicht von ihm trennen... Es gab Pläne, die Klippe aus Mukurob-Brocken, Stahl und Fiberglas originalgetreu zu rekonstruieren. „Zu teuer – kein Geld", hieß es lakonisch in Keetmanshoop. Billiger kommt der Blick auf alte Bilder...

Hardap Dam

Hier im *Nama*-Land scheinen Meteoriten gern vom Himmel zu fallen. Rund um GIBEON (60 km südlich von Mariental) fand man Dutzende von Bruchstücken eines Himmelskörpers, der beim Eindringen in die Atmosphäre zerbröselte. Einige von ihnen sind im Windhoek-Museum ausgestellt, andere bilden den Meteoriten-Brunnen in der Fußgängerzone der Hauptstadt.

Leicht gewellt oder über „ebene Erde": Durchs Nama-Land zum Hardap Dam und nach Windhoek. Die Wohn-Silos für Eisenbahnarbeiter wurden Afrika-Rundhütten nachempfunden.

Ganz so spektakulär ist *Hardap* nicht, das Erholungs-Resort 20 km nordwestlich von MARIENTAL mit deutsch geprägter Kleinstadt-Architektur.

Im *Hardap Dam* (größter Namibia-Stausee mit 25 qkm Fläche) wird Wasser des Fish River gespeichert; es dient der Felder-Bewässerung - und natürlich dem Tourismus. Im südlichen Afrika meint man mit *Dam* immer den Stausee; die Staumauer selbst ist der *Dam Wall*.

Für wenige Rands gibt's einen Angelschein, und wer Rute, Leine und Blinker dabei hat, kriegt zur Abwechslung Barbe oder Dorsch fangfrisch auf den Teller oder auch nicht. Bei niedrigem Wasserspiegel springen die Fische zwar auch, aber der Köder landet oft im Schlick – also doch wieder Steak auf dem Grill...

Hardap mit seinem Camp unter der Staumauer und den Bungalows ist ideale Station für die letzte Etappe vorm Rückflug: Ein weiches Bett nach mehr oder weniger rauher Buschtour, saftig-grünes Gras unter den Füßen weiß man nach 'ner Safari durchs trok-

kene Land zu würdigen... Andererseits ist der Wildpark auf der Westseite des Stausees ein Erlebnis für den, der gerade eingetrudelt ist und Etosha (noch) nicht kennt.

Tips: An Wochenenden und in den Ferien sind die Bungalows oft ausgebucht, dann bleiben nur die Campgrounds. – Nach extrem hohen Tagestemperaturen im Süd-Sommer staut sich in den Häusern die Tageshitze bis zum frühen Morgen. – Im Süd-Winter kann's auf dem 1.150-m-Plateau nachts saukalt werden!

Hardap – Windhoek (236 km)

EBENEERDE heißt ein Bahnhof südlich von Mariental – und so geht's zunächst weiter: Flache Steppen- und Savannenlandschaft bis zum Horizont. Daß sich die Straße in weiter Kurve auf ein höheres Plateau schwingt, bringt dabei wenig Abwechslung. Ziegen steigen zur Nahrungssuche in die Büsche. Parallel zur Teer-Pad ein Sandsträßchen für die Donkey-Karren der Namas, die gefärbte Schaf-Felle am Straßenrand anbieten.

*Ein Fremdkörper in arider Zone: Der Stausee **Hardap Dam** bei Mariental. Das Resort ist eine ideale Safari-Ruhezone. Staatliche Bungalows sind preiswert, der Angelschein ist's ebenfalls.*

KALKRAND: Ein paar Häuser, Laden und Tankstelle. Weiter monotones „Veld", was sich auch in den Namen der Bahnhöfe niederschlägt: *Duineveld, Heide* – darunter kann man sich ja gerade noch was vorstellen. Dann schlicht *Gebiet*. Des Rätsels Lösung erfahren wir in Rehoboth (s.u.).

35 km vor Rehoboth tauchen im Norden Berge auf, *Bergland* verzeichnet die Karte.

Noch in der Ebene wird der „Wendekreis des Steinbocks" überquert, der *Steenbokkeerkring*. Hier beginnen die Tropen, hier steht am 21. Dezember die Sonne mittags senkrecht im Zenith und wandert danach allmählich wieder zum Äquator und zum nördlichen Wendekreis.

REHOBOTH – zwar eine recht große Stadt, doch eher eine staubige Streusiedlung ohne ausgeprägtes Zentrum. Am Rivier ist's recht grün mit hohen Bäumen (was man wohl nur nach langer Fahrt übers nahezu kahle Hochplateau registriert).

In Rehoboth und Umgebung leben die *Rehobother Baster:* Nachfahren eingewanderter Buren und Hottentotten oder Namas. Die Bezeichnung „Bastarde" mag deutsch schaurig klingen, die *Baster* sind jedoch fast stolz darauf. Sie bewahrten sich ihre eigene Identität

und verwalten unter Führung eines *Kaptein* das *Rehoboth-Gebiet* selbst – daher auch der zunächst phantasielos erscheinende Bahnhofs-Name „Gebiet".

Wem der Sinn mal wieder nach einem Bad steht: Am Südrand von Rehoboth zweigt ein Weg ab zur *Reho Spa* mit Thermalbad und Freizeitanlage (1992 in kläglichem Zustand). Die warme Quelle hat den Ort seit Urzeiten für Siedler attraktiv gemacht.

Recht neu dagegen ist der *Oanob Dam* nordwestlich der Stadt (an der B1 ausgeschildert). Auch hier eine Rest Area.

Die Straße steigt immer deutlicher an. ARIS (mit Hotel) liegt bereits auf 1.906 m, was keine deutsche Alpenstraße erreicht! Die Eisenbahn gewinnt Höhe in weiten Schlingen und schraubt sich nördlich vom Paß ebenso gewunden hinab in den Talkessel von WINDHOEK, vorbei an den Auas-Bergen im Osten. Campingplatz in der Nähe des *Eros*-Stadtflughafens (ziemlich laut). Jede Menge Hotels, siehe Route 1.

Nach langer Tour kann man die Hauptstadt und ihre Reize weit besser genießen als bei der Ankunft: Nun erst wirkt das Vertraute exotisch. Viel Spaß beim Stadtbummel und im Biergarten!

26 GROOTFONTEIN – CAPRIVI-ZIPFEL (790 km)

Der *Caprivi Strip* wurde erst in den letzten Jahren zugänglich. Einst war der Osten dieses „geographischen Unikums" von Windhoek aus überhaupt nicht erreichbar wegen der Sümpfe am Kwando-Fluß, dann wegen des Buschkriegs (Geschichte siehe Kasten „Zipfel-Historie"). Zunehmend Bedeutung für Transport-Route von/nach angrenzenden Ländern.

Name: Nach Reichskanzler Graf von Caprivi (s. Kasten „Geschichte"). – Geographische Namen variieren bisweilen: z.B. Fluß Kwando, Quando, Cuando (portugies.), Mashi.

Lage: Nordost-Namibia. Michelinkarte 955 Falte 26 oben.

Karten: f&b Sektoren E-H2, H1. – UNO-Ost-Blatt. – ONC P4. – Topogr. Karte 1:500.000 *Rundu 1718* (nicht notwendig) und *Katima 1722* (lohnende Anschaffung, mit Linyanti Swamp und Victoria Falls, Chobe).

Attraktionen: Dies Gebiet ist touristisch unterentwickelt (positiv oder negativ zu sehen). Orte und Missionen im fruchtbaren Okavango-Tal. Popa-Stromschnellen des Okavango. Game Park in Caprivi-West. Typisches Schwarzafrika in Ost-Caprivi.

Straße: Durchgehend B8. Varianten: Kaudom-Park (Nature Reserve, s. 4WD-Route 31). Zu den Popa-Falls. Neue, unerschlossene Nationalparks *Mudumu* und *Mamili* am Kwando. – Abenteuerliche Verbindung Rundu-Ovamboland.

Entfernungen/Zustand: Grootfontein – Rundu 260 km, erstklassige Teerstraße. Rundu – Bagani (Okavango) 215 km, anfangs asphaltiert, dann mehr oder weniger rauhe Schotterstraße. Bagani – Kongola 200 km gepflegte Schotterstraße, sehr einsam. Ab Kongola/Kwando-Fluß gute Teer-Pad bis Katima Mulilo (115 km).

Zeitbedarf: zwei bis drei Tage (one way). Dank der nun ausgebauten Allwetterstraße läßt sich Caprivi auch in der Regenzeit besuchen; ab Katima möglichst nur Allrad.

Tankstellen: Grootfontein, Rundu, Andara bei Bagani, Katima Mulilo. Gute Werkstätten in Grootfontein, Rundu und Katima Mulilo.

Versorgung: In den genannten Städten. Unterwegs in Stores Grundbedarf erhältlich. „Durststrecke" zwischen Okavango-Brücke und Kongola.

Gesundheit: Malaria-Prophylaxe. Bilharziose-Gefahr beim Baden in Flüssen.

⛰ Popa-Fälle. Katima Mulilo (Hippo Camp, Zambezi Lodge). Ansonsten (außerhalb der Game Parks) Bush Camping.

🏨 Grootfontein:

Meteor	06731-2078
Nord Hotel	-2049
Rundu: Motel und	
Kaisosi Safari Lodge	067372-265
Popa-Rastlager mit Bungalows, ggf. Reservierung. *Lianshulu-Lodge* südöstlich von Kongola	0673 52-86
Katima: *Zambezi Lodge*	0673 52-203
Kalizo Fishing Camp	0673 52-86

Anschluß-Strecken: Route 27 (Victoria Falls). Zurück nach Namibia über Botswana (Routen 28/29 via Chobe oder 30, Abkürzung nach/von Maun via Okavango). In Fahrtrichtung West: Routen 3/4 (Tsumeb – Etosha).

Grootfontein – Rundu (260 km)

Die Stadt der „großen Quelle" bringt Transit-Touristen einige Annehmlichkeiten: GROOT-FONTEIN ist Versorgungs-Basis für die Ost-Tour (Ersatzteile, Gas-Füllstation, Lebensmittel), dazu Banken, Bäcker, Metzger... Der Ort ist Endstation der Bahn (Weiterbau in Pla-

nung), hat ein kleines Fort mit Museum, unter dem sich der propere Ort gruppiert, für von Westen Kommende schon aus großer Distanz sichtbar. An den verborgenen Charme solcher namibischen Mittelstädte muß man sich langsam herantasten.
Der Auftakt zur Caprivi-Tour ist vordergründig wenig berauschend: recht monotone Fahrt

Karte zum Westteil dieser Strecke:
Umschlagklappen und Route 31 Kaudom

über spärlich bewachsenes Plateau, anfangs Farmland mit dem Bergbau-Einsprengsel *Berg Aukas* im Osten. Die Teerstraße trug vor wenigen Jahren noch die Nummer 8/2, vor Rundu dann 8/3. Nun heißt sie bis nach Ost-Caprivi durchgängig *B8,* die Abschnitts-Numerierung entfiel.

> Auch die bei km 56 nach Osten Richtung TSUMKWE/KAUDOM abzweigende Straße 74 wurde umbenannt in C44, wichtig zu wissen, wenn das Kartenmaterial nicht top-aktuell ist.
> Die C44 ist südliche Zufahrt zum Kaudom-Park (siehe Route 31). Wegen schwierigen Geländes und Einsamkeit des Wildparks darf Kaudom nur im Konvoi befahren werden. Permit unbedingt vorab besorgen! – In der Regenzeit (Dez./März) ist die Route schwierig!

Die Landschaft wird sanft-wellig: *Sand Dunes* zeigt die ONC-Karte, aber die Ost-West verlaufenden Dünen stammen aus alter Zeit, sind längst mit Sträuchern und Kräutern bewachsen und damit stationär. Zwischen den Sandwellen bisweilen *Vlei*-Tonpfannen, in denen Regen versickert und verdunstet. Dies Randgebiet der *Kalahari Desert* ist keine echte Wüste, sondern Busch-Savanne.
Blick auf die Höhenangaben: Das Plateau liegt durchschnittlich 1.200 m hoch und senkt

Caprivi ist Rinderland. In Ost-Caprivi „fallen" auf jeden Einwohner zwei Rinder. – Die Friedenstaube hat den Streifen Anfang der 90er Jahre problemlos bereisbar gemacht.

sich bis Rundu kaum spürbar um 100 Meter. 125 km vor Rundu ein großer Zaun: Er trennt das „weiße" Farmland vom *Kavango-Gebiet 1,* das den Kavangos in den 60ern als Homeland zugewiesen wurde (neuere Karten verzichten auf Bantustan-Bezeichnungen aus der Apartheid-Ära). Im riesigen Gebiet leben nur etwa 136.000 Menschen (Angabe 1991).

26

Der *Fence* wurde nicht als Grenzlinie errichtet, sondern um das Einschleppen von Seuchen zu verhindern. Am Checkpoint wurde früher intensiver kontrolliert als heute: nach tierischen und pflanzlichen Produkten, sogar nach Blut an Bord. Ein zweiter *Stock Disease Control Fence* folgte einst 30 km weiter.

Besondere Grenzfunktion erhielt der Zaun in den 80er Jahren: Hier verlief damals die „rote Linie", nördlich davon begann die Sicherheitszone, ein überwachtes Puffergebiet zwischen Nord-Namibia und Angola/Zambia. Auch die Straße ist Produkt jener unruhigen Zeit: bester Asphalt für fixe Truppenbewegungen, heute Transportroute in die nordöstlichen Nachbarländer (s.u.).

Die Landschaft ändert sich nicht, wohl aber der Siedlungs-Charakter: kleine Streu-Dörfer mit Rundhütten, daneben Lehmziegelhäuser mit Fachwerkstruktur. Einige Wellblechbuden sind bunt bemalt. Brennholz wird an der Straße verkauft, daneben Fleisch in Groß-Portionen. Schwarz-Afrika beginnt!

Die Infrastruktur wird schlechter, sieht man von der guten Straße ab (die so gut ist, daß man sie streckenweise sogar als Flugzeug-Landebahn präpariert hat). Nach kurzem Regenguß schöpft eine Kavango-Frau Wasser aus einer Pfütze. Wäre das im hochentwickelten Süden denkbar? Aufbauarbeit ist jedoch schwierig angesichts der Streu-Struktur. Schon einige Busch-Kliniken bedeuten einen Sprung nach vorn.

In RUNDU (1.100 m) ist der Okavango erreicht, auch Kavango genannt. Am Nordufer beginnt Angola – dort heißt der Fluß Cubango. Durch die Grenze, die unterschiedlichen Systeme auf beiden Seiten und vor allem durch den Buschkrieg der 80er Jahre wurde der Kavango-Stamm auseinander gerissen.

Nach all den trockenen Rivieren Namibias ist der Okavango-Strom ein Erlebnis für sich. Besonders abends mit rotglühender Sonnenscheibe. Kein Kitsch – obwohl's so wirkt...

Rundu wird oft als „Kaff" bezeichnet. Mag sein. Wer von Osten kommt, wird's anders sehen. Passable Infrastruktur, Werkstatt, Post, Supermarkt und erstklassige Metzgerei!

Ganz anderes Afrika als weiter im Süden: Dramatischer Wolken-Pilz über einem Dorf nahe des Okavango. Der Caprivi-Highway ist nun auch während der Regenzeit befahrbar, wenngleich etwas mühsam.

Abenteuerliche Alternativ-Route nach Westen, ins Owambo-Land: Von Rundu 80 km auf der C45, dann auf Distriktstraßen 3404, 3601 und 3603 nach ONDANGWA. Gesamt 450 km ohne Versorgungspunkte, am besten Karten 1:500.000 benutzen (1718 und 1714). „Nach leichtem Regen relativ angenehm zu befahren, ansonsten rauh und sehr staubig", hieß es in Rundu. Wer die Strecke mit Ziel RUACANA-Wasserfälle befährt: Die lohnen kaum, da sie wegen des Kraftwerks eingezäunt wurden. Drumherum viele Spreng-Minen...

Leuchtende Schmetterlinge beim Gruppensex – und das millionenfach und ausgerechnet auf der Straße...
Links: Still strömt der Okavango durch fruchtbares, grünes Land (auf dem Gegenufer Angola). Erst bei den Popa-Fällen „gibt er Gas" und tost über niedrige Katarakte.

„Caprivi-Highway":
Rundu – Katima Mulilo (500 km)

In Rundu geht's auf Ostkurs. Weiterhin gute Teerstraße, die seltsamerweise nicht im Siedlungsgebiet am Fluß trassiert wurde, sondern einige Kilometer südlich davon. Ein Dokument der Buschkriegs-Geschichte: Die Südafrikaner hielten die Straße außer Reichweite der Swapo-Geschütze am andern Ufer.

Der Asphalt reicht derzeit bis Mashari, Ausbau ist geplant. Ein Tip: Vom Leben am Okavango spürt man an und neben der parallel verlaufenden alten Uferstraße mehr. Nach etwa 60 km muß man ohnehin auf die Gravel Road wechseln.

Ein für Namibia ungewohnter Anblick: Grüne Felder, Fruchtbarkeit. Ein Kral folgt dem anderen. „Exotische" Szenerie mit starkem Schwarzafrika-Einschlag. Schon das allein lohnt diese Tour.

Kavango und Ost-Caprivi gelten als Kornkammern des Landes. Im Fluß-System aus Okavango, Chobe, Linyanti und Zambezi/ Sambesi gibt's genug Wasser und auch ausreichend Niederschlag, mit 600 mm pro Jahr fast Werte wie im humiden Deutschland:

26

„Wenn die Bevölkerung hier hart genug arbeiten würde, könnte sie das ganze Namibia ernähren", meinte ein Minister. Ein Schwarzer übrigens, kein Weißer. Und weiter: „Unabhängigkeit bedeutet Verantwortung und nicht Faulheit."

km 115 (91 km westl. von Bagani): Nordzufahrt zur *Kaudom Reserve* (s.o. und Route 31). Tief zerfahrene Spuren im Sand geben einen Vorgeschmack auf die Fahrprobleme. Da weiß man unsere befestigte *Gravel Road* trotz ihres Wellblechs zu schätzen. 80 km/h sind leicht möglich.

Okavango und West-Caprivi

195 km östlich von Rundu letzte Tankstelle bei ANDARA; der Ort mit Missionsstation und kleinem Hospital liegt 2 km nördlich der Straße. Der Okavango strömt hier bereits über Felsen, Vorstufe der *Popa-Falls*-Schnellen.

Nach 15 km Gabelung. Geradeaus geht's weiter zu den POPA FALLS mit gutem Rest Camp, gesamt 925 km von Windhoek (von Maun durchs *Ngami-Land* →Route 30). Unterkunft auch in der nahen *Suclabo Lodge*.

An der Botswana-Grenze wurde 20 km südlich von Popa anno 1986 die MAHANGO RESERVE geschaffen: Klein (25.000 Hektar), aber fein: Büffel, Elefanten, Kudus, angeblich auch Löwen. Nur Tagesbesuche sind erlaubt, Permit am Gate. Kein Camp, keine Lodge. Am Fluß 4WD-Piste und Picknickplatz: Schwimmen ist riskant der Krokodile und Bilharzia wegen.

Die Brücke über den Okavango war bis Anfang der 90er Jahre strategisch wichtigster Punkt der Region und entsprechend militärisch gesichert. Nun ist in Bagani Friede eingekehrt: Der Kontrollposten am Ostufer wurde vom Naturschutz übernommen. Trotzdem blieben die Sperrgebiet-Schilder; statt des Zusatzes „Militär" eine Lücke. „Sie sind unterworfen an Durchsuchungen zu jeder Zeit". Na ja, das dürfte vorbei sein.

Gefragt wird nach Elfenbein im Wagen und nach anderen Trophäen, nicht mehr nach „Terroristenwaffen".

„Handeln/Schmuggeln und Jacken streng verboten", mit dieser letzten Belehrung ist man entlassen auf die neue Schotterstraße, die meist schnurgerade in der Mitte des Caprivi-Zipfels nach Osten führt. Abweichen von der Hauptstraße ist nach den aktuellen Vorschriften nicht erlaubt.

Hauptsächlich für den Transport von Gütern aus/nach Zambia und Zimbabwe (Kupfer) wurde die B8 zum *Caprivi Highway* aufgewertet, denn der lange Weg zur Eisenbahn (Grootfontein) ist besser als alle Alternativen durch „unstabile" Länder. Der Transport auch schwerer Güter vom Hafen Walvis Bay nach Zambia dauert nur wenige Tage. Schwer vorstellbar, daß durch diese Urlandschaft in ferner Zukunft Güterzüge bis Katima Mulilo rollen könnten...

Auf dem bisweilen arg strapazierten *Caprivi Highway* (früher *Golden Highway*) sind auch schwere Lastwagen mit *Windhoek Bier* und anderem Gebräu unterwegs. Jedes Dorf in Ost-Caprivi, und sei es noch so klein, unterhält seinen eigenen *Bottle Store*.

190 einsame Kilometer durch den *Caprivi Game Park*. Die Chancen, beim schnellen Transit Tiere zu erspähen, sind ziemlich gering. Hie und da tauchen mal Gazellen ab ins hohe Gras, aber Großwild treibt sich an der B8 nicht herum. Stattdessen traben durchs kleine Buschdorf Mangaranta (km 70) struppige Esel mit „Kuhglocken"...

Auch die Flora wirkt nicht sehr exotisch. Abgesehen von einigen Baumriesen macht der *Mopane*-Urwald auf den ersten Blick fast mitteleuropäischen Eindruck. Im Busch ein Feldflughafen; der Flugplatz *Omega* war während des Krieges wichtiger Stützpunkt, Basis für RSA-Einsätze in Angola.

Dann ein Kral mit massiver Umzäunung aus zersägten Baumstämmen – ein Indiz dafür, daß es viel Wild geben muß.

125 km östlich der Bagani-Brücke ändert sich die Landschaft: Das Plateau wird hügliger, ist durchzogen von kleinen Bachbetten: Die Uferzone des nahen Kwando-Flusses. Er wird auf einer Dammbrücke überquert; das Wasser rauscht durch große Röhren nach Süden, wo der Kwando unterm Namen Mashi in den Linyanti übergeht – ein etwas verwirrendes Flußsystem im ebenen Land.

Huschhusch durch den Busch?

ECZ-ZIPFEL-HISTORIE

Wer kennt den Namen des Bismarck-Nachfolgers Caprivi? Sein 350 km langer „Zipfel" hat ihn unsterblich gemacht, zumindest im südlichen Afrika. Das kam so: Deutsch-Südwest und Deutsch-Ostafrika waren auf dem Landweg nicht miteinander verbunden. Was den Kolonialstrategen nicht gefiel und weswegen beim Tausch Sansibar gegen Helgoland anno 1890 ein „Korridor" ausgehandelt wurde, der 20 englische Meilen breit sein und Kaisers Reich von Südwest aus einen Uferstreifen am Zambezi bescheren sollte. Bis Deutsch-Ost waren's allerdings noch rund 1.400 km, denn dazwischen lag Nord-Rhodesia (heute Zambia).

Schuckmannsburg (Route 27) wurde deutscher Amtssitz des Gebiets, Katima Mulilo kam erst später zu Rang und Würden.

In West-Caprivi blieb der „Zipfel-Hals" bis heute 32 km schmal, im Osten handelte das Reich nach und nach einen größeren Wasserkopf ein. Wasserkopf ist dabei wörtlich zu nehmen, denn das Gebiet erwies sich als

ziemlich naß und unwegsam, was die Geopolitiker am grünen Tisch wohl nicht wußten. Es ließ sich keine Landverbindung herstellen, weshalb Ost-Caprivi in der Südafrika-Mandatszeit direkt der Regierung in Pretoria unterstellt wurde. Übers britische Betschuanaland (seit 1966 Botswana) war *Caprivi Oos* zwar mühsam, aber immerhin erreichbar. Das Gebiet hatte sogar ein eigenes Kennzeichen: *ECZ* für *Eastern Caprivi Zipfel*!

Krieg als Vater vieler Dinge: Mit dem Aufflammen der Guerilla-Aktionen wurde Caprivi strategisch wichtig. Südafrika baute die Piste Bagani-Katima Mulilo, die Touristen bis kurz vor der Unabhängigkeit ausschließlich am Tag und husch-husch, nonstop binnen vier Stunden passieren durften.

In den 60er Jahren hat die RSA den trockenen West-Hals *(Gebiet 2)* in einen Game Park umgewandelt und die Straße später perfektioniert, allerdings nicht geteert.

Das Unglaubliche an der ganzen Geschichte: Der Streifen wurde zwar in *Strip* umbenannt, die urgermanische Bezeichnung *Zipfel* hielt sich jedoch hie und da bis heute – siehe französische Michelinkarte...

Es macht Spaß, mal in den kleinen Stores am Weg einzukaufen, nicht nur in den Städten. Das Angebot ist zwar karg, aber „Shopping" führt fast immer zu netten Kontakten.

Oben: Es sieht schlimmer aus, als es ist: Die Strip-Straße wurde allwetter-tauglich und für Transit-Schwerverkehr ausgebaut. Pkws sollten Caprivi während der Regenzeit meiden.

Ost-Caprivi (115 km)

26 Östlich der Brücke ein kleines Denkmal, an die Schluß-Phase des Buschkriegs erinnernd. Hier verunglückten im September '89 drei polnische Offiziere der *Untag*-Friedenstruppe der UNO.

Es geht weiter auf guter Teerstraße. 195 km von Bagani: KONGOLA, östlicher Checkpoint der Caprivi Game Reserve.

3 km weiter zweigt die Pad 3511 nach Süden ab zur neuen *Lianshulu Lodge* (ca. 35 km und noch etwa 5 km durch den Busch). Lianshulu ist bislang einzige Unterkunft nahe des neuen MUDUMU-NATIONALPARK am Kwando. Die Lodge liegt an einer Fluß-Bucht. Besonders abends ein herrliches Schauspiel, wenn die Flußpferde auf- und abtauchen. Tiere finden bisweilen sogar zu den Unterkünften im Busch, daher ist in der Dunkelheit Vorsicht geboten.

Der Weg folgt (z.T. 4WD) dem Bogen der Flüsse Kwando und Linyanti mit dem ebenfalls neuen MAMILI-Nationalpark an den Linyanti-Swamps, dem Okavango-Delta nicht unähnlichen Sümpfen. (Elefanten, Krokodile, Büffel, Antilopen, Seeadler). Eine abwechslungsreiche Alternative zur Teerstraße, auf der man nah herankommt an den Liambesi-See. Zeitweise ist er ausgetrocknet und ähnelt mehr einem Schilfmeer. Die Zone wird zunehmend agrarisch genutzt.

In diesem Bereich sehr viele ursprünglich gebliebenen Dörfer. Wellblech z.B. wird als Baumaterial noch kaum benutzt. Ein unglaublicher Kontrast zum südwestlicheren Namibia!

Ganz allmählich fällt das Land ab zum Zambezi: von der 1.000-Meter-Marke (etwa die Durchschnittshöhe des Kalahari-Großraums) bis 950 m bei Katima Mulilo.

Der Wald-Charakter West-Caprivis ist am Kwando weitgehend verschwunden: Das Land ist gerodet, nur hie und da etwas Buschwald und Schirmakazien. Überall Felder für „Regenfeldbau", also weitgehend ohne künstliche Bewässerung. Daneben Vieh-Pferche: Ost-Caprivi ist Rinderzucht-Land. Auf jeden der (1991) 70.000 Caprivianer „fallen" fast zwei Rindviecher!

110 km östlich des Kongola-Kontrollpostens beginnt die Streusiedlung KATIMA MULILO, das Verwaltungszentrum von Caprivi, 1.208 km von Windhoek. Der Ort ist relativ neu. Während der deutschen Kolonialzeit war Schuckmannsburg Mini-Hauptstadt von Caprivi (siehe Geschichts-Kasten).

Seine verhältnismäßig gute Infrastruktur verdankt Katima wie viele Orte dieser Region

ZAMBEZI LODGE
To Box 98
K. Mulilo
Tel 203 n 149
Tir &nd-rooms
Swimming Pool
Golf Course
Caravan Site

*Ost-Caprivi, Bots-
wana, Zimbabwe:
Echtes Afrika mit
Schirm-Akazien und
urtümlichen Dörfern
am Zambezi.*

*Unten: RSA-Bunker
bei Katima Mulilo
wurden in den 70er
Jahren errichtet, um
Angriffe von Zamiba
aus abzuwehren.
Sie sind längst
museumsreif.
Lodges am Zambezi
kennen keine Grenz-
konflikte, nur vor
Hippos sollte man
sich hüten.*

dem Buschkrieg, von dem noch einige Sand-
sack-Bunker am Zambezi zeugen. Nur ein
einziges Mal wurde Katima von Zambia aus
attackiert (1978). – Versorgungsmöglichkeiten mäßig, zum Ausgleich wird der Ort bisweilen von Elefanten heimgesucht!
Die Lodges sind neben üppigen Parks Haupt-
Attraktion. Echtes, tropisches Afrika, nur wenig touristisch hergerichtet. Ein mit allen
Wassern gewaschener Globedriver über die
Sanitäranlagen des *Hippo-Camp:* „igittigitt".
Das könnte man ja ändern...
Die *Zambezi Lodge* am östlichen Ortsrand
lockt mit schwimmender Bar. Von hier aus
sind ebenso wie vom *Hippo* oder *Kalizo Fishing Camp* Boots-Touren möglich; auch geführte Safaris lassen sich organisieren. Ziele
sind Victoria Falls in Zimbabwe (Route 27),
Chobe und Okavango-Delta (Botswana, Tran-
sit-Route 28).

Der Weg zur Kalizo-Lodge zweigt 15 km südöstlich der Stadt ab von der Pad 3508 Richtung Ngoma Bridge/Botswana. Angel-Aus-
rüstung für Fisch-Safaris auf dem Zambezi
kann geliehen werden. Wer ein Schlauchboot
o.ä. dabei hat, kann's hier zu Wasser lassen
(Vorsicht vor Flußpferden!).

Grenzüberschreitungen Namibia/Botswana/Zimbabwe:

27 KATIMA MULILO – VICTORIA FALLS (210 km)

Der Abstecher von Ost-Caprivi zu den Viktoriafällen ist zwar nur kurz (kaum weiter als ein Abstecher ins Salzkammergut im Rahmen einer Bayern-Reise), aber Spitzenklasse!
Wem zweimalige Grenzabfertigung des Autos zu mühsam ist, der kann in Katima oder Kasane/Botswana den Wagen stehen und sich organisiert rüberschaukeln lassen. – Auch ab Windhoek geht's pauschal und im Fluge zu den Fällen.

Lage: Osten des Caprivi-Strip, Nord-Botswana und West-Zimbabwe. Michelinkarte 955 Falte 22 unten und 26 oben.

Karten: Padkarten, f&b Sektor H1. – Topogr. Karte 1:500.000 *Katima Mulilo 1722* (mit Chobe/Savuti).

Straße und Zustand: Namibia-Pad 3508 von Katima Mulilo nach Südosten zur Botswana-Grenze. Zwar als Verlängerung der B8-Hauptroute verzeichnet, aber nur mäßig gut, bei Regen glitschig! Normalerweise Pkw-tauglich. Miet-Pkws meist nicht erlaubt; bei Veranstalter oder Vermieter anfragen!
Von der Ngoma Bridge in Botswana entweder mäßig gute Hauptroute direkt nach Kasane (wird östlich umgangen). Alternative: Safari-Weg entlang des Chobe-Flusses durch National-Park. Gebühr! → Route 28. – Von

Kasane über die Zimbabwe-Grenze; sehr gute Teerstraße durch *Zambezi National Park* nach Victoria Falls.

Entfernungen: Alle drei Teilstrecken sind jeweils ca. 70 km lang: Katima Mulilo bis Grenze, Botswana bis Zimbabwe-Grenze (ohne Kasane-Abstecher) und letztlich Kazungula – Victoria Falls.

Zeitbedarf: Ein Tag; bei trockenem Wetter und flotter Grenzabfertigung etwas weniger. Grenzposten sind nur bis 17 oder 18 Uhr besetzt, also rechtzeitig ansteuern. – In der Regenzeit u.U. langwierige Tour wegen Schlamm auf den Pisten.

Tankstellen: Katima Mulilo, Kasane (auch gute Werkstatt!), Victoria Falls.

Grenzabfertigung: Namibia sehr schnell und problemlos. – Auf Botswana-Seite ist Grenzstation demnächst fertig; Abfertigung (für Ein- und Ausreise) bis dahin in Kazungula.

Zimbabwe-Grenz-Prozedur: etwas komplizierter; Abschluß einer billigen Auto-Versicherung, ggf. Auflistung wertvollen Reisegepäcks (siehe *Geld*).

Auto-Einfuhr: rechtzeitig mit dem namibischen Vermieter (besser bereits über heimischen Reiseveranstalter) absprechen. Nicht allen Fahrzeugen ist die Ausreise aus Namibia erlaubt. Für Zimbabwe wird ein Grenz-Dokument (*commercial vehicle*

guarantee) benötigt, es kostet rund 100 Rand.

Geld: In Botswana *Pula* (→ Anhang). Kein Schwarzmarkt, Rückwechsel ggf. in Windhoek. – *Zimbabwe-Dollar*; Devisen-Deklaration an der Grenze. Kontrollen werden lax gehandhabt. Illegaler Schwarzmarkt zu besseren Kursen. Nicht zu viele Devisen in Zim$ wechseln: Rücktausch ist schwierig und vieles in Hartwährung bezahlbar.

Versorgung: Katima Mulilo, Kasane und Victoria Falls.

▲ Caravan Park in Vic Falls (im Zentrum; ein weiterer einige km nordöstlich.). Ferner mehrere Camps entlang des Zambezi, 20 bis 30 km stromauf. Reservierung nicht notwendig.

🏠 Katima Mulilo (siehe Route 26). Kasane (Lodges) und in Victoria Falls. Alt-ehrwürdig und entsprechend hochpreisig das *Victoria Falls Hotel*. Für Safari-Touristen ideal: *Sprayview* mit Motel-Charakter (am Ortseingang). Weitere Hotels mittlerer Preislage; neue Lodge etwas abseits des Orts.

Reiseführer Zimbabwe mit Victoria Falls: Bornemann, *Zimbabwe*, Reihe „Reise Know-How", 350 Seiten. – Cornaro, *Zimbabwe*, DuMont Landschaftsführer, 368 Seiten. – Iwanowski, *Reise-Handbuch Zimbabwe*, 303 Seiten.

Anschluß-Strecken: Route 26 (Rückfahrt durch Caprivi-Zipfel).
Routen 28/29 (Botswana – Windhoek, z.T. 4WD!)

KATIMA MULILO ist noch nicht so recht auf Touristen eingestellt, daher ist die Ausschilderung mäßig. Aber die Pad *3508/B8* zur Ngoma-Brücke läßt sich leicht finden: Am besten starten Sie von der *Zambezi Lodge* aus.

Im Vergleich zur erstklassigen Schotterstraße durch den Caprivi-Zipfel ist der Weg nach Südosten qualitativ bescheiden, läßt sich aber relativ zügig befahren; stellen Sie sich jedoch ein auf Querrinnen bis 30 (!) cm Tiefe. Bei Nässe neigt das Auto auf den Lehmspuren zum Schlingern; Lenk-Ausschläge vermeiden und die Kiste mit kurzen Gasstößen auf Kurs halten. Seitlich vom Damm gerutschte Autos (selbst Geländewagen) sind im seifenglatten Schlick schwer zu bergen. Einheimische nennen den Weg zwar *Gravel Road,* aber von Kies ist nichts zu sehen: reiner „Naturbelag".

km 13: Abzweig Richtung Nordosten: nach *Kalambesa.*

km 30: *Bukalo,* ein kleiner Ort. Rundum flache Savanne mit vereinzelten Baumriesen, Vieh-Pferchen und kleinen Siedlungen. Hier geht typisch afrikanisches Leben wie seit 200 Jahren seinen gewohnten Gang, sieht man mal ab von den unvermeidlichen Bottle Stores. Ausreichend Niederschlag und Grundwasser bis dicht an die Erdoberfläche bescheren üppige Vegetation.

km 40: Eine breite Überflutungs-Ebene wird auf einem Damm mit mehreren Brücken überquert. Die Zone gehört bereits zum Einzugsbereich des Chobe-Flusses.

Im Südwesten der *Liambesi Lake.* Vor allem in der Trockenzeit ist davon kaum noch etwas zu sehen: Wasser und Land werden für Ackerbau genutzt.

km 42: Ngoma Junction.

Abzweig nach Südwesten zum Liambesi; der Abstecher lohnt sich kaum. Nach Nordosten 44 km bis SCHUCKMAN(N)SBURG, einst Vorposten am Zambesi: 1912 wurde dort vom deutschen

Bei Nässe ist der Naturbelag so glatt, daß man leicht abrutscht von den relativ festen Spuren. Selbst ein Allradler ist auf der „Schmierseife" schwer zu bergen. – An Botswana-Checkpoints werden Ein- und Ausreisende säuberlich im Buche festgehalten. Links: Baumriesen im Urwald an der Ngoma Bridge.

Hauptmann Streitwolf ein Ziegelhäuschen errichtet, das Amt Caprivi. Streitwolf war wohl isoliertester Statthalter des Kaisers. Heute ist Schuckmannsburg östlichster deutscher Ortsname Namibias, aber keine Attraktion.

27

km 72: Grenzposten Lukulu/Ngoma Bridge und *Disease Checkpoint.* Nur bis 17 Uhr geöffnet. Die Ausreise-Prozedur dauert kaum 15 Minuten, geht für afrikanische Verhältnisse ungewöhnlich zügig über die Bühne.

Transit Botswana – Zimbabwe

Auf schmalem Damm rollen wir über ein Gras-/Schilf-Meer, später auf einer Brücke über den *Chobe River.* Mit dem Fernglas lassen sich vielleicht Flußpferde ausmachen; voraus am Hang markante *Baobab*-Affenbrotbäume.

Auf Pirschfahrt im düsteren Busch am Zambezi-Ufer, nahe der Victoria Falls. Die Hauptstraße(!) nach Kasane/Botswana ist bei Trokkenheit auch von Pkws passierbar. Wenn Wasser von oben und von unten kommt, fühlt man sich im Geländewagen sicherer.

Botswana zeigt an der Grenze vorerst wenig amtliche Präsenz: Nur ein *Disease Checkpoint,* um den Import von Vieh-Schädlingen zu verhüten. (Demnächst auch ein Grenzposten). Das Auto muß – auf Anweisung und langsam – zur Desinfektion durch eine mehr oder weniger mit Chemikalien gefüllte Wanne. Danach kontrolliert der Wächter das Fahrzeug auf Lebensmittel. Einmal entdeckte er ein angegammeltes Springbok-Steak, nur noch gut zum Verfüttern an Hunde. Freundlich-amtlich wurde verkündet: „Ich erlaube Ihnen, dies Fleisch nach Botswana einzufüh-

ren...“ Botswana-Beamte können aber auch anders sein: arrogant und leicht schikanös.
Das Sträßchen erklimmt das Chobe-Hochufer. 3 km südlich der Ngoma-Brücke beginnt der *Chobe National Park.* An der Hütte des Park Rangers (wo auch bei Transit die Personalien notiert werden) zweigt Richtung Nordosten die Park Road ab nach Serondela und Kasane; nach Südwesten geht's in den Hauptteil des Parks, nach Savuti und weiter nach Maun (siehe Route 28).
Die „Schnellstraße“ Richtung Kasane ist zwar breit durch den Buschwald trassiert, aber ziemlich holprig und monoton. Bei Regen bilden sich tiefe Wasserlöcher und Schlamm, man weicht dann meist aus auf den unbefestigten Randstreifen.
Dieser direkte Zugang nach Kasane ist in der Trockenzeit und bei vorsichtiger Fahrweise sogar Pkw-tauglich. Das zeigt schon das auf

Busch-Routen völlig unübliche Warnschild „Schleudergefahr"; anderswo muß man damit immer rechnen...

Nicht gewarnt wird vor der Urwald-Fauna: Elefanten können den Weg kreuzen. Auch Löwen wurden gesichtet, z.B. ganz in der Nähe der Ranger-Hütte.

km 54 ab Ngoma Bridge: Östlicher Kontrollposten des Parks. Die Straße wird besser, Seitenwege führen zum Chobe-Hochufer. Weiter Blick über den flachen, grünen Ostzipfel Namibias. Die Hauptstraße umgeht KASANE östlich und mündet in die Teerstraße nach KAZUNGULA. Hier beginnt auch die ebenfalls asphaltierte Straße nach Nata und Francistown (Route 28). Der Weg zur nahen Grenze ist gut ausgeschildert. Korrekte Abfertigung, auf beiden Seiten ca. 30 Minuten bis zwei Stunden.

Victoria Falls

Östlich des Zimbabwe-Grenzpostens erstklassige neue Asphaltstraße nach Victoria Falls (meist Vic Falls abgekürzt). Sie verläuft

Kontrast nach Busch-Camp-Strapazen: Hotel in Victoria Falls. Spezialität am Pool: Krokodil-Schwänze. Guten Appetit!
Links: Eisenbahn-Nostalgie bei einer Fahrt mit dem Zug von Bulawayo nach Vic Falls – immer unter Dampf...

nahe des Zambezi, der aber außer Sichtweite bleibt.

Signalwirkung hat die weiße Wasserdampf-Säule überm Urwald: „Rauch der donnert", nennen die Einheimischen den „Nebel-Spray" der Wasserfälle, die David Livingstone im November 1855 als erster Weißer entdeckte (s.u.).

Der Teerbelag unserer Straße scheint Sicherheit zu suggerieren: Was kann an solch modernem Verkehrsweg schon passieren? Es wird gewarnt: „Do not leave the main road!" Hier sind Sie in der *Matetsi Safari Area,* einem

Wasser-Fallhöhen

Weder Höhe noch Wassermenge allein machen den Reiz der großen Wasserfälle aus. Eindrucksvoller sind Umgebung und wechselnde Perspektiven.

Angel Falls (Venezuela)	978 m
Yosemite (USA 3 Stufen)	739 m
Gavarnie (Frankreich Pyr.)	420 m
Krimmel (Österreich)	380 m
Mardals-Foss (Island)	297 m
Ruacana (Namibia/Angola)	120 m
Viktoria-Fälle	110 m
Iguazú (Argentinien/Brasilien)	70 m
Niagara (USA-Seite)	60 m
Rheinfall, Schaffhausen	24 m

Rainforest ein Biotop von Pflanzen, die in weiter Umgebung nicht vorkommen, zumindest nicht so üppig.

Abgesehen vom donnernden Rauch ist die Zone um die Fälle relativ trocken; außerhalb der kurzen Regenzeit wirkt sie sogar unmittelbar an den Falls dürr und vergilbt. Vorteil: Auch hohe Temperaturen lassen sich leicht ertragen. Im April ist die Wasserführung am stärksten, im November relativ gering, mit entsprechenden Auswirkungen auf Gischt und Vegetation.

Seitenblick auf die *Cataratas de Iguazú* (Argentinien/Brasilien): Um diese Wasserfälle, den Victoria Falls weit ähnlicher als die Niagara-Fälle mit ihrer großstädtischen Umgebung, wabert Nebel auch in größerer Entfernung. Die Luftfeuchte liegt oft bei 95 bis 98% und man fühlt sich daher permanent wie aus dem Wasser gezogen. Iguazú, wie Vic Falls in den Tropen, ist aber auf nur 100 bis 200 Metern Seehöhe gelegen mit entsprechend höheren Temperaturen; Viktoria thront immerhin auf 900 Metern. Das trägt bei zum angenehmeren Klima.

Der Panorama-Spaziergang beginnt im Westen (nach dem Gate links halten). Dort, nahe der Statue von David Livingstone, donnert der Zambezi über *Devil's Cataract,* mit 61 m niedrigster der fünf Fälle. Hier kriegt man auch aus tieferer Perspektive Einblick: Auf dem *Chain Walk* geht's hinab zu weiterer Aussichtskanzel, oft eingehüllt von Sprühnebel. Einst konnte man sich an einer Sicherungskette hinabhangeln, daher der Name.

Der Weg nach Osten folgt immer der Schluchtkante mit toller Aussicht auf die gegenüberliegenden Wasserwände: erst die breiten *Main Falls,* dann *Horseshoe* und *Rainbow Falls* mit der maximalen Fall-Höhe von 108 Metern (Iguazú 70, Niagara bis 60 m). Hier steigt die Spray-Wolke am höchsten, oft bis 500 Meter – folglich kommt auch die stärkste Dusche nieder. Viele Besucher bewaffnen sich mit Schirm oder Regenschutz.

Teil des Zambezi-Nationalparks. Als wir die Straße nach Vic Falls nach längerer Grenzprozedur mal nachts befahren mußten, lauerte direkt am Straßenrand ein Löwen-Rudel... Wie ein Fremdkörper im Busch wirkt der Ort VICTORIA FALLS: eine *Resort Town,* touristisch bestens erschlossen mit Hotels (siehe Kasten), Läden, Safari-Unternehmern und Flughafen. Fans des urwüchsigen Afrika sind daher von Vic Falls nicht sonderlich begeistert, aber für einige Relax-Tage ist die Touristenmetropole mit ihrer erstklassigen Infrastruktur allemal gut.

Nur ein Katzensprung ist's vom Ortszentrum zum Park an den Wasserfällen. Der Eintrittspreis? Umgerechnet nur ein paar Pfennige! Lägen die Falls in Botswana mit seinen happigen Tarifen, dann müßte man wohl 10 oder 20 US-$ abliefern...

Auf den Wegen zur 1,7 km breiten Abbruchkante steigt die Luftfeuchtigkeit rapide an: Der „Rauch, der donnert", macht sich bemerkbar und überschüttet Besucher mit Wasserdampf-Kaskaden. Auch die Flora kriegt ihren Teil ab; unter dem permanenten Spray entwickelte sich als kleinräumiger

Weiter östlich endet der Rundgang auf Zimbabwe-Seite am *Danger Point*, wo die Schlucht beginnt (s.u.). Ein weiterer Aussichtspunkt jenseits auf der Zambia-Seite: *Knife Edge Viewpoint* mit Blick auf den östlichen Katarakt. Dort führt ein Pfad hinab zum *Boiling Pot*, zum Tosbecken. Allerdings muß man dazu über eine Grenze...

Nach dem Sturz über die Klippen macht sich der Zambezi davon: durch eine enge Zick-Zack-Schlucht, die er sich im Lauf von Jahrmillionen gegraben hat. Östlich dieser *Gorges* mit ihren Stromschnellen wird er seit 1959 im *Kariba*-Stausee stillgelegt und strömt nach der Zwischenlagerung als einziger großer Afrika-Fluß in den Indischen Ozean.

Die heutigen Fälle sind nur eine Momentaufnahme: Die Stufe verlagert sich langsam, aber sicher weiter stromauf. Die Macht der Erosion läßt sich am besten vom Devil's Cataract beobachten: Dort setzt der Zambezi hinter einer Halbinsel die Wasser-Feile an.

Ein Seitenblick: Die Niagara-Fälle rubbeln jährlich etwa einen Meter Kalkstein weg. Bei den Vic Falls muß aber härterer Basalt angenagt werden – und das dauert.

Engel im Fluge und auf dem white water

Livingstone hatte es nicht leicht, den Fällen nahezukommen. Auch der Einblick von oben blieb verwehrt. Notiz im Forscher-Tagebuch: „Solch schöne Szenen müssen Engel im Fluge gesehen haben!".

Heute ist der *Flight of Angels* Realität – und das sollte man ausnutzen! Vom nahen *Sprayview Airfield* (nicht verwechseln mit dem großen VFA-Airport!) läßt sich ein Rundflug organisieren für ca. 100 DM pro „Engel", abhängig von Wechselkurs und Flug-Dauer.

Mit gewagtem Schwung stößt der Pilot hinab zu den Katarakten, zudem in Kehren, damit Passagiere auf beiden Kabinen-Seiten was zu sehen kriegen. Spucktüten sind an Bord – auf Wunsch wird der Flieger auch sanft bewegt.

„Flight of Angels" über die Fälle: Links **Devil's Cataract,** rechts der **Main Fall** und die berühmte Spray-Wolke – „Rauch, der donnert". Viele Besucher treten den Wasserwänden mit Schirm und Regenschutz entgegen.

Als beruhigende Dreingabe folgt ein Exkurs stromauf über den noch zahm dahinströmenden Zambezi: Inseln, Palmen und Flußpferd-Kolonien. Dann über den *Zambezi National Park,* der durch ein Netz von *Drives* und *Loops* recht gut erschlossen ist.

Wenn dieser Thrill noch nicht reicht, können Sie das Wasser auch von unten angehen: Per Schlauchboot. Buchung z.B. im Vic Falls Hotel oder bei Reisebüros wie *Safari Travel Agency Tel. 571;* Preise um 130 DM.

Mit Spezial-Schlauchbooten geht's je nach Flut-Masse des Zambezi nah an die Wasserwand heran. Vor der unique white water experience müssen Sie den Veranstalter schriftlich von Haftung entbinden. Das *Rafting* über die *Rapids* ist nicht ungefährlich – auf jeden Fall naß! Entsprechend kleiden, spritzwassergeschützte Kamera einpacken. – Lese-Tip: Hautnahe Rafting-Schilderung in M. Iwanowskis Botswana-Handbuch.

Billiger, langsamer, aber auch reizvoll kommt man stromaufwärts in einfachen Holzbooten zum faszinierenden Zambezi-Abschluß.

Wild & „bumpy": Chobe-Piste (400 km, nur 4WD)

28 KASANE – CHOBE NATIONAL PARK – MAUN

Starke, abenteuerliche Variante, wenn man nach Besuch der Victoria-Fälle nicht über Caprivi zurückfahren will nach Namibia, sondern von Kasane via Botswana nach Maun/Windhoek. Die ersten 50 Kilometer bis Ngoma Bridge: Alternative zur langweiligen Hauptstraße.

Name: Nach dem Chobe River, der nördlich von Kasane in den Zambezi mündet.

Lage: Nord-Botswana. Michelinkarte 955, Falte 26.

Karten: Shell Botswana mit Detailkarten. f&b Botswana mit Sonderkarten. – Topogr. Karte 1:500.000 *Katima Mulilo 1722* (bis südl. von Savuti).

Routenlänge: Mit Abstechern, aber ohne *Moremi Wildlife Reserve* ca. 400 bis 420 km.

Zustand: Anfangs Schotter, neben dem Chobe-Fluß zerfahrene Alternativ-Pisten. Dann mehr oder weniger fester Sand mit lehmigen, harten Abschnitten. Im Süd-Sommer (Regenzeit von Dezember bis Anfang März) u.U.

viel Wasser auf dem Weg; schwierige, matschige Abschnitte südlich der Chobe-Park-Grenze. Reine Geländewagen-Piste! – Süd-Abschnitt (Shorobe-Maun, 60 km) geteert.

Zeitbedarf: 2,5 bis über 3 Tage, nach Regen u.U. noch mehr. In Notfällen lassen sich Kasane oder Maun vom Chobe-Park aus binnen ein oder zwei Tagen erreichen.

Verkehr: Gering bis mäßig; während der Regenzeit nahe null.

Tankstellen: Nur in Kasane und Maun, d.h. für die gesamte Strecke mit erhöhtem Verbrauch muß Treibstoff mitgeführt werden. 2mal 20-l-Reservekanister! Notfalls teurer Sprit im Moremi-Park.

Alternativ-Route Kasane-Maun-Windhoek: Teerstraße von Kasane Richtung Südsüdost nach NATA (300 km, Tankstelle). Von dort 300 km Kurs West nach MAUN. Länger, eintöniger als Chobe, aber wetterfest, bald durchgehend asphaltiert. Unterwegs *Forest* und *Game Reserves*. Bis WINDHOEK ca. 1.400 km, etwa

gleich lang wie Rückfahrt durch den Caprivi-Zipfel.

Gesundheit: Malaria-Prophylaxe! Trinkwasser-Entkeimung.

Versorgung: Kasane und Maun. In einigen Dörfern nördlich des Parks kleine Läden; einfachster Grundbedarf. Im Park selbst kein Service. Privat-Camp bei Savuti evtl. Anlaufstation in Notfällen.

⛰ Kasane: *Chobe Safari Lodge. Serondela* ca. 20 km westlich von Kasane, Wasser/Dusche/Toiletten. *Savuti* im Herzen des Parks, sehr einfach, Toiletten, bisweilen kein Wasser! – Maun: mehrere Safari-Camps (z.B. *Crocodile* oder *Okavango* am Südufer des Thamalakane River östlich von Maun. Während der Regenzeit u.U. geschlossen).

🏠 *Chobe Safari Lodge* (s.o.), auch Rondavel-Rundhütten. *Chobe Game Lodge* im Park, westl Kasane. *Savuti South.* Camps in Moremi und in Maun. Maun: s.o. und z.B. *Riley's Hotel.* Oft gepfefferte Preise.

Anschluß-Strecken: Route 29 (Maun-Ghanzi-Windhoek).
Route 30 (Maun zum Caprivi Strip, westl. des Okavango).
Bei Fahrt in Nordrichtung: Route 26 (durch Caprivi nach Nord-Namibia).
Route 27 (Victoria Falls).

KASANE, nur ein Dorf im Norden von Botswana. Die Teerstraße trennt zwei Welten: Einheimische und Touristen. Die einen wohnen in Lodges am Fluß, die anderen in Hütten an Ausläufern des Chobe-Steilufers. Der *Chobe National Park* gibt dem Städtchen Auftrieb: Infrastruktur mit Bank und Lodges entsteht.

Recht stilvolle Basis: *Chobe Safari Lodge* am Westende des Orts, nicht zu verwechseln mit der *Chobe Game Lodge* weiter westlich, jenseits des Gate am Park-Headquarter. Die Safari Lodge wirkt wie ein Stück alten Afrikas. Bar mit üblichem Querschnitt von rauhen Burschen bis zu Möchtegern-Abenteurern im

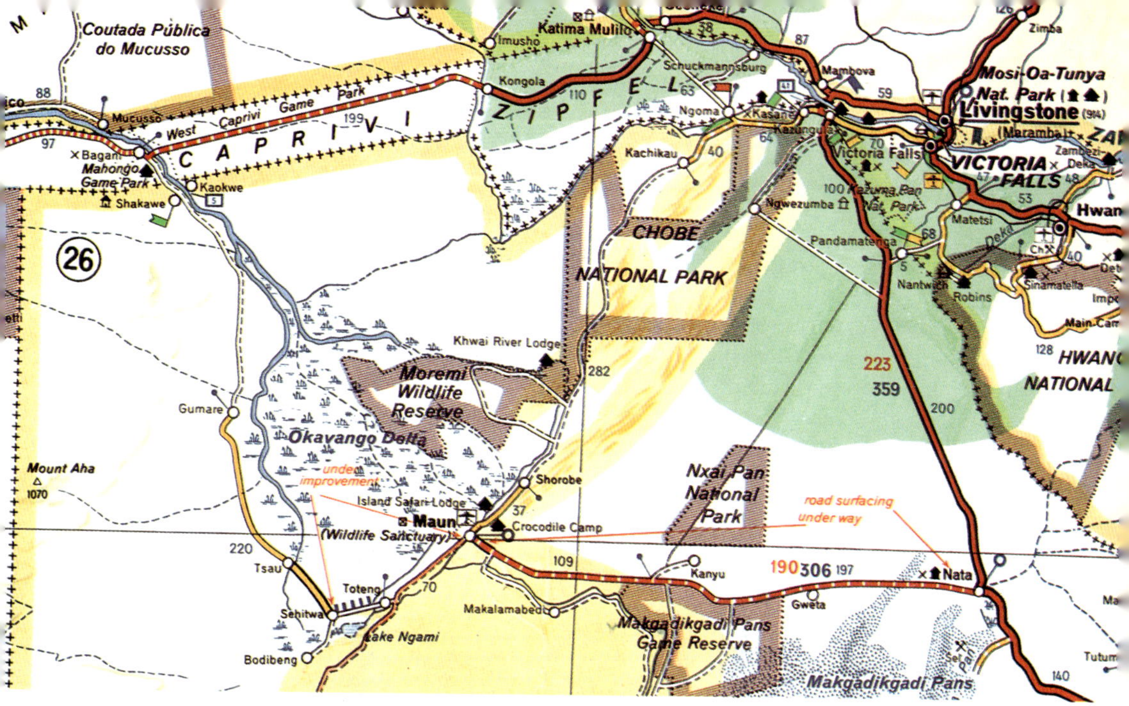

*Ein Hauch von **Out of Africa**: Terrasse der Chobe-Safari-Lodge bei Kasane, unmittelbar am Chobe-Fluß. – Baobabs sind selten belaubt. Meist ragen dürre Äste wie ausgerissene Wurzeln gen Himmel.*

aufgebügelten Khaki-Look, die mal ein biß-chen Wildnisluft schnuppern wollen. Hier kann jeder alles haben.

Überm Flußufer eine Terrasse, stimmungsvoll am Abend, wenn bei sanfter Beleuchtung der Westhimmel verglüht. Besonders dramatisch, so recht afrikanisch, ist die Szenerie während der Regenzeit, wenn Blitze aus tropischen Wolkentürmen zucken – eine Saison, in der die Busch-Tour zur Tortur auswachsen kann, aber nicht muß: Es regnet oft tagelang nicht; wenn aber was runterkommt, dann wie aus Kübeln.

Vom Ufer aus lassen sich z.B. Flußpferde am besten frühmorgens oder spätabends beob-achten, akustisch untermalt von lautem Ge-brüll in der Ferne – und vom Summen der Moskitos. Malaria-Prophylaxe ist hier unbe-dingt notwendig.

Das stille Wasser des Chobe lädt gera-dezu ein zu Kanu-Touren, eine Alterna-tive zu üblichen Bootstrips mit röhren-dem Außenborder. Am anderen Ufer ist übrigens schon Namibia, der Osten des Caprivi Strip. Diese Grenzzone ist sumpfig und über Land per Auto nicht erreichbar. Es gibt kaum Wege.

Kasane – Ngoma Bridge (um 60 km)
Pirsch am Chobe

28

Die Piste quer durch den *Chobe National Park* ist kürzer aber zeitaufwendiger als die Rückfahrt durch Caprivi oder die Alternative via Nata (→Kasten). Aber lohnend. Vor allem in Kombination mit der *Moremi Wildlife Reserve* ein Höhepunkt dieser Region, da ursprünglich geblieben.

Auffüllen von Tank und Reservekanistern ist ein Muß in Kasane, schließlich gibt's auf 400 Kilometern (nur wenige Pirschfahrten eingerechnet) bis Maun keinen Sprit.

Bis zum Kontrollposten nahe der Ngoma Bridge sind's nur rund 40 Kilometer – aber mehr, wenn *Loops* und *Drives* abseits der Uferstraße „mitgenommen" werden. Zunächst mal die Grenze des 1968 zum Nationalpark ernannten *Chobe*, wo kräftig geblecht werden muß! Ein Zweier-Team kommt nicht mehr unter dreistelligen DM-Summen davon für Eintritt und einfachstes Camp. Beim Abstecher nach Moremi muß nochmal gezahlt werden; auch Lodges in Botswana berechnen Einzeltouristen gepfefferte Preise!

O.k., wenn's den Parks und ihrer Erhaltung zugute kommt. Warum sollten Afrikas Länder ihre Reichtümer zum Nulltarif hergeben wie früher? Aber wenigstens eine einfache Kartenkopie sollte bei dem Preis drin sein...

Paviane hüpfen über den Weg: Einige tragen Babies unterm Bauch oder auf dem Rücken, andere sind vehement um Nachwuchs bemüht.

Auch wenn die Neben-Pisten lange Zeit gut sind: Der Allradantrieb sollte eingelegt und bis zum Teerbeginn nicht mehr rausgenommen werden. Der Mehrverbrauch ist nicht der Rede wert, die Sicherheit, überraschend auftauchende Schlammpassagen problemlos zu bezwingen, erhöht sich. Also: schon am Nationalpark-Tor die Freilaufnaben auf *lock* und von H2 auf H4 hebeln. Unterwegs ist das

Sperren etwas riskant: Löwen kann's hier überall geben, sogar am Ortsrand von Kasane tauchen sie auf.

Camps wie SERONDELA (ca. 18 km westlich von Kasane) sind im Gegensatz zu denen in „entwickelten" Nationalparks nicht eingezäunt. Ein Camp suggeriert auch ohne Zaun Sicherheit. Man muß trotzdem vorsichtig sein, nicht im Freien oder bei geöffnetem Zelt schlafen (→ *Campen*).

Serondela könnte man bei hochstehender Vegetation fast übersehen. Am besten halten Sie Ausschau nach dem Wasserturm. Daneben kleine Rondavels der Wärter und die *Campsites*. Eine einfache, kleine Zivilisations-Insel im Busch. Serondela ist ideales „Basislager" für die Chobe-Region.

Die Straße zeigt sich *bumpy:* hart und holperig, aber immerhin ist's eine richtige Straße. Daneben Pirschwege wie *Kabulabula Loop, Karomo Ya Maburu:* echte Pisten, die nie von einem Grader planiert wurden. Holprige Fahrspuren zwischen Hochufer und Fluß bergen bei Nässe Risiken (schlammige Überflutungsebene). Weil man bei Fahrt durch tiefe Löcher an die Karosserie geschleudert werden kann, sollten Sie sich auch abseits fester Straßen immer anschnallen.

Während die Hauptroute durch Busch führt, läuft einem an den Nebenpisten immer wieder reiche Fauna vor die „Flinte", sprich vor Auge und Kamera. Häufig sind Büffel am Chobe. Flußpferde gleiten erstaunlich flink über die Böschung ins Wasser. Elefantenherden ziehen dahin. Dicke Baobab-Bäume sind von ihnen bis drei, vier Meter Höhe abgeschrammt worden.

Große Herden von Kudus, Gazellen und Böcken wandern, äsend, witternd, sichernd. Hie und da Warzenschweine, die mit hochgestelltem Schwanz das Weite suchen. Generell dürften Sie hier mehr Wild sichten als am derzeit trockenen Savuti!

Etwa bei km 60 (je nach Pirschfahrten) Kontrollposten an der Straße zur Ngoma Bridge (von hier ggf. auf Route 26 zurück nach Namibia). – Infos über den Zustand der Piste durch den Chobe-Park sind beim Posten nur spärlich zu bekommen. Man hat den Eindruck, die Beamten hätten keine Lust...

28.2. Ngoma Bridge – Savuti (110 km)

Beim Postenhaus gleich wieder runter von der Hauptstraße Kasane/Ngoma. Kurs Südwest durch die *Chobe Forest Reserve*. Anfangs gute Gravel Road, streckenweise (besonders in Kurven) etwas Wellblech. Nach 5 km geht's wieder hinab zum Fluß, zum NYANDA Store. Es folgen kleine bis mittlere Dörfer wie KAVIMBA. In Stores kann man den Grundbedarf decken – Bier inklusive. Der Einkauf ist ein kleines Erlebnis am Rande.

Für die Orientierung bringen die Dörfer wenig, es fehlen Ortsschilder. Wer genau hinschaut, kann die Namen an Häusern finden. km 40: ein relativ großer Ort. Hier endet das fruchtbare Gebiet neben der nördlich anschließenden *Liambezi March* – und auch die relativ gute Schotterstraße. Die linke Spur

Wenn ein Elefant die Savanne düngt, tönen „Abschuß" und Aufschlag bis ins nahe Zelt auf dem Savuti-Camp.

Fröhlich ist das Matrosenleben? Dies ist kein Kanal, sondern ein Park-Weg! Und das Fahrzeug ist kein Schiff. Konvoifahrt auf Chobe-Pisten beruhigt während der Regen- und Trockenzeit. Man kann sich gegenseitig aus der Patsche helfen und moralisch aufrüsten.

28

(nicht ausgeschildert) führt nach Savuti und damit hinein in den Chobe National Park.

Die Sandpiste ist gut befahrbar: nach Regen fest, ansonsten sehr weich. Elefanten brechen durch den Busch, kreuzen die Piste ohne Angst.

km 80: Grenze des *Chobe National Park.* Die Piste bleibt mäßig, in der Regenzeit sind überflutete Strecken zu passieren, nordwestlich von Savuti problemloser als rund ums südliche Mababe Gate. Oft verlaufen mehrere Pisten nebeneinander – ist eine ausgefahren, schaffen sich die Fahrer eine neue.

Im Osten die *Gcoha Hills,* mit Bäumen bewachsen. Später folgen die *Gubatsaa Hills* mit Felsgravuren der Buschmänner. Man kann sich vom Ranger dorthin führen lassen, aber überwältigend sind die *Rock Paintings* nicht.

km 105 Airstrip, danach SAVUTI CAMP (975 m hoch). Nach Meldung beim Posten kann man das Camp beziehen: Eine freigemähte Wiese, neuerdings mit Elektrozaun gegen Elefanten. Plumpsklos.

Wasser gibt's manchmal nicht, aber der Wassertank hat trotzdem sein Gutes: Von der Höhe weites Panorama über den Busch. Der Savuti liegt meist trocken; führt er mal Wasser, dann versickert's in der nahen *Savuti Marsh,* einem Teil der *Mababe Depression.*

Im Norden fließt der Linyanti River (mit schwer erreichbarem Camp); er mündet ins Sumpfgebiet der Savuti Marsh und geht allmählich über in den Chobe River. Der Linyanti ist's auch, der den Savuti in guten Jahren mit Wasser versorgt. Wieder ein Zeichen, wie die Flüsse dieser Zone buchstäblich zusammenhängen.

Büffel und Flußpferde haben die Region wegen der Wasser-Armut verlassen, aber Elefanten grasen oft nahe am Camp, machen sich an den Büschen zu schaffen. Schon akustisch ein Erlebnis, wenn ein kräftiger Bullen-Rüssel Büschel mit Arm-dicken Ästen auf einmal abreißt. Geschädigtes Buschwerk und große Baum-Skelette überall im Park. Übermäßig viele Elefanten können Buschland zur Halbwüste degradieren, die Touristenattraktion wird zum „Schädling".

Schaden können auch Touristen stiften: Wenn sie Elefanten füttern, erziehen sie diese zu gefährlichen Bettlern. Bleiben Wasserhähne offen, dann versuchen Elefanten, durchs Ausgraben der Rohre ans Wasser zu kommen. Sie kommen immer wieder zum Camp und müssen u.U. abgeschossen werden.

Die Savuti-Zone ist extrem wild und ziemlich unberührt. Kein Vergleich mit dem erschlossenen Etosha-Park. Oder gar mit dem Kruger Park (Südafrika), wo man auf Teerstraßen an den Tieren vorbeigleitet wie in einem Zoo.

28.3 Savuti – Maun (200 km)

„Beware of Elefants" - Achtung vor Elefanten könnte ein Motto für diesen Routen-Teil sein. Es wird weichsandig (und je nach Jahreszeit auch matschig). In drei Stunden, so meinte ein Ranger, könne man in Maun sein. Ein Scherz? Wer sich intensiv umsehen will, sollte das Vierfache ansetzen.

Man erlebt viel unterwegs, nicht nur Großwild. Beispiel: Zwei Böcke kämpfen auf der Piste. Einer flüchtet vorm Auto in den Busch. Der andere setzt hinterher, aber Number One läßt ihn nicht - das ist sein Revier. Verdutzt und

hilflos verharrt der „Underdog" auf dem Weg, gestreßt von der „Hackordnung".

Der Weg östlich der *Magwikhwe Sand Ridge* degeneriert zu tiefen Spurrinnen, die die Reifen hinterlassen. Man fährt, auch ohne zu lenken, wie in Straßenbahnschienen. Kein Problem mit der Orientierung: Wo's ausgefahren ist, verläuft die „Hauptstraße".

Weiterhin abgerissene Sträucher und Bäume. Elefantenlosung auf dem Weg. Über allem ein würziger Geruch, vor allem nach Regen, wenn der Busch dampft.

km 55: Südgrenze des Chobe Parks. Ranger Station. Entfernungsangaben: Maun 133 km (etwas mehr), Moremi North Gate 51 und Khwai River Lodge 45 km.

Die Piste wird nun partiell sehr schlecht. Bisweilen muß Untersetzung rein, kombiniert mit zweitem Gang. Da läßt sich schnell zwischen erstem und drittem hin und her schalten; die Gefahr, Traktion zu verlieren, ist geringer als im ersten Gang ohne Untersetzung!

km 20 südlich des Gate: das Dörfchen MABABE, benannt nach der *Mababe Depression,* einem einstigen Seeboden, der von Sand-Rippen begrenzt wird.

Sand noch und noch: Die Kalahari macht sich bemerkbar. Torkelte der 4Wheeler zuvor wie ein trunkener Elefant durch mehr oder weniger angetrocknete Schlammlöcher, so schlingert er nun über schwach ausgeprägte Dünen. Es kommt nicht auf hohes Tempo an, sondern darauf, die Motor-Tourenzahl im Bereich des maximalen Drehmoments zu halten. Kraft ist wichtiger als Höchstleistung.

Geht's längere Zeit durch hohes Gras, dann muß bisweilen der Kühler überprüft werden, denn Spelzen setzen sich vor den Lamellen ab und reduzieren die Kühlung. – Am Auspuff kann sich Gras ansammeln, das u.U. zu bren-

Gut für den Sundowner-Drink: Abendstimmung am Thamalakane bei Maun. Auf der Weiterfahrt findet sich so bald kein Wasser mehr...

Rechts: Einblick ins Dorfleben von Maun: Rondavel-Gehöfte, Wellblechhütten und im Ansatz steckengebliebenes modernes Haus.

nen beginnt. Also von Zeit zu Zeit nachsehen. In dieser Zone ist – mit gebotener Vorsicht – freies Campen möglich, falls man's zeitlich nicht bis Maun schafft. Weiter südlich beginnt die Farm-Zone, und die wirkt nicht mehr so recht afrikanisch.

Stellenweise ist der Verlauf der Piste schwer erkennbar, an Gabelungen fehlen Schilder. Manchmal muß hier der Kompaß ran, damit man weiter auf SSW-Kurs bleibt.

Einfache Brücken bedeuten in sumpfigem, wasserreichem Land eine große Hilfe. Thamalakane Bridge bei Maun. Links: Mokoros sind im Okavango-Delta Hauptverkehrsmittel. Die Einbäume lassen sich jedoch nicht leicht staken und auf Kurs halten.

ca. km 75: relativ gute Straße aus/ zu der MOREMI WILDLIFE RESERVE. Wer Botswana nicht nur im Transit durchqueren will, sollte hier nach Westen abbiegen. Moremi ist mit ca. 1800 qkm relativ klein und liegt bereits am Ostrand des Okavango-Binnendeltas: Teiche und Inseln. Wie Chobes Savuti-Zone blieb Moremi sehr ursprünglich, aber noch Wild-reicher: „Hier ist mehr los", meinte ein Tourist. Camps und Lodges wie *Khwai, Tsaro, Xakanaxa.* →Sonderkarte auf *Botswana*-Blättern von f&b oder Shell.

km 80 ab Chobe Gate: *Veterinary Cordon Fence,* der Zaun, der die Farmzone im Süden und das wilde Land trennt. Dieser Schutzzaun verläuft nordwestlich von Maun, knickt westlich, im Okavango-Delta, nach Norden ab. Bei Rundflügen ist er der Kontrollpisten wegen deutlich zu erkennen.

Der Weg ist nun besser, verläuft streckenweise auf einem Damm: Ein typischer „Highway" im engeren Sinne des Wortes. Relativ wetterfest und meist ohne Schlammlöcher. Sandzonen gibt's nach wie vor. Rinderfarmland beginnt und damit die Fliegenplage.

Ab SHOROBE (ca. km 100) neue Teerstraße nach Maun. Die Zivilisation hat uns wieder. Kurz drauf zweigt (ausgeschildert) der Weg ab zur *Thamalakane Lodge,* einer einfachen Anlage am gleichnamigen Fluß. Sie wirbt mit dem leicht übertriebenen Slogan „last cold

beer for 450 km". Auf jeden Fall eine Anlaufstation für alle, die sich auf der Chobe-Piste viel Zeit gelassen haben und Maun für den nächsten Tag aufsparen wollen.

Sehr schön liegen auch (ca. 15 km östlich von Maun) die beiden benachbarten Lodges *Crocodile Camp* und *Okavango River Lodge,* ebenfalls am Thamalakane. Campground oder Unterkunft in Rundhütten. Beide Camps sind ideal für Bootstouren mit einem *Mokoro*-Einbaum. Entweder als „Taxi" mit Einheimischem als „Fahrer" oder solo im Nahbereich (bei längeren Fahrten besteht die Gefahr, sich in einem Gewirr unübersichtlicher Schilfgassen zu verirren). Die Hartholzboote

28

werden im Flachwasser mit Stangen gestakt; ganz leicht ist das Kurshalten nicht!
Die gegenüberliegende *Island Safari Lodge* ist zwar renommierter, aber unangenehm laut, hat sogar ein Kino gegen Langeweile und wirkt wie ein importierter Fremdkörper.

Maun und Okavango-Delta

Auch wer Botswana „nur" im Transit quert, sollte sich für MAUN und seine Umgebung ein bis zwei Tage Zeit lassen.
Die Stadt liegt 945 m hoch und wirkt wie ein großes Dorf: typisch afrikanische Streu-Siedlung mit Hunderten von Hütten und wenig ausgeprägtem Zentrum. Bis vor wenigen Jahren gab's nur im Herzen der „City" wenige Teer-Kilometer; damals eine Art Attraktion

Flug über dem Okavango-Delta mit seinen Natur-Kanälen, Inseln und Sumpfzonen. Eine Urlandschaft, in der der Mensch nichts zu suchen hat.
Links: An fortgespülter Brücke treibt ein Elefant sein Spielchen mit einem Boot.
Rechts: Afrikanisches Recycling: Dosen werden im Lehm-Mauerwerk verarbeitet.

Links: Oasen am Thamalakane bei Maun: Man kann campen oder sich eine Rundhütte (Rondavel) mieten bei der Okavango River Lodge oder im Crocodile Camp.

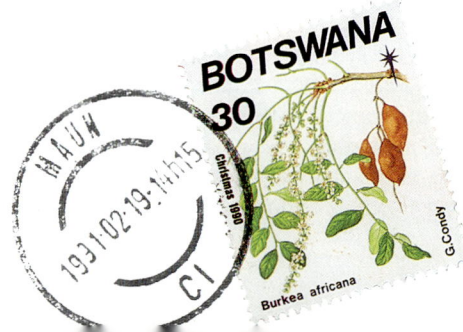

angesichts ausschließlich unbefestigter Wege in weitem Umkreis. Nun fingern Asphaltbänder nach Norden, Westen und Osten. Obwohl Maun Versorgungs- und Touristenzentrum Nordwest-Botswanas ist und auf der Karte auch ziemlich was hermacht, fehlt die Stadt unter Botswanas „großen Zehn", hat nicht mal 20.000 Einwohner. Selbst die Botswana-Hauptstadt Gabarone kommt nur auf 112.000 Bewohner, so viel oder so wenig wie Bottrop.

Im Zentrum die üblichen Attribute einer Afrika-Stadt: Bank und Tankstellen, Läden, Hospital, Werkstätten. Neben den Camps zwei Hotels im Bereich des „Stadt-Inneren: Das *Riley's* (einst berühmte Safari-Bleibe) und *Ngami Sands*.

Der Reiz der Stadt liegt zum einen in seinem

Bierdosen-Lehmmauern in Maun

afrikanischen Charakter mit Gehöften aus mehreren Rundhütten oder auch einzeln liegenden Rondavels (guter Blick über den Ort samt Thamalakane-Flüßchen bei der Rundflug-Landung), zum anderen in seiner Lage am OKAVANGO-DELTA.

Nördlich der Stadt fächert sich der Fluß breit auf zu einem Binnendelta. Regenmassen, die im Süd-Sommer auf dem Hochland Angolas fallen, erreichen das Delta fünf bis sechs Monate später (im Juni/Juli, also mitten in der Trockenzeit) und versickern oder verdunsten

hier auf einer Fläche, die etwa dem Nil-Delta entspricht.

Forscher halten das Delta fürs Süd-Ende des *Rift Valley,* des „Großen Grabens", der im Jordantal beginnt und Ostafrika zerfurcht. Man merkt's nur nicht wegen der 200 m starken Sandauflage überm „Graben".

Der angenehme Südwinter ist beste Zeit für einen Besuch. Es ist allerdings durchaus nicht sicher, ob das Wasser bis in den Raum Maun vorstößt; das ist von Jahr zu Jahr unterschiedlich. Da die Delta-Camps bei hohem Wasserstand über Land nicht erreichbar sind, muß man sich einfliegen lassen.

Schon ein einstündiger Rundflug bringt Einblicke ins System aus Wasserläufen, Sümpfen und Inseln mit malerischen Palmenhainen. Hie und da taucht als Zeichen menschlichen Lebens mal eine Lodge auf. Fahrwege sind rar: Im Osten gibt's die Straßen der Moremi Reserve, nördlich von Maun führt eine Piste zu den Camps *Delta* und *Xaxaba* auf Chief's Island.

Was man ansonsten für Pisten halten könnte, sind meist nur ausgeprägte Wildwechsel oder im Einzugsbereich von Maun schmale Kanäle für die Mokoro-Einbäume.

Da die Piloten ein geschultes Auge haben, erkennen sie Herden von Giraffen, Flußpferden, Zebras, Büffeln und Elefanten viel früher als ihre Passagiere und steuern sie in gewagten Flug-Manövern an. Wobei man sich allerdings fragen muß, ob sanfte Pirschfahrten in den Parks solch lautstarken „Überfällen" nicht vorzuziehen sind.

Interessant auch der Landschaftskontrast an der Trennlinie des *Veterinary Cordon Fence:* Nördlich dieses auch *Buffalo Fence* genannten Zauns fast unberührte Urlandschaft, südlich davon überweidete Farm-Zonen mit Klein-Siedlungen.

Ein Rundflug läßt sich selbst organisieren, z.B. bei *Northern Air* am Flughafen. Zusammen mit dem Piloten können Sie die Route festlegen und vereinbaren, ob eher hoch ge-

28

flogen wird (guter Überblick) oder tief (besser für Tieraufnahmen).

Foto-Tip für „Pirsch-Flüge": Tele mitnehmen Blende so weit öffnen, daß sich die kürzest mögliche Belichtungszeit ergibt. Bei sehr langen Brennweiten ergeben sich eher Unschärfen. Dicht ran an die Scheibe, das vermeidet störende Reflexe.

Der Preis des *Game Flight* richtet sich nur nach der Flugzeit, nicht nach der Anzahl der Passagiere (ca. 300 bis 500 DM für maximal fünf Personen). Man spart, wenn weitere Mitflieger gefunden werden.

Bei Sonnenaufgang erwacht in den Hütten der Einheimischen das Leben.

Kalahari Crossing (teilweise 4WD)

29 MAUN – GHANZI – WINDHOEK (840 km)

Einzige, daher wichtige und relativ (!) gepflegte Verbindung zwischen Windhoek/Namibia und Maun/Botswana samt Okavango-Delta. Ohne herausragende landschaftliche Höhepunkte. Reiz und Erlebnis liegen in der Weite der Kalahari mit Inselbergen sowie in Details (Savannen-Leben, Flora, Ngami-See, Orte).

Lage: östliches Zentral-Namibia, West-Botswana. Michelin-Karte 955, Falte 29 und 26 rechts.

Karten: Normale Straßenkarten genügen. Botswana-Karten von Shell, f&b und Ryborsch. – Für Westteil ab Ghanzi: Kte 1:500.000 *Gobabis 2118.*

Routenlänge: 840 km, dazu evtl. kurzer Abstecher zum Ngami-See.

Zeitbedarf: Einwohner von Namibia packen's in einem Tag, Touristen sollten fürs *Kalahari Crossing* mindestens zwei Tage erübrigen.

Zustand: Südwestlich von Maun neuer Asphaltbelag (30 km), ebenso auf Namibia-Seite bis östlich von Gobabis (230 km). Dazwischen überwiegend gute Schotter-/Natur-Straßen, besonders auf Namibia-Seite. – In Botswana stark wechselnd: Schotter und Sand. Nach Regen lange Wasserlachen. Zwischen Ghanzi und Grenze tief-sandige Abschnitte.

Fahrzeuge: Windhoek-Maun in der Trockenzeit für Pkws mit erfahrenen Fahrern passierbar (Schaufel, Seil, Luftpumpe mitnehmen → Ausrüstung). Achtung: Miet-Pkws nicht erlaubt! Offiziell nur Übergang für 4WD.

Verkehr: mäßig bis verhältnismäßig dicht (2 bis 3 Autos pro Stunde).

Tankstellen und Versorgung: Maun, Ghanzi, Xanagas (30 km östl. der Grenze), Gobabis, Windhoek.

🛖 Stimmungsvolle freie Camps im Busch der Kalahari.

🏨 Hotels in Maun.
Ghanzi: *Kalahari Arms*
Windhoek → Route 1.
Rastlager *Welkom* ☎ 0688-12213
Gobabis: *Central Hotel*   0681-2094
Gobabis Hotel   -2568

Anschluß-Strecken: Ab Windhoek Routen 2, 12, 13, 16, 25.
Nach Norden Route 30 zum Caprivi-Zipfel. Route 24 durch die Süd-Kalahari.
Von Maun nach Nordosten Route 28 (Chobe).

Wir verlassen Maun auf anfangs geteerter Straße nach Südwesten. Südlich fließt der Nhabe, der im dichten Akazien-Buschwald außer Sichtweite bleibt. Bei hohem Wasserstand im Delta „pumpt" der Fluß Wasser in den *Lake Ngami,* den „Großen See" in wasserloser Kalahari. Allerdings ist er selten gefüllt, damit variiert auch der Tierreichtum. Faszinierend ist die Tatsache, daß es hier im Sandmeer bisweilen Wasser geben kann .

Zeichen für den relativ hohen Entwicklungsstand Botswanas: In der Wildnis ragt ein Gittermast mit Schirmen auf, ein *Microwave Repeater.* Telefonverbindungen werden nicht mehr über Draht hergestellt, sondern „laufen" bereits über Mikrowelle.

Die Natur-Fahrbahn ist ziemlich rauh; man muß ständig mit tiefen Löchern rechnen, die unangeschnallte Passagiere an die Cockpit-Decke schleudern können. Verhalten und vorausschauend fahren.

km 66: TOTENG, kleiner Ort am Abzweig der Straße auf dem Westufer des Okavango-Deltas zum Caprivi Strip (Route 30). Lohnend ist die Umgebung des Okavango bei Shakawe, ferner das Buschmann-Dorf an den *Tsodilo Hills.*

Toteng – Ghanzi (220 km)

Der wasserarme Nhabe River wird überquert, dann stößt man voll hinein in die KALAHARI, die oft als Wüste bezeichnet wird, aber erstaun-

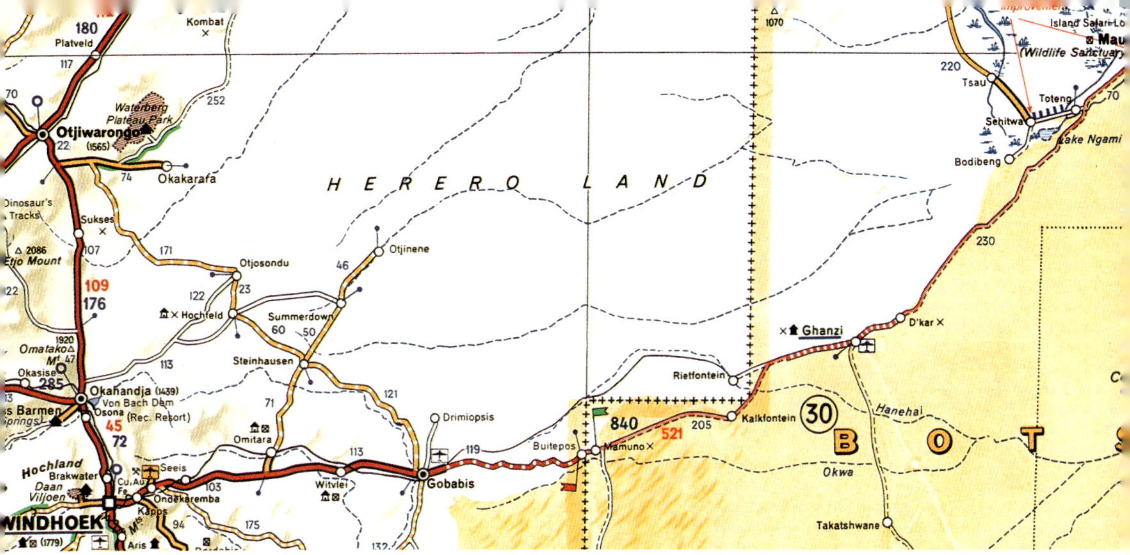

Ob man mit dem „Foh-bei-Foh" (4x4, 4WD) auf der Kalarari-Route unterwegs ist oder Rinder zu neuen Weiden treibt: Staub ist immer mit von der Partie.

lich grün wirkt. Es handelt sich eher um ein wasserarmes Sandmeer mit angepaßter Strauch- und Gras-Vegetation. In der Buschmannsprache steht *Kalagadi* für „Wildnis".

Im Busch anfangs noch viele Rinder, wobei auch hier Schäden durch Überweidung auszumachen sind. Bisweilen huscht auch ein Strauß über die Sandstraße.

Allmählich werden die Büsche niedriger. Von Kuppen aus phantastische Weitblicke über die Kalahari. In der Ferne einige Berge wie Inseln über grünem Ozean.

km 65 ab Toteng: Hütten auf einem steinigen Hügel. Wieder ein Microwave-Umsetzer, mit Solarenergie betrieben. Solche Masten folgen in regelmäßigen Abständen.

km 78: Im Norden eine Kette niedriger Hügel, die an die Hills bei Savuti erinnern. Die Straße ähnelt stellenweise einem tief ausgeschrappten Hohlweg. Bei Regen läuft sie voll Wasser; man weicht dann besser aus auf Ompads durch den Busch.

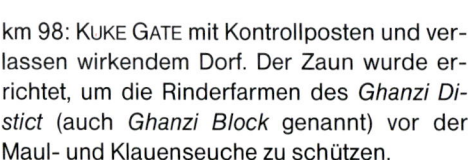

km 98: KUKE GATE mit Kontrollposten und verlassen wirkendem Dorf. Der Zaun wurde errichtet, um die Rinderfarmen des *Ghanzi District* (auch *Ghanzi Block* genannt) vor der Maul- und Klauenseuche zu schützen.
Eine kleine Piste führt Kurs Nord nach Sehithwa an der Route zum Caprivi Strip.
Unsere Straße wird im Ghanzi District deutlich besser, ähnelt bisweilen einer Wüsten-Autobahn mit Grünstreifen zwischen den sandigen Spuren. Zerfahrene Sektionen wurden mit Schotter ausgebessert und befestigt.
6 km südlich des Gate das kleine Streu-Dorf KUKE. Die Hütten wirken luftiger, ganz anders als die Rundhäuser in und um Maun. Mit etwas Glück kann man hier Buschmännern begegnen, die auf Esel-Karren unterwegs sind.
km 30: Eine Windmill nahe der Piste, mehrere Pferche. Mit diesen Windmotoren wird Wasser aus der Tiefe gepumpt. Oberflächenwasser kommt in der Kalahari selten vor (Ausnahme: Ngami Lake).
Während und nach der Regenzeit grünt und blüht die Savanne: Zartes Rosa und strahlendes Rot. Man spürt dann überhaupt nicht, daß man sich auf einer Hunderte von Metern dikken Sandschicht bewegt. Dank niedriger Luftfeuchtigkeit ist die Sicht klar und ungetrübt, die Farben leuchten intensiv.
km 43: Einsamer Microwave Mast.

Frohes Leben in der Kalahari-Weite: Hütten beim Kuke Gate. Hier kann man Buschmann-Familien auf ihren Esels-Karren begegnen. Rechts: Nach der Plauderei lupft eine Herero-Frau das lange viktorianische Gewand und läßt ihr Knie-Leiden verarzten.

km 80: D'KAR, kleines Dorf mit Missionsstation, wo es im Falle eines Breakdown unter Umständen Hilfe gibt. Nach wie vor wechselnder Straßenzustand: Mal sandig-zerfahren, dann gut gewalzter Schotter auf Straßendämmen. Einheimische donnern mit abenteuerlicher Geschwindigkeit dahin, weniger Pistenerfahrene sollten auch die besseren Teilstücke eher sachte angehen.
km 117: GHANZI (auch Gantsi oder Ghantsi). Das kleine Dorf liegt leicht erhöht etwas nördlich der Hauptroute, die über Kang (siehe Route 24) hinabführt nach Lobatse in Süd-Botswana. Mehrere Tankstellen, Hotel, Bank und Bottle Store. Ghanzi ist kein Ort, der längeren Aufenthalt lohnt.

1909 – auf vier Rädern durch die Kalahari

Ein Deutscher war's, der die Kalahari als erster mit dem Auto durchquerte: Paul Graetz. Er startete 1907 in Deutsch-Ostafrika, wich jedoch dem direkten „Kalahari-Crossing" erst mal weit aus: nach Süden, bis Johannesburg.

Die Route, die man heute binnen zwei Tagen schaffen kann, kostete mehr als einen Monat: Der Spritverbrauch auf dem Weg längs des Boteli zum Lake Ngami stieg in kaum glaubhafte Höhen (360 Liter auf 100 km). Da sich Treibstoff-Vorräte durch Verdunstung in Luft aufgelöst hatten, mußten bisweilen Zugochsen den Vortrieb besorgen.

Für die Strecke vom Ngami-See bis Rietfontein in „Deutsch-Südwest" an der Grenze des heutigen Namibia (nordöstlich von Buitepos) ging nochmals ein Monat drauf. Insgesamt über anderthalb Jahre für die Kfz-Verbindung zwischen den beiden damaligen Kolonien – da muß man heute über ein paar Stündchen Zeitverlust hie und da nicht klagen...

Selbst ein VW kann heutzutage in der Kalahari durchkommen (Mietwagen dürfen es nicht!).

Doppelter Wildschutzzaun an der „Linealgrenze" zwischen Botswana und Namibia, mit Panorama über sandige grüne Weite.

„Sandbleche" am Kalahari-Oldie: Erstes Dokument für Verwendung solcher Traktions-Hilfen.

Ghanzi – Windhoek (540 km)

Die Landschaft bleibt weiter extrem flach, bewachsen mit drei bis fünf Meter hohen Büschen, niedrigen Sträuchern und Gras. Die gute Straße verleitet zu hohem Tempo, aber zahllose Autowracks sollten Warnung sein. Man kommt auf der unberechenbaren Wellblechstruktur zu schnell ins „Schwimmen", das Fahrzeug driftet ins Aus.

Das kann auch großen Fahrzeugen passieren, denen Wellblech dank gewaltiger Reifen wenig ausmacht: Wir trafen mal einen Lastwagen, der rausgerauscht war in den Sand und erst nach tagelanger Schaufelei wieder auf die Straße zurückgebracht werden konnte. Ganz risikolos sind auch die ver-

29

gleichsweise guten Sektionen nicht. Vor allem Kurven haben's in sich!

km 55: Die Straße knickt nach SSW ab und wird teilweise sehr sandig. Pistencharakter, von vielen aus Namibia kommenden Touristen als „schlecht" bezeichnet. Für den, der zuvor Chobe „gemacht" hat, ist der Zustand kaum der Rede wert – alles relativ...

km 84: Grid-Gitter, daneben ein topographischer Mast: Von oben Weitblick über die Ka-

Wasser verwandelt die Kalahari in ein Blütenmeer. Rind und Esel freuen sich. Bevor Autofahrer in der Versenkung verschwinden, gehen sie dem tiefen Naß lieber auf Ompads aus dem Weg, stellenweise seitab durch dichten Busch.

Rechte Seite: Namibia: Teerstraße, Markierungen, Warnschilder. Man fühlt sich wie zu Hause.

lahari und über ein System solider Zäune: Mit dem *Game proof Fence* hält sich Namibia Wild und eventuelle Seuchen vom Leib. Hier wird die Namibia-Grenze berührt, die auf dem 21. östlichen Längengrad nach Norden und auf 22 südlicher Breite nach Westen verläuft. Man hat dieser typischen „Linealgrenze" eine seltsame Stufe verpaßt: 105 km westlich (so weit liegen auf dieser Breite die Längengrade auseinander) folgt die Staatsgrenze dem 20. Längengrad nach Süden zum Oranje-Fluß.

km 107: Kalkfontein, in TSOOTSHA umbenannt (Tswana-Sprache). Defekte Zapfsäulen, geschlossener Laden. Wie ein Geisterort, doch

noch nicht verlassen: Ringsum weiden Rinder. Der frühere Afrikaans-Name stimmt: Es liegt viel Kalkstein herum, die Gegend auf knapp 1.200 m Höhe macht einen karstigen Eindruck.

km 167: XANAGAS (gut bestückter Store und Tankstelle). 26 km danach folgt CHARLES HILL, offenbar das Verwaltungszentrum der Grenzzone. Von einem markanten Hügel ist jedoch weit und breit nichts zu sehen...

km 200: MAMUNO (auf älteren Karten bezeichnender Name *Sandfontein*). Letzter und westlichster Botswana-Ort, mit Botswana-Grenzposten. Die Abfertigung erfolgt relativ flott;

manchmal kleinliche Überprüfung der Devisen. Der Posten ist nachts geschlossen, bisweilen ausgedehnte Mittagspause!
Vier Kilometer Niemandsland (geeignet zum Übernachten). Ein Gate, dann der Namibia-Kontrollpunkt BUITEPOS, als „Außenposten" übersetzbar, 330 km östlich von Windhoek. Auch hier freundliche, korrekte Abwicklung.
Die Schotterstraße ist auf Namibia-Seite in erstklassigem Zustand. Asphaltierung der *B6* von Gobabis zur Grenze ist geplant.
Hügelland wechselt mit offener Baum-Savanne und Gras-Ebenen. 20 Kilometer weiter im Süden die *Grootduin,* eine „große Düne"; die Kalahari ist noch lange nicht zu Ende.
km 102: Teer beginnt. Permanent bleibt spürbar, daß man nun in einem anderen, höher entwickelten Land reist: Viele Wege und

Straßen zweigen ab, ordentlich numeriert. Und: Es gibt noch mehr Zäune...
Gelobt wird das Rastlager *Welkom* (ausgeschildert, östlich von Gobabis). Voll eingerichtete Häuser für Selbstversorger. Keine Sorge, wenn in der Nähe ein Löwe brüllt: Er ist hinter Gittern...
km 118: GOBABIS, modernes, etwas verschlafen wirkendes Städtchen mit allen Versorgungsmöglichkeiten und Hotels. Alles blitzblank – Kontrast zum prallen afrikanischen Leben rund ums botswanische Maun.
Mit 6000 Einwohnern ist Gobabis Mittelpunkt einer Rinder- und Schafzuchtregion am Rand

der Kalahari (Distrikt: 27.000 Bewohner). 1851 wurde hier eine Missionsstation gegründet; die Zukunft soll rosig aussehen, denn man erwartet eine zügige Entwicklung Ost-Namibias.
Auf moderner Brücke wird der Nossob-Fluß überquert, der beim südöstlich gelegenen *Kalahari Gemsbok National Park* (RSA) die Grenze zu Botswana bildet, allerdings als meist wasserloses Trockental. Gobabis liegt am *Black Nossob;* sein Gegenstück ist der „weiße" *Wit Nossob,* dessen überwiegend trockenes Bett weiter im Westen folgt.
Die *B6* ist auf älteren Karten noch mit der Nummer „6/1" des alten Systems zu finden. Wegen permanenter Zäune gestaltet sich eventuell notwendiges Campieren schwierig. Wer hier von der Dunkelheit überrascht wird und nicht bis Windhoek will, findet am ehesten an einer Nebenstraße ein Plätzchen.
Vorbei an kleinen Orten wie WITVLEI (1371 m hoch, 155 km östl. von Windhoek, mit Tankstelle) und Farmen mit deutschen Namen (Margarethental, Grünental) führt die B6 teilweise neben der Gobabis-Bahnlinie auf Windhoek zu.
Die 1.500-Meter-Höhenmarke wird überschritten. Allmählich ändert sich der Landschafts-Charakter: Es wird hügliger, ein trockener Rivier folgt dem anderen. Voraus tauchen die Aiasberge auf, 2479 m hoch. Vor ihnen auf weiter Savannen-Ebene der Internationale Flughafen von Windhoek, rund 40 km östlich der Hauptstadt – und bereits 1720 m hoch! Ohne Höhenangaben würde man den langsamen Anstieg wohl kaum spüren.
Diese Landschaft, die nach der Landung exotisch anmutete, wirkt nun, nach langer und kontrastreicher Safari, richtig vertraut.
Nun ist auch der richtige Zeitpunkt gekommen, sich Windhoek intensiv vorzuknöpfen: Jetzt erst – und nicht unmittelbar nach der Ankunft – lassen sich der Charme und die deutschen Spuren in Afrika auskosten. Auf ein kühles „Durstland"-Bier im Biergarten...

30 MAUN/TOTENG – GUMARE – SHAKAWE – CAPRIVI STRIP (450 km)

Die Route durch Botswana westlich des Okavango stellt eine interessante Alternative dar zur Osttour via Chobe National Park.
Verbindung zwischen Maun bzw. Toteng (Okavango-Delta) und Bagani im Caprivi-Zipfel.
Lage: Nordwest-Botswana und Nord-Namibia.
Michelin-Karte 955 Falte 26 Mitte.
Karten: Sonderkarte „Okavango-Delta" in f&b-Karte und Shell-Karte *Botswana*.
Routenlänge: ab Maun 450 km ohne Abstecher zu den Tsodilo Hills

(zusätzlich ca 70 km).
Zeitbedarf: 2 bis 2,5 Tage mit Aufenthalt in Shakawe und Popa Falls. Tsodilo Hills 1 Tag zusätzlich.
Zustand: Straße ist im Süden teilweise bereits geteert, nach Norden hin schlechter (z.T. 4WD nötig). Piste zu den Tsodilo Hills sehr schlecht (nur für Geländewagen).
Orientierung: Spärliche Ausschilderung; z.T. Probleme! Möglicherweise nach teilweisem Straßen-Ausbau gelöst.
Verkehr: Spärlich. Jedoch keine total einsame Strecke.

Tankstellen: Maun, Okavango Fishing Camp, Andara/Bagani (Reservekanister mitnehmen).
Versorgung: Maun, Bagani; Okavango Camp/Shakawe. In den Dörfern am Weg einfachste Grundversorgung.
Gesundheit: Malaria-Prophylaxe! – Trinkwasser einwandfrei (Vorsichtige entkeimen es trotzdem). – Wegen Bilharzia nicht im Okavango baden.
⛺ Freie Busch-Camps. Shakawe Camp und Popa Falls.
🏠 Shakawe Popa Falls,   ☎ Maun 660493
Reservierung   WDH 061-224201

Anschluß-Strecken: Route 26 (Caprivi). Route 29 (Maun-Windhoek).

Ausgangspunkt ist der Mini-Ort Toteng, rund 60 km westlich von Maun an der Hauptstraße nach Windhoek (Route 29). Ein Straßendorf mit Rest Area. Neben dem Weg ein typisches Wasserloch, mit einem Zaun aus Astwerk umgeben, damit Vieh fernbleibt und das Wasser nicht verschmutzt.

Nach knapp 30 km: Sehitwa, neues Verwaltungszentrum westlich des Lake Ngami, den man von der Straße aus kaum zu sehen bekommt. Der „seltsamste See Afrikas" ist ohnehin nur selten mit Wasser gefüllt.

Die Straße führt durch Akazien-Buschwald und wurde von norwegischen Entwicklungshelfern bis 60 km nördlich des Dorfs Tsau geteert. Es fährt sich angenehm, aber der Asphalt wirkt in der Urlandschaft als Fremdkörper, die Route erscheint monoton.

km 145: Nokaneng, ebenfalls eine kleine Streu-Siedlung. Rundhütten mit Lehmziegelmauern, aber auch luftige Matten-Konstruktionen. In solchen Orten läßt sich Afrika genießen. – Vermutlich wird die Straße in diesem Bereich ebenfalls geteert.

km 180: Gumare. Modernere Kral-Bauten, Wasserturm. Hier gabelt sich der Weg; der östliche Ast führt am Thaoge entlang, einem Delta-Arm des Okavango. Dieser Fluß speiste einst den Ngami-See, was nun bei ausreichender Delta-Füllung der Nhabe übernimmt. Unser Weg längs des Flusses führt nach Etsha. So heißen die Ansiedlungen der Einwanderer – sie sind praktischerweise durchnumeriert von 1 bis 8. Von dort kommt man ans Okavango-Delta – Super-Tagestouren für Fahrer von Geländewagen!

*Die Straße längs des Okavango **kann** Pkw-tauglich sein, muß es aber nicht. Bei langen, tief ausgefahrenen Schlamm-Passagen kriegen auch versierte 4WD-Fahrer Muffensausen. Ist auch gut so, denn gesunde Angst bewahrt vor Leichtsinn.*

*Unten: Umzäunter Kral am Okavango. Acht Dörfer heißen **Etsha** und sind sogar durchnumeriert.*

In der Nähe das Camp QHAAKWA, dessen Name aus der Buschmannsprache stammt: Das „k" ist ein typischer Buschmann-Schnalzlaut, kaum nachzusprechen und auch als „xh" geschrieben. Die Aussprache des Qh ist sicher auch nicht einfach...

Das Camp blieb uns trotz mühsamen Suchens verborgen; anderen Touristen ging's nicht besser. Einheimische konnten nicht helfen - das Ganze artete aus zu waschechtem Abenteuer. – Vermutlich wurde die Orientierung inzwischen leichter.

Es geht weiter durch vereinzelte Busch-Orte wie SEPUPA (südlich davon ausgeschilderter Abzweig zu den Tsodilo Hills (mühsam; s.u.), dann ist ca. 110 km nördlich von Gumare das SHAKAWE FISHING CAMP erreicht, eine Oase auf den Ufer-Kliffs des Okavango, ca. 370 km ab Maun (ggf. Anmeldung und Routen-Info → Vorspann).

Tsodilo Hills

Lodge-Besitzer Berry Price ist behilflich mit Infos für Touren zum Buschmanndorf an Wasserstellen der Tsodilo Hills. Die 40-km-Piste ist sehr schwierig: rauhes 4WD-Terrain. Auf der 1:500.000er-Karte *Rundu 1718* ist das Gebiet verzeichnet. Zwar ohne Pisten-Eintrag, aber mit guter Gelände-Darstellung. Die einsamen 1.390-m-Berge ragen etwa 400 m über die Kalahari-Ebene. Zu ihren Füßen einige Pools und Quellen, eine Lebensgrundlage der Buschmänner. An den Felsen Tausende von Steinmalereien: Tier-Abbildungen, in rotbraunen Naturfarben aufs Gestein gezeichnet und im Laufe der Zeit teilweise verblaßt.

Möglicherweise ist der zwar kurze, aber zeitaufwendige Abstecher etwas frustrierend, da das Dorf mit seinen Reetdach-Hütten zwar Rückzugsgebiet der Buschmänner (*San* oder *Kung*) ist, aber vom Tourismus-Kommerz vereinnahmt wurde. Unrat unserer Zivilisation liegt verstreut herum. Andererseits zeugen die Vorführungen (Feuermachen, Schießen mit Pfeil und Bogen) von uralter Buschmann-Kultur.

Nordwest-Botswana

Starke Abwechslung bietet eine Bootsfahrt auf dem Okavango: Ein ganz anderer Eindruck als im Delta nördlich von Maun. Dazu kann man am Shakawe-Camp ein Motorboot leihen (30 Pula pro Stunde zuzügl. Treibstoff).

Die Fahrt geht über breite, Papyrus-gesäumte Wasserwege. Unterwegs stille Seitenarme mit Seerosen. Begegnungen mit Mokoros, den Okavango-Einbäumen. Werden sie undicht, funktioniert man sie zu Landfahrzeugen um: zu Schlitten, von Ochsen gezogen.

Der Okavango ist ein „Fremdlingsfluß" wie der Oranje an Namibias Südgrenze oder wie der Nil: Wasser aus fernen Zonen bringt Fruchtbarkeit in Wüste oder Halbwüste (beim Okavango ist Angola der Spender).

SHAKAWE, die Haupt-„Stadt" des Ngami-Landes, liegt noch ca. acht Kilometer weiter

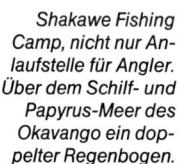

Shakawe Fishing Camp, nicht nur Anlaufstelle für Angler. Über dem Schilf- und Papyrus-Meer des Okavango ein doppelter Regenbogen.

Unten: Bitte umsteigen, diesmal nicht in den Mokoro-Einbaum, sondern ins Motorboot. Bei sanfter Fahrt sieht man mehr...

Rechte Seite: Camp-Idylle auf dem Hochufer.

nördlich (insgesamt 280 km ab Sehitwa). Im Nordwestzipfel Botswanas entwickelte sich der relativ große Ort dank des nahen Okavango und seines Fischreichtums.

Mahango – Popa Falls

Bei Mohembo wird auf derzeit schlechter, ungepflegter Piste die Grenze zu Namibia angesteuert (in schlechten Zeiten ist hier sogar 4WD notwendig).

2,5 km nördlich der Grenze zweigt nach Osten ein 4WD-Weg ab zum Okavango. Wir sind hier im relativ neuen und mit 30.000 Hektar relativ kleinen namibischen MAHANGO-Wildreservat.

Die gute Hauptstraße quert den Park auf 12 km Länge, aber die 4x4-Piste ist lohnender. In den Galeriewäldern am Okavango reiche „aquatische" Fauna: Flußpferde, Krokodile. Daneben Wasser-Kudu, Büffel, Litschi-Antilopen und jede Menge Wasservögel. Von der Haupt-Pad aus läßt sich das nicht erleben. Es gibt eine Rest Area, doch *no camping* im Park! Und - nicht im Fluß baden: Krokodil-Gefahr, Bilharzia.

Weitere 15 km nördlich die POPA FALLS des Okavango. Keine Wasserfälle im engeren Sinn, sondern eine Reihe von Stromschnellen, die mit nur vier Meter Gefälle über Felsen hüpfen. In weitgehend flachem Land bedeuten sie eine Attraktion. Wanderwege führen an die Schnellen heran und auf Stegen ein Stück hinaus in den bewegten Strom.

Ideal als Anlaufstelle sind die Popa-Fälle wegen des ausgezeichneten *Rest Camp*. Nach harten Busch-Tagen kann man hier nicht nur zelten, sondern preiswert eine Selbstversorger-Hütte mieten. Das funktioniert auch ohne Voraus-Reservierung, wenn Platz vorhanden ist. Die sanitären Einrichtungen sind gut; Laden für Grundbedarf. Gratis wird das Urwald-Konzert mitgeliefert...

Etwa 4 km nördlich der Popa-Falls stoßen Sie auf die Straße von Rundu zum Caprivi Strip; in der Nähe die Brücke über den Okavango (→Route 26).

31 KAUDOM WILDPARK (4WD!)

Pirschfahrt durch den Kaudom-Park – abenteuerliche, schwierige Alternative zur Tour auf der *B8* von Grootfontein zum Caprivi Strip (Route 26). Der Park wurde erst 1986 eröffnet. 384.000 Hektar.

Name: Nach dem *Kaudom*-Wasserarm. Bisweilen auch Schreibweise *Kaudum Game Park, Xaudum* u.a.

Lage: Nordost-Namibia, nordöstlich von Grootfontein an der Botswana-Grenze und nördlich von Bushmanland, 800 km von Windhoek. Michelinkarte 955 Falte 26.

Karten: Bei der Buchung in Windhoek erhältlich. f&b Sektoren E,F2. - Karten 1:500.000 *Rundu 1718* (auch für Shakawe/Tsodilo Hills Route 30) und *Grootfontein 1918*.

Zufahrt von Westen: Von der B8 abzweigen auf die C44 Richtung Tsumkwe, „Haupt-Stadt" von *Bushmanland*. Dann auf den Wegen 3301 und 3312 in den Park. – Piste von/nach Norden: Ca. 115 km östlich von Rundu bzw. 95 km westlich der Bagani-Brücke nach Süden und noch 44 km zum Park. Kleiner Wegweiser.

Entfernungen/Zustand: ca. 240 km von der B8 bis Tsumkwe, ordentliche Schotterstraße. Tsumkwe – Sikereti: ca. 60 km, z.T. sehr sandig. Sikereti – Kaudom – B8: Haupt-Pad zwischen beiden Camps ca. 70 bis 80 schwierige Kilometer. Die einsame Strecke durch den Park darf nur im Konvoi von mindestens zwei Geländewagen befahren werden. – Keine Anhänger, keine Wohnwagen.

Zeitbedarf: 3 bis 4 Tage. – Die Regenzeit Dezember/März ist für einen Besuch ungeeignet.

Tankstellen/Versorgung: Tsumkwe, Rundu, Mukwe/Bagani. Reservekanister mitnehmen!

⚊ Im Südteil des Parks *Sikereti* (auch *Sigaretti*), im Norden *Kaudom*-Camp. Einfachste Bush Camps, aber Wasser vorhanden. Camping nur an beiden Camps erlaubt, nicht frei im Busch! Res. ☎ 061-224201

🏠 Einfache Vierbett-Hütten ohne Bettzeug in Kaudom und Sikereti; alles andere muß mitgebracht werden, also auch reichlich Lebensmittel.

Reservierung, Permit und aktuelle Info: Unbedingt vorab bei *Nature Conservation*, Windhoek (→ Anhang). ☎ 061-224201

Anschluß-Strecken: Die Zu- bzw. Ausfahrten münden in unsere Route 26 (Pad B8 Grootfontein-Caprivi).

Beim Namen KAUDOM kriegen viele Namibier leuchtende Augen – aber nur wenige waren bisher dort.

Kaudom liegt in einem (bislang) toten Winkel Namibias, rund 700 km von der Hauptstadt entfernt. Der Park blieb, im Gegensatz zum bestens erschlossenen Etosha, total ursprünglich.

Mühsam befahrbare Tracks mit 40 bis 50 cm tiefem Sand erschweren die Fahrt. Selbst versierte Wüstenfahrer sind hier, wie ein einer meinte, „ins Schwitzen gekommen". Rund fünf Fahrstunden braucht man allein für die 70 bis 80 km zwischen den Camps Sikereti und Kaudom. Mit *Game Drives* auf dem Netz der Nebenwege sollten Sie einen vollen Tag ansetzen.

Zwangsläufig niedriges Tempo führt dazu, daß man sich intensiv mit der Natur auseinandersetzen kann. Hinweis: Gras-Spelzen können die Kühler-Lamellen blockieren, daher sollten Sie alle 20 Minuten eine Abkühl-Pause einlegen.

Haupt-Zufahrt von Süden. Es gibt keine Gates, keine Einzäunungen wie z.B. bei Etosha. Die Permits werden in den Camps kontrolliert von Rangern, einheimischen Angestellten der Naturschutzbehörde.

Die Kalahari-Vegetation im Kaudom-Park zeigt sich erstaunlich dicht und artenreich. Die Pisten haben's in sich...

Kaudom-Wildnis

31

Der Wildpark ist geprägt vom Kalahari-Sand: flache Dünen, bewachsen mit Busch und Bäumen und daher stabilisiert. Typische Baumsavanne. Aussteigen und Herumwandern ist erlaubt, obwohl es viele Löwen geben soll, die aus dem Kavango verjagt wurden. Da beide Camps nicht eingezäunt sind, ist auch dort u.U. mit Wild zu rechnen.

Durchzogen ist das Gebiet von trockenen

Buschmänner im Kaudom-Park.

Nur wenig Schatten im Camp Sikereti (Sigaretti).

Unten links: Ein Omuramba-Trockental.

Omuramba-Flußbetten die auch als Wege benutzt werden. Das Herero-Wort bezeichnet ein unscharf abgegrenztes Einzugsgebiet eines (meist trockenen) Flusses. Die Mehrzahl ist *Omiramba*.

Kaudom- und Cwiba-Omuranba im Norden, Nhoma im Süden und dazwischen namenlose, unscheinbare Omiramba. Die „Wadis" verlaufen von West nach Ost, führen aber nur selten Wasser. Möglicherweise entstanden sie in sehr viel feuchterer Vorzeit. Ein Phänomen: Während der Regenzeit fließt Untergrundwasser zum Okavango, in der Trockenzeit ist's gerade umgekehrt. Der Niveau-Unterschied ist nur minimal. Leichte Erdbewegungen können Flußläufe trockenlegen, wie beim Savuti in Botswana geschehen.

Nach Regen bleiben in den Omiramba lange Zeit Pools zurück. Vor allem während der Trockenzeit (Mai bis Oktober) sind sie Sammelstellen für die Tiere. Von einer Hütte des Kaudom-Camp (dem schöneren der beiden Camps) hat man guten Blick auf eine solche Wasserstelle.

Im nassen Südsommer vergrößert sich, logisch, das Wasserangebot; die Fauna lebt dann weit verstreut. Außerdem sind einige Pistenabschnitte kaum noch zu befahren. Daher sollte Kaudom zwischen Dezember und März nicht angesteuert werden (Routen-Info bei der notwendigen Reservierung).

Da die Kalahari auch im trockenen Süd-Winter von dichtem und hohem Gras bedeckt ist, sind Kudus, Antilopen, Giraffen und Gnus schwer zu sehen.

In Kaudom leben einige Buschmann-Familien. Das mag daran liegen, daß es hier viele eßbare Wildfrüchte gibt, die am Okavango nicht vorkommen. Buschmänner sind ja weniger Jäger als Sammler; Pflanzen bilden ihre Lebensgrundlage und die Botanik-Kenntnisse der Buschmänner sind phänomenal. Literatur-Tip: Bild-/Text-Band *Buschmänner,* Landbuch-Verlag.

Kaudom ist nichts für Touristen, die schnell und mit wenig Anstrengung ein paar Tiere sehen und auf den Film bannen wollen, sondern für Abenteurer, denen es Spaß macht, Unberührtes zu erleben, Schwierigkeiten zu überwinden und die dabei sogar mit geringer „Wild-Ausbeute" zufrieden sind.

Das Erlebnis im ursprünglich gehaltenen Kaudom ist auf jeden Fall stark – wenn man sich genug Zeit dafür nimmt. „Mit links" ist der Park nicht zu machen.

Flexibel auf Namibia-Safari

RUND UM DIE PLANUNG

Namibia ist zwar groß, aber nicht extrem, die Planung daher leichter als z.B. für Weiten wie Australien oder USA. Trotzdem sollte der Individualtourist flexibel rangehen ans Safari-Abenteuer.

Allzu ausgetüftelte Planung führt zu Streß. Wenn's z.B. an einem bestimmten Tag kein Permit gibt für den gewünschten Ort, wenn man irgendwo länger bleibt als im Eigen-Programm vorgeschrieben. Oder wenn's Wetter mal nicht stimmt, eine Straße unpassierbar ist oder aus subjektiven Gründen eine Etappe schneller absolviert werden soll: Dann brechen starres Timing und evtl. ein allzu starrer Planer zusammen.

Flexibel heißt: sich auf alles einstellen können. Heute hier im Zelt, morgen dort Stadt-Hotel, übermorgen Camp-Bungalow, dann einige Gästefarm-Tage – alles nach Gusto verwürfelt, wie's grade paßt.

Wer Logis sucht, kann am Vorabend die nächste Unterkunft anrufen und reservieren. Die fantastischen Camp-Möglichkeiten Namibias lassen immer einen „Notausgang" für die Fälle offen, wo feste Quartiere belegt sind (→ Campen).

Für viele Safari-Fans liegt ein Reiz der Tour gerade darin, morgens nicht zu wissen, wo man abends landet. Auch eine Art Ausbrechen aus dem durchorganisierten Leben daheim. Je weniger Wert man auf solcherart harmloses Vabanque-Spiel legt, desto detaillierter muß die Planung ausfallen.

Achtung: Camps/Unterkunft in Kaudom (Route 31) und an der Skelettküste (Route 8) müssen vorab reserviert werden; für Sesriem (Route 4) ist's der begrenzten Kapazität wegen ratsam. Auch Etosha (Route 4) ist der kurzen, kalkulierbaren Anreise wegen vorab

buchbar. Bei den anderen Parks kann man's außerhalb der Namibia-Ferien (Weihnachten/ Januar) drauf ankommen lassen und bei Ankunft vor Ort buchen (→ Permit S. 237).

Reise-Dauer

Erstaunliche Werte für die Aufenthaltsdauer hat das *Reisebüro Bulletin* im März 1992 ermittelt: So bleiben Gäste im Schnitt nur 10 Tage, Deutsche immerhin 14 Tage (das zwei Drittel kleinere Neuseeland zum Vergleich: 21 bzw. 31 Tage)!

Für Verwandtenbesuche oder City-Sightseeing mögen zwei Wochen reichen, für eine Safari sollten's drei Wochen sein, wenn möglich noch einige Relax-Tage dazu. Wer Namibia mit Botswana und Zimbabwes Victoria-Fällen kombiniert, dürfte mit vier Wochen hinkommen (oder entweder Nord- oder Süd-Namibia für später aufheben s.u.).

Stress – oder: nicht mehr als 280 km am Tag!?

Größter Fehler auf Safari ist das Ansetzen zu langer Etappen. Wenn genügend Luft zum Erleben des Landes bleiben soll, sind 250 bis 300 km im Schnitt genug. Dabei dran denken, daß sich Umwege, die in Karten kaum erkennbar sind, kräftig summieren können!

Andererseits sind auf langen Teer-Etappen auch mal deutlich mehr Kilometer drin, auf schlechten Wegen hingegen kaum zweistellige „Leistungen".

Bei einem Schnitt von 280 km pro Tag ist binnen knapp drei Wochen unsere grün markierte „klassische Route" durch Namibia möglich (siehe Routenvorschläge).

Kommt ein anderes Ziel hinzu, muß irgendwo was abgezwackt werden. Das heißt: Es ist nur vernünftig, dies herrliche Land auf zwei Reisen aufzuteilen, statt alles in einem Aufwasch erledigen zu wollen.

Technisch gesehen ist o.a. Rundtour auch in 14 bis 16 Tagen zu absolvieren. Aber dann müssen zwangsläufig die meisten top-Erlebnisse wegfallen: Die Wüste, die sich nur in Ruhe erleben läßt. Kleinere Wanderungen und Besichtigungen. Das Outdoor-Erlebnis ab dem späten Nachmittag, das Auskosten der ruhigen, farbigen Abendstimmungen.

Problematisch ist dabei die Etappenlänge, die Einheimische empfehlen. Sie liegt meist viel zu hoch, weil die *Locals* ihr Land ja kennen und en passant aufnehmen können. Für den Touristen sind jede Menge Stops angesagt, sonst kann man's gleich lassen.

Ein Extrembeispiel: Für den 800-km-Trip von Oranjemund nach Kapstadt setzen Angestellte der dortigen Diamant-Mine nur 7,5 Stunden an! Wir teilten die Strecke auf vier Tage auf. Auch die 850 km von Windhoek nach Maun brettern Einheimische in einem langen Tag runter, auf immerhin teilweise mäßigem bis schlechtem Weg. Kalahari-Minimum: zwei Tage.

Exakt planen und dabei „Luft" lassen

Die Problematik, das Land in den Griff zu kriegen, soll nun nicht dazu verleiten, völlig ins Blaue hinein zu reisen, obwohl das natürlich auch seinen Reiz hat...

Manche Etappen liegen einfach fest, z.B. Waterberg – Etosha/Namutoni oder Lüderitz – Fish River Canyon, Routen ohne große Alternativen (aber mit vielen kleinen). Hie und da einen Relax-Tag einplanen, nach Lust und Laune in Städten (z.B. Swakopmund), in den Bergen (Erongo/Ameib) oder in der Wüste (Sossusvlei oder Camps des Namib-Naukluft-Parks).

Flexible Planung erlaubt dann auch spontane Abstecher, die Würze jeder Tour. Man kann mal eine Etappe bei schlechtem Wetter fix überbrücken oder verlängern, andernorts bleiben, wo's einem gefällt oder wenn einem

einfach danach ist. Das bedeutet echte Safari! Wichtig ist ja nur, daß man am Ende wieder pünktlich dort aufkreuzt, wo das Auto zurückzugeben ist. Sollte es da zu Überziehungen kommen, ist der Vermieter rechtzeitig zu benachrichtigen. Andernfalls kann's happige Versäumnis-Zuschläge kosten.

Tages-Planung

Die schönsten Stunden des Tages sind eindeutig die am frühen Morgen oder am späten Nachmittag bis in die Nacht hinein. Die verplempert man besser nicht mit Fahrerei.

Vor allem im (Süd-)Sommer sollte man bei oder gar vor Sonnenaufgang aus der Koje steigen, sei das nun Hotelbett oder Zelt. Die Temperaturen sind angenehm (ideal für Wanderungen), das Licht ist phantastisch. Eventuelles Schlaf-Defizit läßt sich während der Mittagszeit ausgleichen. Da tut sich unter steil stehender Sonne ohnehin nicht viel.

Ab 17 Uhr sollte Unterkunft bzw. Camp gefunden sein. Nur so hat man auch was von den zauberhaften Abendstimmungen.

Tip für Wohnmobil-Reisen: Das Cockpit wird mittags durch den Alkoven-Überbau von Sonnenstrahlung abgeschirmt. Das Fahrerhaus heizt sich also während der heißesten Stunden weniger auf als danach, wenn die Sonne schräg durch die Scheiben knallt. *High Noon* ist daher günstig, um Entfernungen zu überwinden.

Was ist Safari?

Kurzer Dialog aus dem Film *Jenseits von Afrika:*
Sie fragt im Safari-Camp: „Was passiert morgen?". Er antwortet: „Ich habe keine Ahnung!"
Das gehört mit zur Safari: Man läßt die Dinge auf sich zu kommen.
Trotz präziser Planung ist mit Herausforderung und Überraschungen zu rechnen. Viele lieben diesen „Eu-Stress", die gute, aufbauende Belastung.

Routenvorschläge:

1. Die Standard-Route haben wir Ihnen mit den grünen Raster-Balken bereits empfohlen: Windhoek – Etosha – Küste – Namib – Fish River - Keetmanshoop – Windhoek. Durchgehend Pkw-tauglich (bei trockenem Wetter). Etwa drei Wochen.

2. Der Norden
Mit Skelettküste, Kaokoland und Etosha, ggf. Abstecher nach Caprivi (Victoria-Fälle).
Freunde unberührter Landschaften sollten dabei, so Geländewagen ver-fügbar sind, Kaudom einplanen und ggf. Etosha weglassen.

3. Wüsten-Tour
Etosha-Tierwelt + Namibia-„Outback": Hinauf nach Etosha, unter Weglassen von Twyfelfontein und Brandberg auf der Teerstraße via Otjiwarongo nach Swakopmund und von dort Namib (Routen 11, 14, 17) und Süd-Namibia bis zum Oranje (22). Diese Tour ist ideal für Wüsten-Liebhaber (ca. 18 Tage).

4. Kurztour, bei intensiver Tages-Ausnutzung (10 Tage)
Windhoek – Etosha (3 Tage, ohne Waterberg). Teerstraße nach Swakopmund via Erongoberge (2 Tage). Küste-Namib-Sossusvlei (3 Tage). Spreetshoogte-Windhoek (1 Tag).

5. Ganz harte Allrad-Tour
Küste mit Sandwich Harbour (Route 10). Kaokoland (Route 6). Kaudom-Park (Route 31). Ca. 18 Tage. Mit viel Zeit könnten einsamkeitssüchtige Off-Roader auch noch die Kalahari queren (über Okavango-Route 30 zur Süd-Kalahari, 24). Damit erleben Sie vier verschiedene Zonen. Achtung: Cross-Country-Fahren ist in Namibia „out". Die Tracks sind schon anspruchsvoll genug.

Mit Kindern nach Namibia?!

Fernreisen mit Kindern lassen sich nicht wertfrei betrachten. Die einen implizieren ihre Angst vor Unbekanntem in die Kinder („das kann man ihnen nicht zumuten – die bekommen ja doch nichts mit") die anderen fühlen sich durch sie ihren Expeditions-Stories „entmännlicht" („kann ja nichts Besonderes gewesen sein"). Nach jeder unserer Reisen stellten wir fest, daß sich unsere Kinder (ab einem Jahr!) viele Erlebnisse, Begegnungen mit Tieren und Menschen eingeprägt hatten und diese beim Ansehen der Reisefotos mit Freude nacherlebten. Beachtet man einige Regeln und wird die Strecke an die Bedürfnisse der Kinder angepaßt, steht einer erlebnisreichen Reise nichts im Wege.
1. Eigene Toleranzschwelle weit nach oben verschieben.
2. Etappen durch Krabbel-, Spiel-, Eß- und Trinkpausen unterteilen.
3. Übernachtungsplätze so wählen, daß Platz zum Spielen zur Verfügung steht, am besten mit Wasser zum Planschen.
4. Lieblingsspielzeug mitnehmen.

5. Eine dichte, vom Kind zu öffnende Trinkflasche in Griffweite.
6. Reise möglichst nicht in kalte, nasse und windige Jahreszeit bzw. Region legen.
7. Versuchen, Mietwagen mit Kindersitz(en) zu buchen. Ggf. Kindersitz mitnehmen und mit Zurrgurten an der Rückenlehne bzw. an Fahrzeugteilen befestigen.
8. Rental Cars haben meist keine Sicherheitsgurte an der Fond-Bank.
Fahrt auf unbefestigten Wegen und in Nationalparks ist wegen abrupter Bremsmanöver für Kinder gefährlich! Die Gesundheit der Kinder unterliegt hier wie dort Einflüssen, denen Eltern begegnen müssen: Grundimpfungen werden vorausgesetzt. Ggf. Malaria-Prophylaxe mit ortsüblichen Medikamenten. Wasser sollte ausschließlich mit Micropur oder Certisil entkeimt werden.
Rückblickend können wir feststellen, daß unsere Kinder – mit Ausnahme eines Malaria-Falls – von größeren und kleineren Übeln verschont blieben. Sie konnten sich dem Klima gut anpassen und entkrampften und erleichterten Begegnungen mit Einheimischen. *B. Woick*

Vabanque-Spiel bei der Touristen-Steuerung
Ums Permit kommt keiner herum

Heil'ge Ordnung, segensreiche Himmels-tochter: In Namibia geht vieles nur mit *Permit.* Anfangs denkt man, das sei altdeutscher Ein-fluß, aber das kann ja nicht sein, schließlich heißen die „Dinger" *Permit,* womit der Schwarze Peter per Linguistik weg ist vom Reich und seinen Nachfahren (Südwester-Deutsch: „Pörmitt" oder „Leihssenz" von *Li-cense).*

Ordnung muß sein, und das ist nicht ironisch gemeint: Mit diesen Erlaubnisscheinen las-sen sich Besucherströme steuern und be-grenzen. Außerdem bestätigt der Tourist per Unterschrift, von bestimmten Regeln Kennt-nis genommen zu haben.

Man sollte alle Ziele, die sich mit ziemlicher Sicherheit zu bestimmten Terminen ansteu-ern lassen, vorab „fest machen". Vor allem, wenn's um Unterkunft geht (→ Anhang, Reser-vierungen).

Schwierig wird's z.B. bei Rückkehr aus Bots-wana. Da muß das Glück schon mitspielen, damit sich die Reisetage nicht verschieben. Sprich: Einer locker absolvierten Safari steht der Permit-Zwang ein wenig im Weg. *Self re-gister* wie z.B. in Nordamerika gibt's nicht, d.h. die Möglichkeit, sein Permit selbst aus-zustellen und die Gebühr in einer Box zu deponieren.

Wer nicht unbedingt auf einen Bungalow oder eine Rundhütte aus ist, sondern sich auch aufs Zelten eingerichtet hat, ist fein raus: Da gibt's meist (nicht immer!) keine Pro-bleme. Aber selbst da kann's buchstäblich eng werden: Das beliebte Camp *Sesriem* z.B. hat nur wenige Campsites. Sind die besetzt, dann müssen Sie sehr weit zurückfahren (z.B. Kuiseb-Canyon oder Solitaire). Ähnlich rigo-ros wird in Etosha verfahren: Sind die Camps

Permits sind oft vor Ort zu bekommen. – Das überalterte Re-servierungssystem für Unterkünfte in den Nationalparks soll durch ein leistungsfähigeres ersetzt werden, um die Auslastung der ca. 3000 „Einheiten" zu steigern.

voll, gibt's angeblich ohne Permit (Reservie-rung) keinen Eintritt.

Einige Camps (Naukluft, Kaudom) dürfen nach Vorschrift nur mit bestätigter Reservie-rung / Permit angesteuert werden. Anderer-seits gab's in der Naukluft auch ohne das Pa-pier bei spontanem Besuch sowohl Camp als auch Passierschein...

Trotz-Reaktionen bringen nichts: „Wenn ich den vorgeschriebenen Konvoi-Partner nicht finde, dann fahre ich eben solo und ohne Per-mit nach Kaudom", meinte jemand. Falsch. Das führt zwangsläufig zu schärferen Restrik-tionen.

Fazit: Wenn möglich, Permit- und Buchungs-Frage nach der Ankunft in Windhoek lösen. Unterwegs (z.B. in Swakopmund) lassen sich ebenfalls Permits bekommen. Von den ge-nannten Ausnahmen abgesehen, wird's außerhalb der Hochsaison (Namibia-Ferien) oft vor Ort auch klappen. Ein gewisses Vabanque-Spiel...

Storno

Läßt sich absehen, daß ein gebuchter Termin nicht zu halten ist, sollte die Reservierung storniert werden, damit andere zum Zuge kommen können.

„Sensitive ecology!"
Die grünen Seiten

Umweltschutz – das umfaßt alles, was dazu dient, natürliche Lebensgrundlagen von Pflanzen, Tieren und Menschen zu erhalten bzw. ein gestörtes ökologisches Gleichgewicht wiederherzustellen.

Dies ist auch und gerade in Wüsten und Halbwüsten wichtig. Denn selbst solche Bereiche sind nicht tot; angepaßtes Leben dort ist empfindlich und daher in besonderem Maße schutzbedürftig. In aridem Klima wirkt sich alles schlimmer aus als daheim: Weggeworfenes verrottet extrem langsam, Schäden am Boden bleiben Jahrzehnte sichtbar und angegriffene Flora braucht lange, um sich zu regenerieren.

Wohin mit dem Abfall?

Das leidige Safari-Thema „Müll" läßt sich am schnellsten abhaken: Abfälle müssen, wenn's *outdoor* keine geordnete Entsorgung gibt, immer zum nächsten Ort mitgenommen werden. Vergraben ist in der Regel keine Alternative (und z.B. in Parks natürlich nicht erlaubt): Es würde nur was bringen, wenn das Loch einen Meter tief ist und der Müll zuvor verbrannt wurde. Andernfalls nimmt Wild Witterung auf und legt alles wieder frei. Auch Regenfluten sorgen für Müll-Umverteilung. Selbst im Weichsand bleiben solche Grabungs-Tiefen meist Theorie, von steinigem Boden ganz zu schweigen.

Das Verbuddeln sollte daher auf extrem einsame Regionen beschränkt bleiben, wo's meilenweit keine Entsorgung gibt. Oder dort, wo man damit rechnen kann, daß der Müll aus der Tonne wieder in die Umwelt wandert (z.B. in einigen Zonen Botswanas). Das hat man schnell raus. Abfall läßt sich auch vermeiden. Man kann einen Sport daraus machen, bei einer Safari mit möglichst wenig Müll über die Runden zu kommen. Frisches mundet ohnehin besser als Konserven, die nur als Notration mitgenommen werden sollten. Auch Plastikverpackungen sollten im Regal bleiben. Müll ist nicht nur ein Problem der Optik, sondern kann die Fauna schädigen: Tiere krabbeln in Flaschen und Dosen, kommen nicht mehr raus. Oder sie halten Plastik für Nahrung, verschlingen es und gehen ein; sogar verbrauchter Kaugummi kann killen.

A propos Nahrung: Wild darf generell nicht gefüttert werden; auch das führt zur Veränderung des Verhaltens. Tiere, die (meist nur für

> Felszeichnungen, archäologische Fundstellen sowie Flora und Fauna stehen unter gesetzlichem Schutz.

Fotozwecke) von Menschen Futter bekommen, können aggressiv werden. Bisweilen bleibt der Parkverwaltung kein anderer Ausweg, als sie zu erschießen.

Feuer ...

Zugegeben: Das Lagerfeuer ist eine feine Sache, Attribut des Camp-Lebens und für viele Höhepunkt und Abschluß eines Safari-Tages. Aber muß man dazu kubikmeterweise Holz in Flammen aufgehen lassen? Auch ein kleines Feuer wärmt, bringt Stimmung zur Genüge. Zum Kochen hat der Auto-Tourist ohnehin einen Benzin- oder Gaskocher dabei.

„Totes" Holz ist selbst dann nicht unnütz, wenn's total abgestorben wirkt: Es dient Kleintieren als Behausung, Vögeln als Auslug

Wüsten sind so schützenswert wie „normale" Landschaften.

und letztendlich zur Bodenverbesserung: ein Teil des Natur-Kreislaufs. Daher ist in vielen Parks das Sammeln von Feuerholz verboten und muß von außerhalb mitgebracht werden. Offene Feuer sind hier nur an vorgesehenen Feuerstellen erlaubt und dürfen auch nicht „außergewöhnlich groß" sein (Beispiel aus den Waterberg-Parkbestimmungen).

Feuerholz sammelt man am besten in Bachbetten; dort ist die Chance eher gering, daß Tiere drin logieren. Oft kann man *Firewood* bei Ranger-Büros oder auf Campgrounds kaufen; die Gummi-Verschnürung wird zum Anheizen benutzt.

Vorsicht mit Feuer in trockenen Zonen und bei starkem Wind. Drei Meter rund ums Campfire sollte sich kein brennbares Material befinden. Wer die Natur schonen will, benutzt den Feuerring eines Vorgängers.

Vorm Start muß das Campfire total gelöscht sein. Wasser ist dabei sicherer als Abdecken mit Sand; aufkommender Wind kann ihn fortblasen und die Glut reaktivieren.

...und Wasser

Wasser ist Leben, und Wasserstellen sind rar. Wo man zwischen Atlantik und Kalahari welche findet, dürfen sie nicht gedankenlos mit Shampoo oder Waschmittel denaturiert werden. Die Tiere werden es Ihnen danken.

Muß draußen gewaschen werden, dann in einer Waschschüssel und nicht im Pool gleich welcher Couleur. Das Abwasser wird anschließend so weit wie möglich von der Wasserstelle weggegossen.

Cross country?

Weite Zonen der Kies- und Dünen-Namib und ähnlicher Wüsten sind überzogen mit einem Gewirr von Reifenspuren. Flache, windgeglättete Flächen verlocken dazu, den Geländewagen mal auszuprobieren und querwüstein zu brettern. Nach dem Motto: Wo nichts ist, kann man auch nichts kaputtmachen. Doch, man kann! Die Spuren zerstören nämlich ein Ökosystem aus Flechten und Kleinlebewesen.

Hinzu kommt: Unterm Reifenprofil wird der Boden verdichtet, daneben gelockert – Angriffsflächen für die Erosion von Wind und Wasser. Pflanzensamen können auf verhärtetem Boden nicht keimen, Kleinlebewesen und Vogelnester werden vernichtet. Ursache und Wirkung demonstrieren Naturschützer in Swakopmund auf Schautafeln und Fotos.

Von den Naturschäden mal abgesehen: Eine zerfahrene Wüste läßt kaum noch den Eindruck von Ursprünglichkeit aufkommen. Es wird Jahrhunderte dauern, bis die Spuren verschwunden sind. Kein Wunder, daß das Verlassen der Wege im Park verboten ist und anderswo ebenfalls vermieden werden sollte.

Auch für die Camp-Suche außerhalb der Parks ist wilder Cross-Country-Drive weit ins Hinterland nicht notwendig. Zehn, zwanzig Meter sind genug, und das nach Möglichkeit auf Spuren von Vorfahrern. Wobei sich, siehe oben, deren Feuerstelle bequem und naturschonend nutzen läßt.

Es gibt viel zu erleben im südlichen Afrika. Dabei hinterläßt man am besten nichts außer einigen Fußstapfen...

RUND UMS SAFARI-GEFÄHRT

Die Fahrzeug-Frage steht bei Namibia-Touren längst nicht so im Mittelpunkt wie in anderen Abenteurer-Zonen (Sahara, Australien, Südamerika u.a.). Alle Hauptrouten lassen sich mit üblichen Pkws absolvieren. Auch für Wohnmobile ist das gute Straßennetz geeignet! Problematisch sind Vibrationen, Staub und Wasser auf dem Weg.

Einschränkungen ergeben sich zum einen aus der Erfahrung: Wer vor langer, aufgeweichter und zerfahrener Bodenwelle kapitulieren wird, sollte zur Sicherheit einen Geländewagen mieten. Nicht alle Mietfahrzeuge sind für alle Strecken zugelassen. Botswana-Abstecher z.B. erfordern 4WD. Aber selbst einige VW-Allrad-Miet-Busse dürfen weder nach Botswana, noch ins Kaokoland.

Allrad oder konventionell?

Die Frage des Antriebs läßt sich leicht entscheiden: Auf Namibias Schotterstraßen bringt konventionelle Kraftübertragung genügend Traktion. Ausnahmen sind die letzten Kilometer zum Sossusvlei, Kaokoland, Kaudom und einige Routen in der Regenzeit.

Trotzdem sollte man sich nach Möglichkeit für einen Geländewagen entscheiden. Seine Vorteile liegen nämlich nicht nur im Allradantrieb. Positiv auf „Schlechtwegen" sind

1. die größeren Reifen. Steine schlagen nicht so schnell durch, desgleichen Dornen wegen des dickeren Stollenprofils. Wellblech und alle Bodenunebenheiten werden besser geschluckt.

2. Höhere Bodenfreiheit. Das Auto sitzt nicht so schnell auf wie ein tiefliegender Personenwagen.

3. Insgesamt größere Stabilität.

4. Bessere Übersicht wegen der größeren Bauhöhe.

Diesel – Benziner?

Die Qual der Wahl wird Ihnen abgenommen. Meist werden Benzin-Fahrzeuge vermietet. Sollten Sie die Wahl haben: Dieselmotoren haben höheren Wirkungsgrad bei geringerer

Störanfälligkeit. Klartext: Sie ˙saufen weniger, die Reichweite erhöht sich und man kommt mit kleinerer Treibstoff-Reserve über die Runden.

Nachteil: Wenn das Dieselöl ausgeht, kann's am „Ende der Welt" u.U. schwieriger sein, Diesel zu bekommen als Benzin. – Der Preisunterschied zwischen Diesel und Benzin ist unerheblich.

Motorrad?

Zunehmende Schiffs-Verfrachtungen von Motorrädern nach Namibia könnten einen Trend andeuten. Namibia per Bike ist dank des idealen Wetters eine feine Sache.

Aber: In allen Parks und in deren Camps sind „Krafträder" nicht zugelassen! In Wildparks versteht sich das von selbst wegen der Gefährdung durch Raubtiere. Das Verbot gilt auch für „harmlose" Gebiete wie Namib-Naukluft-Park, Daan Viljoen, Hardap u.a.

Öffentliche Verkehrsmittel?

Die Eisenbahn können Sie für Namibia-Safaris vergessen. Auf einigen Strecken wurde der Passagierverkehr sogar eingestellt. Die Alternative, der Linienbus, ist für eine Erlebnis-Tour kaum diskutabel. Zwar wird man preiswert transportiert, aber das war's dann schon. Weder läßt sich die Weite auskosten, noch sind Outdoor-Camps abseits der Routen möglich. Viele Ziele werden zudem gar nicht angesteuert.

Eigenes Auto

Natürlich kann man sein eigenes Gefährt mitbringen. Die ganz Glücklichen mit viel Zeit kutschieren in drei bis sechs Monaten durch den Schwarzen Erdteil. Infos dazu z.B. in *Durch Afrika* von Därr/TCS, Buchreihe „Reise Know-How". Aktuelle Hinweise (auch zur bisweilen brisanten politischen Lage der Transit-Länder) z.B. in der Zeitschrift *tours – das abenteuer-magazin.*

Schnellerer und bequemer Weg ist die Verfrachtung. Container-Verladung ist nicht

Für den Transit mit eigenem Fahrzeug sind die Transafrika-Routen derzeit wegen Problemen in Nordafrika blockiert. Alternative: Verfrachtung nach Namibia.

mehr extrem teuer (→Anhang). Nach Ankunft des Autos setzen Sie sich ins Flugzeug und düsen dem Auto hinterher. Auf Wunsch läßt sich die „Kiste" am Flughafen in Empfang nehmen.

Wer mit dem Gedanken der Verfrachtung spielt, wird wissen, welche Fahrzeuge dafür in Frage kommen: Geländewagen mit guter Zusatzausrüstung, weil so als Rental Cars nicht im Angebot. Für Pkws lohnt sich der Aufwand nicht, da mietet man besser.

Wer es sich leisten kann, stellt das Gefährt nach der Reise an sicherem Ort unter und nutzt es für spätere Safaris. Ggf. kann man's auch an Bekannte übergeben; so lassen sich die Fährkosten teilen.

Über aktuellste Einfuhrbedingungen informieren Spediteure oder die Botschaft. Der Verkauf ist nicht ganz einfach wegen der Linkssteuerung. Auch hier kann ein guter Spediteur Tips geben in puncto Verzollung und am besten verkäuflicher Modelle.

Mietwagen

Das Gros der Touristen wird sich ein Gefährt mieten. Das ist leichter als z.B. in nordafrikanischen Ländern. Außerdem sind die Fahrzeuge gut gepflegt. Für alle Mietwagen gilt: Technischen Zustand und Werkzeug sowie Ersatzrad bei Übernahme prüfen. Ein zweites Reserverad ist sehr beruhigend, wird gegen geringe Kosten mitgegeben (s.u.).

Beachten Sie ferner die erstaunlich hohe Selbstbeteiligung bei Schäden! Da diese von

Vermieter zu Vermieter unterschiedlich ausfällt und natürlich auch je nach Fahrzeug-Typ und Wert variiert, sollte man sich genauestens informieren!!

Tip: Wenn Sie Ihr Mietfahrzeug nach Übernahme von allen Seiten fotografieren, könnten bei Rückgabe Diskussionen über Kratzer und Mini-Schäden vermieden werden.

Noch ein Tip: Wurde das Rental Car vollgetankt übernommen, dann geben Sie's am besten auch mit vollem Tank zurück. Andernfalls besteht Gefahr einer happig überhöhten Nachberechnung.

Miet-Pkws

Eine Reihe nationaler und internationaler Mietwagen-Firmen bieten Personenwagen an, z.B. VW Golf und Jetta, Toyota Corolla und Cressida. Einige Preisangaben →Anhang. Diese Fahrzeuge sind tauglich für Schotterstraßen. Unsere „grünen Routen" können damit problemlos befahren werden. Bei den „blauen" fragen Sie entweder vor Ort oder bei Ihrem Reiseveranstalter.

Mietwagen wurden ziemlich teuer.

Die Angabe „Pkw-tauglich" im Vorspann-Kasten unserer Routen bezieht sich auf private Fahrzeuge; sie bedeutet nicht, daß jeder Vermieter seine Autos auf diese Wegen läßt. Bisweilen bewegt man sich in Grauzonen zwischen erlaubt und nicht erlaubt (die Versicherung gilt z.B. auf bestimmten Strecken nicht!). Fahren Sie extrem vorsichtig, dann wird ein kulanter Vermieter nichts gegen eine Tour z.B. in den Caprivi-Zipfel einwenden.

Geländewagen (4WD)

„Namibia is 4WD-Country", so wirbt der Geländewagen-Spezialist Kessler. Stimmt: Mit dem 4WD stehen wirklich alle Wege offen. Den Werbe-Anreiz: „The freedom to venture off the track into deeper bush" sollte man nur in Ausnahmefällen in die Tat umsetzen.

Knüller ist der HiLux (gesprochen Hailax) von Toyota, den es in zwei Versionen gibt: Einmal als *Single Cabin* für zwei, u.U. drei Personen. Das Cockpit fällt eng aus, dafür ist die Ladefläche länger als beim *Double Cab* für 3 bis 4 Personen. Die Gesamtlänge des HiLux bleibt in beiden Varianten gleich; was man vorn gewinnt, verliert man hinten.

Der HiLux ist ein Alleskönner, der „Mercedes unter den Geländewagen", wie es bisweilen heißt (den Mercedes G, den 4WD mit dem Untertürkheimer Stern, gibt's in Namibia bei keinem Vermieter).

Tips: Der HiLux verliert in überladenem Zustand, wie jeder 4WD, viel von seiner Geländegängigkeit! Vorsicht bei zu flotter Fahrt: Durch die Hochbeinigkeit verlagert sich der Schwerpunkt nach oben, das Fahrzeug kippt schneller (→Fahrt und 4WD-Technik).

Der Land Rover 110 („one-ten") ist die komfortabel gewordene Fortentwicklung des Urvaters aller Geländewagen – vom Abenteuer-Image her immer noch ein kerniger Typ. Gutes Gefährt mit starkem V8Motor, im Süd-

Landrover 110/one ten – moderner Nachfolger des 4x4-Urvaters.

wester-Deutsch „Wie-Äit". Der one-ten hat viel von der Störanfälligkeit des Vorgängers 109 verloren und ist auf technisch hohem Stand. Ein idealer Partner, sowohl off road, als auch on road.

In gleicher Klasse rangiert Toyotas Land-Cruiser: Leistungsstark und sehr gut auf schlechten Wegen. Rover und Cruiser sind was für ein Team von vier bis fünf Personen. Schlafen im Fahrzeug ist nur bedingt möglich. Der Komfort wird bei beiden meist erhöht durch eine Klimaanlage (AC).

Zur AC ein Hinweis: Normalerweise müssen die Fenster bei Betrieb der Klimaanlage geschlossen sein, sonst kann die umgewälzte Luft nicht recht abkühlen. Bei starkem Staubanfall eine Scheibe etwas runterkurbeln, damit sich kein Vakuum im Innenraum bildet, das Staub anzieht. Benutzen Sie die AC nicht zu häufig: Man bringt sich ums Auskosten der trockenen Wärme und handelt sich schnell eine Erkältung ein. Im Stand sollte die Anlage ausgeschaltet werden (z.B. bei längeren Stops auf Pirschfahrten).

Oft unterschätzt in seinen Allrad-Qualitäten wird der Gelände-Bus von Volkswagen: Der *syncro* ist ein Wolf im Schafspelz, der fast soviel kann wie die „echten" Geländewagen. Nachteilig sind höchstens die Karosserie-Überhänge. Ein bequemer Tourenwagen für bis zu 8 Personen. Miet-syncros bleiben Botswana, Kaudom und Kaokoland verschlossen, um sie zu schonen. Auf den Standardstrecken tut's übrigens auch der normale VW-Bus ohne 4WD.

Gelände-Camper

Die einfachste Möglichkeit, einen 4WD Camp-tauglich zu machen, ist der Aufsatz eines Hardtops auf die Pritschenwand (in Namibia heißen die Kunstoffdächer *Canopy*). Damit ist die Ausrüstung relativ geschützt. Bei der Einzel-Kabine kann man ggf. auf der Ladefläche schlafen, z.B. wenn Wild in der Nähe ist oder das Wetter mal nicht mitspielt. Ansonsten ist das Zelt besser.

Pritschenwagen à la HiLux mit Hardtop – idealer Safari-gefährte: Enorm geländegängig, viel Stauraum und notfalls Schlafplatz unterm Canopy-Dach.

Der syncro-Bus läßt sich zu einem erstklassigen Allrad-Camper umbauen, aber diese Möglichkeit gibt's derzeit in Namibia leider nicht; die Mietkosten lägen zudem sehr hoch. Richtige Safari-Mobile mit Allradantrieb lassen sich in Südafrika mieten. Der *Ranger* von „Capricorn Camper Rentals" basiert auf Hi-Lux (s.o.); zwei Personen kommen in der aufgesetzten „Camperbox" gut unter. Eine Nummer größer ist der *Bushman,* mit dem drei bis vier Personen das Abenteuer angehen können. Ein Reisemobil der Oberklasse, komfortabel mit Dusche und Einbau-Kühlschrank, auch von der kantigen Form her auf den Einsatzzweck zugeschnitten. So hat man z.B. auf die bei Motorhomes sonst üblichen langen Überhänge hinter der Heck-Achse verzichtet. Über diese Sonderfahrzeuge und die Konditionen informieren Sie spezialisierte Reiseveranstalter → Anhang.

Dachzelte

Nicht zu Unrecht erfreuen sich Dachzelte bei eingefleischten Safari-Touristen äußerster Beliebtheit: Die Behausungen sind schnell auf- und abgebaut, man schläft in luftiger Höhe, fern von bodenständigem Getier. Leider haben Namibia-Vermieter keine Dachzelte im Programm (Zeltbefestigungen beschädigen die Regenrinnen). In der RSA sind Fahrzeuge „oben mit" zu bekommen. Bleibt nur der Weg, selber eines runterzuschaffen. Im Reisegepäck wird das unrentabel teuer; man kann's mit „unbegleitetem Gepäck" versuchen oder als Schiffsfracht → Anhang *Container-Verladung*.

4WD-Umbau zum Campmobil

Mit relativ geringem Aufwand läßt sich ein Geländewagen vorübergehend camp- und safarigerecht umrüsten. Dabei wird im Laderaum (über den Radkästen) eine Holzplattform eingebaut. Die Maße sind von Fahrzeug zu Fahrzeug unterschiedlich; bei einem Landrover 110 waren es 150 x 190 cm. Wer vorab weiß, welcher Geländewagen ihn erwartet, kann schon zu Hause an einem ähnlichen Fahrzeug die Maße studieren; geringe Abweichungen von Auto zu Auto sind möglich! Solche „4WD-Conversion" läßt sich bei einer guten Tischlerei in Windhoek machen. Scheffler z.B. hat das schon mal praktiziert. Möglicherweise kann Ihr Auto-Vermieter, dessen Erlaubnis wie vor der Dachzelt-Montage eingeholt werden muß, weiterhelfen.
Diese Zwischen-Etage im Fond ergibt ein Doppelbett (tagsüber als Ablage verwendbar) und darunter reichlich geschützten Stauraum für die Ausrüstung.

Wohnmobile

Bislang konnte man nur in Südafrika Wohnmobile mieten, die auch auf Namibia „losgelassen" werden dürfen. Wir haben gute Erfahrungen mit dem „Explorer" gemacht, der problemlos alle Schotterwege absolvierte. Dieser Fahrzeug-Typ ist gut für vier Personen, notfalls auch für fünf, aber dann wird's eng, außerdem ist den hinterm Cockpit Sitzenden die Aussicht ziemlich beschnitten.
Der Wasservorrat von 40 Liter ist schon für zwei Personen recht knapp, bei einem Reise-Quartett reicht's kaum zum Duschen, also zusätzlich Kanister mitnehmen. Der Explorer ist gut durchdacht. Beispiel: Geschirr wird klapperfrei in speziellem Bord untergebracht. Einwegmieten zwischen Südafrika und Nami-

Klein und gut: Explorer- oder Companion-Wohnmobile.

bia sind nicht möglich, jedoch können die Wohnmobile z.B. in Johannesburg übernommen und nach dem Namibia-Abstecher in Kapstadt zurückgegeben werden (Aufpreis).
Für Fahrten nach Namibia und in den Kalahari-Gemsbok-Park ist eine Sondergebühr fällig, die den staubbedingt erhöhten Reinigungsaufwand decken soll. Tip: Melden Sie dem Veranstalter rechtzeitig das Fahrziel Namibia; dann werden vorhandene Fugen abgedichtet. Halten Sie unterwegs die Fenster im Heckbereich geschlossen, da der Staub durch die kleinste Ritze dringt.
Vermieter in Namibia konnten sich bisher nie lange halten. Das liegt zum einen am erhöhten Verschleiß, der selbst auf guten Schotterstraßen unvermeidlich ist. Zum anderen ergeben sich enorme Reinigungskosten. Nun gibt's auch in Windhoek eine Station, die z.B. den Wohnmobil-Typ *Companion* im Programm hat; er besticht durch sein großes Panorama-Heckfenster. Vom Wohnwert und von den Dimensionen her ähneln sich beide genannte Typen, die auf Mitsubishi L300 aufgebaut sind.
Aktuellste Listen der Wohnmobil-Vermieter gibt's beim Verkehrsamt. Buchen können Sie bei den Reiseveranstaltern, wobei sich die Preise kaum von denen vor Ort unterscheiden (s.u.).
Zur Fahrt mit Wohnmobilen: Alle Schotterstraßen sind Campertauglich. Fahren Sie im eigenen Interesse und in dem der Vermieter besonders vorsichtig. Die „Kisten" leiden

unter zu hohem Tempo noch mehr als Personenwagen!

Miet-Preise und Tips

Das Mietpreis-Niveau liegt nicht mehr niedrig (einige aktuelle Angaben unter *Preise* → Anhang). Man muß dabei berücksichtigen, daß Pkws auf schlechten Straßen ebenso wie auf harten Pisten eingesetzte Geländewagen einen höheren Wartungsaufwand erfordern und größerem Verschleiß unterliegen als Fahrzeuge, die (wie in Europa) nur auf Teerstraßen gefahren werden. Man denke nur an den Reifen-Abrieb auf steinigen Pisten.

Checken Sie mal, was ein Miet-Geländewagen an Ihrem Wohnort oder in der nächstgelegenen Großstadt kostet. Durchaus möglich, daß da höhere Raten gefordert werden als in Namibia, wo die Allradler echt strapaziert werden.

Spar-Tip: Wegen des Geländewagen-Preisniveaus lohnt sich Aufteilung der Tour. Beispiel: 14 Tage Botswana und Nord-Namibia mit Geländewagen, dann Rückgabe des 4WD und Übernahme eines Pkw für die Standard-Strecken um Swakopmund und Windhoek.

Ein-Weg-Mieten zwischen Stationen innerhalb Namibias sind gegen eine *drop-off-charge* möglich. Bei Fahrzeugwechsel innerhalb einer Vermietfirma (z.B. von 4WD auf Pkw) dürfte sie niedrig ausfallen. Generell fährt man immer am günstigsten, wenn das Auto zum Head Office in Windhoek zurückgebracht wird.

Alle Fahrzeuge lassen sich bei hiesigen Veranstaltern buchen; die Preise entsprechen in der Regel denen vor Ort (Differenzen bei Wechselkurs-Schwankungen). Die Veranstalter leben von Provisionen und nicht von Aufschlägen auf den Preis. Positiv ist die größere Sicherheit, bei der Ankunft ein Fahrzeug zu bekommen; außerdem haben Sie bei Problemfällen das kundenfreundliche deutsche Reiserecht im Rücken.

Tip zur Bereifung: Wer dem Vermieter bzw. Veranstalter die geplante Strecke rechtzeitig meldet, kann für den Miet-Geländewagen Pneu-Wünsche äußern. Für Fahrten auf Sand (Kaudom, Kalahari) sind breitere Reifen ideal, für Fels, Schotter und normale Wege reichen schmalere Standard-Reifen. Ob die richtigen „Socken" montiert werden können, hängt natürlich von deren Verfügbarkeit ab.

Mietwagen-Versicherung

Wer sich mit den namibischen Versicherungsbedingungen beschäftigt, wird spüren, wie günstig diese und die zugehörige Rechtssprechung hierzulande sind. Selbst sehr fahrlässig herbeigeführte Schäden sind gedeckt, und das bei relativ niedrigen Selbstbeteiligungen.

In Namibia ist vieles anders. Lassen Sie sich im Detail bzw. für Ihr gewähltes Fahrzeug von Ihrem Reiseveranstalter beraten. Hier Grundlegendes: Da ist zum einen die sehr hohe Selbstbeteiligung (*Excess*). Sie kann sogar bei Abschluß der *CDLW*-Versicherung (Collision Damage and Loss Waiver) 3000 bis 5000 DM betragen! Kleinere Schäden bis zum Erreichen dieser hoch angesetzten Grenze müssen aus eigener Tasche bezahlt werden. Wird diese Versicherung für 12 bis 15 DM pro Tag nicht abgeschlossen, ist bei Totalschaden der volle Fahrzeugwert fällig!

Einige Vermieter bzw. deren Versicherungen leisten nicht, wenn Schäden fahrlässig herbeigeführt wurden (*by negligence*) oder wenn der Straßenzustand nicht dem gewählten Fahrzeug entsprach (*road conditions not suitable for the vehicle,* Zitat der Avis-Mietbedingungen).

Am allerwichtigsten: Ein Unfall, in den kein anderes Fahrzeug verwickelt war, ist bisweilen ebenfalls nicht von der Kasko-Versicherung gedeckt (z.B. bei Avis). Beispiel: Sie kommen wegen zu hohem Tempo von der Straße ab und zerschmettern das Mietfahrzeug nach diversen Purzelbäumen. Das läßt sich vermeiden: Fahren Sie defensiv. Sie haben dabei auch mehr von der Tour.

„Höchstgeschwindigkeit 100 km/h!" ?
GUTE FAHRT!

Namibias Schotterstraßen präsentieren sich oft in unglaublich gutem Zustand, bisweilen besser als Teerstraßen der Dritten Welt (→ „Straßen"). Wenn sie „schlecht" genannt werden, dann nur im Vergleich zu Teerstraßen: Es staubt, das Auto holpert hie und da über Wellblech oder durch Schlaglöcher. Einheimische brettern auf diesen *Pads* oft volle Pulle dahin; die Höchstgeschwindigkeit von 100 km/h scheint für sie eine Art Richtgeschwindigkeit zu sein, die man ruhig mal überschreiten darf.

Touristen sollten's nicht nachahmen. Zum einen fehlt ihnen die notwendige Erfahrung mit den Tücken des *Gruis*-Belags, zum anderen ist man ja nicht hier, um Tempo-Rekorde zu brechen.

Selbst mit Spitze 50 bis 70 und einigen Stopps schafft man das empfohlene Maximum von 250 bis 280 km in etwa fünf Fahrstunden, also bis zum frühen Nachmittag.

Gepflegte „Gruis-Pads" erlauben „Stink-Schpud" (hohes Tempo), aber 70 km/h sind genug.

Immer auf der Hut:
Fahrtips auf Schotter:

● Bleiben Sie unter dem 100-km/h-Limit. 70 km/h sind guter Richtwert für eine streßfreie Tour.

● Warnschilder (z.B. vor Kurven) nicht auf die leichte Schulter nehmen und Tempo frühzeitig reduzieren.

● Besonders riskant ist die Kombination Kurve + Gefälle. Da kann man schnell von der Fahrbahn driften.

● Die Traktion ist auf Schotter viel geringer als auf Asphalt. Vermeiden Sie scharfes Bremsen und abrupte Lenkausschläge, denn das geht fast immer in die Hose.

● Geländewagen auf H4 schalten und Freilaufnaben sperren. Allradantrieb ist auf guten Wegen zwar nicht nötig, aber erhöht die Traktion.

● Der Reifendruck darf nicht zu niedrig sein, sonst schwimmt das Auto.

● Schalten Sie das Licht ein, wenn's sehr staubt. Ihr Fahrzeug wird dann eher gesehen.

● Vermeiden Sie Überholmanöver.

● Kommt jemand entgegen, dann langsamer fahren und weit links raus. Das reduziert die Möglichkeit des Bruchs der Frontscheibe. Namibier machen's anders: Möglichst dicht am Entgegenkommenden vorbei; zwar geht man so dem Steinschlag ebenfalls aus dem Weg, aber auf eine riskante Weise!

● Auf Schotter nie nachts fahren.

● Bei Nässe können geschotterte oder mit Salz gewalzte Straßen sehr glitschig werden. Besondere Vorsicht, wie daheim auf Glatteis: Sollte das Gefährt seitlich wegrutschen, auf keinen Fall bremsen, sondern mit kurzen Gas-Stößen wieder auf Kurs bringen.

● Furten und Wasserlöcher vor der Querung auf Tiefe sondieren und eventuell warten, bis der Wasserspiegel fällt.

● Immer mit Tieren rechnen, die trotz der Zäune urplötzlich auf die Fahrbahn springen.

● Konzentriert und vorausschauend fahren. Auf Überraschungen gefaßt sein, denen man mit verhaltenem Tempo viel besser begegnet als mit Vollgas.

Fast jeder Namibier ist auf Nebenwegen mal „ins Schleudern" gekommen. Durchaus möglich, daß Sie da interessante Stories serviert bekommen, bisweilen à la Jägerlatein ein wenig überhöht oder gar verklärt.

Im Prinzip sind diese unbefestigten Straßen schon wegen des geringen Verkehrs sicherer als frequentierte High-Speed-Rennstrecken

Auf einsamen Pisten hat man oft das Gefühl, ganz allein zu sein. Zum Überholen ansetzende Fahrzeuge werden leicht übersehen.

daheim. Bei defensiver Fahrweise muß ein Loch, ein Stein auf der Pad oder eine unerwartet scharfe Kurve nicht gleich das Aus bedeuten.

Namibia-Pads sind einsam; oft werden Sie stundenlang niemandem begegnen. Man wird sorglos. Durchaus möglich, daß Sie jemand überholen will, Sie im gleichen Moment

jedoch – ohne Blick zurück - einem Hindernis nach rechts ausweichen, auf die Überholspur. Leider werden Überholmanöver nur selten mit kurzem Hup-Signal angekündigt. Daher unbedingt auch die Straße hinter Ihnen per Rückspiegel im Auge behalten!

Fahren auf Wellblech

Die Wellblechstruktur (→ „Straßen") läßt sich mit zwei Methoden in den Griff kriegen: Man beschleunigt so, daß die Reifen nur noch die Wellenspitzen berühren; in der Regel auf ca. 80 bis 90 km/h. Dann spürt man das Waschbrett zwar kaum noch, aber die Fahrt wird extrem gefährlich, da die Bodenhaftung reduziert ist.

Für einige Pkws und auch für die meisten Wohnmobile (ausgenommen Geländewagen mit Hardtop-Canopy) ist das nicht praktika-

Linksverkehr!
Zur Sicherheit ein Pfeil

Auf Teerstraßen stellt Linksverkehr kein Problem dar. Anders ist es auf einsamen Wegen oder Pisten. Da kann man trotz Rechtssteuerung das Gefühl für die richtige Seite verlieren. Malen Sie mit Lippenstift o.ä. einen nach links weisenden Pfeil auf die Frontscheibe. Damit wird die Chance größer, im Falle eines Falles den richtigen „Fluchtweg" anzusteuern. Das mag am grünen Tisch albern klingen, aber der Hilfs-Pfeil hat sich in kritischen Situationen bewährt.

Tip für Fußgänger: Nicht nur in den ersten Tagen ist das Überschreiten der Straße riskant. Anders als daheim erst nach rechts, dann nach links „sichern"!

bel. Da wird auf die sanfte Tour jede Welle „ausgeritten". Tip: Am äußersten Weg-Rand ist die Struktur weniger ausgeprägt als in der Mitte, wo die Schnellen dahin „brettern". Vorsicht vor Steinen und Auswaschungen am Pad-Rand!

Leicht reduzierter Luftdruck bei zahmem Tempo macht Wellblech erträglicher. Bei schneller Fahrt walkt der Reifen und erhitzt sich. Automatisch erhöht sich der Druck wieder, bei unnötiger Belastung des Reifens.

Risiko am Straßenrand: Tiefe Gräben, durch Gras gemein „getarnt". Abrutschen bedeutet seitlichen Überschlag.

Der Knackpunkt

Fahren auf Nebenstraßen mag Dutzende von Kilometern völlig unproblematisch sein. Doch anders als daheim kann niemand garantieren, daß es hinter der nächsten Kurve so

bleibt. Da kann der Knackpunkt lauern, die „Schlüsselstelle". Und die kann für Pkw *viel eher* auftauchen als für einen Geländewagen: ein tiefes Loch, eine Querrinne oder gar eine Furt, die zur Rückkehr zwingt. Stellt man sich darauf ein, kann nichts schiefgehen.

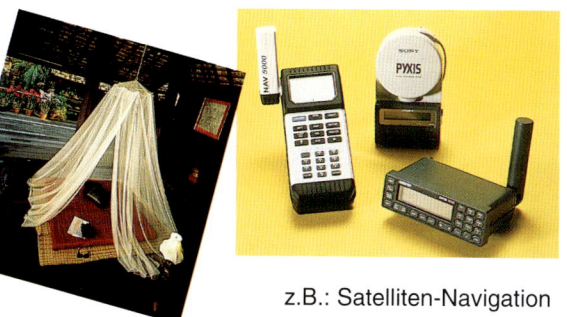

SWAAR SAND SLEGS 4X4
VOERTUIE AANBEVEEL
HEAVY SAND RECOMMENDED
FOR 4X4 VEHICLES ONLY

„Nur 4WD!"

Fahren auf Pisten und auf Sand

Grundregel: Möglichst auf Spuren bleiben, man bricht sonst nur unnötig ein (gilt besonders für den Strand). Cross country vermeiden, ist in Parks ohnehin verboten.

Allrad-Fahrzeuge können viel, die Fahr-Physik setzt jedoch Grenzen, die auch raffinierte Technik nicht zu überwinden vermag. In manchen Punkten ist der Geländewagen dem Normal-Pkw sogar unterlegen!

Das liegt z.B. an der notwendigen hohen Bodenfreiheit. Dadurch kommt der Schwerpunkt höher, das Gefährt kippt in Kurven, beim Schleudern u.ä. schneller auf die Seite oder aufs Dach, womit das Fahren erst mal ad acta gelegt ist.

Man wird sagen: „Das kann mir doch nicht passieren!". Stimmt sicherlich auch, aber es kommt leider gerade bei Touristen aus den Schnellfahr-Ländern Mitteleuropas viel zu oft vor. Kleine Fahrfehler bei zu hohem Tempo wirken sich fatal aus. Der folgende Salto ins Pisten-Abseits muß nicht unbedingt mortale sein, um einem das ganze Wochenende zu verderben...

Wunder kann ein 4Wheeler z.B. im Schlamm nicht vollbringen. Sackt die Kiste mit beiden Achsen tief ein, ist 4WD keinen Deut besser als konventioneller Antrieb: Nichts geht mehr! Selbst 100% sperrende Differentiale helfen schon dann nicht mehr weiter, wenn sich die Profile aller vier Reifen total zugesetzt haben.

Ganz zu schweigen im Tief-Schlamm: Der Wagen hat sich eingegraben und sitzt mit dem Bodenblech auf. Reifen mahlen ohne Vortrieb leer durch. Da hilft nur noch mühsame Selbst-Bergung per Wagenheber.

Gelände-Probleme lassen sich vermeiden: Zum einen durch vorausschauende Fahrweise, durch Umfahren riskanter Passagen. Zum anderen durch vorangehende Sondierung derselben. Versinkt man schon per pedes bis zur halben Wade, sollte das Modderloch gar nicht erst angegangen werden.

Durch das Rivier?

Wasser-Durchquerungen sollten immer sondiert werden – zumal das meist ja auch mit erfrischendem Badespaß verbunden sein kann. Beim Durchwaten können Steine auf der Furt aufgespürt werden, aber auch tiefe

Löcher, die umfahren werden müssen. Außerdem ist die Watung ein Strömungs-Test: Wo man zu Fuß nicht mehr gegen Wasserwucht ankommt, hat meist auch der Geländewagen keine Chance!

Gewässer bis Knie-, maximal Hüft-Tiefe lassen sich mit genügend Erfahrung meistern, wenn die Strömung nicht zu groß und der Geländewagen entsprechend präpariert ist. Der Luftansaugstutzen muß nach oben verlängert sein. Generell ist Wasser bis zur Trittstufen-Höhe harmlos, darüber können Wasserschäden eintreten (bei Mietwagen ist der Mieter dafür verantwortlich!). Benziner sind wegen nässeempfindlicher Elektrik anfälliger als Diesel-Triebwerke!

Bei älteren Modellen ohne Freilauf-Kühlventilator (bei Freilauf läßt sich das Lüfterrad von Hand leicht drehen) muß der Keilriemen für tiefe Furt-Passagen demontiert werden. Besser ist, zu warten, bis das Wasser risikolos durchfahrbar ist.

„Es hätte ja ruhig etwas mehr spritzen können", meinte mal ein Video-Filmer, der uns nach Durchqueren eines Flusses am jenseitigen Ufer in Empfang nahm. Falsch: Je weniger es spritzt, desto fachmännischer war die Passage. Der Motor muß bei möglichst mäßigem Fahrzeugtempo auf Touren gehalten werden, die um oder wenig über dem Bereich des maximalen Drehmoments liegen. Typischer Fall für L4.

Ganz gefährlich sind Fahrten am Strand. Bleibt man da stecken, kommt dann die Flut, kann die Kiste nahezu unrettbar versacken!

Auf Sand gebaut?

Auf Sand ist das Anfahren der heikle Moment: Die Räder müssen nicht nur den Rollwiderstand überwinden, sondern auch das stehende Gefährt in Bewegung setzen. Dazu ist sandiger Untergrund wenig geeignet; das Auto neigt eher dazu, sich einzugraben als Vortrieb zu gewinnen.

Kessler 4x4 Hire

Unser Service hat uns zu einer der größten Vermiet-Firmen für 4x4-Geländewagen im Südlichen Afrika gemacht.

Wir bieten die breiteste 4x4-Palette im Südlichen Afrika! Alle unsere Fahrzeuge sind nicht älter als ein Jahr. Daher kommen unsere Kunden in den Genuß neuer Geländewagen - bester Service inklusive.

Wir erlauben Touren mit unseren Fahrzeugen in ganz Namibia, Botswana, Zimbabwe und Südafrika.
Für Camper-Fans: Ideal für Ihre Tour sind z.B. Pickups mit Hardtop.
Kessler 4x4 Hire vermietet auch die gewünschteBasis-Zeltausrüstung.

Iwanowski's
Individuelles Reisen

Raiffeisenstr. 21   D-41540 Dormagen
Tel. (02133) 61919   Fax (02133) 63130

Faustregel: vor Sandpassagen auf festem Grund anhalten, wenn möglich am Beginn eines mehr oder weniger leichten Gefälles. Ideale Weichsand-Fahrstufe für 4WD-Anfänger: Untersetzung L4 + 2. Gang.

Ist das Auto in Fahrt, sollten Sie diesen Bewegungszustand beibehalten, den Motor auf Touren halten und wenig schalten, denn Kraftfluß-Unterbrechung beim Kuppeln ist ähnlich riskant wie Anfahren.

Andererseits muß man den 4WD an geeigneten Stellen mal verschnaufen (sprich abkühlen) lassen, denn bei niedrigem Tempo fällt Fahrtwind-Kühlung flach!!

Gängiger Trick, um die Traktion auf Weichsand zu verbessern: Luft ablassen, um den „Reifenlatsch" sprich die Auflagefläche des Reifens zu vergrößern. Bei schlauchlosen Reifen, übrigens auf Pisten von Nachteil, darf die Druckreduzierung nicht zu groß sein, sonst zieht's u.U. den Reifen von der Felge, der Pneu geht völlig in die Knie und läßt sich normalerweise auch mit der Luftpumpe nicht mehr auf Vordermann bringen!

Selten ist Sand so weich, daß die Räder versacken. Reduzierter Reifendruck sorgt für breitere Auflage, aber eine Luftpumpe muß an Bord sein.

Bei Schlauchreifen kann allzu niedriger Druck zum Abreißen des Ventils führen, wenn sich der Mantel auf der Felge verschiebt – auch nicht gerade optimal...

Nach Ende des Sand-Abschnitts muß wieder Druck gemacht werden, sonst zerstört man den Reifen. Luftpumpe oder Kompressor gehört an Bord eines 4Wheelers.

Traktions-Probleme gibt's fast nur in sandigen Flußtälern. Sand Ridges an Tracks (z.B. Chobe Park/Botswana) lassen sich meist sogar ohne Allrad bewältigen; auch Pkws haben schon sehr schwierige Strecken mit Tricks und richtiger Fahrweise geschafft (Mietwagen dürfen's nicht!). Oft reicht schon eine gehörige Portion Schwung. Das probiert man am besten zunächst mal dort aus, wo's freundliche Helfer in Reichweite gibt. Versierte Namibier sind gern mit Rat und Tat dabei.

Hinweis: Ganz einsame Pisten sollten nur im Konvoi befahren werden. Im Kaudom-Park ist das ohnehin vorgeschrieben.

Basiswissen für Geländewagen
4x4 – Allrad-Technik

Geländegängig wird ein Geländewagen durchs Zusammenspiel vieler Komponenten (Allradantrieb, kraftvolle Motoren mit gutem Drehmoment, Untersetzung, große Reifen und hohe Bodenfreiheit, geringe Karosserie-Überhänge, Differentialsperren u.a.).

Zunächst zum Antrieb beider Achsen, *Four Wheel Drive (4WD)* oder 4x4; im Südwester-Deutsch wird *four by four* zu „Foh bei Foh". Wie auch immer es heißt: 4WD hat verschiedene Konzepte, die hier jedoch keine Rolle spielen, da meist *zuschaltbarer,* selten *permanenter* Allradantrieb benutzt wird.

Bei üblichen Geländewagen fährt man normalerweise per Heckantrieb (H2 = High Speed, 2-Rad-Antrieb). Die Vorderachse wird bei Bedarf zugeschaltet (H4 = High Speed, 4-Rad-Antrieb). Die Übersetzungsverhältnisse sind in H2 und H4 gleich; der Allradler fährt bei Standard-H2 je nach gewähltem Gang im gleichen Tempo wie bei Allrad-H4.

4WD-Neulinge sollten anfangs austesten, was der Kübel bereits mit Heckantrieb allein leistet. Nämlich erstaunlich viel. Viele Tracks lassen sich locker mit H2 absolvieren; das sind die u.U. auch Pkw-tauglichen Routen. Bereits hier ist der Geländewagen durch Solidität, höhere Bodenfreiheit und größere Räder im Vorteil.

Freilaufnaben und Sperren

Ganz wichtig: Bevor von H2 auf H4 gehebelt wird, müssen beide Freilaufnaben an der Vorderachse von *free* auf *lock* gedreht, also gesperrt werden. Nur so wird die Antriebskraft auch bis an die Räder geleitet!!

Freilaufnaben reduzieren Verschleiß, Geräusch und Spritverbrauch während des H2-Betriebs um ein paar Prozent, können abseits

---

> **Beachten Sie vor allem drei 4WD-Grundregeln:**
> - vor Einlegen des Allradantriebs Freilaufnaben sperren
> - L4 nur dann, wenn wirklich nötig
> - in schwierigem Gelände im Drehzahl-Bereich des maximalen Drehmoments fahren.

der Teerstraßen auch auf festem Grund gesperrt bleiben, damit im entscheidenden Moment ohne Zugkraftunterbrechung auf H4 geschaltet werden kann. Ganz moderne 4Wheeler haben automatisch sperrende Freilaufnaben, bei denen das manuelle Sperren der Vorderachs-Naben entfällt.

Bei *free*-Stellung der Freilaufnaben ist der Antriebsstrang nach vorn an entscheidender Stelle unterbrochen, der Vortrieb erfolgt auch bei H4-Stellung nur über die Hinterräder! „Die Hinterräder" ist nicht ganz richtig, denn ohne Differentialsperren treibt u.U. nur je *ein* Rad einer Ache. H2 ist demnach Einradantrieb, H4 entspricht Zweiradantrieb. Dreht an jeder Achse ein Rad durch, dann steht das andere (das evtl. noch antreiben könnte). Die Traktion geht flöten. Wir kennen das vom Winterbetrieb her, wenn sich ein Rad wirkungslos im Schnee austobt und das andere auf griffig-freigeräumtem Teer tatenlos zusehen muß.

Leider haben die meisten Geländewagen keine Sperren, die die Räder einer Achse 100%ig zusammenschalten. In der Regel gibt's an der Heck-Achse selbstsperrende (richtiger: selbsthemmende) Differentiale, die schon ganz gut wirken.

Kraft-Entfaltung bei geringem Tempo: L4

Mit H4 ist die Traktion, der Vortrieb, theoretisch doppelt so gut wie mit Einachsantrieb. In der Praxis zeigt sich jedoch ein weit höherer Wert! Denn die Wahrscheinlichkeit, daß die

Antriebsleistung an beiden Achsen gleichzeitig verpufft, ist ziemlich gering. Meist kann eine Achse irgendwo zupacken und den Karren aus dem Dreck ziehen.

Von H2 auf H4 können Sie bei gesperrten Front-Naben jederzeit während der Fahrt schalten. Anders der Wechsel in die „Kriechgangstufe" *L4:* nur im Stand oder bei ganz langsamer Fahrt einlegen.

L4 *(Low)* macht alle Gänge „kürzer" bzw. langsamer bei gleicher Motor-Drehzahl (s.u.), wichtig in erster Linie beim ersten oder zweiten Gang. Die sind beim normalen *H2-* bzw. *H4-*Bereich zu schnell übersetzt für Einsatz in hartem Gelände, wo man mit viel Kraft und langsam über Hindernisse kriechen oder gegen hohen Wasserdruck ankämpfen muß. Die Untersetzung erfolgt übers Reduziergetriebe, das aus den üblichen sechs Gängen (5+R) 12 macht, von denen jedoch selten alle benötigt werden.

Richtig ist im Gelände nicht etwa volle Pulle, sondern die Fahrt im mittleren Drehzahlbereich, bei dem das maximale Drehmoment „anfällt", d.h. die größte Kraft entwickelt wird. Die Angabe finden Sie in der Betriebsanleitung; sie nutzt jedoch nur etwas, wenn auch ein Tourenzähler eingebaut ist. Ansonsten muß nach Gefühl gefahren werden.

Wichtig: Sie brauchen meist nur den zweiten L4-Gang in sehr tiefem Weichsand, in Schlamm, auf rauhem Fels oder in Furten. De facto meist nur auf relativ kurzen Passagen. Ausnahme: Sandzonen wie Sanwich Harbour, Kaudom, Kalahari...

Zweiter Gang + L4 ist auch gut zum Anfahren! Der untersetzte Erste ist dafür meist nicht ideal (Gefahr des Durchdrehens). Ausnahme: extreme Steigungen auf festem Terrain.

Wird der Track besser, sofort wieder von L4 auf H4 schalten. Wird's vergessen, fahren Sie im fünften untersetzten Gang wie etwa im zweiten oder dritten „normalen: Der Motor überdreht bei Vollgas (wobei wenig „Tempo gemacht" wird!) und ist bald ruiniert. Alles schon vorgekommen!

Ganz schlimm, wenn vergessen wurde, die Freilaufnaben zu sperren (s.o.). In H4 mag's noch angehen, dann fährt der Pilot nach wie – ohne es zu wissen – nur mit angetriebener Heckachse. In L4 und bei entsperrten *free-*Naben greift die Kraft nur an der Hinterachse an und stiftet dort u.U. Schaden, der Weiterfahrt unmöglich macht.

Geländewagen-Technik ist verhältnismäßig einfach zu durchschauen und dann auch zielführend zu benutzen. Zur Praxis →„Gute Fahrt" und „Fahren auf Sand".

Wenn nichts mehr geht...

BETRIEBSSTÖRUNGEN

Hilfestellung bei Pannen läßt sich hier angesichts der Vielzahl der in Namibia benutzbaren Fahrzeuge nicht generell geben. Außerdem wissen Versierte ohnehin, wie's weitergehen könnte; wer jedoch eine Motorhaube bislang nur zur Ölstand-Prüfung öffnete, kommt mit Kurzhinweisen auch nicht weiter.

Zweimal Trost: Zum einen sind Distanzen zwischen Service-Stellen an Namibias Haupt-

und an einigen Nebenrouten nicht so gigantisch wie in Australien oder Nordafrika. Zum anderen ist der Verkehr relativ dicht, so daß Passanten bei harmlosen Störungen direkt helfen oder im nächsten Ort Hilfe rufen können. Werkstätten und Notrufnummern sind an einschlägigen Stellen bekannt.

Mitglieder eines deutschen Automobilclubs sind automatisch auch Mitglieder des Namibia-AA (→ Anhang). Helfen wird man auf jeden Fall, wie weit auch u.U. happige Abschleppkosten erstattet werden, steht auf einem anderen Blatt. Hauptsache, daß sich überhaupt etwas tut. Verloren ist man jedenfalls nicht (Ausnahmen: abseitige Pisten).

Im Fall einer Panne stoppen Sie ein Auto, geben dem Fahrer ein Papier mit folgenden Angaben: Fahrzeug, Farbe, Kennzeichen, Position und Störung. Im Notfall wird man abschleppen.

Selbsthilfe/Vorbeugung

Reservesicherungen, Keilriemen u.ä. müssen an Bord sein. Aber solch Banales gilt überall. Gehen wir also nur auf Safaritypisches ein. Treibstofftanks sollten nie ganz leer gefahren werden. Unproblematisch ist da der Benziner, der nach Einfüllen des Reservekanisters meist sofort wieder anspringt (ggf. kräftig mit dem Gaspedal pumpen).

Beim Diesel muß das Kraftstoffsystem nach Leerfahren des Tanks manuell entlüftet werden (einige Motoren machen dies selbständig). Darüber informiert die Betriebsanleitung.

Reifenpannen auf Pisten stellen die häufigste Betriebsstörung dar. Ein zweites Reserverad an Bord ist sehr beruhigend. Keinesfalls mit plattem Reifen weiterfahren, da dies Reifen, Felge und Achs-Differential ruiniert. Vorausschauende Fahrweise hilft, Reifenpannen zu vermeiden: Scharfkantigen Steinen auf der Piste weicht man tunlichst aus. Es gibt Fahrer, die ein Dutzend Plattfüße hatten, wo andere auf gleicher Route ohne Panne durchkamen. Das kann nicht nur Zufall sein, sondern ist auch auf umsichtiges Fahren zurückzuführen.

Das Frühstadium von Reifenpannen ist auf rauhen Pisten schwer festzustellen, da das Fahrzeug etwas „schwimmt". Lieber einmal zuviel anhalten und die Räder überprüfen als einen Reifen total zu ramponieren (Checks beim Passieren von Gates, wo man ohnehin stoppen muß, sollten zur Routine werden).

Wenn der Wagenheber ein wenig einsinkt, läßt sich das Reserverad u.U. nicht anbringen. Abhilfe: Feste Unterlage oder Achse mit Steinen unterstützen und Wagenheber erneut ansetzen.

Nach größerer Panne lohnt's meist nicht, den Schlauch zu flicken. Außer in Notfällen ist's besser, bei der nächsten Werkstatt einen neuen montieren zu lassen.

Prüfen Sie bisweilen die Starterbatterie und deren Befestigungen. Das Gehäuse eines lockeren Akkus kann brechen, die Batteriesäure rinnt aus und damit ist der Saft weg.

Vorsicht, wenn im Stand Verbraucher eingeschaltet sind. Bord- und Transistorleuchten im Camperbereich verkraftet die Batterie, aber ein Kompressor-Kühlschrank sollte 30 Minuten nach Abstellen des Motors ausge-

schaltet werden. Ein Dieselmotor mit leerer Batterie läßt sich kaum durch Anschieben starten, da ist der Benziner im Vorteil.

Bisweilen sind Batteriepole korrodiert. Reinigung mit dem Messer wirkt da Wunder. Ist die Batterie „müde", kann man durch Erwärmung (z.B. Heißwasserbad) u.U. mehr Energie herauskitzeln. Es soll auch schon geholfen haben, einen kalten Dieselmotor durch Übergießen mit heißem Wasser startfreudiger zu machen. Aber so weit sollte man's nicht kommen lassen. Vor extremen Touren ist eine Zweitbatterie ebenso beruhigend wie das zusätzliche Reserverad.

Bruch der Frontscheibe ist dank Verbundglas relativ selten. Fahrzeug bei Begegnungen u.U. aus der „Schußlinie" bringen oder Finger und Handfläche fest an die Scheibe pressen (das leitet Spannungen u.U. ab). – Bei Bruch:

Bei Glasbruch: Splitter sorgfältig entfernen.

Decke unters zerbröselte Glas und mit geschützter Hand (Handschuhe, Stoff) die Splitter entfernen. Bei der Weiterfahrt Seitenscheiben geschlossen halten, dann staut sich bei gewissem Tempo die Luft so, daß es kaum zieht.

Zündschlüssel verloren? Kein Problem, wenn man sich rechtzeitig einen Zweitschlüssel hat anfertigen lassen. Ggf beim Vermieter darum bitten. Ein Schlüssel findet sich im Sand leichter wieder, wenn er mit einem Schweizer-Messer o.ä. verkuppelt wurde.

Kleine Löcher im Treibstoff- oder Wohnmobil-Wassertank können provisorisch mit Kaugummi oder einem Gemisch aus Seife und Sand geflickt werden. Zur Sicherheit mit mehreren Streifen Klebeband bandagieren. Eine Rolle Paketklebeband sollte man sich beim ersten Einkauf zulegen; damit läßt sich einiges reparieren!!

Bei Motorüberhitzung muß gewartet werden, bis Triebwerk und Radiator wieder abgekühlt sind, was bei hohen Außentemperaturen recht lange dauern kann. In der Zwischenzeit sucht man Schlauchverbindungen nach eventuellen Lecks ab und prüft den Motoröl-Stand (letzteren bei Wärme immer recht hoch halten, da das Öl bei Zirkulation besser abkühlen kann).

Hat sich der Wagen festgefahren: Nur keine Panik! Sorgfältige, mühsame Vorarbeit hilft mehr als blindwütiges Durchdrehenlassen der Räder: Die Achsen versacken nur unnötig. Erst mal schaufeln. Mit dem Wagenheber Räder anheben auf (oder besser noch etwas über) das Niveau der Umgebung. Klappt's nicht im ersten Arbeitsgang, dann Steine unter die Achse legen und das Auto damit auf hohem Niveau halten. Heber absenken und das Ganze noch einmal, und eventuell nochmal...

Bei Radwechsel auf Schotterstraßen kann's vorkommen, daß das Ersatzrad nicht passen will, weil der Heber ein paar Zentimeter abgesunken ist. Daher zuvor Stein oder festes Brett unter den Heber legen! Manchmal reicht's schon, etwas Schotter unterm angesetzten Reserverad herauszukratzen.

Verliert ein Reifen nur sehr langsam Luft, sollte hin und wieder mit dem Kompressor nachgepumpt werden. Es ist beruhigend, für den Fall eines größeren Knalls das Reserverad noch in der Hinterhand zu haben.

Mit etwas Umsicht und Glück sowie mit gut gewartetem Auto muß auf vielen tausend Kilometern überhaupt nichts passieren. Last but not least: Auf unseren „grünen" und „blauen" Routen sind Sie nie ganz allein. Routinierte Namibier bringen die Kiste bei kleinen Störungen u.U. binnen weniger Minuten wieder zum Laufen...

Für Tour und Camp
AUSRÜSTUNG

Ladung sollte gut verkeilt werden. Ideal zum Transport sind z.B. Zarges-Alu-Boxen.

Das Bord-Werkzeug ist üblicherweise sehr mager. Ein mitgebrachter Werkzeugkoffer (z.B. von *Heyco*) ist nicht nur gut für Selbst-Reparaturen, sondern auch für Hilfe von Fremden.

Je abgelegener die Routen, desto besser muß das Werkzeug-Set sein - und auch die Selbsthilfe-Fähigkeiten. Es ist eine Frage der Zuversicht ins gemietete oder eigene Auto, ob man mit wenig Ersatzteilen oder reichlichem Sortiment auf Tour geht. Nur als Anhalt: Wir hatten auf vier Namibia-Reisen nicht ein einziges Problem mit den Fahrzeugen aus Windhoek oder Südafrika.

Ein zweites Ersatzrad bedeutet ein großes Sicherheits-Plus im Hinterland. Es frißt zwar viel Platz im Laderaum, ist aber mit ca. 30 DM pro Mietdauer so preiswert, daß man darüber gar nicht diskutieren muß.

Bei Fahrten in abseitige Zonen Namibias oder nach Botswana müssen ein oder zwei Treibstoffkanister an Bord. Auch hier liegen die Mietkosten (ca. 15 DM) weit unterm Kaufpeis.

Tip: Reifen von Geländewagen gehen selten total „zu Bruch", oft ist nur ein kleiner „Wurm" drin, sprich Akaziendorn o.ä. Da lohnt sich ein *Kompressor* für 80 DM, und der Reifen läßt sich allmorgendlich wieder auf Vordermann und bis zur nächstgelegenen Reparaturwerkstatt bringen.

Ein Kompressor ist auch gut für Wechsel zwischen sandigen Abschnitten (reduzierter Luftdruck) und spitz-steinigen Wegen (normaler Druck). Natürlich geht das auch mit einer manuellen oder Fuß-Pumpe; ist noch sicherer als mit u.U. störanfälligem Elektro-Kompressor, aber schweißtreibend...

Achtung: Auf Teerstraßen kann sich der Luftdruck bei hohen Temperaturen enorm erhö-

hen. Ggf. mit dem Manometer am Kompressor prüfen und Druck reduzieren, um Reifenplatzern vorzubeugen!

Camp-Ausrüstung

Selbst wer vorrangig in Hotels oder Lodges absteigen will, sollte eine Basis-Campingausrüstung mitbringen. Dazu gehören: Ein zuvor erprobtes Leichtzelt, Kocher, Taschenlampe (→ Kapitel „Campen" samt Checkliste).

Versierte bringen von daheim ferner mit: Eßbesteck (z.B. à la Bundeswehr), Alu-oder Edelstahl-Topf (in den der Kocher hineinpaßt). Teller, Tassen etc. sind in Windhoek preiswert zu bekommen. Geschirr, Besteck u.a. sind bisweilen gar nicht mietbar.

Bei Schlafsäcken scheiden sich die Geister: Erfahrene haben ihr Modell und bringen es trotz des Volumens mit. Bei der Miete weiß man nie, was man kriegt. Da es in Namibia nachts nur selten saukalt wird, würde ich mich hier auf die Miete einlassen und dafür lieber ein Leichtzelt in den Koffer packen.

Mit einer Camping-Grundausstattung werden Sie ungeheuer Safari-flexibel, haben nie das Gefühl, auf der Straße zu stehen, wenn mal alle Unterkünfte ausgebucht sein sollten.

Vieles läßt sich zudem mieten (→ Anhang, Ausrüstung). Manches wird pro Mietdauer berechnet, anderes pro Tag. Bei Normalreisen von etwa drei Wochen Dauer entstehen keine großen Preis-Unterschiede.

Kocher: Ideale Allrounder sind Benzinkocher

(z.B. Coleman). Versuchen Sie, ein Gerät zu finden, das sich mit Normalbenzin betreiben läßt. Ansonsten mieten Sie ein Gas-Gerät mit Flasche.

Denken Sie daran, daß es auch im Sommer relativ früh dunkelt. Eine Lampe ist daher u.U. nötig, ebenfalls ein Modell für die Gasflasche oder (weniger ergiebig) eine Petroleumlampe aus dem Supermarkt.

Campingtisch und Stühle sollten gemietet werden. Gleiches gilt für Camp-Matratzen.

Kühlschränke: Sehr effektive Engel-Box (nur Strom 12/220 V) bei Kessler knapp 10 DM/Tag: Absorber mit Gasbetrieb bei Gav's gleicher Preis, aber weniger effektiv.

Tip: Verpackte private Ausrüstung läßt sich bei Kessler 4x4 Hire für die nächste Reise (oder für eine Tour von Freunden) deponieren. Wird das gut geplant, lassen sich Zeit (für jeweils neue Besorgung) und Geld sparen.

Richtig stauen

Glücklich, wer mit eigenem, nach Namibia verfrachtetem Fahrzeug unterwegs ist: Da kann man schon daheim optimale Kisten anschaffen, sie unterteilen und vor der Tour Stau-Erfahrungen sammeln.

Ideal in puncto Verladen sind auch Wohnmobile mit ihren Schränken und Abteilen. Dachschränke schließen bei starken Seiten-Bewegungen oft nicht gut – ihr Inhalt ergießt sich bisweilen auf den Boden.

Im Miet-Geländewagen gibt's meist keine unterteilten Laderäume, keine Gepäckkisten. Also schiebt man Sack und Pack in den Laderaum, verstaut Ausrüstung und Lebensmittel in Pappkartons und ab geht die Post. Spätestens bei der ersten tiefen Bodenwelle macht sich die Ausrüstung selbständig und fliegt durch den Laderaum. Da die Cockpit-Passagiere mit sich selbst beschäftigt sind, kriegt man die Bescherung erst beim nächsten Stop mit: Pappkartons liegen umgestülpt und entleert auf dem Boden, Behälter sind geplatzt, Lebensmittel kunterbunt vermischt. Fazit: Statt Koffer mit Alu-Kisten anreisen.

Zarges-Boxen z.B. schließen gut (ggf. mit Schloß), sind weitgehend staub- und spritzwassergeschützt. Sie lassen sich mit cleverem Zubehör beliebig unterteilen, leicht aus dem Wagen herausnehmen und draußen zu Sitzbänken umfunktionieren. Weitere Vorteile: auf den ebenen Oberflächen kann man zur Not immer noch schlafen, zudem läßt sich eine zweite Lade-Etage darauf unterbringen, was bei Kartons nicht funktionieren kann.

Was in die Boxen nicht hineinpaßt, sollte in Kunststoff-Containern (*Uni-Box* o.ä.) verstaut werden; die kann man in den Zarges-Boxen mitbringen oder in Windhoek kaufen. Behälter können nicht aufweichen, sind stapelbar.

Um lange Sucherei zu vermeiden, bringt man alles möglichst immer am selben Ort unter. Am besten ernennt man einen „Lademeister", der sich auskennt. Sonst verplempert man unnötig viel Zeit, die sich besser für Angenehmeres nutzen läßt.

Dachgepäckträger

Land Rover 110 und HiLux-Doppelkabiner lassen sich auf Wunsch mit *Roof Racks* mieten. Die Träger entlasten den Innenraum von voluminösem Gepäck (z.B. Schlafsäcke, leere Kanister, Campingstühle u.ä.). Das Material muß gut gesichert werden.

Überladung wird gefährlich. Normalerweise sind Dachlasten zwischen 75 und 100 kg zulässig. Doch diese Werte gelten nicht für rauhe Pisten, wo harte Stöße voll durchschlagen. Da kann man die Ladung mit dem Faktor fünf bis sieben multiplizieren: 100 Kilo wirken wie eine halbe Tonne und zerren an Träger-Befestigungen und Dachholmen!

Gerade Safari-Neulinge hieven reihenweise gefüllte Kanister und ein schweres Reserverad auf den Träger und wundern sich dann über Holm- und Träger-Bruch.

Feine Dachträger-Zweckentfremdung: Man kann ihn als Auslug benutzen (nicht in Wildparks). Außerdem läßt er sich mit kuschliger Unterlage zum Feldbett umfunktionieren. Ein Hotel mit vielen tausend Sternen.

Möglichst viele Blätter für die Tour
LANDKARTEN

In Eigenregie auf Safari – das bedeutet: Bestes Kartenmaterial an Bord! Mehr als ein Pauschaltourist, der ja in der Regel „programmiert geführt" wird, ist der „Solist" auf zu Papier gebrachte Land(karten)-Infos angewiesen. Je detaillierter die Blätter, desto besser erschließt sich das Land und seine geographische Gliederung.

Für Planung und Übersicht benutzen wir die *Michelin*-Karte 955 (einige Kartenausschnitte im Manual sind diesem 1:4 Millionen-Blatt entnommen, z.B. in der vorderen Umschlagklappe). Die Karte ist im Verhältnis zum Maßstab sehr detailliert. Gute Relief-Darstellung. Da sie auch die Nachbarstaaten zeigt, eignet sie sich zusätzlich zur Planung einer Südafrika- oder Kenia-Reise. Wichtig: Fette rote Zahlen sind Entfernungen in Meilen (am besten schon bei der Routenplanung durchstreichen). Nur blau zählt!

Achtung: Die Michelin 955 ist in „Falten" aufgeteilt (Zahlen im Kreis): 25/26: Namibias Norden, 29/30 Mitte, 33 Süden. 34 Süd-Botswana und nördliche RSA. Nach diesen Angaben spezifizieren wir die Lage eines Gebiets in den Routen-Kapiteln.

Ebenfalls gut für die Übersicht ist die Kontinentkarte *Afrika* im Maßstab 1:8 Mio (Kartographischer Verlag Ryborsch, Obertshausen). Sie zeigt den Kontinent „naturnah", dazu wichtige Straßen (→Routen-Karte in der hinteren Klappe).

Karten „für unterwegs"

„Karten kaufe ich mir dann in Namibia", meinte mal jemand. Klappt nur nicht immer, denn bisweilen ist das Angebot mager. Klage eines Autovermieters nach der Unabhängigkeit: „Ich habe nicht mal 'ne Karte von meinem eigenen Land!". Im Anhang unter „Karten" aktuelle Bezugmöglichkeiten.

Detailliert und trotz fehlender Kilometer-Angaben gut für die Feinplanung ist die auch hierzulande in Buchhandlungen erhältliche *freytag & berndt*-Karte 1:2,4 Mio, die deutschsprachige Ausgabe der McMillan-Maps. Einige Ausschnitte im Manual, z.B. Route 2. Rückseitig Detailkarten von Etosha- und Namib-Naukluft-Park sowie Stadtpläne Windhoek, Swakopmund, Walvis Bay und Lüderitz. Ein ähnliches f&b-Blatt deckt Botswana ab.

Gratis gibt's beim Namibia-Verkehrsbüro (→Anhang) und in Reisebüros die Karte *Republic of Namibia,* die in einigen Zonen noch mehr Nebenstraßen mit Pad-Nummern bietet als f&b. Die preiswerte *Farmkarte* 1:1 Mio zeigte alle Farmen und viele Details.

Nur mit Mitgliedskarte eines heimischen Automobilclubs kriegen Sie die Kartenwerke des *AA-Namibia* (→Anhang). Das Material ist Spitze, mit guten Begleittexten:
1. AA-RSA-Basiskarte 1:2,5 Millionen.
2. farbige 1:2,5 Mio-Karte mit
3. separatem Guide to Namibia (Kurzführer).
4. AA-RSA-Detailkarte Windhoek/Oshikango-Grootfontein.
5. Detailkarte Vioolsdrif-Windhoek mit Fish River Canyon.
6. Detailkarte Gobabis-Windhoek-Walvisbaai/Swakopmund.

1:1 Million und besser

Die maßstäblich besseren Karten sind für den „Safari-Piloten" nicht auch immer die geeigneteren – und trotzdem eine starke Hilfe. Das mag paradox klingen, resultiert aus den Stärken und Schwächen der Topographischen Karten.

Mit aufgezogenen oder implastierten Karten (siehe Service-Angebot Seite 133 oben) haben Sie alles übersichtlich im Blick. Beschriftungen mit Fett- oder Filzstift lassen sich leicht entfernen bzw. korrigieren.

Die Michelin-Karte läßt sich besser nutzen, wenn sie schon daheim auf etwa 5 mm starkes Sperrholz aufgezogen wird: Größe je nach geplantem Reisegebiet (bei Namibia z.B. 30 bis 40 cm hoch und 25 bis 35 cm breit). Ideal ist eine weiß beschichtete Platte, da das Kartenbild nach dem Aufziehen nicht stumpf wirkt. Die Beschichtung sollte vorm Auftragen des Leims fein angeschliffen und mit Spiritus entfettet werden, da sich sonst Karte und Kleber lösen können.

Erster Schritt: Kartenausschnitt etwas größer als benötigt ausschneiden und anfeuchten. Platte gleichmäßig mit Leim bepinseln (Ponal o.ä.).

Zweiter Schritt: Karte vorsichtig von oben über die Platte ziehen und ausrichten. Mit Tapeten-Andruckrolle o.ä. leicht anpressen. Die feuchte Karte ist ziemlich empfindlich.

Dritter Schritt: Nach völligem Durchtrocknen überstehende Kanten mit Feile oder Tapeziermesser abtrennen. Karte zum Schutz mit Klarlack (oder billiger mit Haar-Spray) versiegeln; Eintragungen sind danach mit Filzstiften möglich. Da die Michelinkarte nicht rückseitig bedruckt ist, kann nach dem Lackieren auch nichts durchschlagen. Damit sich dünne Platten nicht verbiegen, sollte deren Rückseite ebenfalls mit ähnlich starkem Papier beklebt werden.

Man kann sich Karten auch „implastieren", in Kunststoff einschweißen lassen (→ „Karten" im Anhang); besserer Schutz ist kaum denkbar. Eine fixierte Karte dieser Größe läßt sich im Cockpit leicht handhaben – Sie haben immer alles übersichtlich im Griff und im Blick.

Die Stärken: Gute Geländedarstellung mit Relief und Höhenlinien.

Die Schwächen: Zum Teil unkomplettes oder nicht ganz aktuelles Straßennetz, selbst bei den beiden *UNO-Blättern 1:1 Mio* von Ende 1985. Auf ihnen fehlen z.B. die touristisch wichtige Nordzufahrt zum Fish River Canyon, Orts-Einträge wie Twyfelfontein u.a. Auch Straßennummern und Kilometer-Angaben sucht man vergeblich, aber dafür gibt's ja die „normalen" Straßenkarten.

Bei 1:1 Mio hat man die Auswahl: zwei sehr gute UNO-Blätter *West* und *Ost* mit natürlich wirkender Oberflächendarstellung. Sie gelten als verbindliche Namibia-Karten, enden jedoch abrupt an den Staatsgrenzen. Metrische Höhenangaben.

ONC-Fliegerkarten: ONC Q3 deckt den Süden ab mit großen Teilen Botswanas und Südafrikas: Südlich der Linie Naukluft/Mariental/Tshane (Botswana).

Norden: ONC P3 (Namibia westlich des 20. Längengrads), ONC P4 (östlich des 20. Längengrads, Caprivi und Botswana).

Von einigen Bergregionen abgesehen, wirken die Karten unnatürlich grün. Aber damit kommt man ebenso zurecht wie mit den Höhenangaben in Fuß (1 ft = rund 30 cm).

Maßstäblich besser sind die Topographischen Karten 1:500.000 und 1:250.000, wobei man letztere wohl nicht unbedingt braucht, außer für Satelliten-Navigation in extrem abseitigen Regionen (z.B. Kaokoland). Diese kosten in Namibia wenige Rand, sind jetzt schon vorab in Deutschland zu haben (→ Anhang/Karten).

Verweise auf die lohnenden 500.000er-Karten finden Sie im gelben Routen-Vorspann, den Blattschnitt dazu im Anhang.

Jede dieser Karten hat Mängel. Die eine ist in puncto Straßen exakt, aber das Land wirkt ohne Geländedarstellung platteben. Die anderen zeigen das Relief und vernachlässigen Wegenetz und Orte. Erst die Synopse zahlt sich aus, das Parallel-Lesen mehrerer unterschiedlicher Blätter.

Für Afrika ungewöhnlich: Beschilderung (samt Vorwegweisern!) ist meist eindeutig.

Orientierung

Mit gutem Kartenmaterial ist in Namibia der rechte Weg kaum zu verfehlen. Die Ausschilderung ist gut, an den Hauptstraßen finden sich sogar Vorwegweiser wie daheim! In anderen Afrika-Ländern muß man schon froh sein, überhaupt einen Hinweis zu finden.

An Nebenstrecken ist die Pad-Nummer wichtiger als die Ziele am Weg. Eine vernünftige Sache: Was würde einem Ortsunkundigen der Name einer mehr oder weniger zufällig herausgegriffenen Farm nützen?

Je weiter man sich ins Hinterland bewegt, desto häufiger müssen die Karten ran. Logbuch-Führen ist immer sinnvoll, weil man dann weiß, wo man sich befindet. Ohne Kilo-meter-Kontrolle fahren Sie leicht mal an einem Abzweig vorbei.

Problematisch ist der für die Südhalbkugel typische Gang der Sonne über den Nord-Horizont bei der Orientierung nach Gefühl und Sonnenstand. Das hat man erst nach einigen Tagen „im Griff".

In Botswana fällt einem das Zurechtfinden bisweilen schwieriger. Der Verlauf von Hauptrouten ist unverkennbar, allerdings haben sich Touristen sogar an der Fernstraße Namibia-Maun verfahren. An Pisten finden sich bisweilen nicht beschilderte Gabelungen. Da muß man auf gut Glück einen „Ast" auswählen, danach den Kompaß zu Hilfe nehmen und den Kurs mit der Karteneinzeichnung vergleichen.

Diese Probleme gibt's fast nur an 4WD-Strecken. Geländewagenfahrer sind meist versiert genug und finden ihren Track.

Outdoor oder
unter Dach und Fach
PASSEND
UNTERKOMMEN

1. CAMPEN –
konventionell oder im Busch

Zur rechten Namibia-Tour gehört nun mal
das Campen – was nicht heißen soll, daß man
nicht auch ein stilvolles Hotel ansteuern
könnte, wenn es sich gerade bietet.

Aber die Übernachtung am Busen der Natur
ist eins der wirklich starken Erlebnisse, garniert mit allabendlichem Farbenspiel, Grillengezirp, Vogelzwitschern. Bisweilen heult in
der Ferne auch ein Schakal, ein Löwe, ansonsten liegt Ruhe über Ihrem Camp-Areal.

Campingplätze heißen in Namibia meist *Caravan Park* oder gut deutsch *Wohnwagen-Park*.
In nahezu jeder Stadt, die auf sich hält, findet
man einen solchen Platz (in unserem Routen-
Vorspann angegeben). Gute Ausstattung: mit
Duschen und oft sogar mit Aufpreis-freiem
Stromanschluß. Generell ist ein Stellplatz billiger als in Mitteleuropa: ca. 10 bis 20 DM für
gute bis überdurchschnittliche Anlagen. Viele
kommerzielle Plätze liegen allerdings wenig
idyllisch irgendwo in Orten oder gar unmittelbar neben lauten Straßen (z.B. in Windhoek).

Naturnäher sind Campgrounds in Parks. Beispiele: Waterberg, Sesriem, Hobas/Fish River
Canyon. Neben staatlichen Plätzen gibt's zunehmend auch private (z.B. Twyfelfontein,
Kokerboom-Wald/Keetmanshoop). Einfach
und billig.

Stellt man sich darauf ein, ein paar Nächte
ohne organisiertes Camp auszukommen,
dann wird man in Namibia überall „die Kurve
kriegen": Zwei-, dreimal nach Gusto unterwegs im Busch campen, dann auf dem
Campground, wo er sich gerade zur rechten
Zeit findet. Oder auch mal Rundhütte oder
Bungalow im Rastlager mieten. Spezielle Ort-
sangaben sind da wenig zielführend. Erfahrene Camper lassen das alles auf sich zu-
kommen.

Das freie „Traum-Camp"

Zunächst mal die schlechte Nachricht. Freies
Campen ist in Namibia de jure nicht erlaubt,
das gilt übrigens auch für die Republik Südafrika.

Nun die gute Nachricht. Schon der gewaltigen Entfernungen wegen kommt man um ein
Busch-Camp bisweilen nicht herum. Nacht-
fahrten sollen schließlich vermieden werden.
Generell geht „frei" nicht in Nationalparks,
aber dort gibt's ja auch ausreichend Campgrounds, die reichlich Naturgenuß bieten
(→Permits!). Die Stellplätze sind groß bemes-
sen – nie wird das Gefühl beklemmender
Enge aufkommen.

*In ariden Zonen hat
gepflegtes Gras
hohen Stellenwert.*

Schon lange vor Einbruch· der Dunkelheit sollten Sie Ihr Plätzchen gefunden haben. Tips für „Traum-Camps" könnte man geben, aber das bringt nichts: Diese Plätze wären bei häufiger Heimsuchung binnen kurzem gesperrt. Außerdem (und das ist noch wichtiger) gehört zum Traum-Camp nun mal das Selbst-Suchen und -Finden: Im Windschatten eines Berges, mit weiter Aussicht. Oder auf dem schattigen Hochufer eines Riviers (wegen möglicher Hochwasser nie direkt im Fluß-bett). Deutsch-Schweizer Globedriver nennen solche Camp-Idyllen bisweilen Abri: Aus dem Französischen entlehnt, bedeutet es „Schutz, Deckung". Das paßt!

Schnell wird man vertraut mit dem ausgesuchten Ort. Das Erlebnis von Sonnenuntergang und Abendrot verklärt ihn zusätzlich, so daß man sich wie zu Hause fühlt und anderntags fast nicht mehr weg mag...

Ganz toll ist auch mal das Gegenteil des Geborgenheit schenkenden Platzes: Campieren irgendwo mitten auf weiter Ebene. Rundum ferne Horizonte, nichts woran sich das Auge festhalten könnte. Da fühlt man sich ganz klein.

Zaun-Problem?

Es ist meist sinnlos zu hoffen, daß die Zäune an Hauptstraßen irgendwo aufhören und daß sich dann eine Möglichkeit zum Campieren ergibt. Am besten zweigen Sie rechtzeitig ab auf eine Nebenroute und von dort ggf. auf einen Pfad; da ist die Chance, fündig zu werden, wesentlich größer und auch die Störung durch Lärm und Staub vorbeifahrender Autos geht mit zunehmender Entfernung von der Haupt-Pad gen Null.

Bester Weg zum ungestörten Camp: Das Farmhaus suchen und fragen, ob irgendwo weit hinterm Zaun das Lager aufgeschlagen werden darf. Für das Okay ein paar Rand springen lassen. Camping bedeutet ja für die meisten nicht Hotel-Sparen, sondern Genuß-Steigerung. Und die sollte man sich was kosten lassen.

Rund ums Zelt: „Campinski"

Auf vieles kann man beim „einfachen Leben" draußen verzichten, aber am Zelt sollte man nicht sparen. Bietet es doch Schutz vor großen und ganz kleinen Tieren (Moskitos!), vor Regen und Kälte.

Mit Miet-Zelten sammelten wir meist keine guten Erfahrungen: Löchrige Zeltwände oder -böden, ausgefaserte Glasfiber-Stangen, die sich kaum noch zusammenstecken ließen.

Ein gutes Kuppelzelt kostet 300 bis 600 DM, wiegt ca. 3 kg und läßt sich leicht im Fluggepäck verstauen. Es ist meist selbsttragend und kann daher nach dem Aufbau an anderen Platz transportiert werden. An windstillen Tagen müssen nicht mal Heringe eingeschlagen werden! Wer mal auf Fels gehämmert hat, wird's zu schätzen wissen.

Sehr gut sind Gestänge aus Aluminium (vom Händler eine Reparatur-Hülse mitgeben lassen). Einzelne Segmente sollten miteinander verbunden sein; sie sind dann blitzschnell zusammengesetzt. Die Bögen müssen sich leicht am Zelt anbringen lassen: Entweder in weit geschnittenen Gestänge-Kanälen oder in Klettband-Schlaufen.

Hat man den passenden Wigwam gefunden, sollte der Aufbau ein paarmal geübt werden. Moderne Leicht-Zelte sind im Alleingang binnen zwei Minuten aufgestellt.

Tip: Von Salewa gibt's das „Sierra Leone" mit Innenzelt aus Moskitonetz-Stoff („Tropical"). Läßt man das Überzelt weg, ist das Schlafen darin in heißen Tropen-Nächten ein Genuß. Outdoor-Campinski...

Eine Camp-Ausrüstung muß nicht mehr als acht Kilo wiegen. Vieles läßt sich vor Ort besorgen, aber ein erstklassiges Leichtzelt bringt man am besten mit.

☑ Checkliste fürs Campen

(G = ggf. im Gepäck mitbringen)
(M = in Windhoek mieten, vgl. dazu
Kapitel Ausrüstung)
(K = in Windhoek kaufen)

- Zelt (möglichst mit Überzelt, G/M)
- Matratzen bzw. Iso-Matten* (M)
- Schlafsäcke (M/G)
- Laken für heiße Nächte (G)
- ggf. Kopfkissen (K)
- Busch-Kleidung, Baumwolle (K)
- Handtücher (G/K)
- Axt (M/K)
- Schaufel (M/K)
- 2 Wasserkanister (M)
- Wassersack (Leinen) (K)
- ggf. Entkeimungs-Tabletten (G)
- Besteck-Sätze (K/M)
- großes Brot-/Fleisch-Messer (K)
- Alu- oder Edelstahl-Töpfe (K)
- Teller (K)
- große Tassen (f. Getränke/Suppen) (K)
- Plastikschüssel (G/K)
- Eimer (M/K)
- Grill-Gitter (K)
- Streichhölzer
- Taschenmesser (G/K)
- Kocher (Gas-) (M) oder kl. Benzin-
  kocher (K)
- Benzin-Sicherheitsflasche (G, leer!)
- Lampe (Gas) (M)
- Glühstrümpfe für Gaslampe (G/K)
- 2. Gasflasche (M) o ggf. Petroleum-
  lampe (K)
- Campingstühle (M)
- Klapptisch (M)
- ggf. Camp-Liege (M/K)
- Moskito-Repellent (K)
- Mückenstich-Salbe (G)
- ggf. Moskitonetz (K)
- Müllbeutel (G/K)
- Sonnenöl, hoher Faktor (G/K)
- gut filternde Sonnenbrille (G/K)
- Sonnenhut (K)
- Taschenlampe (G/K)
- Toilettenpapier (K)
- Draht/Bindfaden (G)
- Klebeband/Klebstoff (K)

*Iso-Matten (auch die komfortableren Auf-
blasbaren) sind auf Dauer kein Ersatz für
eine bequeme Matratze.

10 Gebote fürs „Bushcamp"

- Kein freies Campen in Parks sowie überall dort, wo's ausdrücklich verboten ist.
- In Namibia gibt es kaum „freies" Land, meist gehört es zu irgendwelchen Farmen. Wenn möglich, um Erlaubnis fragen. Ansonsten: zivilisiert benehmen.
- Nicht in trockenen Bachbetten campieren, auch wenn weicher Sand noch so sehr dazu verlockt. Wenn in weiter Ferne Regen fällt, „kommt der Rivier ab", wie es in Namibia heißt; die Fluten können Mann und Maus fortspülen.
- Brunnen und Wasserstellen meiden. Das scheue Vieh könnte vergrämt werden und traut sich nicht ran ans lebenswichtige Naß. Außerdem sind Fliegen oder Moskitos in Wassernähe häufiger.
- Nach Möglichkeit Campsites von Vorgängern benutzen und die Natur nicht unnötig schädigen. Reifenspuren können zu Erosionsschäden führen.
- Abfall zur nächsten Entsorgungsstelle mitnehmen. Nur in Ausnahmefällen sehr tief vergraben, Dosen etc.

vorher ausbrennen. Oberflächliches Einbuddeln oder Bedecken mit Sand bringt nichts. Tiere oder der nächste Regen fördern alles wieder zutage.
- Vorsicht vor Schlangen. Nach heftigem Regen oder Überflutungen ist am ehesten damit zu rechnen. Das tangiert nicht nur Zeltler, sondern auch Wohnmobilfahrer! Geräusche und Vibrationen (z.B. lautes Aufstampfen mit dem Fuß) vertreibt die Schlangen ziemlich sicher. Normalerweise meiden sie die Nähe von Menschen.
- Feuergefahr in ariden Zonen ist enorm groß. Etwa 3 m Abstand halten zu allem Brennbaren (Gras, Büsche). Kein Campfire bei starkem Wind und natürlich überall dort, wo's ausdrücklich verboten ist. Nach Möglichkeit Camping-Kocher benutzen.
- Sicherstellen, daß das Feuer vor der Abfahrt völlig aus ist. Glut und glimmendes Astwerk mit Sand abdecken oder mit Wasser löschen.
- Camp vorm Verlassen gründlich auf Liegengebliebenes absuchen. Im Gras können sich die tollsten Sachen verstecken – die man hernach dringend braucht...

Ganz wichtig beim freien Campen: Absolute Sauberkeit, keinen Müll hinterlassen, möglichst auf Feuer verzichten.

„Kommt bloß heil wieder raus!" „Wildes" afrikanisches Campen

Der Begriff stand früher für „freies" Campen, aber da er den Eindruck des Liederlichen erweckte, scheint er allmählich zu verschwinden. Verstehen wir hier unter „wildem" Campen das Zelten in der Wildnis, dort, wo mit den typischen Afrika-Safari-Risiken zu rechnen ist. In Namibia entfällt das weitgehend, da sich echte Wildnis überwiegend in Parks findet, wo ohnehin nur auf eingerichteten und meist umzäunten Camps übernachtet werden darf.

In einigen Zonen des benachbarten Botswana muß man jedoch selbst für seine Sicherheit sorgen. Sogar offizielle Camps sind bisweilen nicht gesichert! Ein Ranger meinte in der *Mabuasehube Game Reserve* (Route 24): „Macht, was ihr wollt, aber kommt mir bloß heil wieder raus!". Nette Aussichten – nicht unbedingt etwas für Camp-Neulinge, die noch nie im Zelt übernachtet haben!

Das Bush-Camp wird weitmöglich gegen Wild abgesichert: Zelt am besten zwischen Schirmakazie, Dornbusch und Auto „einbauen". Da sich kaum ein an vier Seiten geschlossener Platz finden wird, verbarrikadiert man die offene Stirnseite mit Ausrüstungsteilen. Das muß keine Mauer werden; Sprit- und Wasserkanister sollen als „Stolperschwelle" dienen und kurzsichtiges Getier auf den rechten Pfad lenken.

A propos Pfad: Elefanten haben Wege, die sie immer wieder benutzen. Man erkennt sie an Spuren und an Häufung von Elefantenlosung. Diese Wege tunlichst nicht blockieren. Elefanten haben immer Vorfahrt.

Ganz Vorsichtige verspritzen in weitem Umkreis ums Camp etwas Treibstoff: Der penetrante Gestank hält sich lange und dürfte Raubwild abhalten. Vorm Schlafengehen werden auf grasfreien(!) Flächen Glut-Reste

des Campfire ausgelegt. Feuer bietet jedoch nur begrenzten Schutz: In eisigen Nächten soll's vorkommen, daß sich Löwen von der Wärme angezogen fühlen und drumherum lagern.

Generell kann man davon ausgehen, daß Löwen, Schakale, Hyänen, Elefanten u.a. ein Zelt nie attackieren. Wie ein Auto ist solch ein Stoff-Gebilde etwas Fremdartiges, das keine Jagdinstinkte weckt.

Wichtig ist auch, das Zelt total zu schließen und nicht etwa die Füße zur Kühlung unterm

Moskitonetz-Eingang rauszuschieben. Auch Lebensmittel, sogar Leder, kurz alles, was Wild anlocken könnte, darf nicht im Wigwam gelagert werden. Schlafen unter freiem Himmel verbietet sich in diesen Zonen von selbst. Vom Ur-Erlebnis solcher Bush-Camps könnte man seitenlang schwärmen. Doch das bringt Ihnen nichts – erleben Sie's selbst. Wenn nicht „wild", dann wenigstens einmal „frei"...

Lagerfeuer

Was wäre eine Safari ohne *Campfire?* Nicht nur für Touristen hat das offene Feuer seinen Reiz, sondern auch für Einheimische: *Braai* bedeutet höchstes Freizeit-Vergnügen, für das Schlachtereien spezielle Braai-Packs offerieren.

Fans des Outdoor Life wissen Bescheid. Für Anfänger ein paar Tips: Es gibt zwei Campfire. Eins zum Wärmen, zum Träumen. Das lodert und flackert, da wird immer nachgelegt.

Zum Grillen ist's nicht geeignet; ein Grillfeuer darf nur glühen. Je härter und schwerer das verwendete Holz, desto mehr Energie wird freigesetzt. Das bestimmt die Grill-Dauer.

In Camps werden Grillholz-Bündel verkauft. Namibier verwenden das umspannende Gummiband als „Schtarter" (Südwester-Deutsch) zum Anzünden. Keine Sorge: Bis das Holz durchgeglüht ist, dürften schädliche Gummi-Bestandteile verduftet sein. Ansonsten „Schtarter" im Handel.

Natürlich *kann* man auch Benzin nehmen (besser nicht!). Dran denken, daß die nächste Spezialklinik für lebensgefährliche Verbrennungen einige Flugstunden entfernt ist!! NIE Benzin nachkippen in ein Feuer, das nicht recht zündet. Auf heißem Holz verdampft's sofort, gefährliche Verpuffungen sind die Folge!!

Grillen („Braai"): Nicht über flackerndem Lagerfeuer, sondern über der Glut.

Verwenden Sie keine herumliegenden Zaunlatten oder ähnliches imprägniertes Holz. Erstens wird's vielleicht noch gebraucht, zweitens enthält es meist Stoffe, die weder inhaliert, noch mit dem Fleisch genossen sein wollen.

Gegen ein kleines Campfire ist nichts einzuwenden. Riesen-Feuer vernichten Materie, die für Lebewesen und Natur-Kreislauf wichtig sind (→Umwelt). Zünftige Camper benutzen im Wechsel mal den Feuer-Grill, anderntags den Gaskocher – das Fleisch schmeckt dann auch immer anders...

2. HOTEL, LODGE, REST-CAMP

Man mag ein noch so begeisterter *Outdoor-Freund* sein, dem ein Bush-Camp über alles geht: Hin und wieder kommen gepflegtes Ambiente und Bett wie gerufen. Zum Beispiel nach der Rückkehr aus Botswana. Oder bei kalten, stürmischen Tagen an der Küste bzw. im Süd-Winter auf dem Hochland. Oder wenn's einem mal nicht besonders gut geht.

Unterkünfte in den Parks sind sehr preiswert und großzügig.

Wechsel vom Zelt zum Zimmer erhöht zudem die Kontraste und damit auch den Reise-Reiz. In Namibia gibt's in jedem größeren Ort ein Hotel, oft sogar mehrere. Das mag selbstverständlich erscheinen, ist's in Afrika jedoch nicht. Von ganz wenigen Ausnahmen abgesehen, kommt man in Namibia allabendlich unter Dach und Fach, ohne auf Camping angewiesen zu sein.

Der Standard der Ein-Sterne-Hotels ist verglichen z.B. mit Mitteleuropa oder USA mäßig – die Preise aber auch! Dazu kommt oft eine ganz besondere Atmosphäre. Ausprobieren! Deutlich teurer als Hotels sind Safari-Lodges, die aber neben der reinen Übernachtung allerhand „drumherum" bieten (Pirschfahrten). Es ist damit zu rechnen, daß eine Reihe neuer Lodges entstehen wird.

Denken Sie daran, daß sich im Süd-Sommer (November bis März) die Mauern tagsüber sehr aufheizen. Es wird bisweilen geklagt, daß die Zimmer (ohne Klimaanlage) unangenehm warm und stickig sind. Aber das ist eben auch Afrika.

Komfortable Alternative zum Zelt einerseits und zum Hotel andererseits: Bungalows oder Rundhütten (Rondavels) in einigen Erholungsanlagen oder Safari Camps.

Damit Sie flexibel reagieren und kurzfristig buchen können (z.B. am Vorabend oder am Morgen des Ankunftstages), sind in den Info-Kästen der Routen die Telefonnummern der Hotels angegeben.

Wer Familienanschluß sucht, kann das auch haben. Adresse der *Bed and Breakfast AN* →Anhang.

3. GÄSTEFARMEN

Für Afrika ungewöhnlich sind die Gästefarmen. Um sich ein „zweites Bein" zu verschaffen, bieten einige Farmer ihren Gästen Kost, Logis und diverse Attraktionen an (Vermittlung des Farm-Lebens über Safaris bis hin zur Jagd).

Einige Farmer betreiben diesen Tourismus-Zweig fast Hotel-ähnlich in relativ großem Stil, andere sind familiär geblieben. Gelobt werden die Gästefarmen von fast allen Touristen.

Ein paar Tage „auf dem Bauernhof" geben der Safari einen ganz speziellen Akzent. Warum daher auf diese Möglichkeit verzichten? Vollpension wird immer angeboten, in einigen Fällen läßt sich auch nur Übernachtung mit Frühstück buchen. Wobei für eine schnelle Übernachtung das Hotel geeigneter ist; auf der Gästefarm sollte man länger bleiben, sonst hat man nichts davon!

Tip: Es kann durchaus vorkommen, daß Sie ein Farmer zum Besuch seines Hofs einlädt. Auch diese Gelegenheit sollte man nicht ausschlagen und ggf. die Reiseplanung modifizieren. Es gibt wohl keine bessere Möglichkeit, anschaulich und intensiv etwas übers Leben im Land und auf der Farm zu erfahren – ob in regulärer Gästefarm oder nach spontaner Einladung.

Auflistung einiger Gästefarmen →Anhang.

Zur kleinen Gruppe verführt...
„Soft adventure"

Man kann's drehen, wie man will: Trotz der für afrikanische Verhältnisse erstklassigen Infrastruktur trauen sich viele nicht, eine Safari aus eigener Kraft anzugehen. Oder sie wollen nicht. „Soft adventure" könnte man das organisierte Reisen in Kleingruppen bezeichnen. So hat's Jetstream treffend genannt.

Was wollen Spezial-Veranstalter?

Jetstream: „Sie können bei uns jedes beliebige Fahrzeug für Ihre Safari im südlichen Afrika bekommen. Aber wir sind auch für alle diejenigen da, die fast unberührte Natur hautnah erleben, aber dennoch nicht auf eigene Faust reisen, sondern sich eine ausgewogene, gut durchdachte Reise organisieren lassen wollen."

Karawane Individuelles Reisen: Unsere Anschauung: Reisen in Kleingruppen, frei von Organisationsstreß und landestypisch durch Übernachtung in Zelten inmitten der Einsamkeit – geführt von natursensiblen Safarileitern auf Routen, auf denen der Safarigast nichts außer seinen Fußspuren hinterläßt.

Auf und für alle Fälle genug bunkern
VERSORGUNG UNTERWEGS

Afrika – für viele heißt das *Dritte Welt*. Namibia ist aber in weiten Bereichen kein Entwicklungsland. Man wird erstaunt sein über das ungewöhnlich reichliche Angebot. Selbst in Stores kleiner Städte ist's oft besser als in Hauptstädten einiger Schwarzafrika-Länder, ganz abgesehen vom Sortiment der Läden in Windhoek. Ob sich alle Namibier das auch leisten können, steht auf einem anderen Blatt. Mangel muß es also auf einer Namibia-Tour nicht geben.

Auf eigener Achse unterwegs: Das bedeutet, Reserven für viele Tage an Bord zu haben, für weit mehr, als die Route zur nächsten Stadt geboten erscheinen läßt (das gilt besonders für die einsamen, schwierigeren Wege). Schweres Festfahren auf abseitigen Pisten kann einige Tage kosten, gleiches gilt für die Wartezeit an einer überfluteten und damit unpassierbaren Furt. Von zeitaufwendiger Pannen-Reparatur ganz zu schweigen.

Es bringt daher wenig, nur knapp über den Tellerrand zu schauen und Schränke sowie Kühlschrank angesichts der relativ vollen Läden halb leer zu lassen.

Richtschnur: Beim ersten Großeinkauf in Windhoek müssen neben den angebotenen Köstlichkeiten auch einige Not-Konserven an Bord. Fleisch ist von erstklassiger Qualität und ungewöhnlich billig! Das Kilo Filet kostet auf dem Land nur ca. 15 DM. Wohl dem, der (s.u.) einen guten Kühlschrank hat...

In den Läden kleinerer Orte wird später gekauft, was das Sortiment gerade hergibt. Und das ist nicht wenig, denn selbst kleine Busch-Dörfer sind Versorgungszentren für die umliegenden Farmen. So „überlebt" man ohne mühsame Kalkulation viele Tage.

Die Preise liegen wegen der unterbewerteten Währung niedriger als in Mitteleuropa abseits der Ballungsgebiete.

Tip: Erfahrungsgemäß braucht man die Notrationen nicht auf. Statt sie vorm Rückflug in die Mülltonne zu werfen, sollte man sie beim Ansteuern der Hauptstadt auf dem Land verschenken.

Kühlung

Eis für die Kühltruhe gibt's an Tankstellen oder in Bottle Stores. Die Portion hält etwa einen Tag. An abgelegenen Orten bisweilen Fehlanzeige. Bei Autovermietern (z.B. Kessler) können Sie sehr gute *Engel*-Kühltruhen mieten, mit denen man vom unsicheren Eis-Nachschub unabhängig wird.

Selbst kleine Stores bieten oft ein für afrikanische Verhältnisse erstaunlich reiches Angebot.

Im Leinen-Wassersack, außen am Gefährt angebunden, bleibt Trinkwasser kühl durch Verdunstungskälte. Auch Flaschen/Dosen lassen sich mit nassen Tüchern oder nassem

Papier abkühlen. In den Wind stellen und bisweilen neu befeuchten – funktioniert überraschend gut.

Tip: Für längere Busch-Touren ohne sichere Versorgungs- bzw. Kühl-Möglichkeit Müsli oder Expeditionsnahrung wie *Travellunch* mitnehmen (erhältlich bei deutschen Reise-Ausrüstern und in Sportgeschäften). Da gibt's keine Probleme mit der Wärme.

Wer auf den unproblematischen Hauptstraßen unterwegs ist und allabendlich ein Hotel ansteuern will (also kein Wasser zum Campen braucht), der hat mit einem 10-l-Kanister eine gewisse Sicherheit an Bord für den Pannen-Fall. Mit 20 Litern macht man sich unabhängiger von Passanten-Hilfe.

Abseits der relativ dicht befahrenen Routen geht man normalerweise von vier Litern

Vor Tieren geschützter Wasserhahn.

Wegen Sprit-Engpässen sind Kanister unumgänglich.

Gut zum Knabbern, beim Fahren oder Wandern, ist auch Biltong: Getrocknete Fleischstreifen, Nahrung der Pioniere. Diese Spezialität des südlichen Afrika gibt's gut gewürzt und portioniert in fast allen Stores.

Wasser – das wichtigste Kapitel

Noch wichtiger als Lebensmittel sind Wasser-Reserven in ariden Zonen mit hohem Bedarf bei fehlendem Oberflächenwasser. Das gilt besonders für die Wüstengebiete wie Namib und Kalahari, aber auch bei einsamen Touren im Gebirge und an der süßwasserarmen Küste. Hungern kann der Mensch schon mal viele Tage – Flüssigkeitsentzug jedoch killt relativ schnell, und das unter furchtbaren Qualen.

Obwohl Wasser leichter zu bekommen ist als Kulinarisches, wird da zu oft gesündigt. Gute Verkehrswege gaukeln trügerische Sicherheit vor: „Bis zur nächsten Stadt sind's ja nur ein paar Stunden" - daß einiges dazwischenkommen kann, verdrängt man schnell.

Trinkwasser pro Tag und Person aus. Für den Fall starker Belastung (z.B. Fahrzeug-Bergung, Streß durch Pannen) sowie bei sehr hoher Temperatur erhöht man die Ration auf sechs oder mehr Liter! Fazit für Camper: Zum Grundbedarf von 20 bis 30 Litern muß eine eiserne Reserve von 10 Litern pro Nase während der kühlen Monate an Bord sein – im Sommer 15 Liter.

Den „Not-Kanister" für einsame Routen entkeimt man (z.B. mit *Certisil*-Tabletten); er sollte nach Möglichkeit nie angebrochen, jedoch von Zeit zu Zeit auf ein Leck hin kontrolliert werden. Selbst gutes Wasser kann bei großer Hitze im Laufe der Zeit „nachverkeimen", d.h. es sollte bisweilen ausgetauscht, ansonsten prophylaktisch mit den üblichen Mitteln geschützt werden.

Den Standard-Vorrat zum Trinken, Kochen und Waschen bunkern Sie am besten in zwei Kanister: größere Sicherheit, falls einer leckt. Eingebaute Tanks in Campingfahrzeugen verdienen gesunde Skepsis. Zum einen läßt sich der Inhalt nicht so leicht hygienisch einwandfrei halten – wer weiß, aus welch dubiosen Quellen der Mieter vor Ihnen gezapft hat... Zum anderen halten die Tanks das stete Rütteln auf rauhen Wegen oft nicht aus.

Kanister mit Ablaßhähnen sind praktisch, da sich die Wasserentnahme besser dosieren läßt. Allerdings neigen die Zapfventile zu Undichtigkeiten. Fällt der Behälter mal um, kann der Hahn abbrechen.

Wo füllt man die Vorräte auf? Kein Problem bei Tankstellen und natürlich auf Campingplätzen. In Stadtbereichen ist es immer hygienisch einwandfrei.

Wasser aus unkontrollierbaren Quellen unterwegs? Zum Beispiel aus Windrad-Bassins? Zum Trinken möglichst nicht verwenden, aber als „Brauchwasser" zum Waschen und Erfrischen in einen besonders gekennzeichneten Behälter füllen. Das streckt die Vorräte.

Da sich trübes Wasser mit Certisil o.ä. nicht entkeimen läßt, lohnt sich die Mitnahme eines Taschenfilters (Katadyn). Damit wird im Notfall sogar Wasser aus Pfützen trinkbar – aber so weit sollte man's lieber nicht kommen lassen...

Bademöglichkeiten

Das rare Wasser in Wüsten und Halbwüsten bleibt trotz Sonneneinstrahlung erstaunlich kalt. Abkühlung durch Verdunstungskälte (vor allem bei heftigem Wind) wirkt sich offenbar stärker aus als Erwärmung durch die Sonne. Im Hochland kommt Temperaturentzug während der Nächte hinzu.

Sogar in Wüstenzonen ist Baden hie und da möglich, z.B. in Tümpeln der Riviere, in den Naukluft-Bergen oder an einigen Windpumpen. Das Wasser darf aber auf keinen Fall mit Waschmitteln denaturiert werden. Schließlich ist's Lebensquell für die Tiere.

Heile Haut nach Hause tragen...

Rund um die Gesundheit

Bei Touren durch Namibia muß man sich um seine Gesundheit kaum mehr Sorgen machen als bei Reisen in Südeuropa. Der Hygiene-Standard ist hoch; Leitungswasser kann fast überall unbehandelt getrunken werden. Ärzte und Apotheken gibt es in allen Städten; im Hinterland finden sich einfache Busch-Kliniken, die man jedoch nicht mit einem deutschen Klinikum vergleichen darf; der verwöhnte Mitteleuropäer wird sie eher als Erste-Hilfe-Stationen bezeichnen.

Schutzimpfungen sind bei Anreise aus Mitteleuropa derzeit nicht vorgeschrieben und auch nicht notwendig.

Denken Sie an den Abschluß einer Ausland-

Krankenversicherung, da die gesetzlichen Kassen neuerdings für außereuropäische Länder nicht mehr „zuständig" sind.

Risiko Malaria!

Ernste Gefahr bei Reisen im tropischen Norden ist Malaria, und da besonders die Malaria tropica. Das Gemeine daran ist, daß man die Krankheit in den ersten Tagen nach ihrem Ausbruch nicht spürt. Daher ist bei Touren in Risiko-Regionen (z.B. Caprivi, Nord-Botswana) Prophylaxe angeraten. Besonders während der Regenzeit, etwa von Dezember bis April.

Schutz: Kombination von *Resochin* und *Palu-*

drin, ggf. *Fansidar.* Anti-Malaria-Medikamente sind in Namibia in jeder Apotheke zu bekommen, wo es auch Rat gibt!

Widersprüchliche Meinungen: Ortsübliche Mittel seien fürs ortsübliche Risiko am besten; andere werten lokale Medikamente ab. Die Tabletten sind schon vor Erreichen des Malaria-Gebiets einzunehmen und müssen auch nach Rückkehr weiter geschluckt werden (siehe Medikamenten-Beiblatt).

Ohne den Körper belastende Chemie hilft geeignete Kleidung, die möglichst viele Hautflächen bedeckt, ferner rechtzeitiges Einreiben mit *Repellent* (in Windhoek-Apotheken).

Bilharziose

Flüsse des Nordens können mit Bilharzia verseucht sein, die die gefährliche Bilharziose verursacht. Prävention: Nicht in Flüssen wie Okavango oder Chobe baden.

Schlangenbisse

Das Risiko, von einer Schlange gebissen zu werden, ist ziemlich gering. „Prophylaxe": festes Schuhwerk; Schlangen durch lautes Aufstampfen vertreiben (→Fauna).

Zecken

Sie lassen sich von Bäumen oder Büschen herabfallen und beißen sich in der Haut fest. Beim Beträufeln mit Öl geht Zecken die Luft aus, sie lassen sich dann leicht entfernen. Neueste Erkenntnis: Bei der Öl-Orgie müssen sich die Viecher „übergeben" und bringen dabei Keime ein; also doch lieber Griff zur Pinzette.

Allgemeines

Die Belastung des Körpers durch Klima-Streß ist relativ gering. Auf dem Hochland sind die Temperaturen gemäßigt. Wüstenhitze ist meist trocken und daher gut zu ertragen. Denken Sie daran, viel zu trinken (nicht unbedingt Alkohol) und den durch Schwitzen verursachten Salzverlust durch großzügiges Salzen auszugleichen.

Erfolg programmiert?

Fotografie im „Busch"

Namibia ist ein Traum-Revier für Fotografen: Exotische Flora und Fauna (besonders in Etosha). Bizarre apokalyptische Landschaften, schroffe Berg- und Schluchtszenerien. Einsame Weite. Pralles Leben. Dazu ungewöhnliche historische Motive.

All dies unter meist rein-blauem Himmel. Im Süd-Sommer sorgen Wolkentürme für unvorstellbare Dramatik. Dann kontrastieren knallig beleuchtete Hütten, herausgehobene Baumriesen o.a. effektvoll vor düsterem Firmament. Nichts ist langweiliger als eine lange Bilderserie mit ewig klarem Himmel.

Takt und Rücksicht sind nötig bei Aufnahmen von Menschen. Freundliche Bitte um Erlaubnis sollte vor dem Druck auf den Auslöser stehen. Ob man ein paar Münzen dafür springen läßt, hängt von der Situation ab: Zu leicht führt das zu „Vermarktung". Ein Patentrezept gibt's nicht.

Seit Ende des Buschkriegs hat sich das Verbot gelockert, militärische Anlagen usw. abzulichten. Trotzdem Vorsicht.

Was nimmt man mit?

An der Ausrüstung sollten Sie nicht sparen. Am besten, da am sichersten, sind drei Geräte: Eine vollautomatische Sucherkamera stets griffbereit im Cockpit. Es gibt staub- und spritzwassergeschützte Modelle, die fast alles mitmachen. *HD*-Versionen (*heavy duty* genannt wie die hochbelastbaren Motoröle) stecken Staub, Wasser und Stöße locker weg. Die Schärfezeichnung moderner Autofocus-Objektive ist meist sehr gut, was man vom billigen Kunststoff-Fixfocus nicht gerade behaupten kann. Zu empfehlen sind z.B. das Modell „Off Road" von Konica oder Nikon AW35 (spritzwassergeschützt).

Tips für gelungene Fotos:

- regelmäßiger Kamera-Check
- Objektive/Filter sauber halten
- Filme nicht in praller Sonne wechseln oder lagern
- ungewollte Doppelbelichtungen vermeiden – belichtete Filme total zurückspulen in die Patrone
- den Motiven bisweilen einen Rahmen geben
- Blickwinkel wechseln (auch mal aus Froschperspektive oder von höherer Warte „schießen")
- Morgen-/Abendlicht ausnutzen
- ggf. Stativ benutzen

Dazu zwei Spiegelreflex-Gehäuse gleichen Typs (wegen der Objektiv-Austauschbarkeit). Vollelektronische Kameras mit vielen Programmen eignen sich bei Hitze und Vibrationen weniger als die guten alten mechanischen Geräte, die zwar viel wegstecken, aber eben nicht alles. Kamera-Ausfälle lassen sich nicht vermeiden und vorhersehen, daher lieber ein Gehäuse mehr mitnehmen.

Zum leichten Routine-Check die ersten Leeraufnahmen bei Filmwechsel zum Blenden- und Zeiten-Check nutzen: Schließt die Blende oder hängt sie in Offen-Position? Ist die Viertelsekunde auch so lang wie eingestellt oder schaltet der Verschluß die kurze 1/1000? Kommt alles vor! Das läßt sich leicht feststellen, und wenn man's weiß, ist die Kamera immer noch benutzbar: entsprechende Blenden bzw. Zeiten wählen.

Objektive: 28-mm-Weitwinkel, 50-mm-Standard, leichtes Tele (135) und schwereres Geschütz (um 200 mm) für Tier-Aufnahmen und dynamische Effekte. Zoom-Objektive mit ihrer Vielzahl von Linsengruppen büßen bei harten Vibrationen schnell ihre Abbildungsqualität ein, sind jedoch bequemer im Handling.

Die meisten Objektive (und viele Kameras) kommen sinnigerweise in edlem Schwarz daher. Unter steiler Tropensonne absorbieren sie die Strahlung, heizen sich auf, was verkitteten Linsengruppen schlecht bekommen kann. Nicht unnötig der Sonne aussetzen!

Da Fotoapparate auf Pisten enorm strapaziert werden, lohnt sich ein stabiler Fotokoffer mit Schaumstoffpolsterung. Er sollte einerseits in greifbarer Nähe, andererseits an schattigem Plätzchen im Wagen transportiert werden. Vor Staub schützt ein auf Deckelkante und Rahmen geklebter Tesamollstreifen; ganz Vorsichtige packen die Kameras zusätzlich noch in Plastiktüten, so wie man ja auch Kleidung u.a. auf Pisten schützt. – Gut für Wanderungen: eine weiche Fototasche (z.B. von *Hama*).

Staub ist größter Feind der Fotoausrüstung. Objektive müssen mit Schutzfilter versehen sein, wobei sich farblose UV-Filter besser eignen als die vielgelobten Skylight R1,5, da letztere zwangsläufig zu leichtem Rosa-Farbstich führen.

Auf den Filter gehört immer ein Schutzdeckel. Der läßt sich meist auch an der ebenso obligatorischen Sonnenblende fixieren.

Sollte sich, was gerade auf nichtbefestigten Wegen unvermeidlich ist, Staubbelag auf dem Filter niedergelassen haben, entfernt man ihn mit einem sauberen(!) Pinsel, möglichst nicht mit Tüchern jeglicher Art. Letztere nur, wenn Schmuddel wie Spritzwasser oder Fingerabdrücke runter müssen; dazu gibt's feuchte Reinigungstücher. Kleiner Trost: Einige Mikrokratzer auf dem Filter haben nahezu keinen Einfluß auf die Bildqualität. Außerdem lassen sich Filter leicht ersetzen.

Filme und Fotozubehör können Sie in größeren Orten Namibias bekommen (z.B. in Windhoek und Swakopmund), sie sind aber teurer als in Deutschland. Daher reichlich einpakken (auch Ersatzbatterien!). Sie wären nicht der erste, der weit mehr Filme braucht als zuvor kalkuliert.

Negativ-Filme lassen sich bisweilen im Schnellservice ausarbeiten. So kann man nebenbei prüfen, ob die Kamera(s) noch funktionieren.

Dia-Filme nimmt man am besten mit heim und schickt sie nach der Reise umgehend zum Labor. Das „latente" (noch unentwickelte) Bild ist recht empfindlich.

Sicher verpackt sind Filme in Spezial-Schutzbeuteln gegen die Strahlung der Flughafen-Durchleuchtungsgeräte (z.B. von Hama). Belichtete und unbelichtete Filme verwahren Sie am besten getrennt in entsprechend markierten Beuteln oder Behältern.

Moderne Durchleuchtungsgeräte schaden normalempfindlichen Filmen zwar nicht mehr; bitten Sie aber am Flughafen bei der Security vorsichtshalber um *Hand Check*. Filme nie in den Koffer packen (angeblich Durchleuchtung mit stärkerer Dosierung).

Filme vertragen mehr Hitze als man annimmt, krasse Temperatur-Veränderungen und Feuchtigkeit hingegen weniger. Grundsätzlich sollten sie an möglichst kühlem Ort gelagert werden. Oft eignen sich dafür Stauräume in der Nähe des Wagenbodens. Bei starker Sonneneinstrahlung heizt sich die Straßenoberfläche jedoch unglaublich auf – und damit auch diese Stauräume! (vor allem in Campmobilen festgestellt). Gleiches gilt fürs Handschuhfach. Ein Platz im Koffer oder im Camper-Kleiderschrank ist optimal für belichtetes wie unbelichtetes Material.

Wegen des Überangebots an Licht reichen in der Regel Filmempfindlichkeiten zwischen 50 und 100 ISO/ASA: Diese sind feinkörnig und zugleich „schnell" genug (z.B. Kodachrome 64 oder Fujichrome 100). In puncto Schärfe und Farbwiedergabe ist der 50-ASA-Diafilm *Velvia* von Fuji ganz große Klasse.

Bei Dämmerung und wenn das Tele eingesetzt wird, sollte ein Stativ ran, wenn Sie nicht auf 200 oder 400 ASA wechseln wollen oder können. Cullmanns *Magic* läßt sich flach und platzsparend zusammenlegen.

Ebenfalls von Cullmann: das *Multipod;* damit lassen sich zum einen dynamische Bilder aus dem Safari-Fahrzeug schießen, zum anderen dient's als Einbeinstativ. Eine solche Stütze hilft oft schon, Verwacklungen zu vermeiden.

Im übrigen: Blende auf und kürzest-mögliche Zeit wählen, wenn das Licht knapp wird. Aufs Hauptmotiv scharfstellen und lieber auf etwas Tiefenschärfe verzichten.

Zaubermittel Polarisationsfilter?

Ein *Polarisationsfilter* beseitigt Reflexionen, läßt die Farben enorm rausknallen! Sein Einsatz ist allerdings ziemlich problematisch. Pol erfordert richtige Filter-Drehung und Stellung quer zum einfallenden Licht, leicht dosierte Überbelichtung und viel vorhergehende Übung, um Mißerfolge zu erkennen und später zu vermeiden. Am besten schießen Sie damit dreimal: erst mit der Angabe des Belichtungsmessers, dann halbe Blende und später ganze Blende plus. Beispiel: Blende 8, dann 5,6/8 und zuletzt 5,6.

Für extreme Weitwinkelobjektive ist dieser Filter nicht geeignet.

Beim „Killen" der Reflexe sollten Sie nicht übertreiben: Die Motive können entweder kitschig oder „tot" wirken (z.B. Wasser ohne Glitzerpunkte). „Gepoltes" Himmelsblau tendiert bei knapper Belichtung zu Schwarz. Also auf Maximalwirkung drehen und dann wieder einige Millimeter zurück.

Auch Schwarzweiß-Fotos haben starke Wirkung.

Immer dran denken: Der Pol-Filter macht im Gegensatz zum UV-Standardfilter den Film „langsamer", die Verschlußzeiten werden bei gleicher Blende deutlich länger. Leuchtendere Farben, die leicht verwackelt sind, bedeuten schlechteres Ergebnis. Also runter mit dem Pol bei schwachem Licht ohne Stativeinsatz!

Pol ist im Gegensatz zum UV kein Standardfilter, der immer draufbleibt. Und zaubern kann er auch nicht: bedeckter Himmel wird damit nicht blau, verschattete Berge leuchten nicht.

Licht-Stimmung

Namibia-Licht ist meist ungetrübt von Smog und Dunst, vom Seenebel an der Küste mal abgesehen (und selbst der kann reizvoll wirken). Highlights: die fantastischen Sonnenuntergänge, ein gefundenes Fressen für Profis wie Amateure. Das schönste Abendrot glüht meist 30 Minuten nach Sunset auf und verschwindet in den Tropen sehr schnell.

Mittagslicht ist doppelt ungünstig. Zum einen gibt's wenig Schatten, die Bilder wirken daher strukturlos und flau. Zum andern glüht die Luft: Hitzeflimmern führt zu Wärme-Schlieren (die das Auge nicht immer wahrnimmt) und damit zu Unschärfe bei Landschafts- und Tier-Bildern, besonders mit dem Tele (kann bisweilen aber auch wirkungsvoll sein).

Bei bedecktem Himmel können tolle Stimmungen entstehen (s.o.), bisweilen ist die Farbwiedergabe gar besser als bei greller Sonne.

In der Dämmerung sollten Sie ein Blitzgerät höchstens unterstützend einsetzen. Lagerfeuer-Atmosphäre oder ähnliches wird mit dem Flash gründlich totgeblitzt! Auch hier verhelfen nur Stativ und längere Belichtung zum Festhalten der Stimmung.

Afrikanisches Babylon
Was spricht man so?

Es gibt wohl kein afrikanisches Land, in dem eine solche Vielfalt heimischer *und* fremder Sprachen herrscht wie in Namibia. Das hat durchaus seinen Reiz.

Am längsten sind natürlich afrikanische Sprachen da: die nicht miteinander verwandten *Bantu-* und *Khoesan*-Sprachfamilien. Erstere werden z.B. von Owambo und Herero gesprochen, letztere von Buschmännern oder Nama. Beide Sprachen wird der Tourist wohl nicht mal im Ansatz lernen.

Namibias Regierung hat *Englisch* zur alleinigen neuen Amtssprache gemacht. Sicher aus gutem Grund: Englisch ist international nutzbar, Afrikaans (s.u.) zwar Verkehrssprache in weiten Teilen des südlichen Afrika, aber erstens eine regional begrenzte Inselsprache ohne Verbreitung außerhalb der Region. Zweitens ist Afrikaans kolonial belastet.

Das Problem: Weit über die Hälfte der Bevölkerung spricht Afrikaans, aber nicht mal ein Zehntel Englisch! Durchaus möglich, daß ein gerade angekommener Tourist in einem Büro, auf der Bank oder im Postamt englisch beginnt, nicht verstanden wird, dann aber mit Deutsch gut über die Runden kommt.

Erste Fremdsprache des Landes war Afrikaans. Das vom Niederländischen abgeleitete „Kap-Holländisch" wurde von Kaufleuten und Missionaren mitgebracht. Schon seit dem 19. Jahrhundert ist Afrikaans eine eigenständige Sprache.

Das *Englische* kam ebenfalls über Südafrika ins Land, weil diese Sprache zweite Amtssprache der RSA ist.

Nur keinen „Kack fangen"

Deutsch wurde von der Kolonialverwaltung eingeführt und wird noch heute von rund einem Viertel der Namibier gesprochen – auch von vielen Schwarzen. Wer sich hauptsächlich im Raum Windhoek-Swakopmund aufhält, hat den Eindruck, fast jeder spräche unsere Sprache.

Das Namibia-Deutsch ist ein angenehmes, reines Hochdeutsch, etwas vermischt mit Brocken der anderen Sprachen (feiten von

---

Südwester-Deutsch

Oukie: Der Südwester-Deutsche.

bleddie: (von Engl. „bloody", verflucht). Im SW-Deutsch Mehrzweckwort zur Betonung einer Aussage, wie „verdammt gut". *Der bleddie Oukie läßt mich eine bleddie Stunde warten...*

Dschäck: (Engl. „jack", Wagenheber). *Oukies, ihr müsst euer Deutsch ein bieckie (bißchen) aufdschäcken* (heben, verbessern).

Hamundatu: (Herero „acht") Der Große, Starke. Ein *Foh-bei-Foh* (4x4/Geländewagen) mit einem Sieben-Liter-*Wie-Äit* (V8-Motor) und *Ouwerdreiw (Schnellgang) ist ein Hamundatu...*

Kräsch: (Engl. „crash", Verkehrsunfall). *Da fährt dieser Oukie doch Chottwiehet* (gottweiß) *mit einem Stink-Schpud* (mit hoher Geschwindigkeit) *durch den Robot* (Verkehrsampel) *und kräscht in den Farmer seine Lorrie* (Lkw).

Pänick: (Engl. „panic"). *Häi, Oukie, du mußt nich pänicken, das wird schon alles orreit werden* (von allright, gut).

Dutzende weiterer Beispiele im erwähnten *Dikschenärrie.*

engl. *fight,* leiken von *like*).· Es hat jedoch auch nach über 100 Jahren nicht die Entwicklung genommen wie das koloniale Niederländisch zum *Afrikaans* der Buren. Auffällig ist, daß im Gespräch mit Bundesdeutschen typische Südwester-Sprachwendungen meist vermieden werden.

Lese-Tip: *Dickschenärie – Workschopmänjul für Südwester-Deutsch* von Joe Pütz. Pfiffig geschrieben. *Kack fangen* z.B. heißt „sich ärgern, langweilen". Mit den Beispielsätzen fällt viel ab über Leben und Wesen der *Oukies* (wie sich die Namibia-Deutschen nennen). In Namibias Buchhandlungen erhältlich.

Ein Phänomen: Viele Namibier verstehen bei solch sprachlicher Vielfalt zwar Wörter anderer Sprachen (sogenannter „passiver Wortschatz"), können sie aber kaum sprechen (benutzbarer „aktiver Wortschatz"). Das kann zu unvergeßlichen Unterhaltungen im Mix aus Deutsch, Englisch und Afrikaans führen; man greift nach der Vokabel, die man am schnellsten parat hat und von der man annimmt, daß sie der Gesprächspartner am ehesten versteht. Babylonische Sprachverwirrung, die letztlich zur Verständigung beiträgt.

Namibia ist ein Reiseland auch für die, die kein Englisch beherrschen. Es dürfte sich oft jemand finden, der deutsch spricht. – Tip: Afrikaans Sprechende verstehen uns u.U., wenn man ganz langsam und betont norddeutsch spricht.

„Schpiedkopp" hat nicht mehr viel zu sagen, aber:
Sicherheit ziemlich o.k.

Die Frage „kann mir unterwegs was passieren?" wird kein Polizei-Boss irgendwo auf der Welt mit klarem „nein" beantworten. Selbst in kleinsten Städten des friedlichen Mitteleuropa wird geraubt, gestohlen, gemordet, vergewaltigt – von der Sicherheitslage auf den Straßen ganz zu schweigen.

So gesehen ist eine Namibia-Safari fast ein Spaziergang. Natürlich ist ein Nacht-Walk in dunklen City-Zonen gefährlich: Wenn extrem arme Einheimische und (relativ) reiche Touristen aufeinanderprallen, muß man sich über eventuellen „Wert-Verlust"nicht beklagen, in Windhoek wie daheim.

Ein Problem: Die vielen Arbeitslosen, die kaum oder nicht ausgebildet sind. Die Chancen für Jobs stehen nicht gut. Fast zwangsläufig steigt die Kriminalität in den Städten. Aber draußen, auf dem Land, ist der Sicherheits-Standard hoch. Viele, die zwischen Namib-Wüste und Kalahari unterwegs waren, hatten nie das Gefühl, bedroht zu sein. Die Gefahr, draußen einem ausgerasteten „Zufallstäter" in die Finger zu fallen, scheint ziemlich gering.

Der „Schpiedkopp" (*Speed Cop* = Verkehrspolizist) hat in Namibia fast nichts mehr zu sagen, meinten Einheimische. Wie bei der Auflösung der ex-DDR neigt polizeiliche Autorität zum Verfall. Früher wurden kleinste Park-Vergehen streng geahndet, selbst an Wochenenden, wenn Südwester-Bürgersteige hochgeklappt waren. Bei Erosion der Autorität nehmen Diebstähle zu. Viele nehmen sich ihre „Freiheit", wo sie sie kriegen können.

Fazit: Von Mitmenschen ausgehende Gefahr lauert weniger im Busch, beim Outdoor-Camp, sondern eher in Städten oder auf dicht befahrenen Straßen. Ohne Gewähr...

Namibia-Datenblätter: Adressen, Preise, Infos

WER? WAS? WO?

Daten, Preisangaben u.a. wurden mit Sorgfalt recherchiert. Sie können aber nur als Anhaltswert für die Planung dienen: Änderungen sind im Laufe der Zeit unvermeidlich. Bei Preisen ist ggf. die Tax hinzuzurechnen (außer duty free).
Zu den Telefonnummern: Es kann sich statt des Teilnehmers eine Vermittlung melden; geben Sie dann die gewünschte Nummer an.

Abschleppdienste/Werkstätten an den oder in der Nähe der Manual-Routen
(in Klammer: Telefonnummer nach Dienstschluß): Aus: Tel. 063332-29 (17). Gobabis 0681-3008. Grootfontein 06731-2556. Hentiesbaai: 06442-32. Karibib 062252-12. Keetmanshoop 0631-3331. Lüderitz 06331-2036. Maltahöhe 06632-110. Mariental 0661-357 (2103). Okahandja 06221-2311 (2919). Otjiwarongo 0651-2683 (2951). Outjo 06542-111. Rundu 067372-641. Swakopmund 0641-2286 oder 2131 (5546). Tsumeb 0671-2242. Walvis Bay 0642-3561 (5308). WINDHOEK (AA) 061-224201.

Air Namibia, Fluggesellschaft von Namibia, hervorgegangen aus *Namib Air.* Enge Zusammenarbeit mit der Deutschen Lufthansa. - Im Atzelnest 3, 61352 Bad Homburg-Obereschbach.
Tel. 06172-40 660. Telefax: 06172-406640.
Siehe auch unter *Flüge.*

Alkoholika: Nur in Spezialgeschäften zu bekommen (Bottle Store, Drankwinkel). Namibia hat erstklassiges Bier, im Gegensatz zu Südafrika auch gutes *light* (für die Safari ideal). - Hotel- & Restaurant-Kennung: Y = Wein/Bier zum Essen. YY = auch Verkauf. YYY zusätzlich auch harte Sachen.

Angel-Safaris: "Namibia West Coast Fishing" D. Schicker, Pf. 6086, Windhoek. Mit 7 Übernachtungen ca. 1.300 DM.

Ausrüster für Safaris und Erlebnisreisen in Deutschland (Auswahl): Därr Exped.-Service, Theresienstr. 66, 80333 München.
Bernd Woick, Gutenbergstr. 14, 73760 Ostfildern. Pritz, Schmiedgasse 17, 94032 Passau.
Lauche & Maas, Alte Allee 28, 81245 München. Globetrotter, Wiesendamm 1, 22305 Hamburg.

Ausrüstung-Miete (Camp): Einiges können Benutzer der *Kessler-* Fahrzeuge mieten (Ausnahmen Geschirr, Besteck und ähnliches). Tel 061-227638, Postf. 20274, 72 Tal Street.
Ein umfangreicheres Sortiment bietet *Gav's Camping Hire,* Tel. 061-51526, 21 Bevil Rudd Street (Pf. 24074) Windhoek.

Preisbeispiele pro Tag: Zelt 6,5 N$/=Rand. Matratze 1,1 N$. Camp-Stuhl 1,3 N$. Zweiflammkocher 2,8 N$. Wasserkanister 1 N$. Metall-Treibstoffkanister 1,3 N$. Töpfe etc: je unter 1 N$ (vgl. Ausrüstung im Praxis-Teil).

Auto-Kennzeichen: Bislang SW für South West Africa. Neues System: Vorne N, nach der Nummer W für Windhoek, KH= Khorixas, L= Lüderitz, OH= Okahandja, OJ= Outjo, RU= Rundu, S= Swakopmung T= Tsumeb, U= Usakos, WB= Walvis Bay... Grüne *GRN*-Schilder = Regierungs-Fahrzeuge (Government Republic of Namibia).

Automobil-Club: AAN (Automobile Association of Namibia), P.O.Box 61, Windhoek.
Tel. (061-)22-4201. Büro: Carl List Gebäude 15, Independence Avenue Ecke Peter-Müller-Straße. Club-Leistungen wie Straßenkarten usw. nur mit Karte eines deutschen Automobilclubs!

Banken: In größeren Orten. Es empfiehlt sich, bei Safaris den größten Teil der benötigten Namibia-$ bzw. Rand bereits nach der Ankunft zu wechseln. Wechselbeleg für Rücktausch aufheben, da sonst max. 200 N$/Rand pro Person zurückgewechselt werden! Geöffnet 9.00-15.30, samstags bis 11.00 Uhr. Am Airport bei Ankunft der Jets geöffnet.

Bed and Breakfast: Info bei Jochen Sturm, P.O. Box 22 028, Windhoek. Tel. 225500 oder 226286.

Botschaften: siehe diplomatische Vertretungen.

Botswana-Führer: M. Iwanowski, Reisehandbuch *Botswana,* 299 Seiten, 39,80 DM. – Stein-Verlag, *Zimbabwe & Botswana,* 94 S., 14,80 DM.
Botswana-Karten: Südafr. Automobilclub AA 1:2,7 Mio. - f&b *Botswana,* mit Sonderkarten, 12,80 DM. Shell-Map mit Sonderkarten.

Campingplätze: 5 bis 10 N$ bzw. Rand für einfachste Camps. Bisweilen 2 R/Person. Bessere Plätze etwas teurer. Camp-Angaben im Vorspann der Routenbeschreibungen. Detaillierte Auflistung im jährlich aktualisierten "Beherbergungsführer für Touristen" (erhältlich siehe Info). – Der Stadt-Campingplatz in Windhoek ist derzeit geschlossen!!

Container-Verladung: Verfrachtung des eigenen Geländewagens oder Campers der VW-Klasse nach Walvis Bay: 20-Fuß-Container für Fahrzeuge bis 2,30 m Höhe kostet ca. 3.500 DM. Komfortabler Service: Für ca. 400 DM bringt der Spediteur das Auto zum Flughafen Windhoek!
Info: *Bernd Woick GmbH,* Gutenbergstr. 14, 73760 Ostfildern (Tel. 0711-455038). – *Deugro,* Hovestr. 61, 20539 Hamburg 11 (Tel 040-784555). - Ansonsten wenden Sie sich an den Spediteur vor Ort.

Datum: Bisweilen Reihenfolge Jahr-Monat-Tag. 93-02-12 bedeutet also nicht 2. Dezember, sondern 12. Februar.

Deutsch-Namibische Gesellschaft e.V.: Zollstr. 2, 41460 Neuss. Gut für aktuelle Hintergrund-Informationen. Diverse Publikationen *(Namibia-Magazin)*, auch zu Wirtschaft und Politik. Jahresbeitrag 50 DM und höher (nach eigener Einschätzung).

Diplomatische Vertretungen in Namibia: Deutsche Botschaft, Sanlaam Center, Independence Avenue 154, P.O.Box 231, Windhoek. Tel. 229217. Österreichisches Konsulat: Edisonstr. 23, Windhoek, Tel. 37920
Schweizer Konsulat: Von Eckenbrecher Str. 10, Klein Windhoek, Tel. 22 2359.

Diplomatische Vertretung von Namibia in Deutschland: Botschaft von Namibia, Mainzer Str. 47, 53179 Bonn (neu!). Tel. 0228-346021. Fax 346025.

Direktor für Tourismus siehe Naturschutz und Reservierungen.

Einreise: Für Deutsche/Österreicher/Schweizer Reisepaß ohne Visum, 6 Monate über Reise-Ende gültig. Einreise bis 60 Tage; verlängerbar. Oberflächliche Kontrollen am Flughafen Windhoek. Etwas genauer und bürokratischer, jedoch meist ohne Schikanen, an den Grenzen zu Nachbarstaaten wie Botswana.

Elektrizität: 220 Volt. Dreipolige Steckdosen bzw. Stecker (ggf. Adapter oder neuen Stecker in Namibia besorgen).

Fahrzeuge: lassen sich in vielen Städten Namibias mieten. Buchungen auch bei den -> Reiseveranstaltern bzw. bei hiesigen Zentralen von Avis oder Budget u.U. sogar kostengünstiger. Mietwagen sind generell teuer!
Für Touristen sind vor allem Stationen in WINDHOEK wichtig, wobei Fahrzeuge ggf. auch am Airport übernommen oder zurückgegeben werden können. – Einwegmieten sind besonders kostspielig und selten notwendig (-> Kapitel Fahrzeuge).
Kessler 4x4 Hire: 72 Tal Str., P.O.Box 20274, Tel. 061-227638. – Namib 4x4 Hire: P.O.Box 4048 Swakopmund, Tel. 0641-61791. – Avis: Jeans Str., P.O.Box 2057, Tel. 061-33166. – Budget: 72 Tal Street., P.O.Box 1754, Tel. 061-228720
Preisbeispiele: HiLux, unlimited km, ab 7 Tage ca. 280 N$/Tag, Vers. 22 N$/Tag. Land Rover 110: um 400 N$, Vers. 27 N$. VW-Bus: 330 N$, Vers. 22 N$. VW-Bus Allrad: 388$, Vers. 26 $. - Pkw Toyota Corolla ab 6 Tage (incl. 250 km tägl.) um 200 N$ VW Citi Golf 175 N$. –   Sehr hohe Selbstbeteiligung bei Unfällen!!.
Wohnmobile sind rar; Sie buchen Sie am einfachsten über hiesige Reiseveranstalter.

Feiertage: Wichtig zu wissen, da dann einige touristische Einrichtungen voll ausgebucht: Neu-

jahr, Ostern, Weihnachten wie bei uns, zusätzlich: 21. März (Tag der Unabhängigkeit), 4. Mai (Cassingatag), 25. Mai (Afrikatag), 26. August (Heldengedenktag oder Namibia-Tag), 10. Dez. (Tag der Menschenrechte). Falls Sonntag, dann langes Wochenende mit folgendem Montag.

Ferientermine in Namibia: im alljährlich neuen "Beherbergungsführer" siehe Info. Wenn möglich, Reisetermine außerhalb der Namibia-Ferien (um Weihnachten/Januar) legen.

Flüge: Derzeit fliegt *Air Namibia* nonstop mit Boeing 747 SP von Frankfurt nach Windhoek (WDH). Flugtage: Donnerstag und Samstag, Start 21h45. Da die Jumbo-Jets nicht mehr den 3000-km-Umweg westlich der Afrika-Kontur fliegen müssen, ist die Flugzeit für die 8.100-km-Route kürzer: 10 Stunden. Ankunft WDH am frühen Morgen. Auch die Strecke WDH/FRA (jeweils mittwochs und freitags) wird nachts beflogen.
Die *Lufthansa* fliegt montags und mittwochs via Johannesburg.
LTU donnerstags ab Düsseldorf und München (Rückflug mit Stops in Durban und Ostafrika)
SAA via Johannesburg.
Ferner zeitaufwendigere, aber u.U. preiswerte Umsteigeverbindungen via Südafrika oder Zambia. Aktuelle Flug-Beratung beim Reiseveranstalter.
Flug-Preise: Air Namibia/Lufthansa, saisonal gestaffelt von 1.792 DM (z.B. 4.4. bis 30.6.) DM bis 2.492 DM Hochsaison ab 12.12.94) Tip: Rechtzeitig informieren und buchen! Bisweilen sind Jets wochenlang ausgebucht! - Wer seine Safari mit komfortablem Flug beginnen und abschließen will: Business Class kommt auf 6.897 DM.
Bei "Paket"-Buchung *(fly & drive)* über Veranstalter läßt sich u.U. etwas sparen.

Fracht: Siehe Container-Verladung. – Flug-Übergepäck ist teuer. Ein paar Kilo zuviel werden meist toleriert. Es kommt manchmal billiger, Teile der Ausrüstung nach der Tour zu verschenken oder weit unter Wert zu verkaufen als sie mit zurückzunehmen. – Niedrigere Kosten für sog. "unbegleitetes Fluggepäck". Info: z.B. Air Namibia, Cargo & Excess Baggage, Frankfurt Tel. 069-60070 382.

Führerschein: Der "Internationale" ist auf allen Auslandsreisen außerhalb Europas ratsam. Für wenige Mark bei den örtlichen Führerscheinstellen erhältlich. Geltungsdauer: 3 Jahre.

Gästefarmen sind am besten auf der f&b-Karte, ferner auf der Pad-Karte verzeichnet. Aktualisierte Liste (nach Orten geordnet) von 52 Gästefarmen im "Beherbergungsführer" siehe Info.
Neu: Spezieller *Gästefarm-Führer* (Reisebuchverlag Iwanowski, 29,80 DM.
Einige Beispiele: Route 2: Otjisemba, Tel. 06228-82103, VP 205 N$. Elisenheim, Tel. 061-64429, VP 166 N$. Route 3: La Rochelle, Tel. 0678-11013,

VP 140 N$. Route 5: Bambatsi, Tel. 06542-1104, VP 150 N$. Route 9: Ameib, Tel. 062242-1111, VP 195 N$. Route 17: Namtib, Tel. 06362-6640, VP 121 N$. Sinclair, Tel. 06362-6503, VP 135 N$.

Geländewagen (4WD): -> Fahrzeug-Vermieter.

Geld: Namibia-Währung ist seit 1993 der Namibia-Dollar (N$) zu 100 Cents, derzeit noch wertgleich mit dem südafrikanischen Rand (R), mit ca. 0,50 DM etwas unterbewertet, also für Touristen günstig. Der Rand gilt vorläufig in Namibia weiter. Wechsel vor Ort günstiger als in Deutschland! – Gut einsetzbar sind US-$- und DM-Reiseschecks. Keine Euroschecks. – Siehe auch *Kreditkarten*.

Gesundheit: 1994 waren keine Impfungen vorgeschrieben. Im Norden und in Botswana/Zimbabwe Malaria-Prophylaxe, siehe "Gesundheit" im Praxis-Teil. - Für die Wander-Permits muß man sich vom Hausarzt vor der Abreise ein Gesundheitszeugnis ausstellen lassen (siehe Fish River, Route 22, Ugab, Route 8).

Grenzposten: Auflistung im Beherbergungsführer -> Info. Viele Übergänge sind nur tagsüber geöffnet! - Die Kontrollposten bei Walvis Bay sind seit 1993 entfallen.

Hotels: Unterkünfte in wichtigen Orten sowie Lodges finden Sie im Vorspann der Routen-Beschreibungen. Ferner jährlich neu mit aktuellen Preisangaben im "Beherbergungsführer" siehe Information/Verkehrsbüro.
Namibia tendiert weg vom Billig-Reiseland. Prognosen gehen zu Hotel-/Lodge-Raten von 700 N$ (350 DM) pro Nacht! Trotzdem lassen sich sehr preiswerte Unterkünfte finden.

Information in Deutschland beim Namibia-Verkehrsbüro: Im Atzelnest 3, 61352 Bad Homburg, Tel. 06172-4066 50 (8h30 bis 13 Uhr). Fax 06172-40669 0.
Sie erhalten ein Info-Paket mit *Beherbergungsführer für Touristen* (jährlich neue Basis-Infos), auf Wunsch eine Land-/Routen-Karte. - Weitere Auskünfte bei Ihrem ->Reiseveranstalter.
Infos vor Ort: In mehreren Städten Info-Büros. Auskünfte auch bei den Naturschützern und an den Park-Toren und beim -> Autombilclub.
Neu ist die Touristen-Info *Rendezvous* in Windhoek, 80 m vom Bus-Terminal (dort auch Wechselstube und Buchungsmöglichkeiten).

Jetlag: Belastung aus Zeitverschiebung und Klimawechsel; bei Reisen ins südliche Afrika wenig gravierend, da die Zeitverschiebung mit nur einer Stunde minimal ist. Am Ankunftstag (je nach Konstitution auch am 2. Reisetag) nicht gleich "volles Programm", besonders in puncto Auffahren!

Kanu-Touren auf dem Oranje: Zu buchen in Windhoek-Reisebüros oder z.B. bei *Felix Unite*, P.O.Box 96, Kenilworth, 7745, Rep. South Africa. (Tel 021-7626935, Fax 7619259). Preise: ab 550 Rand/Person (4 Tage). Termine: 1. und 3. Sonntag jeden Monats. !Buchbar auch über deutsche Spezial-Reiseveranstalter!

Karten: siehe Kapitel *Karten* im Praxis-Teil. Land- und Straßenkarten in Deutschland bei: *Namibiana-Buchdepot*, Kronshausen 18, 26340 Zetel. Ferner bei Ausrüstungsspezialisten wie Woick, Därr. Oder im Buchhandel (über ILH bestellen lassen).
Karte der Naturschutzbehörde (1:2 Mio; mit Straßennummern, gratis z.B. beim Verkehrsbüro, siehe Info oder bei Reiseveranstaltern.
Vorab in Europa erhältlich: Sehr gut zur Übersicht: Michelin 955 *Südliches Afrika*, 13,80 DM. f&b-Karte *Namibia* 1:2,4 Mio, mit Detailkarten, Stadtplänen und Kurzführer 12,80 DM. Ryborsch Kontinentkarte Afrika 1:8 Mio 15 DM. Weitere Karten: großformatige, zweiteilige UNO-Karte 1:1 Mio, 42 DM. ONC- Blätter 1:1 Mio pro Blatt um 15 DM. Topographische Karten 1:500 000 z.B. bei *Namibiana* 15 DM. 250.000er à 18 DM.

Karten-Implastierung: IWP, Osterseenstraße 1, 82402 Seeshaupt. Tel. 08801-1448. Kostenpunkt für (angelieferte) Karte 30x40 cm: ca. 30 DM.

Kleidung: Bequem und leicht! Für die (Süd-)Wintermonate April bis September auch warme Jacke, Pullover, dgl. für Sommerabende im Hochland und an der Küste. - Regenschutz im Sommer. - Möglichst keine Kleidung mit hohem Synthetik-Anteil. - Khaki-Hemden und Hosen sind wirklich praktisch, in Windhoek z.B. im Shopping Center beim Kalahari Sands Hotel in reicher Auswahl.
Feste Wanderschuhe oder Leichtstiefel) schützen vor Verletzungen oder Schlangenbissen.

Klima/Reisezeit: siehe Kapitel *Klima*. In unserem Sommer herrscht in Namibia Trockenzeit. Die Tage sind wolkenlos, es regnet so gut wie nie. Angenehme Höchsttemperaturen bis 20 Grad, kühle bis kalte Nächte, besonders im Hochland. Etwas weniger Tageslicht, Dunkelheit ca. 18 Uhr. Während des europäischen Winters ist mehr Regen angesagt. Angesichts guter Straßen kaum Probleme mit Wasser auf dem Weg; Probleme eher auf Pisten im Hinterland. Sehr heiß (um 30 Grad), in der Namib über 40 Grad. Lange Tageslicht (bis knapp 20 Uhr). Der Süd-Sommer ist für Safaris ideal, jedoch weniger für den Norden (Etosha, Ovamboland, Caprivi Strip).

Kosten: Die Preise sind bereits vor der Unabhängigkeit gestiegen (besonders in puncto touristischer Sektor, Unterkunft und vor allem *Fahrzeug)*, doch ist Namibia nach wie vor kein teures Reiseland. Lebenshaltungskosten liegen niedrig, Treibstoff (siehe dort) ist billiger als in Mitteleuropa.

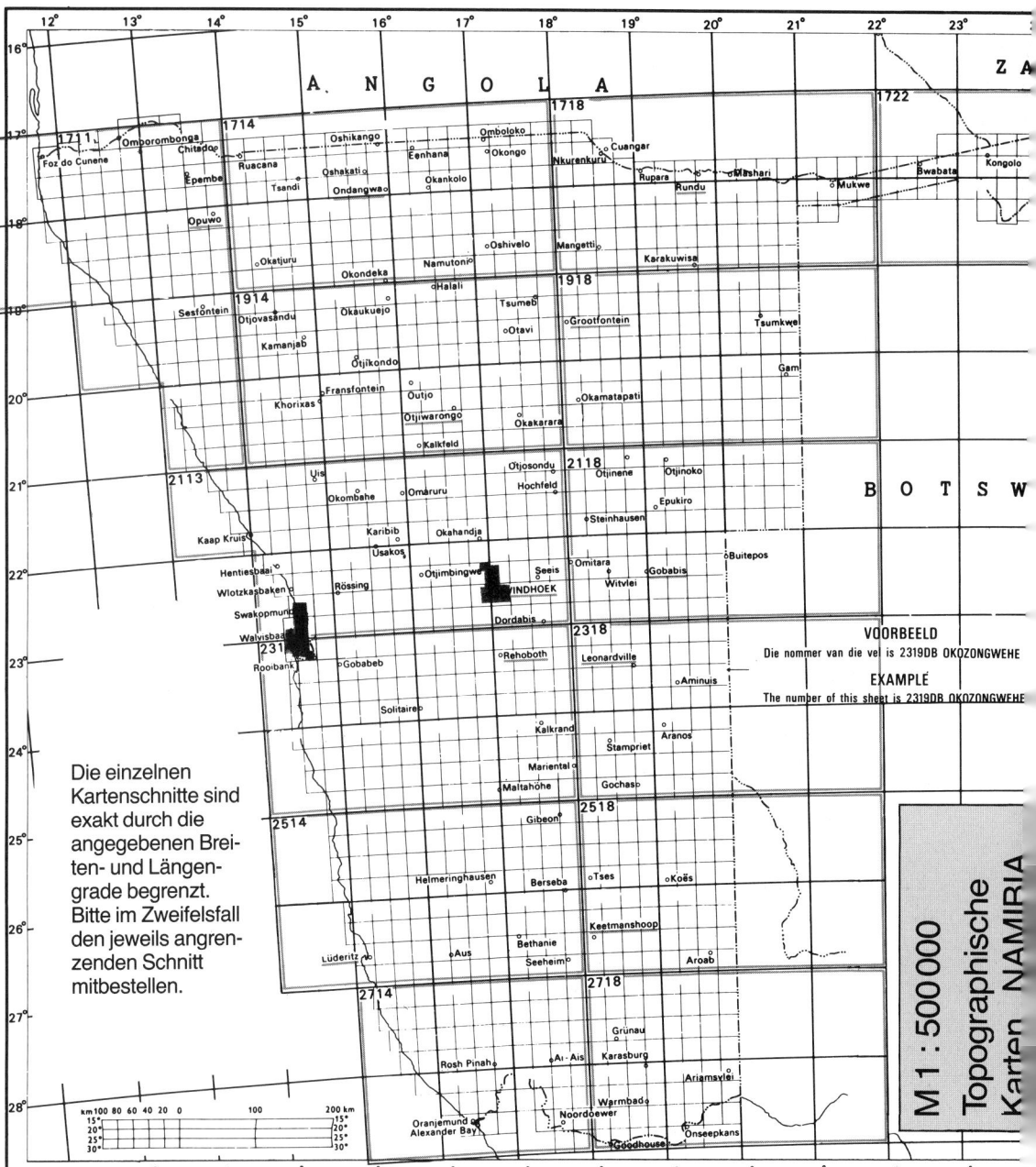

Die einzelnen
Kartenschnitte sind
exakt durch die
angegebenen Brei-
ten- und Längen-
grade begrenzt.
Bitte im Zweifelsfall
den jeweils angren-
zenden Schnitt
mitbestellen.

VOORBEELD
Die nommer van die vel is 2319DB OKOZONGWEHE

EXAMPLE
The number of this sheet is 2319DB OKOZONGWEHE

M 1 : 500000
Topographische
Karten NAMIRIA

Namibia-Karten 1 : 500.000

*Wenn Ihnen der abgebildete Blattschnitt der 500.000er nicht genau genug ist für die
Kartenwahl, können Sie die dargestellte Zone mit der f&b-Karte genauer ermitteln:
Die ersten beiden Ziffern stehen für den Breitengrad am nördlichen Blatt-Rand
(17, 19, 21, 23, 27°), auf der f&b-Karte gut zwischenzuschalten. Die folgende
Zifferngruppe steht für die Längengrade am linken Blatt-Rand: 13/14, 18 und 22°,
der f&b-Karte direkt zu entnehmen.*

Reisekosten hängen von den Ansprüchen ab (Take away oder Spitzen- Restaurant), ferner vom Wechselkurs. Der N$ bzw. Rand ist unterbewertet; durch günstig eingekauftes Geld wirken Preise, die Einheimischen hoch vorkommen, für uns niedrig.

Kreditkarten wie Visa oder Eurocard sind in größeren Orten und im Touristik-Sektor einsetzbar, bisweilen sogar in Supermärkten. Es gab an Tankstellen und in einigen Hotels Probleme! - Tip: Mit einem Guthaben auf dem Konto (vorher einzahlen) ist Bargeldbeschaffung einfach und billig!

Landkarten: -> Karten, -> Botswana

Linksverkehr: kein großes Problem (permanente Erinnerung daran durch das Steuer auf der "falschen", rechten Seite). Vor allem an den ersten Tagen in Städten extreme Vorsicht. Siehe Kapitel "Fahren".

Namibia-Verkehrsbüro -> Informationen

Nationalparks: Eintrittsgebühren nur 5 bis 8 N$/R pro Person, Fahrzeug 5 bis 10 N$/R. -> Kapitel "Nationalparks".

Naturschutz-Behörde: Wichtige Anlaufstelle nach der Ankunft wegen Info und Buchungen einiger Parks, z.B. Kaudom und Skelettküste. Am besten 8 bis 13 Uhr. Independence Avenue (ex-Kaiserstraße), Ecke John Meinert- und Moltkestraße, neben dem Hauptpostamt. – Postadresse: Direktorat für Tourismus, P.O.Box 13267, Windhoek, Tel. (061)-36975 (für Buchungen, bis 15 Uhr), Tel. 33875 (für Info). - Fax: (061)-22 4900.

Notruf-Telefon: (Raum Windhoek, Vorwahl: 061) Hilfe 10 22 Polizei 101 11 Feuerwehr 6 1251 Automobil-Club 22 4201 Problem: unterwegs eine Telefonzelle finden. Mit größerer Sicherheit als in Europa kann man sich auf den Reiserouten darauf verlassen, daß sich Passanten im nächsten Ort um entsprechende Hilfe kümmern werden.

Öffnungszeiten: 8.30 bis 18.00, Sa. bis 13.00 (-> Banken). An Sonn- und Feiertagen haben einige Supermärkte und Portugiesen-Läden geöffnet, letztere während der Woche bis spät abends.

Permits: siehe *Naturschutz-Behörde, Reservierungen* und Seite 237.

Post/Postleitzahlen: Briefpost an die angegebenen Postfächer adressieren (PPS oder P.O.Box); Straßenangabe überflüssig, da keine Hauszustellung. Luftpost: ca. 5 bis 7 Tage, Seepost um 2 Monate. – Die bisherige Postleitzahl 9000 für ganz Namibia (ein Relikt aus der RSA-Zeit) ist entfallen.

Preise: Siehe z.B. Flugpreise, -> Campen. Preis-beispiele: Toyota HiLux (Doppelkabiner, unbegrenzte km) 320 N$. Toyota Land-Cruiser (420 N$., Versichg. CDLW 24 bzw. 28 N$. (Kessler Car Hire). Lebensmittel sind generell billiger als bei uns.

Reisebüros/Veranstalter (Beispiele) in Windhoek: *SWA-Safaris* ist ältestes Safari-Unternehmen des Landes seit den 20er-Jahren, führt planmäßig Rundfahrten in bequemen Reisebussen durch, organisiert Flug- und Camping-Safaris und bucht Unterkünfte und Mietwagen für Einzelreisende. Daneben werden Sonder-Reisen mit und ohne Reiseleiter ausgearbeitet und durchgeführt (Adresse: Postf. 20373, Windhoek. Tel. 37567). *Olympia Reisen*, Pf. 43, Windhoek. Tel. 225539. Ferner vor Ort: *Oryx Tours, Africa Adventure Safaris* u.a. Die meisten Programme sind bereits bei den Reiseveranstaltern in Deutschland buchbar.

Reiseführer Namibia: DuMont-Kultur-/Landschaftsführer Namibia und Botswana, fast wissenschaftliches Werk mit großer Info-Tiefe, viele SW-Kartenskizzen, 320 S., 44 DM. - Express-Reisebuch Namibia, Mundo-Verlag 717 (!) Seiten, umfangreichster Führer mit sehr viel Tiefe und Breite. Reiserouten und klassische sowie abseitige Touristenziele, 49 DM. - Goldstadt-Führer 265 Namibia, mit Routen, 304 S., 24,80 DM. - Iwanowski, Reise-Handbuch Namibia, der Führer-Pionier: Basis-Infos, übersichtlich, viele Skizzen, aktualisiert, 380 S., 42,80 DM. - APA-Guide Namibia. Mai Weltführer, gute Basis-Landeskunde und Kartenteil. Erhältlich im Buchhandel oder, mit viel ergänzender, auch "antiker" Literatur bei *Namibiana,* Adresse siehe Karten. In Namibia: guter, knapper *Shell Tourist Guide* mit erstklassigen Karten und Illustrationen.

Reiseveranstalter in Deutschland, mit Individual- oder Spezial- Programmen für Namibia. Nahezu alle Angebote namibischer Veranstalter sind hier vorab buchbar. Auswahl:
airtours international, Adalbertstr. 44-48, 60442 Frankfurt.
africa tours individuell, Seidlstr. 30, 80336 München
Afrika Reisedienst, Athener Str. 14, 81545 München
DSAR, Am Hof 26, 53113 Bonn.
Explo-Tours, Arnulfstr. 134, 80634 München
GeBeCo-Reisen, Eckernförder Str. 93, 24116 Kiel (Gruppen).
Inter Air Voss-Reisen, Triftstr. 28-30, 60528 Frankfurt/M. (besond. Individualreisen)
Iwanowski's Individuelles Reisen, Raiffeisenstr. 21, 41540 Dormagen
Jetstream, Wormser Str. 4, 10789 Berlin
Karawane, Pf. 909, 71609 Ludwigsburg (Gruppen- und Individualreisen)
Namibia Safaris, Wittenbach 13, 78136 Schonach
Olympia-Reisen, Siegburger Str. 49, 53229 Bonn.

Taruk Transafrika-Reisen, Wittelsbacher Str. 26, 82319 Starnberg (Gruppenreisen).
Wigwam Tours, Kurzberg 16a, 87448 Waltenhofen (Gruppenreisen).
Woick, Gutenbergstr. 14/3, 73760 Ostfildern (Mietwagen, Auto-Verfrachtung).

Reservierungen (Bungalows, Camps, besonders. für Etosha!): Direktor für Tourismus, Reservierungen, PPS 13.267, Windhoek. Tel. (061)- 36975. Fax 224900. Vorwahl von Deutschland s. *Telefon*. Büro siehe Naturschutz-Behörde.

Sprachen: Amtssprache ist Englisch. Verkehrssprachen sind Afrikaans und Deutsch. Stammessprachen. Siehe Praxisteil, "Sprachen".

Steuern: Mehrwertsteuer zwischen 8 und 16 % (Unterkunft, Mietwagen 11%). Hie und da *duty free*-Möglichkeiten für auszuführende Souvenirs etc. – Keine Ausreisesteuer (departure tax).

Straßennetz siehe Kapitel "Straßen, Wege"
Tax siehe Steuern

Telefax: Ideale Übermittlung eiliger Nachrichten, wenn in Namibia Fax-Anschluß bekannt ist. Gut für dringende Mitteilungen nach Hause (wenn kein eigener Fax-Anschluß vorhanden, dann vor der Reise Anschluß bei Bekannten ausfindig machen mit Bitte um Weiterleitung).

Telefon: siehe auch Notruf-Nummern. - Für afrikanische Verhältnisse gutes Netz. Mal top-modern, mal ziemlich mühsames Durchkommen. *Ticki Boxen* haben einen schwarzen Zahlknopf, der erst gedrückt wird, wenn der Gesprächspartner abhebt. – Handvermittlung: Wenn sich nicht der Teilnehmer meldet, sondern ein(e) Telefonist(in), dann geben Sie die gewünschte Nummer an.
R-Gespräche innerhalb Namibias und in der RSA sind bei Handvermittlung möglich.
Telefonate von Deutschland nach Namibia (Vorwahl 00264, dann namibische Ortsvorwahl ohne Null) sind recht billig: 3 Min. unter 10 DM. - Von Namibia nach Deutschland (09 49-): 3 Min. ca. 15 DM. Selbstwahl nicht überall möglich.
Einige Namibia-Vorwahl-Nummer siehe unter *Abschleppdienste.*

Treibstoff: Das Tankstellennetz ist weitmaschig, aber ausreichend. Vor Touren ins Hinterland vorab informieren. Generell 20-l-Reservekanister mitnehmen, besonders bei Touren nach Botswana und ins Kaokoland.
Normalbenzin kostet derzeit um 1,6 N$ bzw. Rand (etwa 80 Pf.). Kein Super. Diesel 1,5 N$ (75 Pf). In Botswana liegen die Preise etwas höher

Unterkunft: Preise für Hotels und Unterkünfte der Naturschutzbehörde (Bungalows oder Rondavels) haben steigende Tendenz, liegen jedoch im Vergleich mit Europa niedrig: Rasthäuser 40 bis 90 Rand.
Aktuellste Camp-, Unterkunfts- und Permit-Preise samt Basis-Infos im "Beherbergungsführer", vom Verkehrsbüro, siehe Info.

Veranstalter: -> Reiseveranstalter

Verkehrsbüro Namibia: siehe Info.

Verkehrsregeln: Linksverkehr. Hochstgeschwindigkeit 120 km/h auf Teerstraßen, 100 km/h auf Schotterstraßen, 60 km/h in Ortschaften. Vorsicht vor Wild. -> Kapitel "Fahren". - *Four-Way-Stop* an Kreuzungen: Alle Fahrzeuge halten an, wer als erster kam, startet auch als erster, dann Nr. 2 usw. Cross-Country-Fahrten sind generell verboten (siehe *Grüne Seiten,* S. 238/39)

Versorgung: siehe Kapitel "Versorgung". In Namibias Städten hervorragend, in kleineren Orten gut, auch in Botswana zumindest ausreichend. Für längere Strecken abseits von Orten Reserven mitführen. Gute Notrationen: *Travel Lunch* (erhältlich bei Sportgeschäften oder Reise-Ausrüstern). Immer ausreichend Wasser bunkern!!

Wanderungen: Waterberg Route 2, 90 N$/R, geführte Tour. – Fish River Route 21; 4 bis 5 Tage, 35 N$. – Naukluft Route 15; 4 Tage, 35 N$; Kurzwanderung Waterkloof (40 bis 60 Min.): Gebühr im Entry Permit enthalten. – Ugab Rivier Route 8; 2,5 Tage (mit Führung) 90 N$.
Buchung & Info siehe Reservierungen.
Vielerorts kann man unorganisiert wandern: Waterberg (Trails vom Camp aus, kostenlos), Brandberg, Kaudom, Daan Viljoen, Sossusvlei...
Vorsichtsmaßnahmen treffen, Ausrüstung, Kopfbedeckung und Wasser mitnehmen.

Währung/Wechselkurse: Seit 15. September 1993 gilt der *Namibia Dollar* (N$) neben dem vorläufig wertgleichen Südafrikanischen *Rand* (ZAR oder R). 1 N$ bzw. ZAR kostet vor Ort ca. 50 Pfennig, in Deutschland etwa 10 % mehr, so daß sich Umtausch daheim nicht lohnt. – Bank am Airport bei Ankunft internationaler Flüge geöffnet. Euroschecks werden nur bei einigen Banken eingelöst. Traveller Checks bringen wegen hoher Kommission keinen Kursvorteil.

Wasser -> Kapitel "Gesundheit". Hygienestandard und Trinkwasserqualität sind gut. Entkeimung (z.B. mit *Certisil* oder *Micropur)* in Botswana oder für längeren Transport in Kanistern ratsam.

Zeit: In unserem Winter ist Namibia unserer Zeit eine Stunde voraus, entsprechend osteuropäischer Zeit (MEZ plus 1 Stunde). Im europäischen Sommer Zeitgleichheit mit der MESZ.
In einigen Parks (z.B. Etosha) sind Sonnen-Auf- bzw. -Untergang für Ausfahrt/Einlaß maßgeblich.

Hilfe!

Kein Spezial-Reiseführer läßt sich vom berühmten Grünen Tisch aus aktualisieren.

Wenn Sie konkrete Hinweise zu inzwischen überholten Fakten, traumhafte Namibia-Dias oder Verbesserungsvorschläge haben, dann senden Sie diese bitte (unter Angabe der Seitenzahl) an:
tours, Postfach 710769, D-81457 München

Für umsetzbare Hinweise bekommen Sie ein Gratis-Exemplar der nächsten, erweiterten Auflage – natürlich mit Namensnennung.

Übrigens: In gleicher Art und Aufmachung erschien über das ECHTE AUSTRALIEN unser AUSTRALIEN OUTBACK MANUAL Ferner SÜDAFRIKA und MEXIKO – BAJA CALIFORNIA (umgehende Lieferung – einfacher Bestell-Modus siehe Seite 133).

Danke!

An dieser MANUAL-Auflage haben mitgewirkt (in Klammern Bildnachweis):

Arnold, Sigrid, Berlin
CSIR Südafrika / NASA (Satellitenfoto Namib S.29)
Dahle, Wendula, Bremen (107 oben, 231, 232)
freytag & berndt, Wien (Karten S. 61, 67, 71, 97, 119, 135, 147, 169, 191, 231)
Heimbach, Markus, Hamburg (17 2.R., 56 unten, 57 o, 77 o, 203)
Höbenreich, Christoph, Innsbruck (22, 57 u, 94, 137, 156, 175, 223 o, 242)
Kümmerly + Frey, Bern (Lagekarte S. 13)
Leeb, Andrea, München
Liebermann, Eric, Hagen/Riegsee (41,77 u, 113, 139, 149, 173 o,)
Michelin Karlsruhe und Paris (Karten S. 79, 125, 163, 181,209,
        221 und vordere Klappe)
Namibia-Verkehrsbüro (10, 97, Kartenteile 55, 84, 101, 109, 171, 175, 195, 233)
Ryborsch, Reinhard, Obertshausen/Frankfurt (Karte hintere Umschlagklappe)
Schartel, Helmut, Polheim (98 o, 136, 167 o)
Stuberger, Ulf, Walscheid/Frankreich
Thielen, Frank Koblenz (Abbildung Milchstraße/Halley-Komet S. 288)
Woick, Bernd , Stuttgart 10 o, 17 u, 36, 39, 40 o, 85-93, 111 u, 112, 236)
Ziegler, Arno, Zetel 1

Danke auch den Inserenten, die mit dazu beigetragen haben, daß
dies Manual so ungewöhnlich farbig ausfallen konnte.

REGISTER

(Bitte schlagen Sie ggf. auch
im aktuellen Anhang nach)
f. und folgende Seite
ff und folgende Seiten

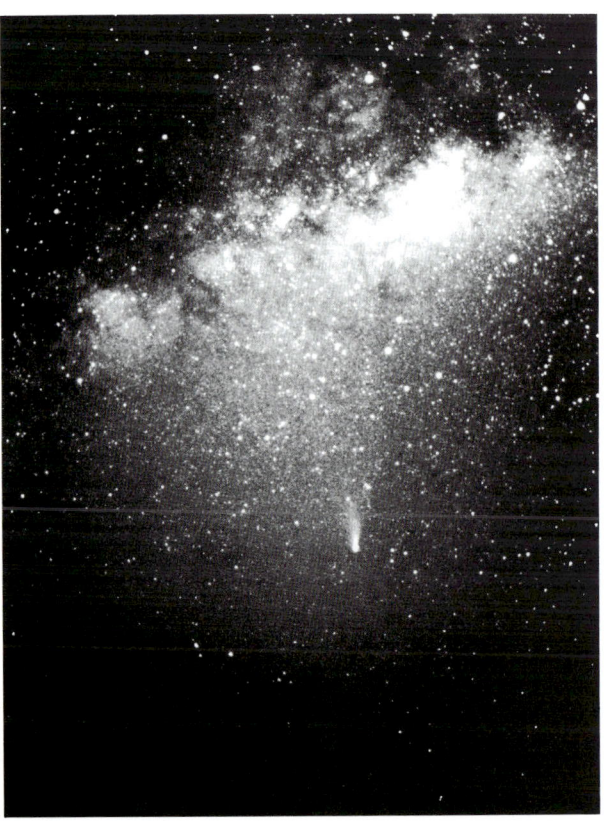

Lassen Sie sich überraschen vom namibischen Sternen-himmel, der sich meist in unglaublicher Klarheit zeigt (S.24f). Was Besonderes neben der Milchstrasse? Der Halleysche Komet, der im März '86 wie ein Scheinwerfer auf die Milchstraße „zielte". Oben als hellstes „Objekt" der Mars.

Zur zweiten Auflage

IM SÜDWESTEN WENIG NEUES...

Afrika ist *timeless Land*, Land, in dem die Zeit relativ wenig bedeutet. Kein Wunder also, daß sich in den wenigen Monaten seit Erscheinen der ersten Auflage dieses Manuals relativ wenig getan hat in Namibia. Der junge Staat blieb friedlich und ruhig. Der Tourismus boomte, artete jedoch nicht zum Massentourismus aus (was auch niemand will).

Es wurden neue *Regionen* mit eigenständigen Namen eingeführt (siehe Karte), doch das hat für den Reisenden so gut wie keine Konsequenzen. Neu ist ferner der *Namibia-Dollar* (Abbildungen auf den folgenden Seiten), aber auch hier eigentlich nichts Neues: Die namibische Landeswährung gilt auf einige Jahre als Parallelwährung zum südafrikanischen *Rand*. Beide Noten sind gleichwertig und der Umlauf wird vorläufig noch vom großen Nachbarn kontrolliert. Erst zu einem späteren Zeitpunkt darf Namibia die Notenpresse nach eigenem Gusto rotieren lassen, und erst dann wird es wohl auch unterschiedliche Kurse geben. Achtung: In

Namibias neue Regionen ohne Kolonialnamen.. Der Caprivi-Zipfel von Okavango *nach Osten wurde in* Liambezi *umgetauft.*

Südafrika wird der Namibia-Dollar nicht als Zahlungsmittel akzeptiert.

Am 1. März 1994 wurde die RSA-Exklave Walvis Bay an Namibia übertragen (oder: zurückgegeben, was historisch nicht ganz richtig ist). Damit hat das Land endlich seinen eigenen Tiefwasserhafen.

Größtes Problem der kommenden Jahre wird wohl eine Bodenreform sein, die für mehr Gerechtigkeit bei der Landverteilung sorgen soll.

Ansonsten wie gesagt wenig Neues. Gewechselt wurde die Konzession für die Skelettküste, was mit einigem Wirbel verbunden war, aber für den Reisenden wenig erheblich ist.

Buchstäblich wesentlich weniger Wirbel rund ums Wrack der *Winston* (Route 8, Seite 104/105) an der Skelettküste: Im stürmischen Süd-Atlantik hat sich das Schiff inzwischen regelrecht dünne gemacht und ist fast verschwunden. Zum Ausgleich lief die *Ally* südlich Walvis Bay auf den Strand und vor die Kamera-Linsen der Besucher (siehe Seite 302).

Unterm Strich also nichts Weltbewegendes. Dafür blieb Namibia ein attraktives und (von den nach wie vor teuren Mietwagen mal abgesehen) äußerst preiswertes Land. Gute Reise!

Satellitenfoto des *Sossusvlei* und der Namib-Dünen (zur Route 14, S. 138/139). Das Camp *Sesriem* samt Sesriem Canyon liegt im oberen Drittel der rechten Seite. Das helle Pistenband von Sesriem nach Süden führt zur Farm Geluk. Partiell gut erkennbar ist die Piste längs des Tsauchab Rivier zum hellen Vlei am linken Bildrand. Es liegt rund 55 km vom Atlantik, der

jedoch wegen der mehrere hundert Meter hohen Namib-Dünen für gelegentliche Tsauchab-Fluten unerreichbar bleibt

Das Bild stammt aus dem fantastischen Bild-

und Text-Band *Porträt unseres Planeten* (184 Satelliten-Fotos, 88 DM) aus dem Westermann Verlag.

Straße Nr. 36 nach Solitaire *und zur* Pad C14 (nördlicher Namib-Naukluft-Park).

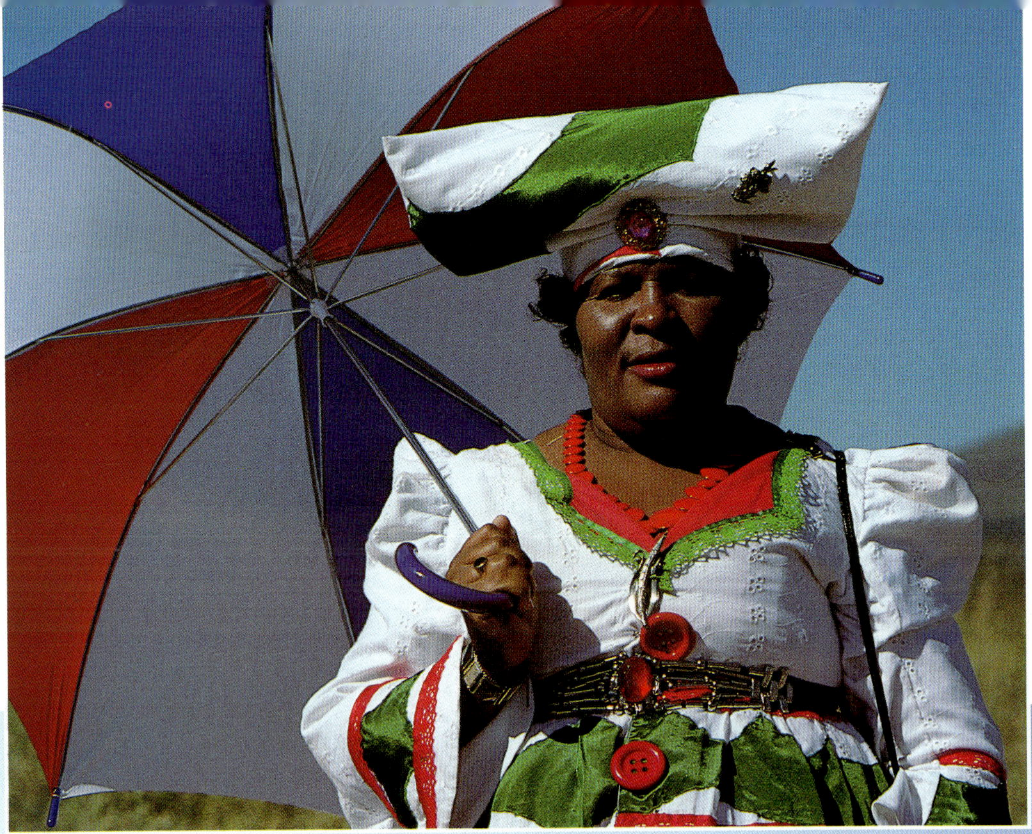

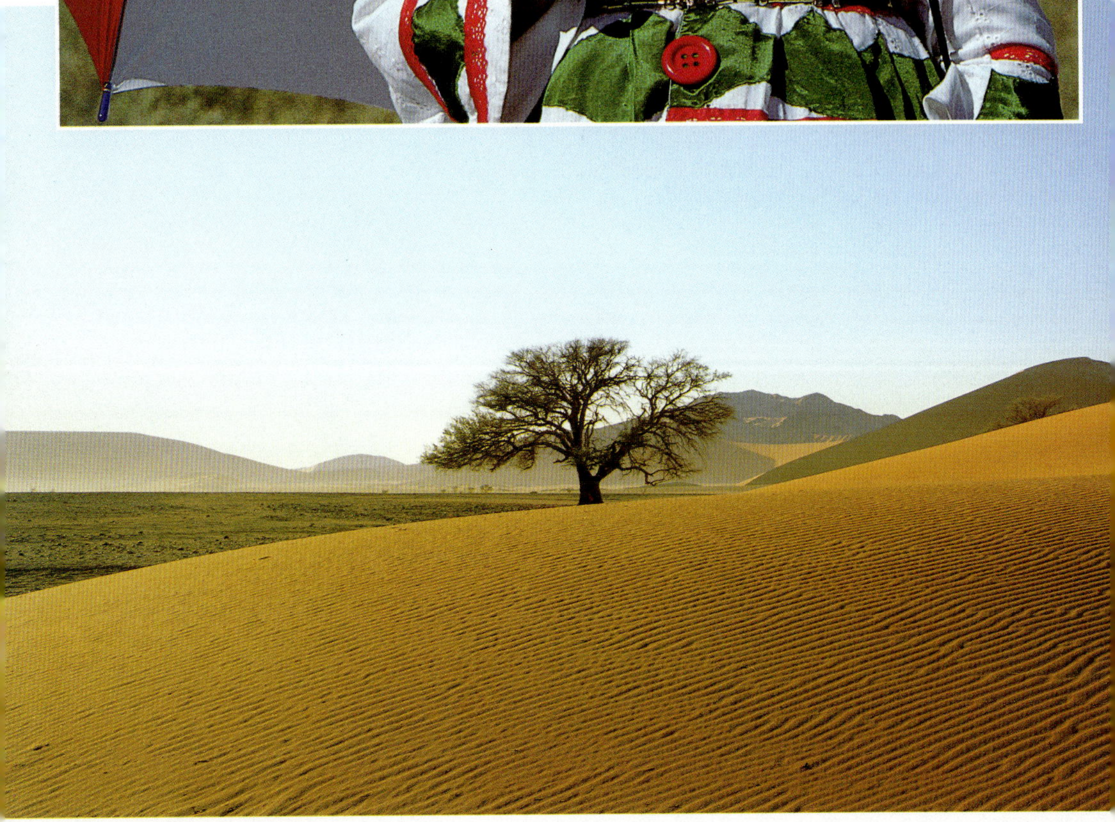

Großes Panorama-Foto:
Die "Düne 45" an der Piste
zum Sossusvlei (siehe
Satelliten-Foto auf den
vorhergehenden Seiten).
Die Dünen gehören zu den
höchsten der Welt.
Die prachtvolle Aufnahme
entstand morgens gegen
fünf Uhr nach einem Sand-
sturm, der im Hintergrund
noch ahnbar ist.

Linke Seite: Herero-Frau
im Festtags-Staat. Oft
werden bei den Gewänder
die Namibia-Farben Blau-
Weiß-Rot-Grün verwendet
(siehe Seite 23).

Rechte Seite: Eine der drei
Cyphostemma-Arten. Der
Baum wurde bekannt als
"Botterboom" der Buren,
nicht zu verwechseln mit
dem Kokerboom.

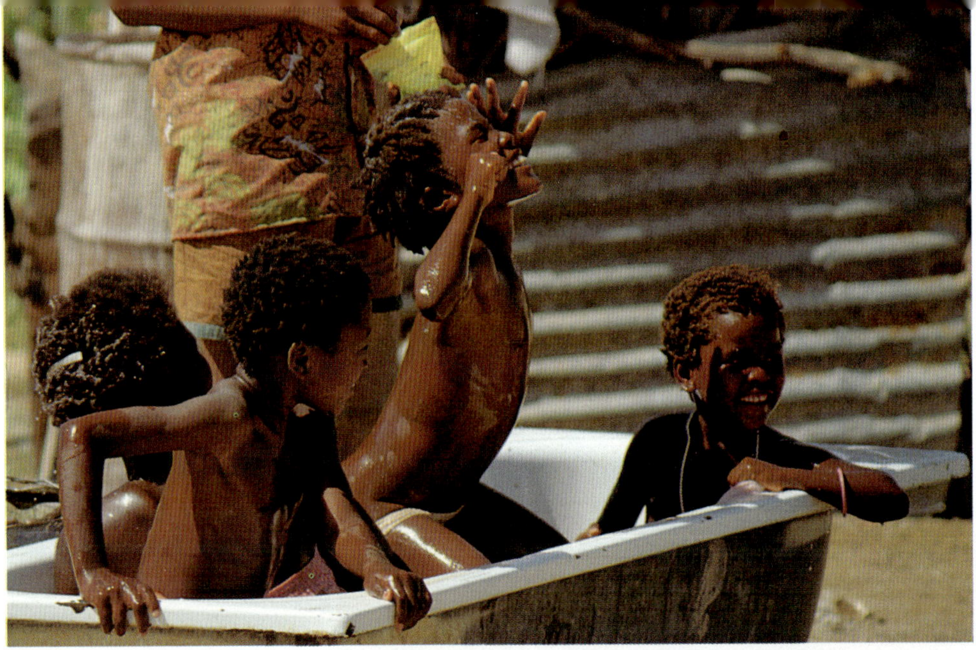

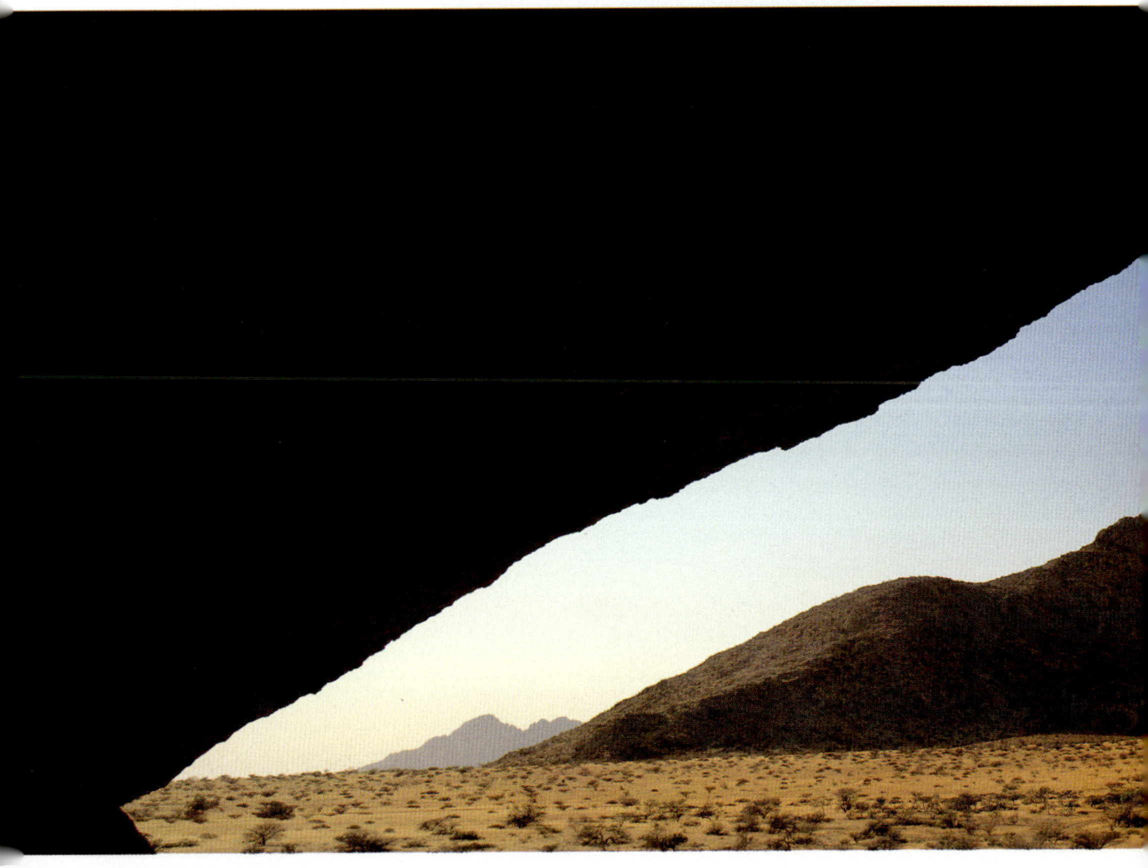

Auf den neuen 50-Dollar-Noten prangt der sprungstarke Kudu, die kräftige Drehhorn-Antilope, stilisiert dargestellt auf den Wildwechsel-Warnschildern.

Oben die "Lebenden Steine" *(Lithops sp.),* eine der eigenartigsten und bei Sammlern begehrtesten Sukkulenten-Art. Die sogenannten "Hottentotten-Popos" haben nur zwei dicke Blätter, die kaum aus der Umgebung herausragen. Dazwischen entspringt die prachtvolle Blüte.

Linke Seite: An Geld und Gut sind sie nicht reich, aber ihre Lebensfreude springt einen an...

Großes Panorama-Foto: Die Spitzkoppe, das "Matterhorn" Namibias. Sand wird zu Gestein, Gestein zu Sand. Dazwischen Bäume, fünf Meter hoch. Fließende Grenzen zwischen Höhen &Tiefen. Die Perspektive ist weit und eng zugleich.

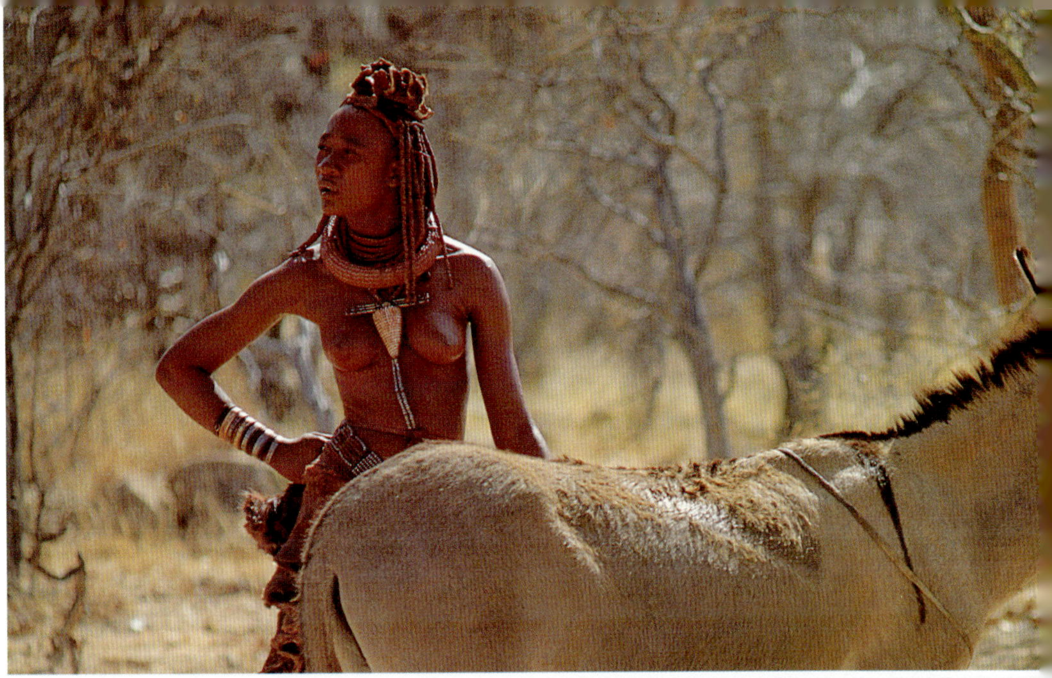

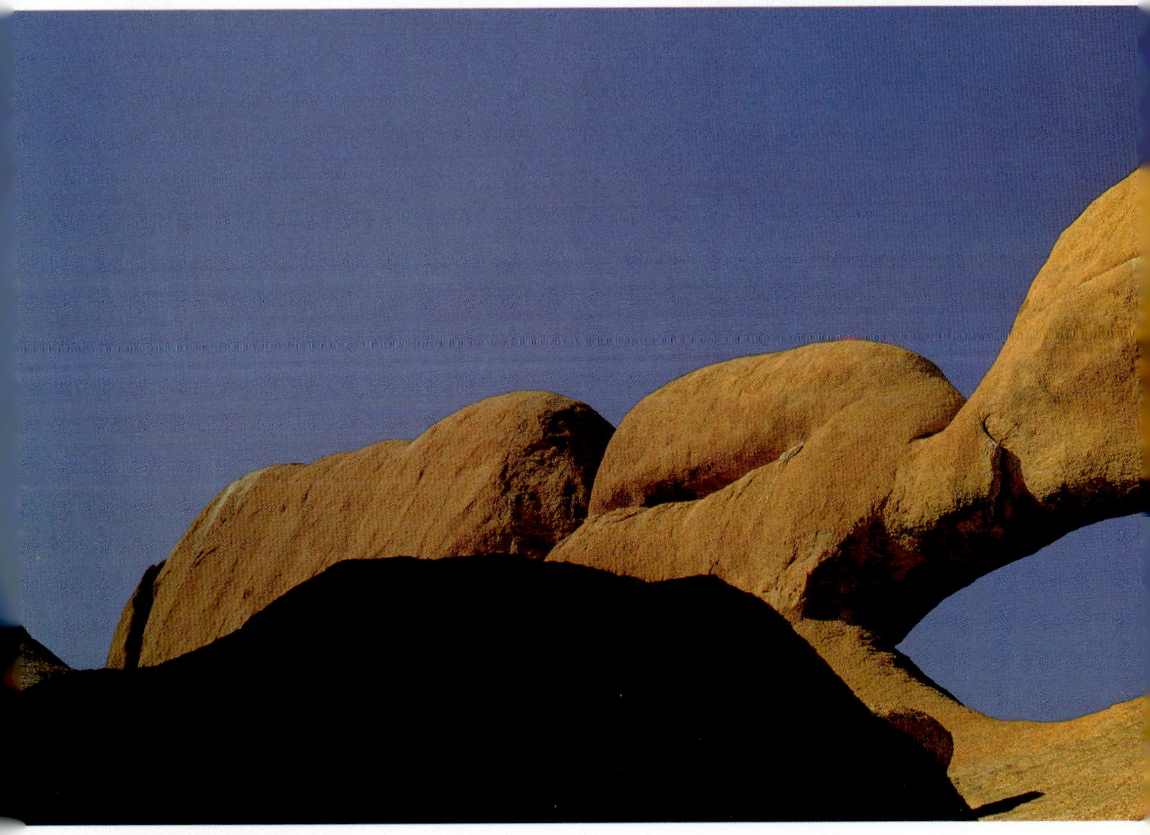

Eine seltene "Fenster-
pflanze": Die dicken
Blätter sind oben durch-
sichtig, das Licht fällt
von innen ins Blattgrün.
Einmalige Anpassung!

Springböcke (wie hier
auf den neuen 10-N$-Noten)
finden sich in ganz Namibia,
oft auch außerhalb der Parks.

Linke Seite: Ein Himba-Mädchen auf dem Kaokoveld – die totale
Unbefangenheit.

Großes Panorama-Foto: Big Eye im Massiv der Spitzkoppe.
Bei jedem Aufstieg, hinter jedem Felsvorsprung neue Formen.
Ein Vulkan, der aus der Tiefe brodelte. Erosionskräfte von
Jahrtausenden haben ihn abgetragen, nur der stärkste Stein steht noch.
(Alle Panoramabilder von Gottfried Pönnighaus).

Kleine Hauptstadt eines großen Landes mit extrem geringer Bevölkerungsdichte. So was wie
WINDHOEK findet man auf dem afrikanischen Kontinent garantiert nicht noch mal...

Das Hochhaus in der rechten oberen Bildrand beherbergt das *Kalahari Sands Hotel* (Nr. 6 auf dem
Stadtplan Seite 55). Davor verläuft die Independence Avenue nach links, nach Norden.
Am oberen Bildrand (Mitte) ist das Rondell mit der Christuskirche gerade noch erkennbar.

Die wenigen Hochhäuser der 160.000-Einwohner-"Metropole" springen einem förmlich entgegen.

Ist das nicht ein Traum?
Zauberhaft badet sich eine Gruppe von Köcherbäumen des Kokerboom Waldes
bei Keetmanshoop (Route 20, Seite 165/166) im rot gebrochenen Licht
der untergehenden Sonne. Es wurde garantiert kein Farbflter verwendet

Namibia prangt häufig mit solchen Pracht-Stimmungen. Da jubiliert des Fotografen Herz...

Oben: Bizarr erodierter Felsblock auf dem Kaokoveld nahe der Grenze des Skelettküsten-Parks. Wie eine Mischung aus Stein-Elefant und Nashorn, aber "Grizzly" genannt.
Rechte Seite: Die Christuskirche von Windhoek – mal ganz anders.
Großes Panorama-Foto: Versteck vor der Mittagshitze: Der *Sesriem*-Canyon, fünfzig Meter tief (Seite 137). Einst mußte man sechs Riemen (ses riem) aneinanderknoten, um ans Wasser zu kommen.Tausende von Vögeln lärmen in den Felslöchern.

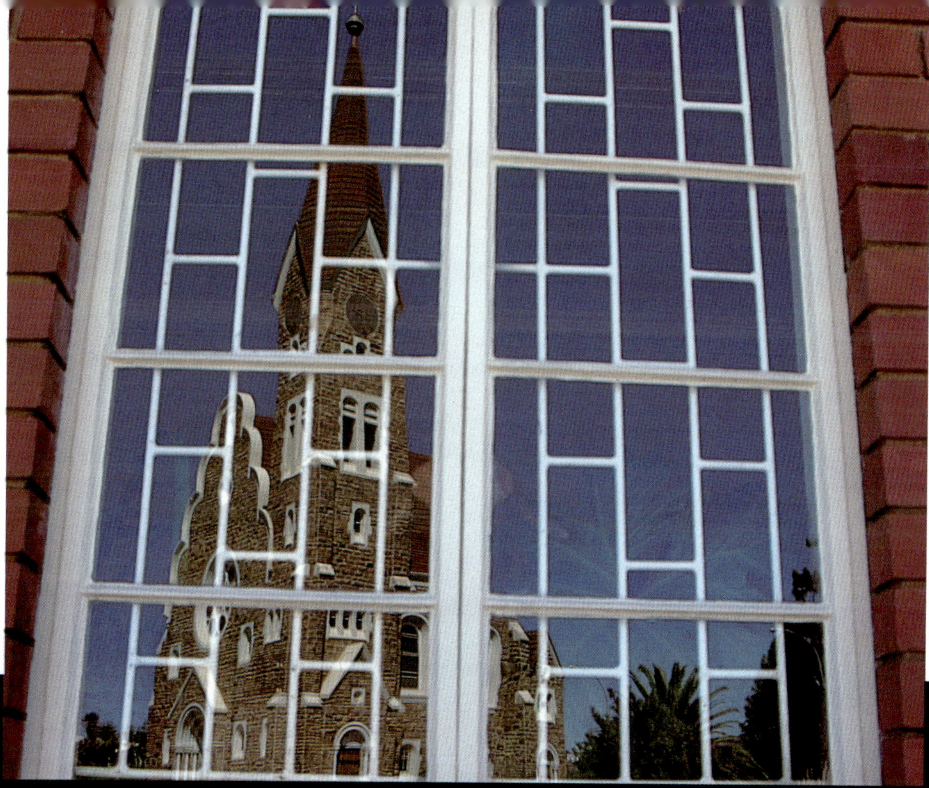

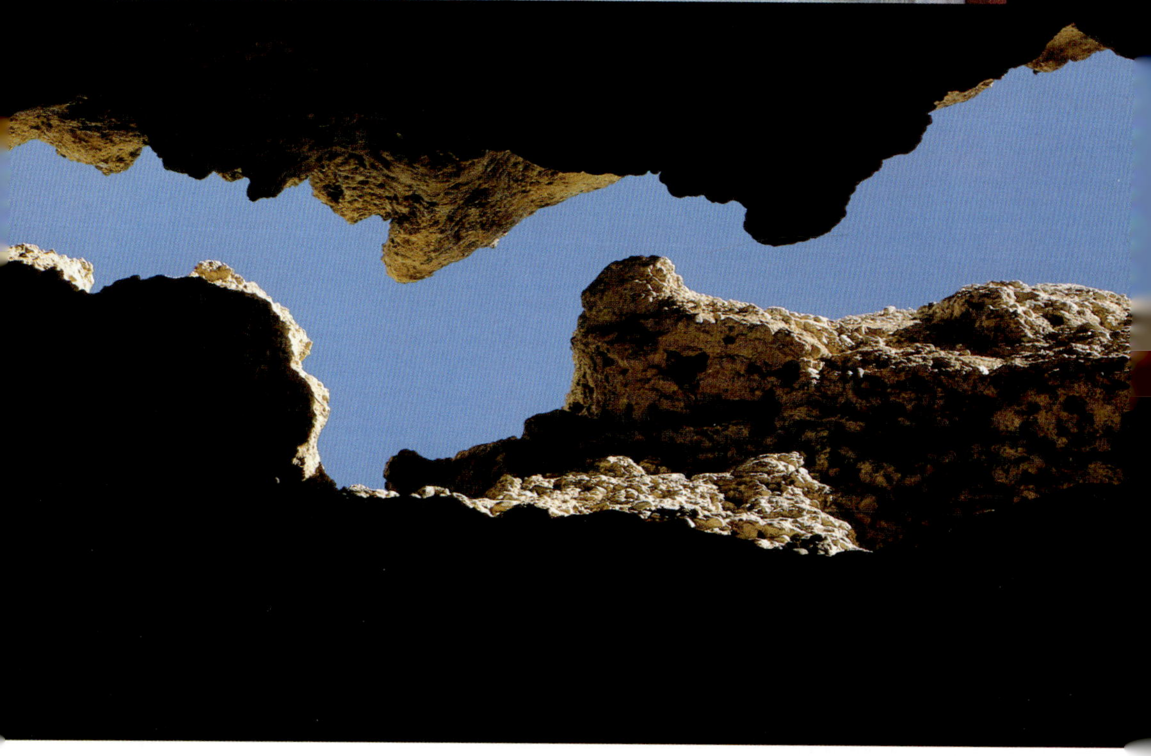

Die Vorderseiten der neuen 10-, 50- und 100-Dollar-Noten zeigen den Nationalhelden Kaptein Hendrik Witbooi und Windhoeks Parlamentsgebäude.

Großes Panoramafoto: Blick von der Fingerklippe (Vingerklip, siehe Seite 80) über das Ugab-Plateau.
Der Felsüberhang (auch auf dem Foto links gut erkennbar) wirkt wie ein steinerner Drache, der nicht weglaufen kann.
Die steinernen "Schiffe" auf dem Busch-Meer sind typische Zeugenberge einer früheren, nun weg-erodierten Hochfläche. Sie ragen so hoch wie die Fingerklippe.

Linke Seite: Nicht mehr vom Fleck kommt auch die Ally. Sie strandete im Januar '93 zwischen Walvis Bay & Sandwich Harbour (S. 117), wurde zu einer neuen "Attraktion" der – aller Technik zum Trotz – auch heute noch gefährlichen Atlantikküste.

Himba-Mädchen auf dem Kaokoveld

Zu den Bildern von Seite 289 bis 304:
Die herrlichen Parnoramafotos sind von Gottfried Pönnighaus. Weitere Bilder stellten Heinrich Kern, Dr. K. Graebner, Erich Glaser, Pierre Tharin und Evi Brunner zur Verfügung. Dafür herzlichen Dank.

Das REGISTER finden Sie vor den 16 Zusatzseiten auf den Seiten 285 bis 288